VERA MUNDERLOH

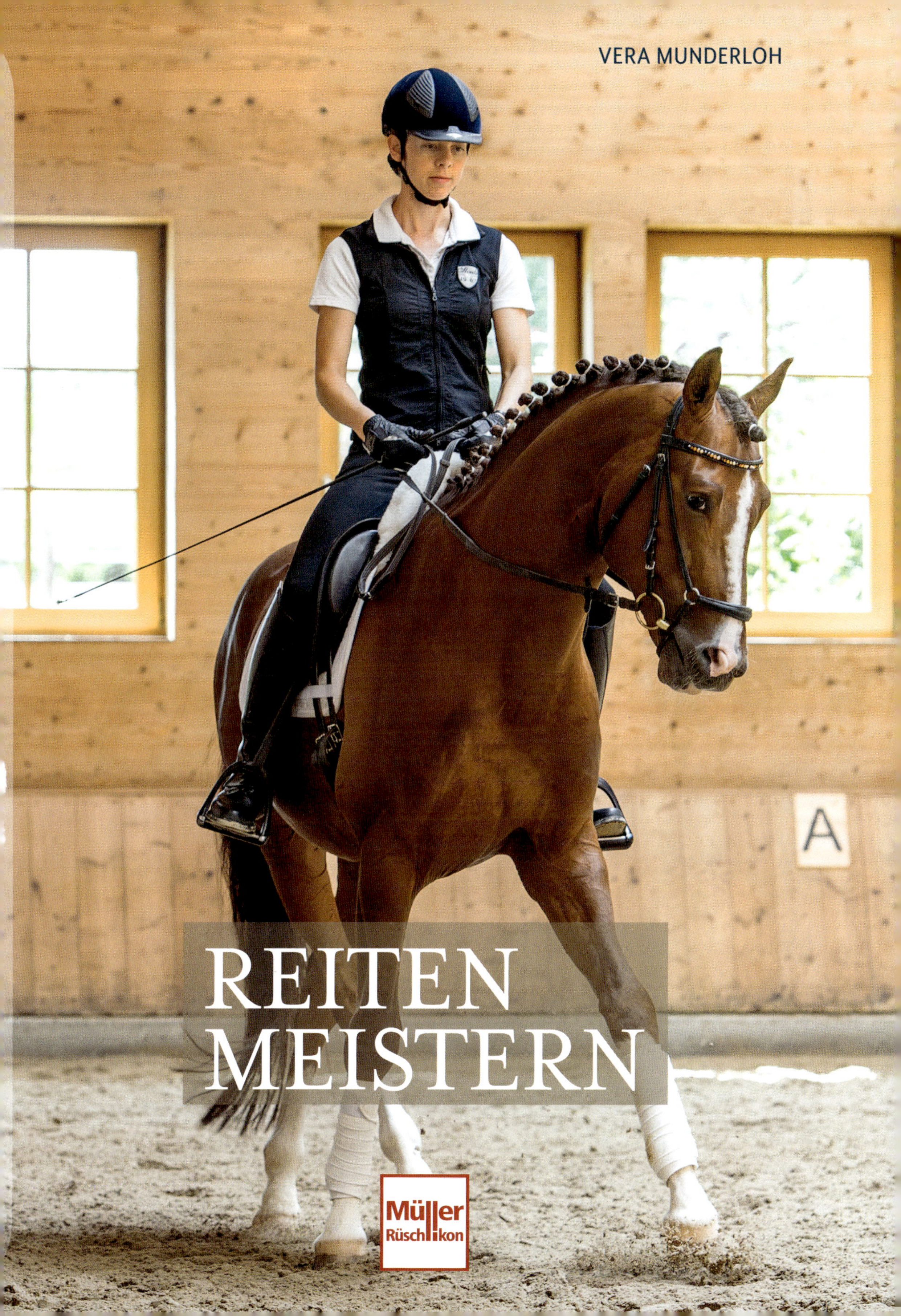

REITEN MEISTERN

Müller Rüschlikon

Dieser Link führt zu den in diesem Buch enthaltenen Video-Clips.

Impressum

Einbandgestaltung: R2 I Nicola van Ravenstein, Verden

Titelfoto: Maresa Mader, www.maresamader.de
Bildnachweis: Alle Aufnahmen stammen von Maresa Mader, www.maresamader.de
Skizzen: Nicola van Ravenstein

ISBN 978-3-275-02316-5

Postfach 103743, 70032 Stuttgart
Ein Unternehmen der Paul Pietsch Verlage GmbH & Co. KG

1. Auflage 2024

Sie finden uns im Internet unter
www.mueller-rueschlikon-verlag.de

Gesamtleitung: Claudia König
Innengestaltung: R2 I Nicola van Ravenstein, Verden
Druck und Bindung: Graspo CZ, 76302 Zlin
Printed in Czech Republic

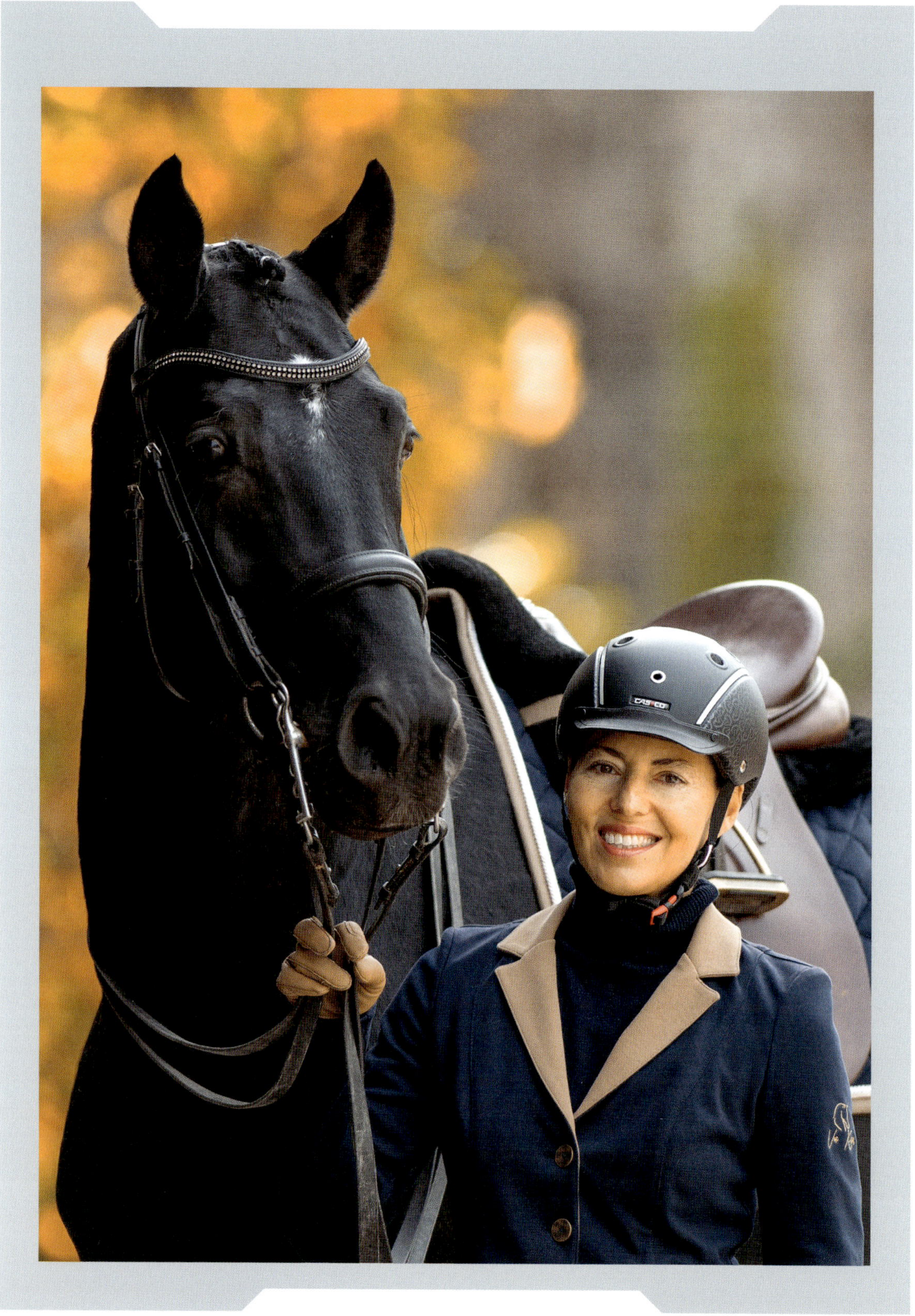

VORWORT

Als ich hörte, dass Vera ein Buch schreibt, war ich sofort begeistert, denn sie kann aufgrund ihrer intensiven reiterlichen Laufbahn auf einen großen Erfahrungsschatz zurückgreifen und wenn sie nun ihr Wissen teilt, können viele Reiterinnen und Reiter davon extrem profitieren. Vera kommt aus der Praxis und ist seit 2006 auf Gut Rosenhof tätig – sie reitet täglich acht bis zehn Pferde und ihr Spektrum reicht dabei von der dreijährigen Remonte, über das Korrekturpferd bis hin zum fertig ausgebildeten Hohe-Schule-Pferd. Etliche dieser weit ausgebildeten Pferde hat sie selbst über viele Jahre auf dieses Niveau gefördert und kann daher die Folgen ihrer Arbeit genau einschätzen. Da wir auf Gut Rosenhof Pferde jeglicher Rassen ausbilden, hat sie Erfahrung mit Arabern und Warmblütern, genauso wie mit barocken Pferden, Quarter Horses, Kaltblütern oder Haflingern – es gibt wenig Rassen, die noch nicht auf Gut Rosenhof vertreten waren!

Das Unterrichten auf der heimischen Anlage und die vielen Lehrgänge, die sie bereits weltweit gegeben hat, von Argentinien bis Dubai, England, Italien, Norwegen, USA bis Zypern, um nur einige Länder zu nennen, erlauben es ihr, qualifiziert »mitzureden« und ihren Schülern Problemlösungen anzubieten!

Vera ist sehr analytisch und auch in der Theorie absolut sattelfest, so dass sie Fehler ursächlich erkennt, weiß wie man sie behebt und das sogar mit Zitaten und Belegen aus alten Schriften untermauern kann. Ihr vielfältiges Interesse rund ums Pferd hat dazu geführt, dass sie auch am Langen Zügel arbeiten kann, im Damensattel heimisch ist, mit der Garrocha umgehen kann und in der Working Equitation in der Klasse M bereits gesiegt hat.

Wer reiterliche Fragen hat, wird bei Vera eine fundierte, qualifizierte Antwort erhalten! Somit wird dieses Buch ein wichtiges Nachschlagewerk und eine Bereicherung für jede Bibliothek werden!

Bidingen, August 2024

Anja Beran

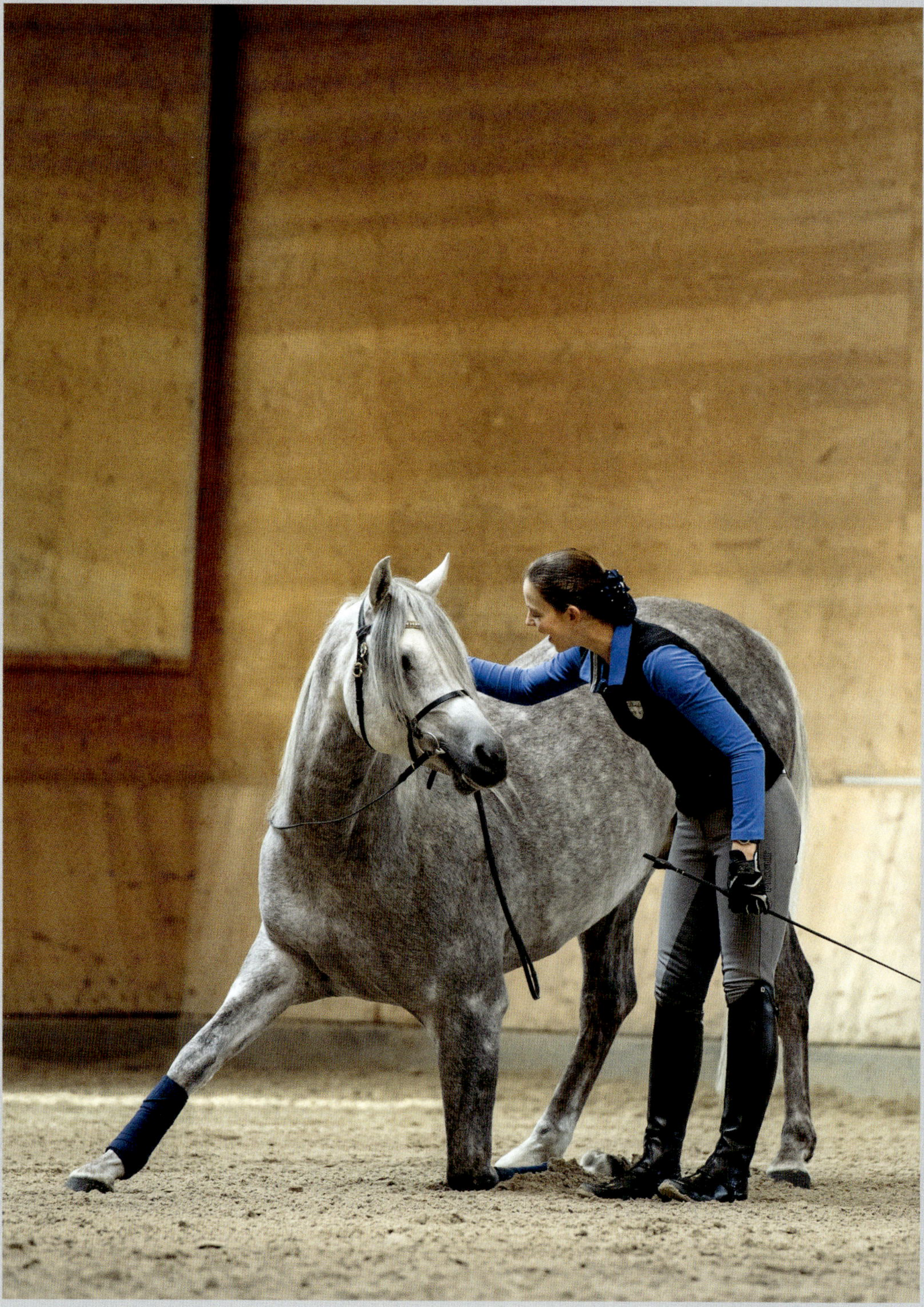

ZU DIESEM BUCH

Schon als Kind wusste ich, dass ich mein Leben den Pferden widmen möchte. Diese Zeit war nicht nur geprägt durch das reale Erleben, Erfühlen und Zusammensein mit Pferden, sondern auch durch das ausgiebige Lesen jeglicher Literatur über Pferde, vor allem aber über die klassische Dressur.

Mein Buch »Reiten meistern« ist aus jahrelanger Leidenschaft für Pferde und das Reiten entstanden. Die Idee zu diesem Buch entsprang aus immer wieder aufkommenden Fragen und Problemen, die mir in meiner intensiven und langjährigen Praxis im Umgang mit Pferden und Reitern begegnet sind.

In diesem Buch habe ich meine Erfahrungen und Erkenntnisse zusammengetragen und in Form eines Gesprächs zwischen einem Schüler und mir formuliert. Aus Gründen der Lesbarkeit wird im Buch nicht gegendert.

Wenn Wissen, Gefühl und Erfahrung auf die Werte Disziplin, Fleiß und Liebe zum Pferd treffen, wird Reiten zur Kunst. Aber der Weg dorthin kennt keine Abkürzungen und braucht eine lebenslange Lernbereitschaft und Selbstreflexion.

Heute gibt es eine Informationsflut aus leicht zugänglichem Wissen. Um diese Informationen fachgerecht anwenden zu können, bedarf es jedoch realer Fähigkeiten und erlebter Kenntnisse, denn nicht alles ist wirklich praxiserprobt und im Einzelfall adäquat und anwendbar. Dieses Buch soll zum Nachdenken anregen und helfen, aus den vielen verschiedenen Strömungen und Meinungen herauszufiltern, was für Pferd und Reiter nötig und hilfreich ist, oder was sogar schädlich sein könnte.

Mein Ziel ist es, mit diesem Buch engagierten Reitern und Ausbildern ein praxisrelevantes Nachschlagewerk an die Hand zu geben, um den Trainingsalltag zu erleichtern und Hilfe zur Selbsthilfe zu geben. Die Leser sollen befähigt werden, ihr Gefühl für das Pferd und Lösungen für ihre Probleme zu entwickeln. Es ist jedoch keine vollständige Reitlehre und auch keine Gebrauchsanweisung, denn Reiten kann man nicht nur allein aus Büchern lernen. Es ist vor allem eine Orientierungshilfe. Mein Buch soll ein Werkzeug sein, das hilft, die Kommunikation zwischen Pferd und Reiter durch das Wissen aus der klassischen Dressur zu verbessern. Dadurch kann die Beziehung zum Pferd auf allen Ebenen vertieft und Harmonie zum Wohle des Pferdes erreicht werden.

Marktoberdorf, August 2024

Vera Munderloh

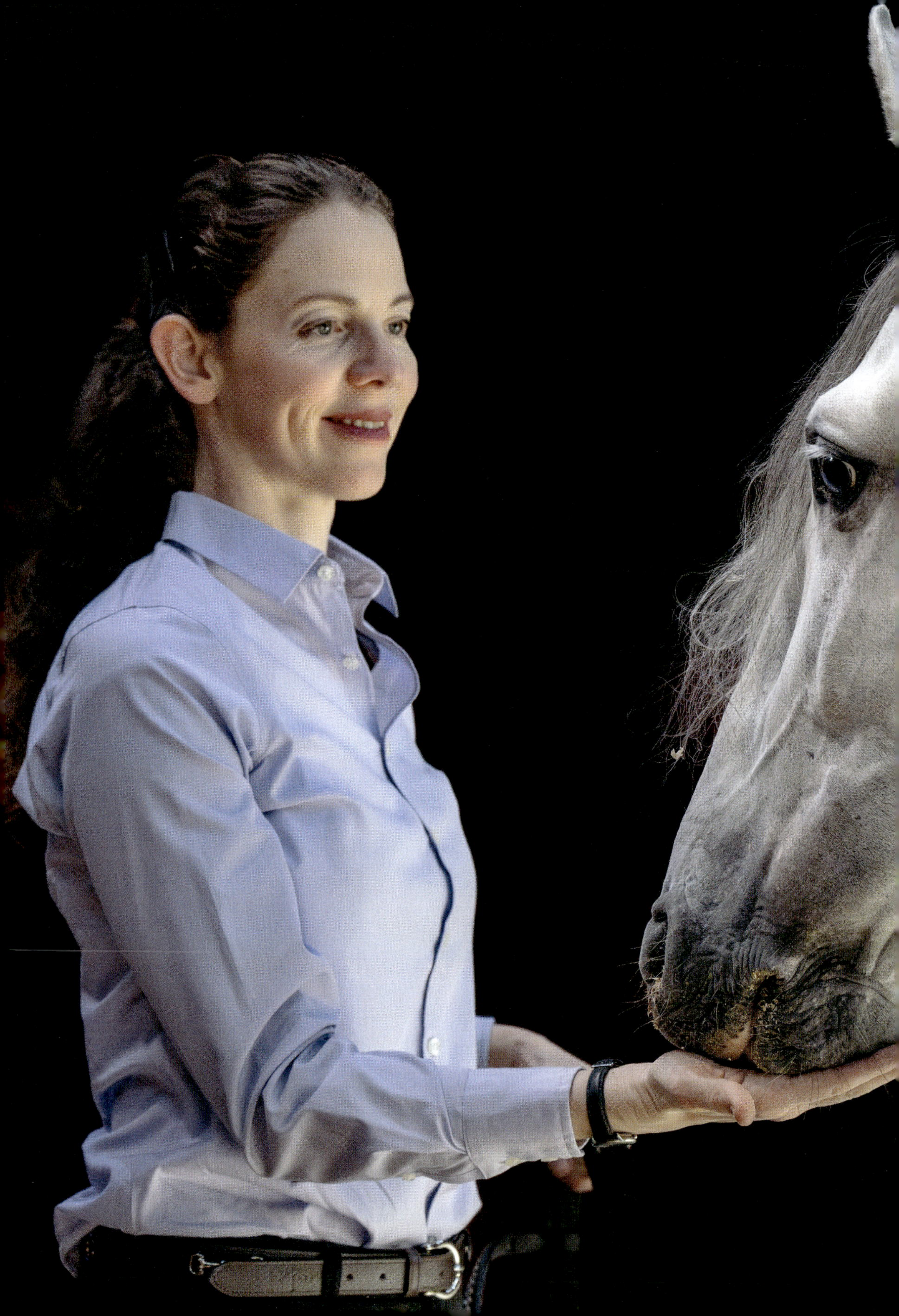

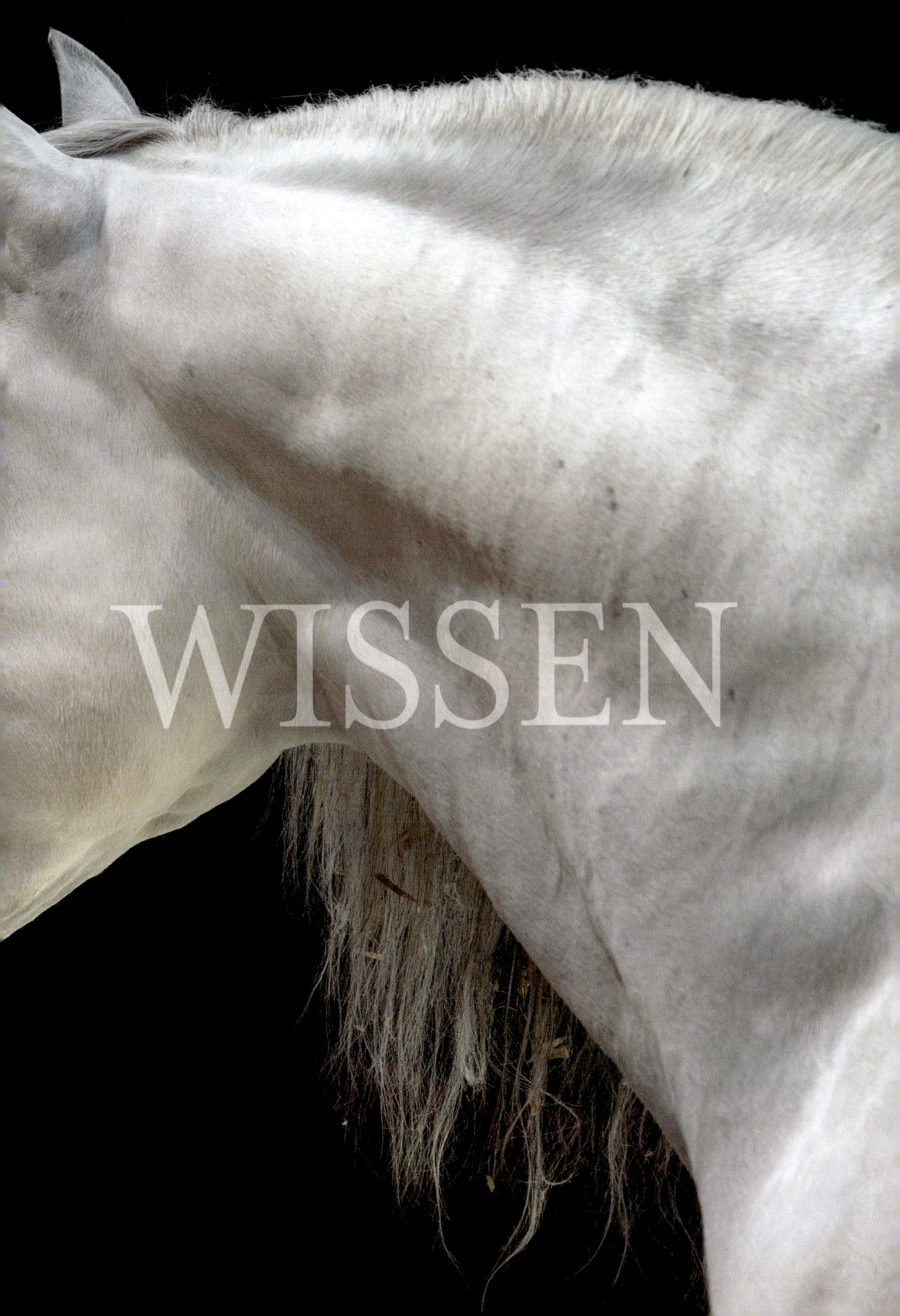

WISSEN

1.
Ausbildungsphilosophie

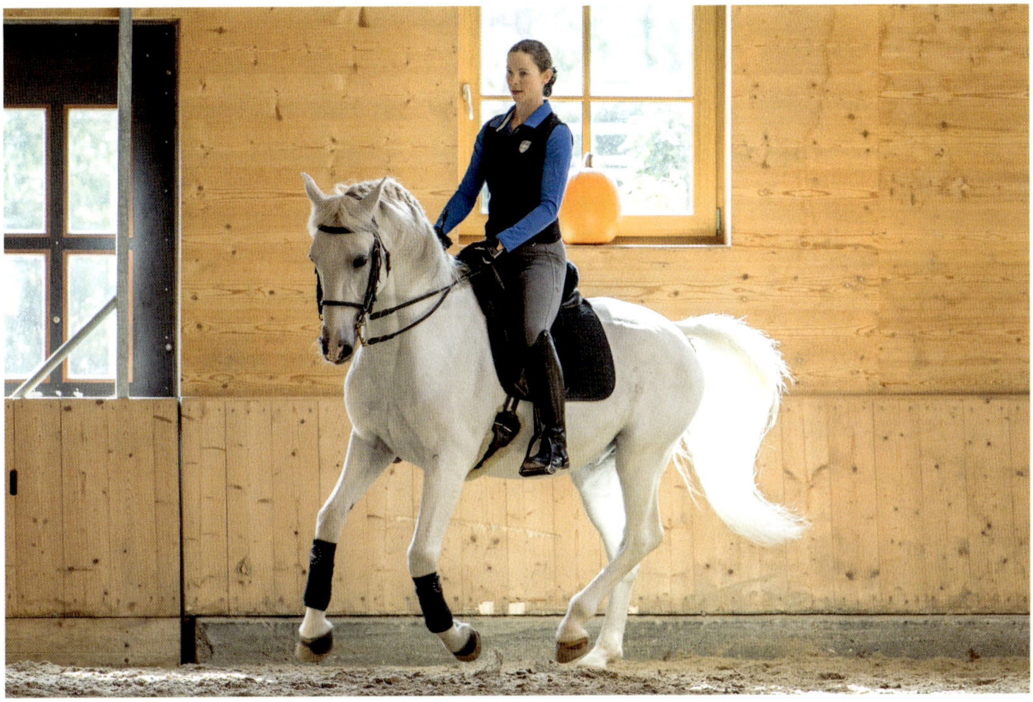

Lipizzaner Favory Toscana im Galopp

Gutes Reiten

1.1 Woran erkenne ich gutes Reiten?

Die vollendete Kunst des Reitens besteht darin, dass Pferd und Reiter zu einer Einheit verschmelzen. Es wirkt, als würde das Pferd nur durch die Gedanken des Reiters gelenkt.
Wird ein Pferd gut geritten, gewinnt es an Ausstrahlung oder die Ausstrahlung, die es ohne Reiter hat, bleibt zumindest erhalten. Verliert das Pferd dagegen unter dem Reiter an Ausdruck, ist dies ein Hinweis auf einen Irrweg in der Ausbildung. Gut gerittene Pferde gewinnen im Laufe ihrer Ausbildung an Schönheit. Das zeigt sich nicht nur während des Reitens, sondern auch im Stall oder auf der Weide. Hier fällt vor allem die Bemuskelung und die geschmeidige Bewegung des athletischen Körpers auf. Ebenso ruhen die Pferde entspannt in sich, sind dabei aber nicht apathisch, sondern neugierig und interessiert. Es fällt immer wieder auf, dass Korrekturpferde oft nicht mehr dem Menschen zugewandt sind, sondern eher jeden Kontakt mit diesen vermeiden. Ein wesentlicher Teil der Korrekturarbeit liegt darin, dem Pferd das Grundvertrauen zum Menschen und die Freude an der gemeinsamen Beschäftigung wieder zu ermöglichen. Von Natur aus sind Pferde sehr neugierig und haben Gefallen an der Interaktion mit Menschen!

Videoclip Langer Zügel

Harmonie von Pferd und Reiter.

Gut gerittene Pferd wirken optisch größer, da sie im Gleichgewicht sind, sich durch die Beugung der

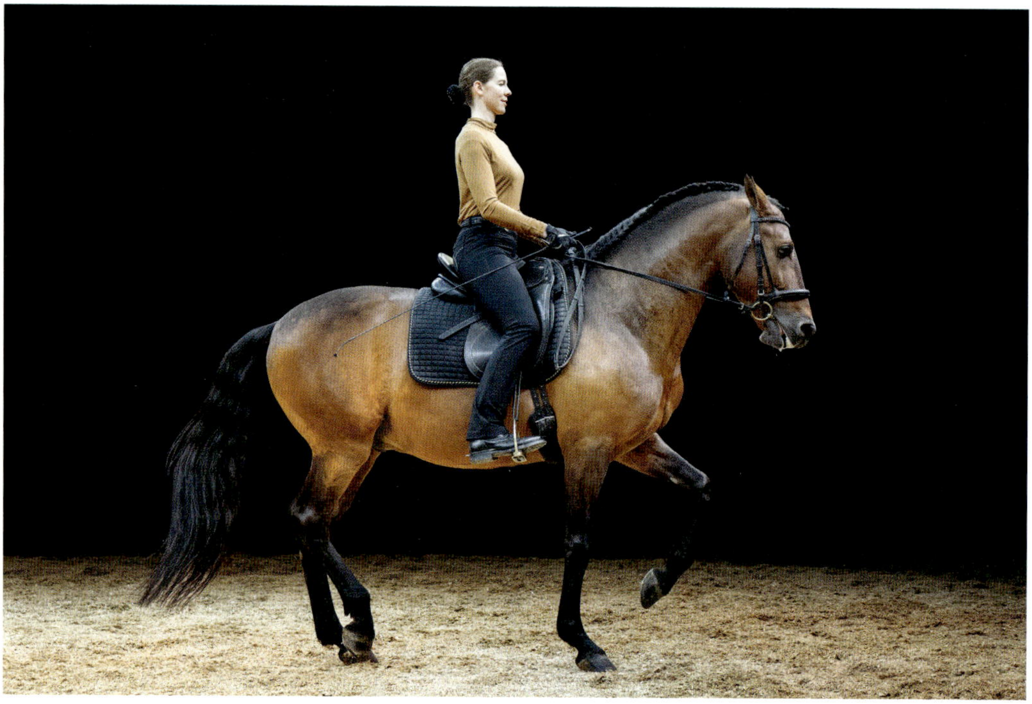

P.R.E.-Hengst Odesso in der Piaffe

Hanken aufrichten und in Selbsthaltung gehen. Gutes Reiten zeichnet sich dadurch aus, dass der Gesamteindruck schön und leicht ist. Nichts wirkt erzwungen oder unnatürlich. Die klassische Reiterei orientiert sich an der Natur des Pferdes. Alle Gänge und Lektionen der hohen Schule sind nicht frei erfunden, sondern an das natürliche Bewegungs- und Verhaltensrepertoire des Pferdes angelehnt. Während eines guten Rittes bilden Pferd und Reiter eine Einheit, die sich geschmeidig und mühelos bewegt. Das Paar verschmilzt und gleicht einem Zentauren, dem Fabelwesen aus der griechischen Mythologie, welches halb Pferd und halb Mensch ist. Das Pferd scheint sich wie von allein zu bewegen und die verschiedensten Aufgaben problemlos zu meistern, sei es ein Sprung oder eine Dressurlektion. Durch diese Leichtigkeit erlangt das Pferd auch seinen Ausdruck. Ausdrucksstarke und gleichzeitig mühelos wirkende Bewegungen kann das Pferd nur zeigen, wenn es losgelassen ist. Losgelassenheit ist nicht nur eine körperliche, sondern auch eine geistige Entspannung. Dies ist sehr wichtig! Bei Pferden, genau wie bei Menschen und allen anderen Lebewesen, lassen sich Körper und Geist nicht trennen. Ist ein Pferd physisch oder psychisch angespannt, so fließen die Bewegungen nicht frei durch den gesamten Körper. Physiologisch lässt sich dies folgendermaßen erklären: Um eine Bewegung auszulösen, zum Beispiel das Beugen des menschlichen Armes, kontrahiert ein Muskel, der Bizeps. Dieser ist in diesem Fall der Agonist, welches der Handelnde bedeutet. Gleichzeitig muss der Trizepsmuskel entspannen, um die Beugung möglich zu machen. Um den Arm nun wieder zu strecken, muss der Trizeps, als Antagonist, sprich Gegenspieler, anspannen und der Bizeps entspannen. Er hebt die Beugung wieder auf. Muskeln arbeiten immer in antagonistischen Paaren. Bei einem gesunden und nicht verspannten Körper sind die für die Bewegung benötigten Muskeln vorher entspannt. Sie spannen sich für den Zeitraum der Bewegung an und entspannen danach wieder. Wird dieses wechselwirkende Anspannen und Entspannen gestört, oder beteiligen sich auch Muskeln an der Bewegung, die hierfür eigentlich nicht vorgesehen wären, so kommt es zu Verspannungen.

Verspannte Pferde, die nicht ausbalanciert sind und ihren Rücken nicht nutzen, sind je nach Gemüt entweder aufgeregt und neigen zu übereiltem Tempo oder wirken stoisch und bewegen sich sehr ungern. In einem entspannten Umfeld wirken diese Pferde oft faul. Jede Bewegung kostet sie viel Energie, da sie gegen den erhöhten Muskeltonus in den Antagonisten angehen müssen. Kommt aber Druck dazu, sei es durch den Reiter oder durch Aufregung des Pferdes, bewegen sich verspannte Pferde – ausgelöst durch diesen Druck – zwar spektakulär, aber doch hölzern. Dies führt auf Dauer auch zu Verschleiß, da diese Pferde sich nicht elastisch und gelenkschonend bewegen. Denn die stabilisierende und funktionierende Muskulatur arbeitet wie ein Stoßdämpfer im Pferdekörper und schont damit Strukturen wie Sehnen, Bänder und Gelenkknorpel.

Losgelassenheit heißt aber nicht, dass das Pferd permanent auf niedrigem Energielevel ist. Aus einer guten Entspannung heraus können die Muskeln leichter arbeiten, und das Pferd wird dies auch gerne nutzen. Gutes Reiten heißt, jedes Pferd individuell innerhalb seiner Möglichkeiten zu fordern, zu fördern und nicht, es zu langweilen. Es gibt eben nicht nur Burnout, sondern auch Boreout!

Gutes Reiten schließt auch den respektvollen Umgang mit dem Pferd ein. Respekt vor dem Pferd, seiner körperlichen Unversehrtheit und seinen Bedürfnissen sind wichtige Aspekte für jeden Pferdeliebhaber, genauso wie Dankbarkeit dafür, sich mit so einem Wesen beschäftigen zu dürfen. Dieser Respekt schlägt sich auch in der eigenen Sprache nieder. Da wird eben nicht von dem »blöden Gaul« gesprochen, der wieder nicht »funktioniert« hat und »absichtlich alles falsch« gemacht hat. Ein guter Reiter analysiert bei Problemen die Situation und sucht die Fehler zuerst bei sich selbst. Hat er vielleicht die Hilfen undeutlich gegeben, konnte das Pferd ihn nicht verstehen, muss er die gewünschte Lektion dem Pferd anders erklären, war das Pferd körperlich und geistig in der Lage, die Anforderungen zu erfüllen, war es eventuell zu früh oder der falsche Zeitpunkt?

Das Wohl des Pferdes steht bei gutem Reiten immer im Fokus. Ein guter Reiter arbeitet nicht gegen sein Pferd an, sondern mit ihm. Für die Pferdeausbildung muss eine gemeinsame Sprache erarbeitet werden. Das Erkennen der richtigen und zielführenden Kommunikation liegt beim Reiter. Versteht das Pferd etwas nicht, oder kann es etwas Gefordertes nicht ausführen, so muss der Reiter sich einen anderen Weg überlegen. Gutes Reiten ist Denksport und erfordert sehr viel Gefühl und Empathie fürs Pferd!

Das Ausführen von Lektionen darf nie auf Kosten des Pferdes gehen. Mit Ausdruck beim Pferd sind nicht nur ausdrucksstarke Bewegungen gemeint, sondern auch der Gemütsausdruck. Dies ist der Glanz, von dem schon Pluvinel (1555–1620) sprach, der beim Pferd nie erlöschen dürfe während der Ausbildung: »Die Anmut eines jungen Pferdes: Hüten wir uns sehr, das junge Pferd zu verdrießen und seine Anmut zu ersticken, denn diese gleicht dem Duft der Blüten, der, wenn er einmal verflogen ist, niemals wiederkehrt!«

Tatsache ist jedoch, dass es leider gar nicht so einfach ist, gut zu reiten. Kein mir bekannter Reiter reitet vorsätzlich schlecht; trotzdem gelingt es nicht allen, gut und pferdeschonend zu reiten. Woran liegt das? Mögliche Ursachen sind überzogener Ehrgeiz des Reiters oder finanzielle Aspekte, welche über das Pferdewohl gestellt werden. Zu frühe und nicht altersgerechte Ausbildung des Pferdes wird hier oft in Kauf genommen. Weitere Ursachen sind auch Fehler aus Unwissenheit oder aus körperlicher Bequemlichkeit des Reiters, um am Sitz und der eigenen Fitness zu arbeiten. Häufig fehlt auch eine selbstkritische Einstellung, wenn der Reiter sich nicht eingestehen kann, dass auftretende Fehler und Probleme durch ihn verursacht sein könnten.

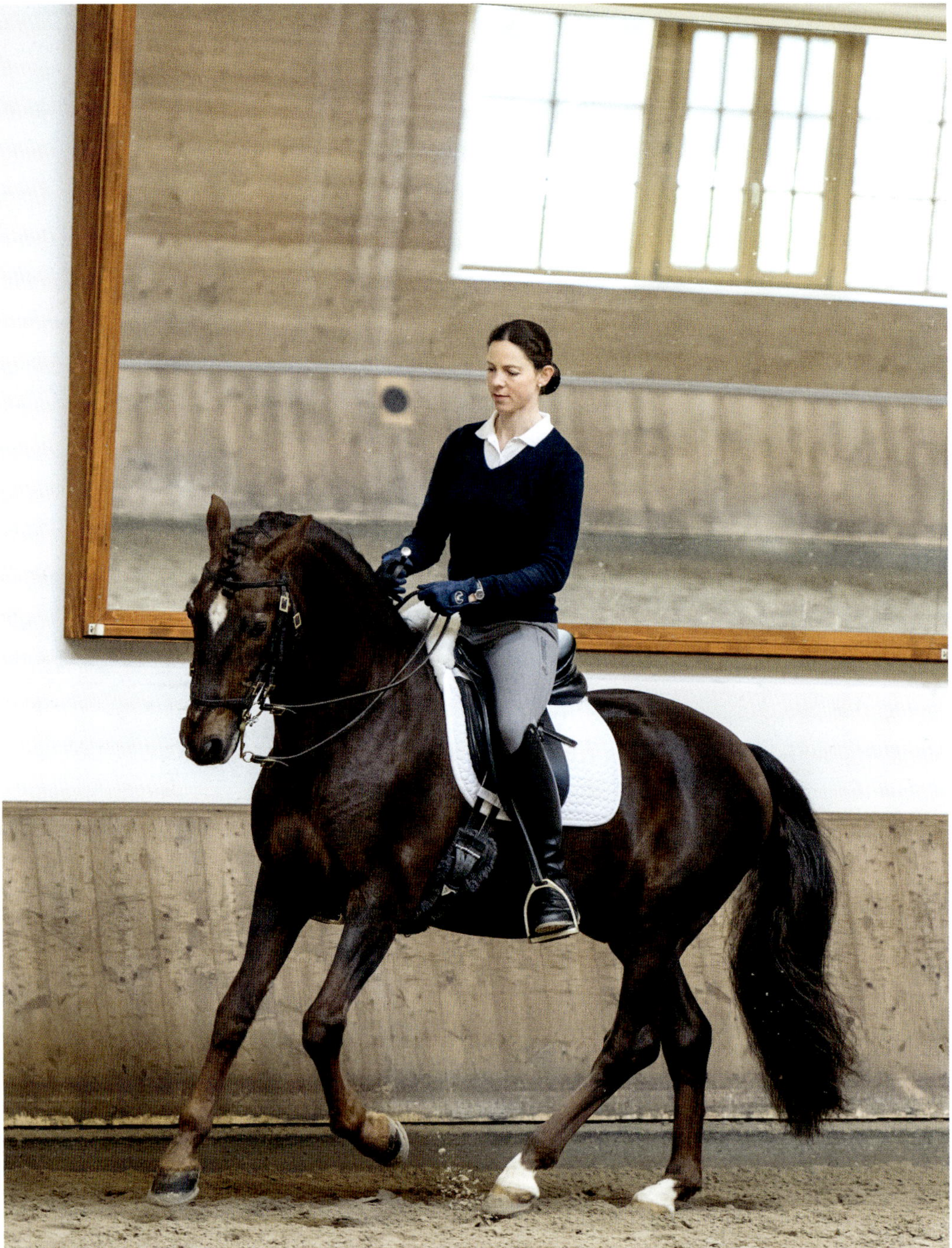

Lusitanohengst Novilunio ist auf diesem Bild bereits 28 Jahre alt. Reiten sollte immer die Zielsetzung haben, das Pferd langfristig gesund und motiviert zu erhalten.

Fehler liegen jedoch in der Regel zumeist am Reiter. Falls eine Problematik tatsächlich mal vom Pferd ausgehen sollte, so ist es Sache des Reiters, damit besser umzugehen und deren Ursachen aufzudecken. Pferde machen eigentlich nie absichtlich etwas falsch. Sie handeln immer entsprechend ihrem Naturell, und manchmal haben sie eben andere Absichten als wir Menschen, haben die Kommunikation nicht verstanden oder konnten die Anforderungen an sie noch nicht umsetzen.
Gutes Reiten ist nicht abhängig von der Reitweise oder der Disziplin und nur bedingt abhängig vom Niveau. Auch ein mittelmäßiger Reiter kann sein Pferd so reiten und halten, dass es sich wohl fühlt und keinen Schaden davonträgt. Aber: je schlechter ein Reiter sitzt, je unbeweglicher er ist, je mehr körperlich bezogene Themen er hat, je schwerer er ist, desto größer ist die Belastung für das Pferd. Dessen sollte der Reiter sich bewusst sein und versuchen, das Pferd zu schonen und, soweit es möglich ist, die Parameter zum Wohl des Pferdes zu ändern. Jeder Reiter sollte lebenslang versuchen, sich weiter zu verbessern und zu lernen.
Erstaunlicherweise begegnet es mir immer wieder, dass schlechtes Reiten, aber auf technisch hohem Niveau, von Laien oft intuitiv als solches erkannt wird. Reitern hingegen fällt dies manchmal schwer. Woran liegt das? Laien lassen sich nicht so leicht von den technischen Details blenden. Sie wissen nicht, wie anspruchsvoll beispielsweise eine Piaffe oder die fliegenden Galoppwechsel sind. Zudem sehen sie nicht, ob ein Pferd leicht verworfen ist. Aber sie sehen den Gesamteindruck und den Ausdruck des Pferdes. Wir Reiter, die wir oft vor lauter Details »den Wald vor lauter Bäumen« nicht mehr sehen können, haben da manchmal Schwierigkeiten. Also schauen Sie den Pferden ins Gesicht und versuchen Sie sich an die Maxime von A. de Saint-Exupéry zu halten: »Man sieht nur mit dem Herzen gut.«
Schlechtes und grobes Reiten kann nicht dadurch ausgeglichen werden, indem das Pferd mit Leckerlis und Kosenamen überschüttet wird. Auch ein Haufen Glücksbringer an der Box hilft dem Pferd wenig, wenn sein Reiter es drangsaliert. Stattdessen sollte jeder Reiter sich und sein Handeln immer wieder hinterfragen, ob es wirklich pferdegerecht ist. Das Wohl des Pferdes steht über den Ansprüchen und Wünschen des Menschen.
Tierschutzwidriges und grobes Verhalten sollte deshalb angesprochen und geahndet werden. Dennoch ist es wichtig, vor allem in der heutigen, schnelllebigen Zeit, dass man nicht nur zum Fehlergucker wird, sondern andere auch mit Wohlwollen betrachten kann. Dass die Zuschauer, früher nur an der Bande, heute auch im Internet, schon immer die größten und kritischsten Experten waren und alles besser wissen, war schon immer so. Aber kein Mensch und kein Reiter ist frei von Fehlern. Also sollten wir alle versuchen, unser Bestes zu geben und für das Pferdewohl einzustehen. Selbstverständlich sind auch die besten Reiter mit der Realität konfrontiert. Das heißt, auch wenn sie bestrebt sind, alles bestmöglich zu machen, so passieren doch Fehler. Nicht jeder Moment ist perfekt, nicht alles funktioniert wie geplant, nicht alles sieht in jedem Moment schön und gut aus. Nicht jeder Tag ist gleich, und Ausbilden ist nicht das Gleiche wie das Präsentieren von etwas bereits Perfektioniertem. Somit, wenn Sie anderen Reitern das nächste Mal zuschauen, sei es real oder auf einem kurzen Filmchen im Internet, versuchen Sie den Gesamteindruck zu sehen und nicht nur kurze Momentaufnahmen. Genauso wenig sollten Sie sich selbst durch übertriebenen Perfektionismus die Freude am Reiten und an den Pferden nehmen lassen!

1.2 Welche Einstellung brauche ich zum Reiten?

Die Einstellung zum Pferd und zu sich selbst bestimmt entscheidend die Art des Reitens. Dem Pferd sollte Liebe und Hingabe, aber vor allem Respekt entgegengebracht werden. Dabei darf es aber keinesfalls vermenschlicht werden.
Denselben Respekt und dieselbe Selbstachtung sollte man auch, bei aller Selbstkritik, auch sich

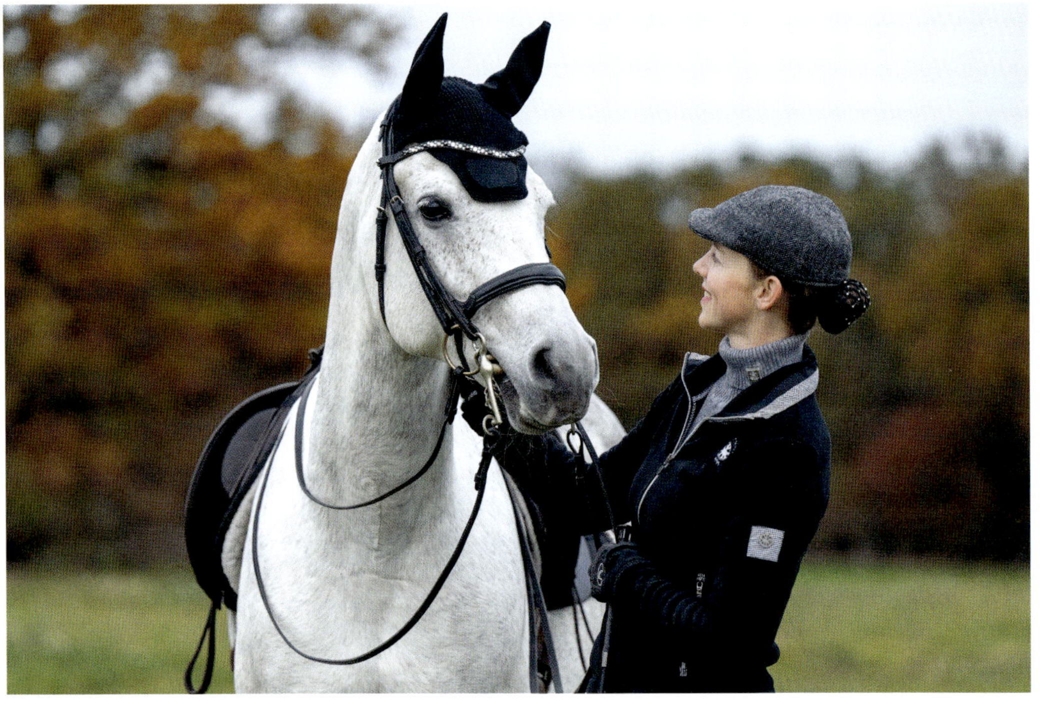

Liebe und Respekt dem Pferd gegenüber

selbst zugestehen. Viele Reiter, besonders ambitionierte, reden und denken oft schlecht über sich. Je wichtiger uns Menschen etwas ist, desto mehr Druck und Spannung erzeugt der Wunsch, es gut zu machen. Das kann so weit gehen, dass Reiter vor lauter Angst, sie könnten etwas falsch machen und dem Pferd schaden, den Spaß an der Beschäftigung mit Pferden verlieren.

Da das Reiten unfassbar komplex ist, ist es schon wichtig, detailverliebt und perfektionistisch zu sein, wenn man in der Pferdeausbildung weit kommen will. Aber dies darf nicht dazu führen, mit nichts mehr zufrieden zu sein und darüber die Begeisterungsfähigkeit zu verlieren, sich mit Pferden beschäftigen zu dürfen. Manchmal muss man auch mal »Fünfe grad' sein lassen«. Um beim Reiten am Ball zu bleiben, wird eine gehörige Portion Frustrationstoleranz benötigt. Egal wie gut man alles macht, egal wie viel Aufwand man investiert: nicht jeder Tag ist ein guter Tag! Wenn es mal nicht so läuft, sollten wir lieber auf den Ritt verzichten, das Pferd noch etwas kraulen und verwöhnen. Wenn es dann beim nächsten Mal wieder besser läuft, kann man das umso mehr wertschätzen.

Mit einer Denkweise, die sich auf die positiven Seiten fokussiert, kommt man leichter voran. Es hilft nicht, sich schlecht zu machen und davon auszugehen, nie einen Fortschritt machen zu können. Besser ist es, sich kleinschrittige Ziele zu setzen und diese dann auch zu erreichen.

In der Psychologie spricht man von sich selbsterfüllenden Prophezeiungen. Dabei handelt es sich um einen Mechanismus, der besagt, dass, wenn wir fest an eine Vorhersage über uns selbst glauben, diese auch eintritt. Diese Vorhersage über eine mögliche Zukunft hat also einen entscheidenden Einfluss und ist die wesentliche Ursache dafür, dass diese Zukunft auch Wirklichkeit wird. Jeder Mensch mag es, wenn seine Meinung bestätigt wird, denn das stärkt seine Kompetenz. Deshalb setzen wir unbewusst alles daran, dass unsere selbst aufgestellte Prophezeiung auch eintrifft. Ein negatives Beispiel dafür ist Prüfungsangst. Redet der Prüfling sich vorher ein, er wird versagen, so ist die Wahrscheinlichkeit groß, dass er durchfällt. Genauso ist es beim Reiten. Geht der Reiter davon aus, dass der Galopp schwierig ist, so wird er schon mit mehr Spannung an die Gangart herangehen und sich unbewusst selbst boykottieren, so dass der Galopp tatsächlich ein Problem ist und auch bleiben wird. Aber man kann sich die selbsterfüllende Prophezeiung auch positiv zu eigen machen: stellen wir uns vor, der Galopp wird gut und wir haben schon eine Idee und eine Vorstellung, wie ein guter Galopp sich anfühlen wird, so wird das Gehirn darauf hinwirken, dass der Galopp auch so wird. Genauso wird es den Reiterkörper und den Sitz dahingehend steuern, dass ein guter und entspannter Galopp überhaupt erst möglich ist.

1.3 Welche Menschen werden von Pferden gemocht?

Pferde sind soziale Wesen, die in der Regel gerne mit Menschen interagieren, aber immer wissen wollen, woran sie sind. Ich habe die Erfahrung gemacht, dass Pferde mehr von dem Umgang mit Menschen profitieren, die konsequent sind, als von denen, die ihren Pferden keinerlei oder nur halbherzige Grenzen aufzeigen und dann, wenn es zu viel wird, plötzlich aus der Haut fahren. Konsequenz und Eindeutigkeit erleichtert die Verständigung zwischen unseren zwei verschiedenen Spezies ungemein. Zur Verständigung mit dem Pferd wird eine gemeinsame Sprache aufgebaut, indem dieses auf Hilfen und Kommandos konditioniert wird. Natürlich versucht auch jeder Pferdemensch, seine Pferde zu verstehen, aber dies kann immer nur eine Interpretation aus menschlicher Sicht sein. Somit sollte jeder bestrebt sein, sich seinem Pferd gegenüber klar

Fortschritte sofort belohnen

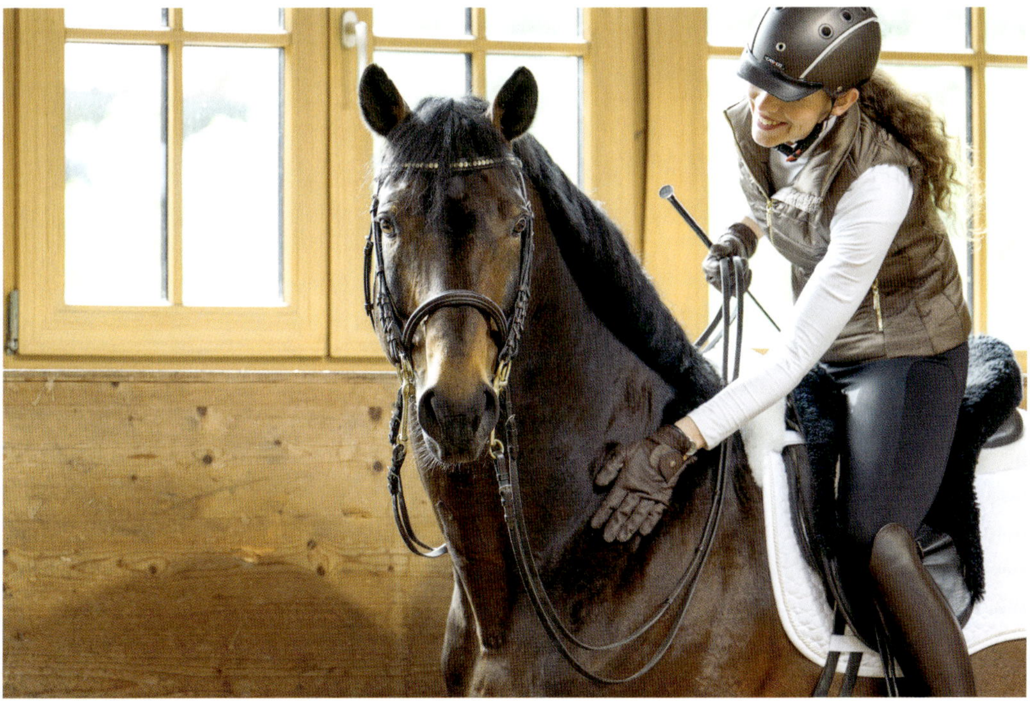

auszudrücken und das menschliche Verhalten für das Pferd als berechenbar zu gestalten.
Pferde sind sehr sensibel und besitzen schärfere Sinne als wir Menschen. Sie nutzen diese Sinne, um die Emotionen von Menschen wahrzunehmen und zu interpretieren. Das Gehör des Pferdes ist wesentlich besser entwickelt als das des Menschen. Pferde können somit Unterschiede in unserer Laune an unserer Stimme erkennen. Genauso können sie in ruhiger Umgebung hören und wahrnehmen, ob unsere Atmung ruhig oder beschleunigt ist. Ebenso hören sie, trotz vieler Hintergrundgeräusche, wenn der Mensch genervt seufzt. Der Geruchssinn bei Pferden ist ebenfalls deutlich besser ausgeprägt als bei uns. Je nach Stimmung sondern Menschen unterschiedliche Düfte ab. Angstschweiß ist der typische Geruch, den auch Mitmenschen unbewusst wahrnehmen, und der ihr Verhalten beeinflusst. Da ist es leicht verständlich, dass Angst auch vom Pferd mit seiner feinen Nase wahrgenommen wird und es auch beeinflusst. Spürt das Pferd die Angst des Reiters, so erwartet es, dass etwas Schlimmes passieren könnte, und es erschrickt leichter. Aber auch visuell erfassen Pferde unsere Stimmung. Pferde sind Wesen, die viel durch Körpersprache miteinander kommunizieren, daher achten sie auch bei Menschen auf deren Körpersprache und Bewegungen.

Videoclip Vertrautes & eingespieltes Team
Freude bei der Seniorenarbeit für Pferd und Mensch.

Was heißt das in der Praxis? Pferde nehmen die menschlichen Intentionen und Stimmungen wahr und spiegeln diese. Vielleicht haben Sie das auch schon mal erlebt? An einem Tag, an dem Sie schlecht gelaunt oder unter Zeitdruck sind, passiert es schnell mal, dass Ihr Pferd sich nicht von Ihnen einfangen lässt. Haben Sie aber gute Laune und ge-

Vertrauensvolle Beziehung zwischen Pferd und Mensch

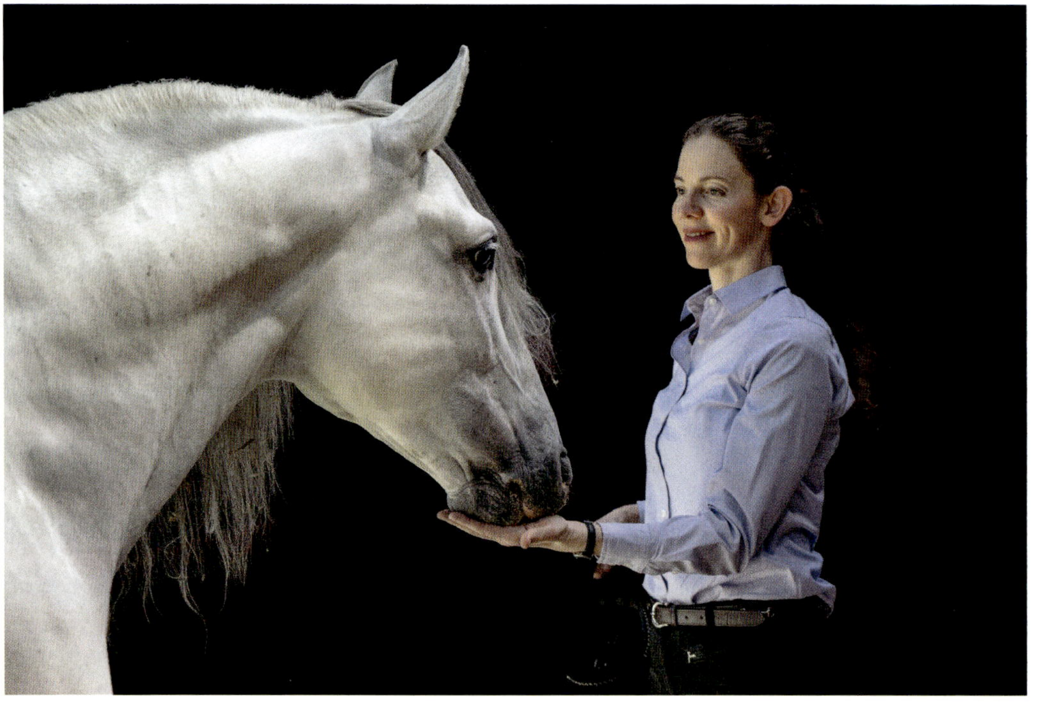

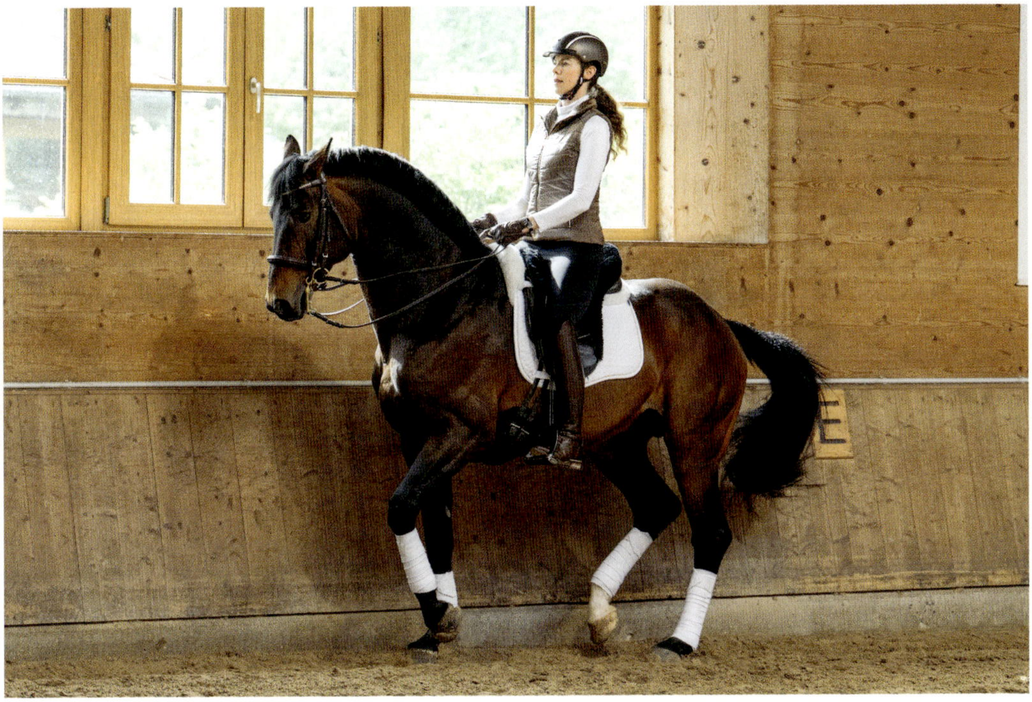

Bayernhengst Luis Figo in der Piaffe

fühlt alle Zeit der Welt, so lässt sich das Pferd leicht einfangen! Dies ist die Spiegelung unserer Stimmung und Verhaltensweise.
Jede Art von Spannung und glücklicherweise auch von Entspannung übertragt sich leicht von Mensch zu Pferd. Pferden kann man nichts vorspielen: ist man selber beunruhigt, wird sich das meist auch auf das Pferd übertragen. Um die Situation zu meistern, empfiehlt es sich zum Beispiel, bewusst beim Einatmen bis 4 und beim Ausatmen bis 6 zu zählen. Das beruhigt den menschlichen Körper und Geist. Ebenso sollten in so einem Moment nicht alle Schreckensszenarien im Kopf durchgespielt werden, sondern der Fokus bewusst auf positive Gedanken gelenkt werden.
Für das Pferdewohl ist eine ruhige und positive Grundstimmung im Stall wichtig. Geschrei und Stress überträgt sich auch auf Pferde, selbst wenn es gar nicht an sie gerichtet ist!

1.4 Welche anatomischen Kenntnisse muss ein Reiter haben, um pferdegerecht zu reiten?

Je mehr der Mensch über das Lebewesen Pferd weiß, desto geringer ist die Wahrscheinlichkeit, aus Unwissenheit Schaden anzurichten. Pferde sind soziale Herden- und Fluchttiere, deren Grundbedürfnisse bekannt sein und erfüllt werden müssen.
Jeder Reiter sollte sich bewusstmachen, dass Pferde zwar zum Tragen eines Reiters gezüchtet, von der Natur aber nicht dafür vorgesehen waren. Das »moderne« Pferd gibt es seit ungefähr 4 Millionen Jahren. In Menschenhand sind Pferde aber erst seit etwa 6000 Jahren.
Grundlegende anatomische Kenntnisse, wie die Tatsache, dass Pferde kein Schlüsselbein haben, sind für jeden Reiter wertvoll. Das fehlende Schlüsselbein

führt zu einer beweglicheren, aber instabileren Verbindung von den Vorderbeinen zum Rumpf. Damit das Pferd den Reiter ohne gesundheitliche Einbußen tragen kann, braucht es eine gut ausgebildete Tiefenmuskulatur zur Stabilisierung der Wirbelsäule. Außerdem sollte die Muskulatur der Brust, des Rumpfes, des Rückens und der Kruppe über das Training gekräftigt werden. Dadurch wird das Absinken des Rumpfes zwischen die Schulterblätter verhindert und die Tragkraft gestärkt.
Wissen bringt einen immer weiter, man sollte sich aber nicht in Details verzetteln und darüber den Überblick und das Gefühl verlieren. Es gibt Leute, die zwar die gesamten lateinischen Fachbegriffe für alle Strukturen im Pferdkörper kennen, aber dadurch trotzdem nicht besser reiten!
Das Wichtigste für einen Reiter ist das Gefühl. Kein Reiter kann sich auf ein Pferd setzen und gezielt nur einen einzigen Muskel trainieren. Der Körper muss immer als ein gesamtes System verstanden werden und in seiner Ganzheit und im Verbund mit dem Geiste des Pferdes trainiert werden. Ein Pferd ist nicht nur eine biomechanisch funktionierende Maschine, sondern ein Wesen mit Gefühlen, Bedürfnissen und Vorlieben.

1.5 Wie oft sollte ich mein Pferd von einem Therapeuten behandeln lassen?

Seinem Pferd ab und an eine Behandlung durch einen erfahrenen Körpertherapeuten (Physiotherapeut, Chiropraktiker, Osteopath, Masseur o.ä.) angedeihen zu lassen, ist durchaus eine gute Sache. Wichtig ist hier selbstverständlich die Wahl des Therapeuten. In der Regel sollten Tierärzte mit Zusatzqualifikation bevorzugt werden, da nur sie abschließend beurteilen können, ob etwaige gesundheitliche Probleme nicht doch zuerst einer

Klassische Handarbeit leistet beim Muskelaufbau gute Dienste – Westfalenwallach Flamingo in der Piaffe.

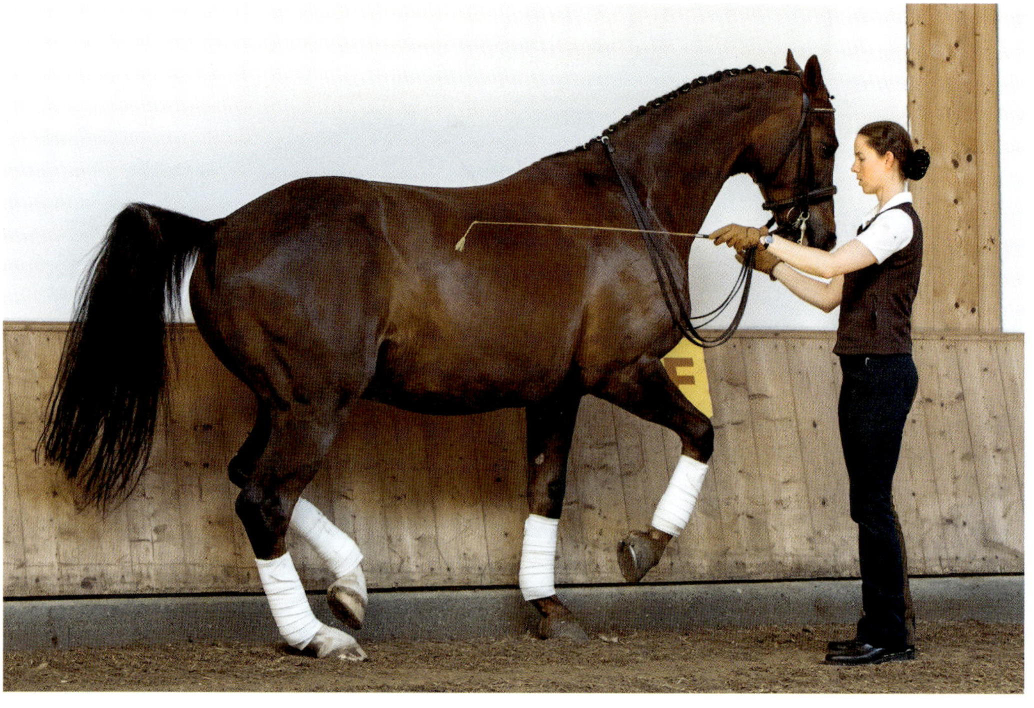

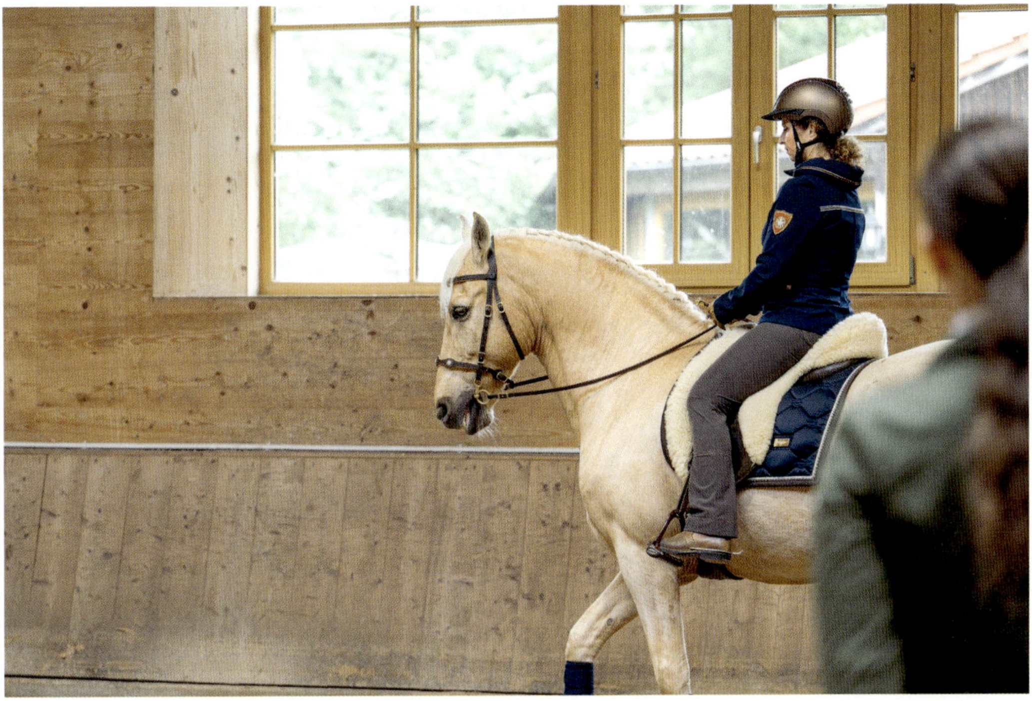

Regelmäßiger Unterricht hilft Lösungsansätze zu entwickeln – Miriam Pawlitzek auf Talisman.

schulmedizinischen Behandlung bedürfen. Es gibt leider einige Fälle, bei denen dies der Fall ist! Dann darf erst nach der tierärztlichen Behandlung oder nach Absprache mit dem Tierarzt ergänzend eine Art der manuellen Körpertherapie erfolgen.
Der kompetente Therapeut wird auch keine gewalttätigen Hauruck-Methoden verwenden und keine unhaltbaren Heilsversprechen abgeben. Es ist nicht realistisch zu behaupten, nur durch eine einzige Behandlung das Pferd von all seinen Problemen und Wehwehchen langfristig befreien zu können. Gerade wenn längerfristige Beschwerden vorhanden waren, hat das Pferd oft Schonhaltungen eingenommen. Um diese zu überwinden, muss parallel zum Lösen der Blockaden und Muskelverspannungen auch immer ein gezielter Muskelaufbau betrieben werden.
Es darf nicht vergessen werden, dass jede Art von Behandlung nur ein Baustein von vielen im großen Gesamten für die Gesunderhaltung des Pferdes ist. Ein konkretes Beispiel, war eine Reiterin, die ihr Pferd alle 6 Wochen von einem Physiotherapeuten behandeln ließ. Das Pferd hatte immer mal wieder wechselnde Lahmheiten und offensichtlich Rückenschmerzen. Der Physiotherapeut behandelte das Pferd auch jedes Mal ordnungsgemäß und wies auch die Besitzerin an, den Sattel überprüfen zu lassen. Der wurde daraufhin von einem Sattler angepasst. Doch trotz all dieser Bemühungen änderte sich an dem Zustand des Pferdes nichts Wesentliches, zumindest nicht dauerhaft. Das Pferd sollte nach Plan des Physiotherapeuten nach der Behandlung immer einen Tag freie Bewegung auf der Koppel haben und den nächsten Tag dann ohne Reiter bewegt werden. Am dritten Tag durfte die Reiterin wieder vorsichtig anfangen zu reiten. Nach jeder Behandlung fühlte die Reiterin, dass ihr Pferd beim Reiten lockerer war. Somit fühlte sie sich bestätigt,

auf dem richtigen Weg zu sein. Aber bereits beim nächsten Ritt war das Pferd schon wieder weniger locker und beim dritten Ritt wieder fest wie eh und je. Was lief hier falsch? Die Reiterin handelte zwar in bester Absicht, aber sie erkannte die wahre Ursache der Rückenprobleme ihres Pferdes nicht. Es lag an der Art und Weise, wie sie ihr Pferd ritt! Zum einen war ihr eigener Körper nach dem langen Sitzen in ihrem Büroalltag alles andere als geschmeidig. Also konnte sie den Bewegungen ihres schwungvollen Pferdes nicht folgen. Zum anderen ritt sie ihr Pferd generell in deutlich erhöhtem Tempo, ausschließlich auf großen Linien, immer in der Hoffnung, Aktivität in der Hinterhand zu erlangen und dadurch den Rücken zu aktivieren. Dabei versuchte sie noch über die Einwirkung ihrer Hände, ihr Pferd möglichst rund zu reiten. Dies gelang allerdings nur durch größere Kraftanstrengung, da ihr Pferd steif und nicht gymnastiziert war und sich deswegen körperlich gar nicht in der Lage befand, sich zu runden. Dadurch hatte es gelernt, gegen die Reiterhand anzuziehen. Durch das Ziehen der Reiterin am Zügel und dadurch, dass der Rücken des Pferdes durch das zu hohe Tempo lang und steif wurde, es sozusagen im Hohlkreuz lief und die Hinterbeine ohne jede Hankenbeugung lediglich lang und steif schoben, entwickelten sich Verspannungen und Schmerzen im Pferdekörper. Diese wurden zwar durch die Behandlung und die Reitpause gemildert, aber da die Reiterin nichts gegen ihre eigene Steifheit unternahm und auch ihr Reiten nicht änderte, führte es nicht zum langfristigen Erfolg. Es wurde nur das Symptom behandelt, nicht aber die Ursache.

Für das Pferdewohl ist es ausschlaggebend, dass eine gegebenenfalls benötigte Therapie des Pferdes Hand in Hand mit seinem Training geht und nicht durch dieses kompromittiert wird. Das Training ist in der Regel die Aufgabe des Reiters oder Besitzers. Früher wurde oft angenommen, das Pferd muss nur mal schnell eingerenkt werden. Die Ergebnisse einer Behandlung können aber nur dann langfristig Bestand haben, wenn die Muskeln des Pferdes dazu in der Lage sind, die physiologische Position des Körpers beizubehalten. Sind sie zu schwach oder ungleich ausgeprägt, so wird die Blockade schnell wieder entstehen.

Die klassische Dressur mit all ihren Übungen und Lektionen befähigen den Reiter, das Pferd und seinen Körper so zu gymnastizieren, dass es geschmeidig und gekräftigt wird. Dadurch wird es auch in die Lage versetzt, überhaupt einen Reiter schadlos zu tragen.

Auch sollte der Reiter oder Besitzer, welcher in der Regel kein ausgebildeter Fachmann in Pferdetherapie ist, nur mit größter Vorsicht und Bedacht versuchen, an seinem Pferd irgendwelche Behandlungen durchzuführen. Er sollte sich von dem Therapeuten seines Vertrauens einweisen lassen und Anwendungen immer behutsam durchführen.

1.6 Wie erkenne ich, ob ein Pferd eine aktive Hinterhand hat?

Oft wird davon ausgegangen, wenn ein Pferd mit seinen Hinterbeinen besonders hoch und spektakulär abfußt, sei es auch sehr aktiv hinten und daher versammelt. So einfach ist es leider nicht. Besonders im Galopp, in Piaffe und Passage lässt sich dies gut beobachten. Hebt das Pferd hier zwar die Hinterbeine sehr hoch ab, aber tut es dies, ohne Harmonie mit den Vorderbeinen und ohne die Hanken zu beugen, so ist es nicht versammelt. Dabei wippt dann die Kruppe nach oben und senkt sich nicht wie gewünscht ab. Daher zeugt die übertriebene Aktivität der Hintergliedmaßen nicht von besonders großer Versammlung, sondern nur davon, dass das Pferd auf der Vorhand läuft, keine Hankenbeugung zeigt, mit hoher Kruppe nach oben kommt und somit die Hinterhand frei ist. Genauso ist es nicht automatisch richtig, dass das Pferd immer möglichst weit untertreten sollte. Das Untertreten der Hinterhand muss immer an das Gangmaß angepasst sein. Im versammelten Tempo wird der Raumgriff geringer, die Schritte, Tritte und Sprünge werden kürzer. Hier darf das Pferd somit auch nicht mehr weit untertreten (kein Übertritt

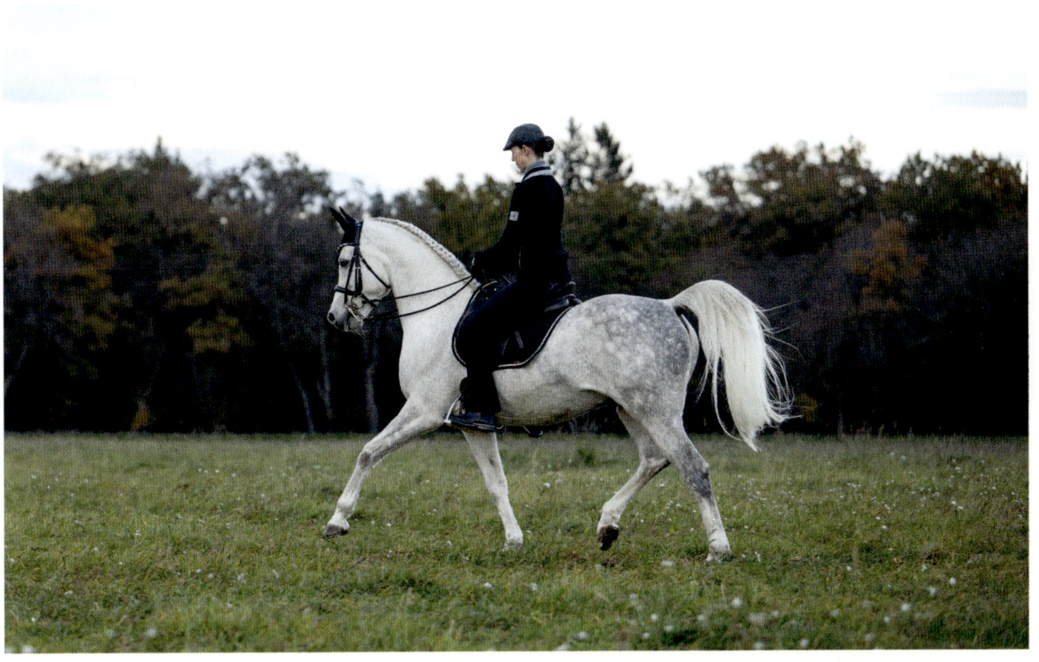

Dynamischer Trab mit aktiver Hinterhand – Vollblutaraber WM Malakil

der Hinterhufe über die Spuren der Vorderhufe), es darf im versammelten Schritt und Trab mit den Hinterhufen höchstens in die Spur der Vorderhufe treten. Versucht der Reiter, das Pferd zu einem versammelten Tempo zu schließen, und verlangt gleichzeitig lange Tritte vom Hinterbein, so kann das Pferd sich nicht versammeln und seine Hanken nicht beugen. Stattdessen wird es vermehrt auf der Vorhand hängen. Selbstverständlich darf der Fleiß der Hinterbeine im versammelten Tempo nicht verloren gehen, aber er äußert sich hierbei eben nicht durch lange Tritte.
Wird ein Pferd über sein individuell passendes Tempo getrieben, so gerät es aus der Balance. Schaffen die Vorderbeine es nicht rechtzeitig den Boden zu verlassen und die Hinterbeine schieben in langen Schritten vor, greift es sich, es tritt sich mit den Hinterhufen in die Ballen der Vorderhufe. Stellt man dies fest, so sollte das Tempo augenblicklich reduziert werden, um die Schubkraft zu reduzieren und die Tragkraft zu fördern. Fühlt sich die Vorhand dadurch wieder frei an, können auch wieder mittlere und verstärkte Tempi geritten werden.

1.7 Wie sehe ich, ob ein Pferd »über den Rücken« geht?

Früher wurden Pferde, welche »über den Rücken« gingen, als Rückengänger bezeichnet. »Über den Rücken gehen« bezeichnet nicht nur die Position des Rückens oder des Pferdehalses. Es bedeutet, dass das Pferd seine Bewegungen von Vor- und Hinterhand gut koordiniert, es geschmeidig und ausbalanciert ist. Dadurch sieht es in der Bewegung wie eine geschlossene Einheit und kugelrund aus. Hat der Betrachter hingegen den Eindruck, als passten die Bewegungen der Vor- und Hinterbeine nicht

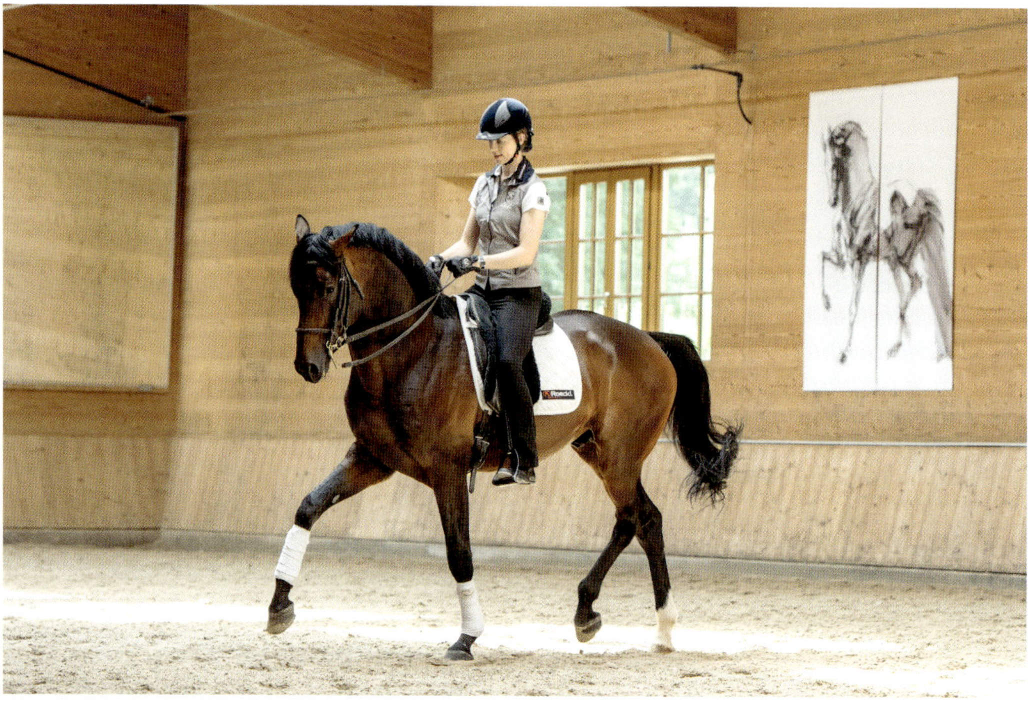

Geht das Pferd über den Rücken, so bewegen sich Vor- und Hinterhand in Harmonie.

zusammen, als wirke die Oberlinie eckig, geht das Pferd auch nicht über den Rücken. Der Rückengänger bewegt sich so, dass er das Reitergewicht optimal tragen kann. Er ist ausbalanciert und die Muskeln des Rumpfes, der Hinterhand, des Bauches und des Halsansatzes sind gekräftigt. Er ist in der Lage, die Hanken zu beugen und den Rücken davor zu bewahren, durch das Reitergewicht nach unten durchzuhängen. Dies bedeutet allerdings nicht, dass der Pferderücken krampfhaft nach oben gewölbt wird, sondern dass er durch das rhythmische An- und Abspannen der Muskulatur zum Schwingen kommt.

Geht das Pferd »ohne Rücken«, hält es sich also steif und fest im Rumpf, so wird es zum Schenkelgänger. Beim Schenkelgänger hat der Reiter, je nach Pferdetyp, entweder den Eindruck, dass das Pferd sehr hart zu sitzen ist und das Aufprallen der Hufe auf den Boden ungefiltert an seinem Rücken ankommt. Oder aber manche Pferde erwecken den Eindruck, als ob der Rücken sich gar nicht bewegt und die Fortbewegung nur durch die Pferdebeine herbeigeführt wird.

Den Rückengänger kann der Reiter daran erfühlen, dass er den Eindruck hat, das Pferd lade ihn zum Sitzen ein, da der Sitzkomfort höher wird, aber trotzdem eine Auf- und Abbewegung zu spüren ist. Zudem fühlt der Pferderumpf sich dabei breiter an. Der Rücken des Pferdes kann den Reiter auch ermüdungsfreier tragen, wenn die Unterstützungsfläche »kurz« wird, also die Hinterbeine nicht weit hinten herausstehen oder arbeiten. Was heißt das genau? Das können Sie leicht an sich selbst erfühlen. Gehen Sie dazu in den Vierfüßlerstand. Achten Sie darauf, dass die Arme und Oberschenkel senkrecht zum Boden sind, das heißt, die Hände sind unter den Schultern und die Knie unter den Hüften. Im Vierfüßlerstand wechseln Sie ein paar Mal zwischen Hohlkreuzposition und Rundrücken. Finden Sie dann die

Mitte. Das Becken ist nun in neutraler Position und der Rücken lang. Spüren Sie in sich hinein. Hier brauchen Sie wenig Kraftaufwand, um Ihren Rücken lang und Ihr Becken in der neutralen Position zu halten. Als nächstes rücken Sie mit den Knien etwas nach hinten. Hände und Knie sind jetzt weiter voneinander entfernt. Die Arme und die Oberschenkel stehen nicht mehr senkrecht. Jetzt wieder versuchen, die neutrale Beckenposition mit dem langen Rücken einzunehmen. Spüren Sie in sich hinein. Hier wird deutlich mehr Kraftaufwand benötigt, um die Position beizubehalten. Ähnlich geht es den Pferden! Durch die Versammlung schließt das Pferd die Hinterbeine heran, die Unterstützungsfläche wird kürzer, die Beine bewegen sich nicht so stark aus der vertikalen Position heraus, wie wenn es nicht versammelt wäre. Dies ist beim Pferd auch im Stand gut zu erkennen. Die Unterstützungsfläche darf aber nicht beliebig verkürzt werden. Steht das Pferd ohne Hankenbeugung zu nah mit Vorder- und Hinterbeinen zusammen, so werden die Vorderbeine rückstellig. Dabei bringt das Pferd zu viel Gewicht auf die Vorhand. In Bewegung erscheint das versammelte Pferd dem Betrachter kurz, rund und vorne groß. Wirkt es hingegen lang und die Hinterbeine schieben weit hinten heraus, womöglich sieht es sogar aus, als ob es bergab gehen würde, dann ist es nicht versammelt.

1.8 Wie schaffe ich es, dass mein Pferd »über den Rücken« geht?

Das »über den Rücken Gehen« betrifft den gesamten Körper und auch die Psyche des Pferdes. Grundvoraussetzung für einen aktiven und gesunden Rücken ist, dass das Pferd entspannt ist. Nur dann können die Muskeln effektiv arbeiten, und so ist es auch lernbereit.

Für eine gesunde Rückentätigkeit muss das Pferd eine Haltung annehmen, die seinem Ausbildungsstand

4-jähriger Trakehnerhengst

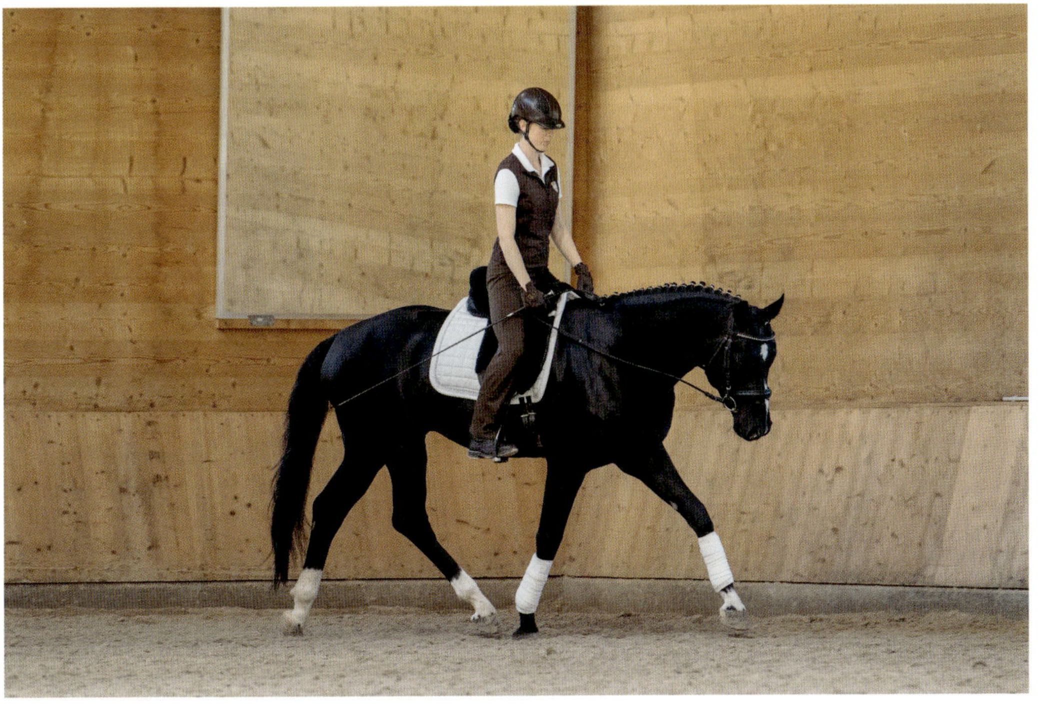

entspricht. Für ein junges Pferd heißt dies, dass es mit langem Hals geht, ohne dabei tief oder eng zu werden. Keinesfalls darf es sich dabei auf dem Zügel abstützen, sondern muss lernen, sich zügelunabhängig auszubalancieren.
Was der gesunden Rückentätigkeit nicht hilft: Pferdehals und Kopf durch Zügelhilfen oder Hilfszügel künstlich in eine runde oder tiefe Position zu zwingen. Dadurch wird man das Pferd aus der Balance bringen. Meistens stützt es sich dann auf der Hand ab oder zieht dagegen. Dass sich im Laufe der Ausbildung die Position des Pferdes von einer remontengerechten, langen und waagerechten Haltung zu einer aufgewölbten Aufrichtung entwickelt, wird nicht durch die Halsposition verursacht, sondern andersherum: die runde Halsposition resultiert aus der Versammlung. »Der Hals formt sich zuletzt«, wie Udo Bürger es in seinem Buch »Vollendete Reitkunst« formuliert.

Genauso wenig förderlich für die gesunde Rückentätigkeit des Reitpferdes ist es, wenn das Pferd aufgeregt ist und seinen Hals angespannt nach oben zieht. Dann wird es sich auch im Rücken festhalten und nicht zum Schwingen kommen.
Damit ein Pferd lernt, »über den Rücken« zu gehen, und seinen Reiter tragen kann, muss es in seinem gesamten Körper geschmeidig und beweglich sein. Dabei helfen Übergänge zwischen den Gangarten, gebogene Linien und vor allem auch die mobilisierende Arbeit in den Seitengängen. Richtig ausgeführt, wird das Pferd dadurch ins Gleichgewicht versetzt. Sehr gut für die Aktivierung des Pferderückens und förderlich für das Gleichgewicht ist auch das Rückwärtsrichten. Ist das Pferd durch die Ausbildung ausreichend vorbereitet, helfen die fortgeschrittenen versammelnden Lektionen wie die Piaffe, die Rückentätigkeit und Tragkraft des Pferdes deutlich zu verbessern.

In der korrekt ausgeführten Piaffe richtet sich das Pferd selbst auf und gibt sich einen schönen Rahmen.

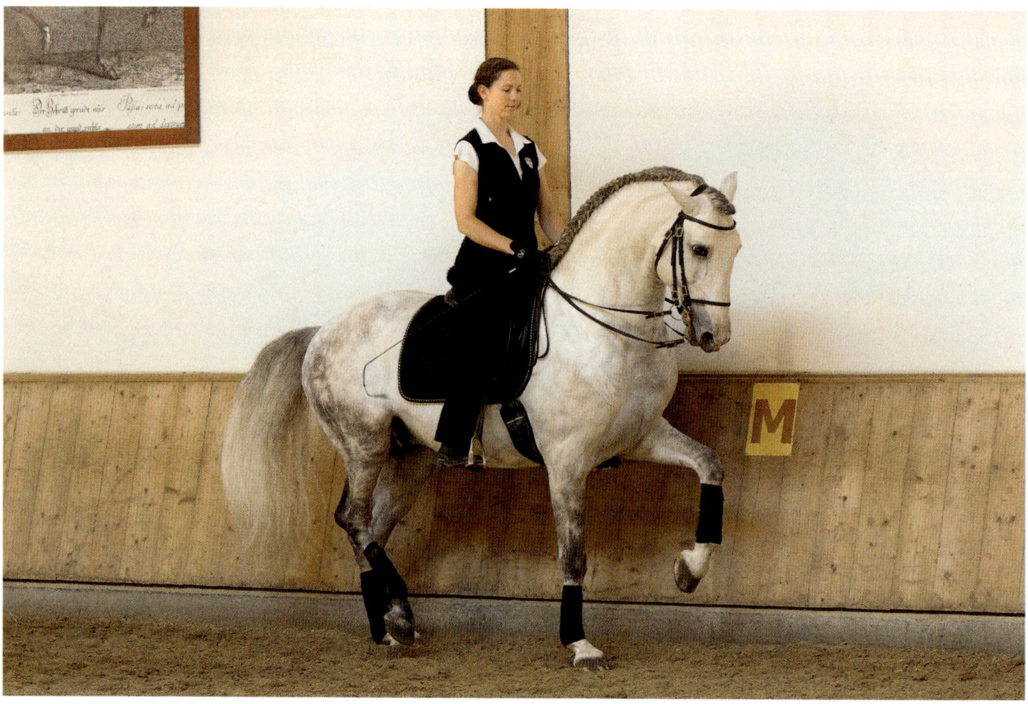

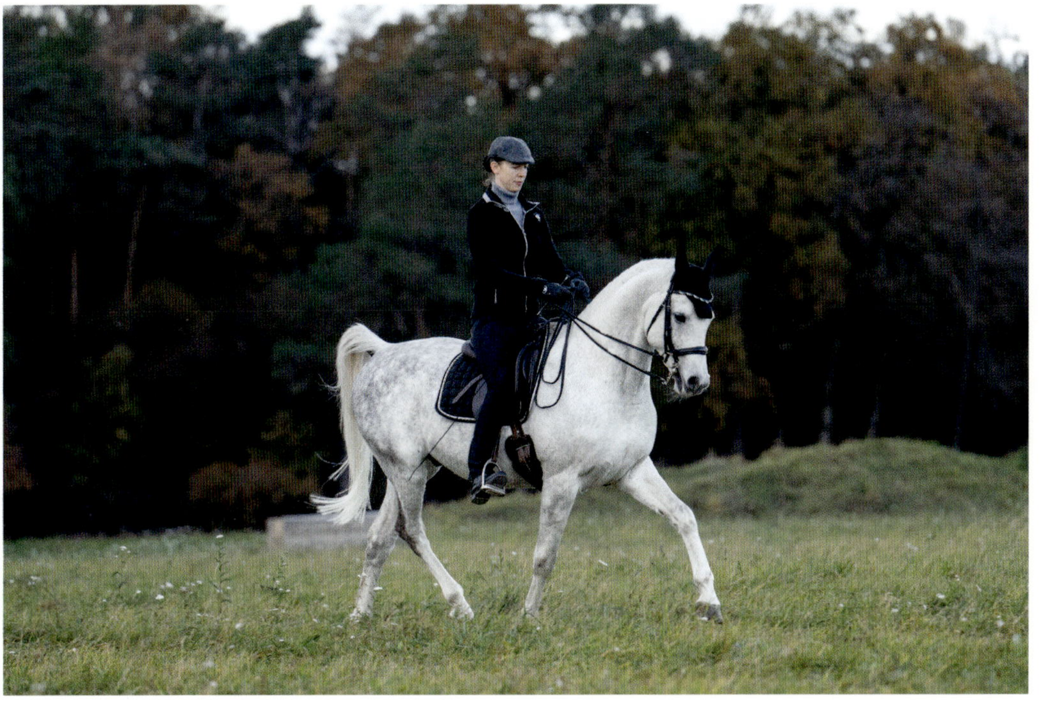

Geht ein Pferd »vorwärts« so hat es die Bereitschaft jederzeit in Richtung nach vorne zu gehen.

1.9 Woran erkenne ich, ob ein Pferd »vorwärts« geht?

Der Begriff des »Vorwärtsgehens« ist wohl einer der am häufigsten missverstandenen Ausdrücke in der Reiterei. »Vorwärts« ist keine Geschwindigkeitsangabe, sondern eine Richtungsangabe, und meint auch die Reaktion des Pferdes in Richtung nach vorne auf die vorwärtstreibenden Hilfen.

Der berühmte Leitsatz von Gustav Steinbrecht: »Reite dein Pferd vorwärts und richte es gerade« wird viel zitiert, aber doch oft missverstanden. Er bedeutet eben nicht, sein Pferd schnell und nur geradeaus zu reiten. Es geht darum, bei der Ausbildung die Bewegungsfreude des Pferdes zu erhalten und das Pferd vor die Hilfen zu bringen. Dazu muss es diese verstanden haben und es muss auch in die Lage versetzt werden, diese umzusetzen. Ist das Pferd schief und unausbalanciert, so kann es die Hilfen des Reiters gar nicht ausführen. Für junge Pferde ist es hilfreich, große Linien zu reiten, um vom natürlichen Bewegungsdrang zu profitieren. Auf großen Reitplätzen und im Gelände fällt es dem jungen Pferd leicht, auf die vorwärtstreibenden Hilfen des Reiters zu reagieren. Haben die Pferde aber einmal die vortreibenden Hilfen verstanden, so sollte die Reaktion auf diese Hilfen auch auf kleineren Linien abrufbar sein. Reiter mit sehr kleinen Reitbahnen müssen ihre Pferde automatisch gut »vorwärts« haben, da die Pferde in der kleinen Bahn nicht so geneigt sind, sich von sich aus fortzubewegen.

Versucht der Reiter sein Pferd anzutreiben und es wird daraufhin langsamer, so klemmt es am Schenkel, es geht nicht »vorwärts«. Treibt der Reiter sein Pferd zu längeren Schritten, Tritten oder Sprüngen an, und es greift nicht mehr aus, sondern macht nur kürzere und hektischere Bewegungen oder schraubt sich in Schwebetritten nach oben, so verhält es sich und geht auch nicht »vorwärts«. Richtet der Reiter sein Pferd rückwärts und kann die Rückwärtsbewegung nicht mehr stoppen, das Pferd geht im Gegenteil immer schneller rückwärts, so ist es auch nicht »vorwärts«. Die Reaktion des Pferdes auf die Schenkelhilfen des Reiters sind keine natürlichen Reflexe, die bei jedem Pferd von Geburt vorhanden sind, sondern in der Grundausbildung erlernte Reaktionen. Dass »vorwärts« nicht mit Geschwindigkeit verwechselt werden darf, wird schnell klar, wenn man an Rennpferde denkt. Ich habe bereits ehemalige Rennpferde erlebt, die zwar auf der Rennbahn schnell galoppierten, aber bei der Umschulung zum Reitpferd mit den Schenkelhilfen erst einmal gar nichts anfangen konnten. Im Gegenteil! Sie wurden sogar oft langsamer, wenn der Reiter trieb. Sie konnten zwar auf der Rennbahn schnell wie der Wind galoppieren, aber eben nicht ausgelöst durch die dressurmäßige Schenkelhilfe, sondern einfach, weil sie wussten, dass das dort gewünscht war. Diese Pferde können also sehr schnell laufen, aber sind trotzdem nicht am Schenkel »vorwärts«!

Trainerwahl

1.10 Wie erkenne ich, welcher Trainer und welche Reitweise zu mir passt?

Ein guter Trainer und Reitlehrer zeichnet sich durch Respekt für Pferd und Reiter aus. Das Pferd steht immer an erster Stelle, und Fehler werden grundsätzlich zuerst beim Reiter gesucht. Gute Ausbilder geben Hilfe zur Selbsthilfe und versuchen nicht, die Schüler klein zu halten. Zu harsche Kritik führt bei den meisten Lernenden zur Kapitulation und hemmt den Fortschritt. Der Schüler muss an sich selbst glauben und eine Idee vermittelt bekommen, wo er sich verbessern kann. Gute Lehrer motivieren Pferd und Reiter, zeigen aber auch klar das Verbesserungspotenzial auf. Wenn der Lehrer aus Angst, seine Schüler sonst zu verlieren, keinerlei Kritik übt und alles schönredet, führt dies natürlich zu keinem Fortschritt.

Zirkuslektionen bringen Pferd und Reiter Freude.

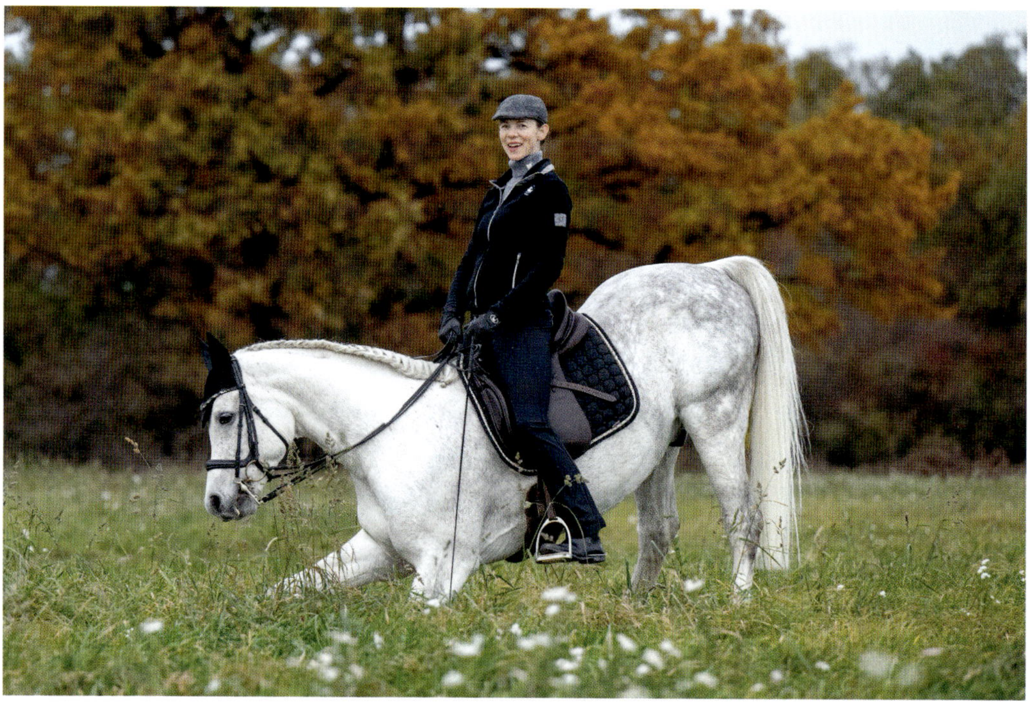

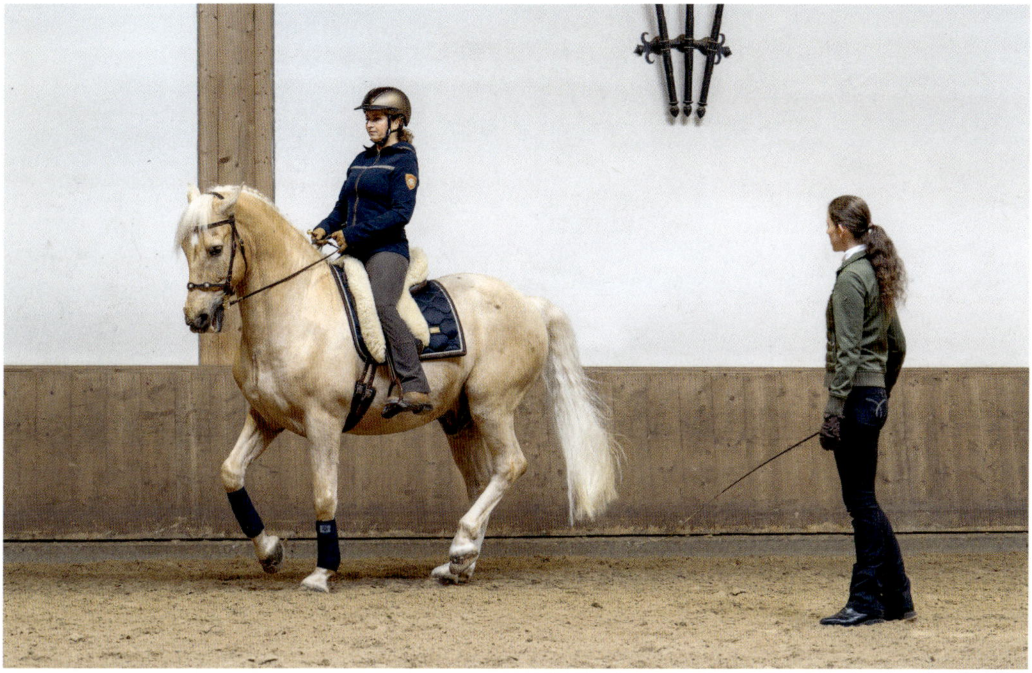

Miriam Pawlitzek auf Talisman – ein guter Trainer kann bei Bedarf auch vom Boden aus unterstützen ...

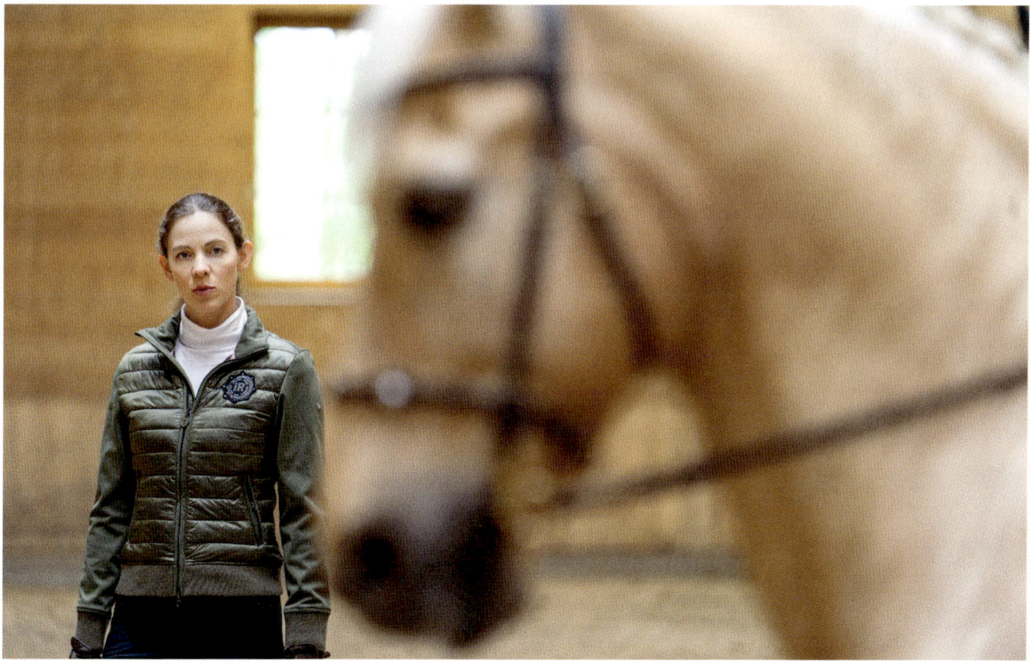

... er beobachtet Pferd und Reiter genau.

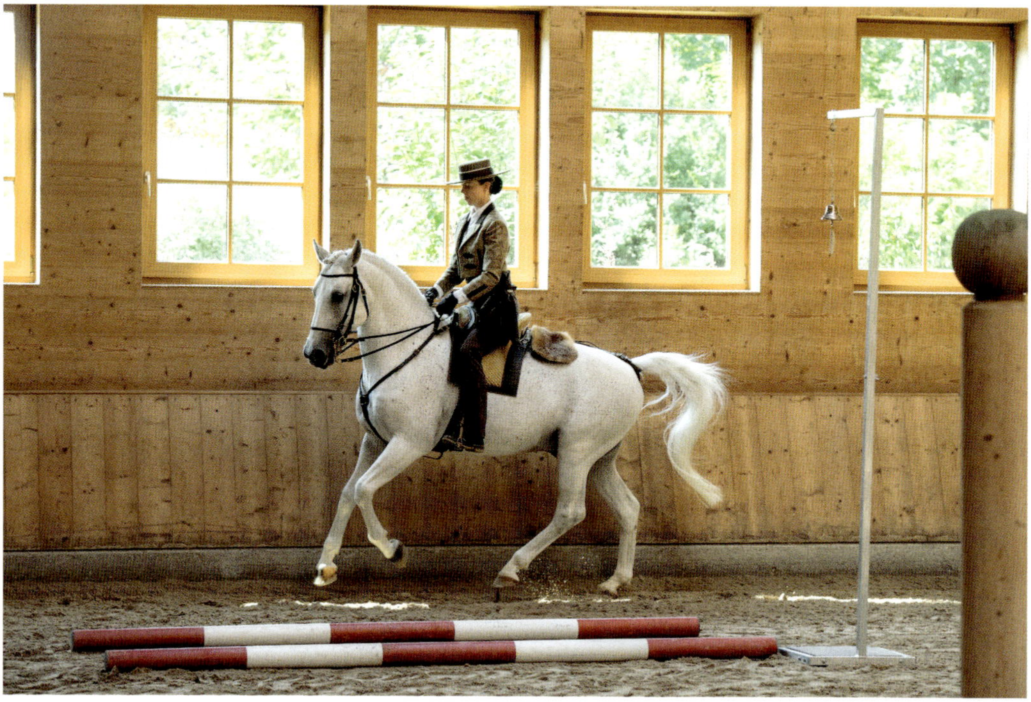

Lipizzanerhengst Maestoso Stornella

Ebenso ist es eine Sache der Höflichkeit gegenüber Pferd und Reiter, dass der Reitlehrer ihnen seine gesamte und ungeteilte Aufmerksamkeit zukommen lässt. Natürlich kann es in der Realität vorkommen, dass mal das Telefon klingelt. Aber dass der Lehrer die ganze Stunde hindurch mit den Zuschauern an der Bande plaudert oder auf einem Reitkurs das vorherrschende Thema der Reitstunde ist, welche Pizza für das Mittagessen bestellt wird, ist respektlos. Reiten und Pferdeausbildung ist ein sehr umfangreiches Themengebiet. Je weiter und umfangreicher der Reitlehrer selbst ausgebildet ist, desto größeren Überblick hat er und desto leichter kann er Pferd und Reiter weiter fördern. Es gibt aber dennoch Ausnahmen von sehr guten Reitlehrern im Basisbereich, die zwar auch nur in der Basisausbildung geschult sind, hier aber motiviert eine gute Arbeit leisten. Bei der Wahl des Lehrers haben die Pferde, die er selbst ausgebildet hat, größte Aussagekraft. Oder hat der Ausbilder gar keine selbst ausgebildeten Pferde vorzuweisen, oder vielleicht nur ein sehr eifriges und talentiertes Pferd? Dann ist Vorsicht geboten. Hier kann es sein, dass die breite Erfahrung mit vielen verschiedenen Pferden fehlt. Betrachtet man die Ausbildungspferde eines Ausbilders, ist zum einen selbstverständlich auf die reiterliche Ausbildung zu achten, aber vor allem auch auf den Ausdruck und das Wohlbefinden der Pferde. Schauen Sie den Pferden ins Gesicht, wirken sie fröhlich und interessiert? Wie ist ihr Allgemeinzustand? Wecken die Pferde in Ihnen den Wunsch selbst aufzusteigen?

Bei der Wahl der Reitweise oder Disziplin stehen die persönlichen Vorlieben, aber vor allem auch das Pferdewohl im Vordergrund. Jedes Pferd profitiert von einer guten Grundausbildung und dressurmäßiger Arbeit. Aber natürlich müssen die Erwartungen an das jeweilige Pferd-und-Reiter-Paar angepasst werden. Sehr schwere Pferde wie Kaltblüter, können beispielsweise von Stangenarbeit profitieren, aber einen gesamten Springparcours mit hohen Hindernissen auf Zeit zu springen, wird auf Dauer für ihre Gesundheit nicht förderlich sein.

1.11 Ist es sinnvoll, bei vielen verschiedenen Trainern Unterricht zu nehmen?

Selbstverständlich hat jeder Trainer verschiedene Ansichten und Herangehensweisen. Davon kann der Schüler profitieren. Aber die Gefahr, bei häufig wechselnden Ausbildern zu reiten, besteht darin, den roten Faden zu verlieren, sich selbst und das Pferd zu verwirren. Reiten und Pferdeausbildung sind sehr komplex. Hier kann man schnell den Überblick verlieren. Es führen zwar viele Wege nach Rom, aber wenn man jeden Weg nur ein paar Schritte geht und dann wieder einen neuen einschlägt, wird man nirgendwo ankommen!

Eine erfahrene Opernsängerin und Gesangslehrerin hat ihre Beobachtung mit mir geteilt, dass es bei Sängern ähnlich ist. Diejenigen, welche lange bei einem Lehrmeister bleiben und dann auf dem Fundament ihrer Ausbildung, später, falls überhaupt nötig, ihr Können bei zusätzlichen Lehrern erweitern, werden in aller Regel bessere Sänger als diejenigen, welche sich ständig von neuen Meistern unterrichten lassen und sich so nie ein solides Fundament erarbeiten.

Zweifellos kann es für das eigene Reiten eine Bereicherung sein, neue Impulse und Inspirationen aufzunehmen. Aber diese müssen mit Bedacht in das eigene Wirken eingefügt werden und dürfen das Pferd nicht verwirren.

Pferdeausbildung sollte nach einem einheitlichen Konzept erfolgen, um eine Verwirrung des Tieres zu vermeiden. Externe Einflüsse und Inspirationen können aber sinnvoll und in Maßen das Ausbildungsprogramm ergänzen.

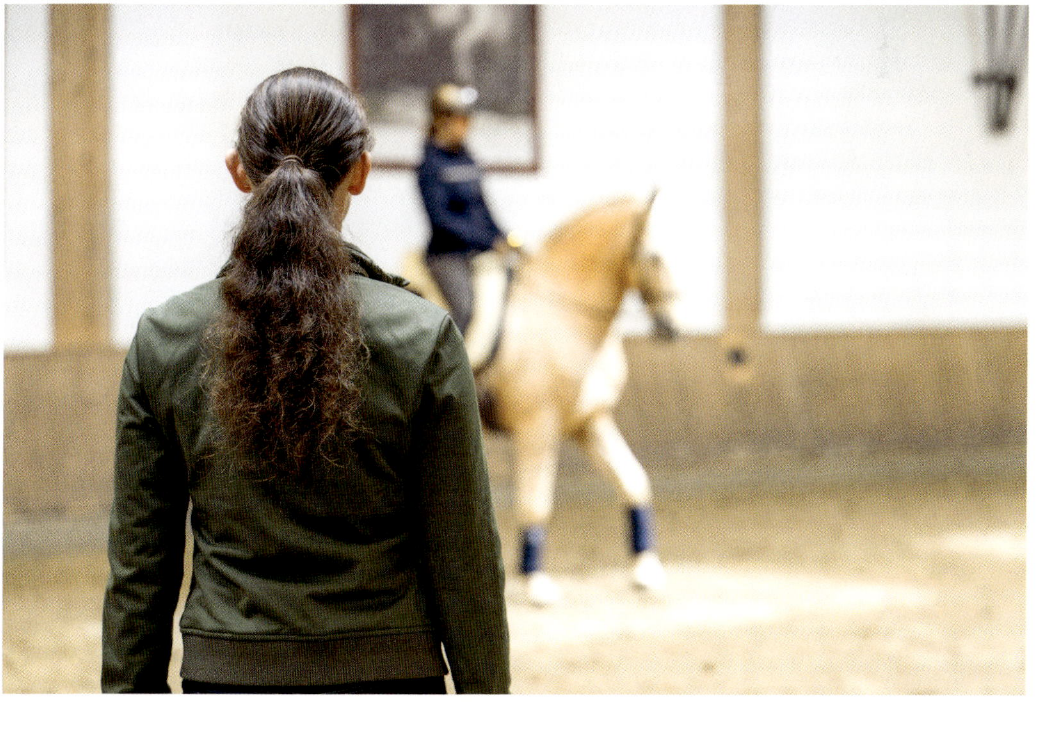

1.12 Wie kann ich mich auch ohne Trainer weiter verbessern?

Gute Ausbilder gibt es leider immer zu wenig. Das führt dazu, dass es nicht jedem Reiter jederzeit möglich ist, guten Unterricht zu erhalten. Es gibt aber doch Einiges, was helfen kann, trotzdem das eigene Niveau zu halten, oder sich sogar weiterzuentwickeln.

Wichtigste Voraussetzung zum Lernen ist die Lernbereitschaft. Lernen heißt Veränderung, es heißt Neues zu entdecken, aber auch zunächst zu erkennen und zu akzeptieren, dass Bisheriges nicht gut oder noch nicht ausreichend war.

Um einen Fortschritt zu erzielen, ist es nützlich, immer wieder die eigenen Gewohnheiten zu hinterfragen. Wird etwas getan, weil es tatsächlich zielführend ist, oder nur, weil man es schon immer so getan hat?

Lernen bedeutet häufig auch ein Erweitern der eigenen Komfortzone. Hier sollten Sie sich immer kleine Schritte und Ziele vornehmen, welche auch erreichbar sind.

Ein wesentlicher Aspekt, um sich beim Reiten zu verbessern, liegt in der eigenen körperlichen Fitness. Je besser der eigene Körper eingesetzt werden kann, desto besser kann durch den Reitersitz auf das Pferd eingewirkt werden. Hierfür wird kein Reitlehrer und kein Pferd benötigt. Man kann sogar sagen, alle Sportarten helfen auf irgendeine Weise weiter, den eigenen Körper besser kennenzulernen. Menschenkörper sind genauso individuell wie Pferdekörper; was dem einen leichtfällt, empfindet der nächste als schwer. So sollte der Reiter auch versuchen zu ergründen, wo seine körperlichen Schwachstellen liegen und an diesen arbeiten. Besonders zielführend für Reiter sind Sportarten oder Trainingspläne, die für Mobilität, Koordination und Kräftigung der Körpermitte sorgen. Tanzen, Pilates und Yoga sind nur einige Beispiele für förderliche Betätigungen für Reiter. Es gibt inzwischen sogar einige speziell auf Reiter abgestimmte Fitness- und Trainingspläne. Für Reiter sind die wichtigsten Punkte die Beweglichkeit der Hüften und die Stabilität in der Körpermitte, gepaart mit einer aufrechten Haltung. Durch häufiges Training schult man auch das Gefühl für den eigenen Körper und die Empathie mit dem Pferd. Dabei erkennt der Mensch, dass auch für seinen Körper nicht jeder Tag gleich ist. Manche Übungen sind den einen Tag anstrengend, gelingen aber an einem anderen Tag mühelos. Manche Übungen bleiben lange Zeit schwierig und brauchen regelmäßige Wiederholungen, bis sie gelingen. Genauso geht es auch den Pferden! Auch für sie ist nicht jeder Tag gleich, manche Lektionen brauchen sehr lange, bis sie gelingen.

Während des Reitens selbst sind Gefühl und Verstand gefragt. Der Reiter sollte bei jeder Schwierigkeit, aber auch prinzipiell nach jeder Einheit für sich analysieren, was gut war, wo es noch Verbesserungspotenzial gibt und was er anders machen kann.

Neben dem eigenen körperlichen Training sollten auch immer wieder während des Reitens die eigene Haltung und Einwirkung überprüft werden. Oft deckt sich das Gefühl des Reiters nicht mit dem äußeren Erscheinungsbild. Gerade wenn der Reiter sich Fehlhaltungen angewöhnt hat, fühlt sich diese gewohnte Haltung für ihn normal und richtig an. Spiegel in der Reitbahn sind eine hervorragende Möglichkeit, sich und das Pferd direkt während der Ausführung visuell zu überprüfen. So kann in dem betreffenden Moment schon eine Korrektur erfolgen, falls nötig. Das darf aber nicht dazu führen, dass bei jedem seitlichen Vorbeireiten der Kopf verdreht wird, um sich und das Pferd im Spiegel zu betrachten. Dann sollte der Reiter sich vermehrt auf sein Gefühl verlassen, denn sobald er seine Position ändert, um in den Spiegel zu schauen, ändert sich auch seine Einwirkung auf das Pferd. Entweder ändert der Reiter so unabsichtlich etwas oder er verliert die Konzentration auf sein Pferd.

Heutzutage ist auch das Filmen des eigenen Reitens ein sehr einfaches, aber effektives Mittel. Lässt sich der Reiter filmen, um seinen Sitz zu verbessern, ist es sinnvoll, sich auch direkt von vorne und von

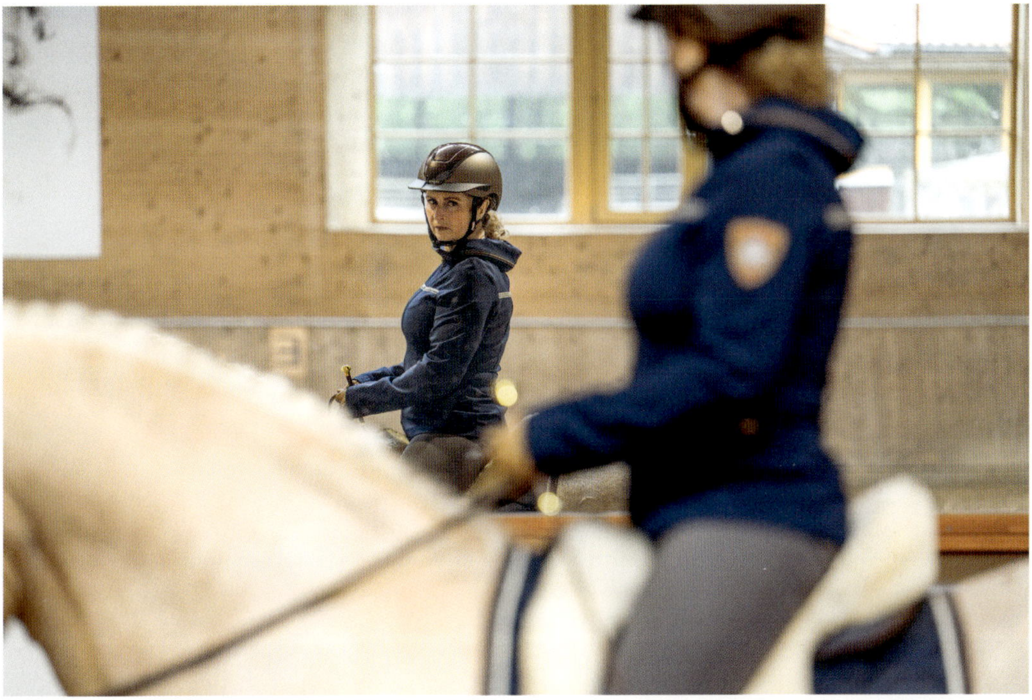

Ein Blick in den Spiegel hilft sich selbst zu überprüfen, aber dabei darf die Konzentration auf das Pferd und den Moment nicht verloren gehen.

hinten und nicht nur von der Seite aus aufnehmen zu lassen. Hierfür werden gerade Linien auf die Kamera zu und von ihr weg angelegt. So können seitliche Schiefen im Reiterkörper besser aufgedeckt werden. Die wichtigsten Orientierungspunkte sind hier die zentrierte Position des Beckens, die Steigbügel bei absolut identischer Bügelriemenlänge auf derselben Höhe sowie die horizontale Ausrichtung der Schultern über den Hüften.

Selbstverständlich geben Spiegel und Filmaufnahmen auch wertvolle Hinweise auf die Bewegungen und Übungsausführungen des Pferdes. Auch hier decken sich Reitgefühl und Betrachtung von außen nicht immer.

Menschen lernen aber nicht nur durch die eigene Ausführung einer Tätigkeit, sondern auch bewusst und unbewusst durch Zuschauen. Daher kann immer durch das Anschauen von guten Reitern profitiert werden, sei es als Film oder real. Zum einen kann bewusst versucht werden, Techniken und Herangehensweisen zu übernehmen. Zum anderen sind gute Reiter die ideale Vorlage für positive, innere Bilder. Die Vorstellung, es genauso auszuführen wie das Vorbild, wirkt wie mentales Training und erleichtert die tatsächliche Ausführung bedeutend. Selbst wenn der Reiter noch am Anfang seiner Reitkarriere steht, gewinnt er durch die Beobachtung von weit fortgeschrittenen Reitern. Nicht, weil er dann sofort genauso die Lektionen abrufen kann, aber als Hilfe für die eigene Zielsetzung auf der Suche nach Harmonie mit dem eigenen Pferd.

Ich rate davon ab, sich schlechtes Reiten als Negativbeispiel anzuschauen. Keinesfalls sollten sich schlechte Bilder zur Visualisierung in unserem Gedächtnis festsetzen. Unser Hirn und unsere Vorstellungskraft können erstaunliche Dinge leisten, aber wir müssen es zu nutzen wissen. Wir Menschen können positive Aufforderungen wie: »Hände tief«

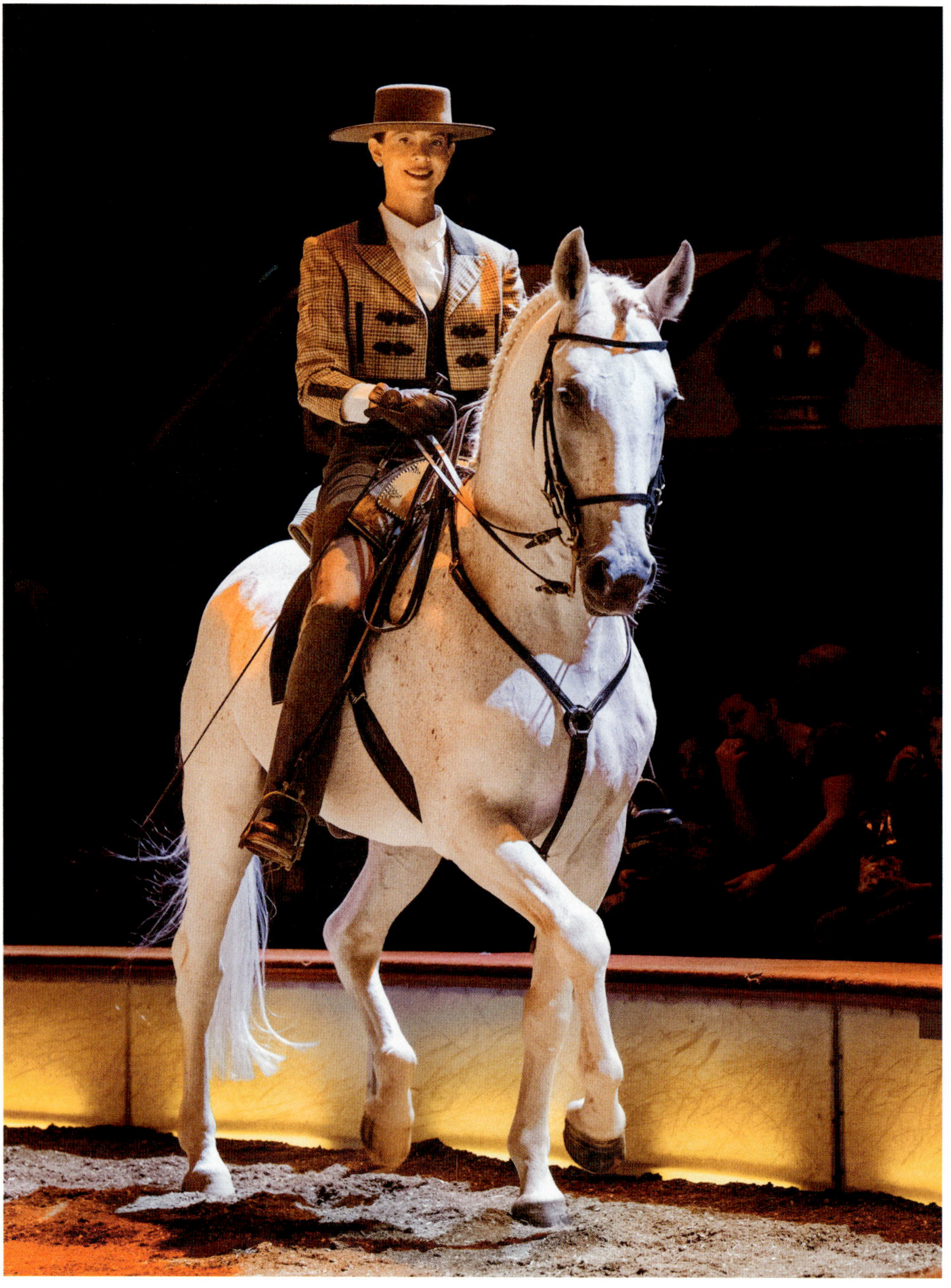

Harmonische Ritte als Vorbild

besser umsetzen als deren Verneinung: »Hände nicht so hoch«, besonders wenn es schnell gehen soll. Wir können uns auch nicht vorstellen, etwas nicht zu tun: Denken Sie jetzt nicht daran, dass Sie in eine Zitronenspalte beißen. Stellen Sie sich nicht vor, wie der kühle und saure Zitronensaft auf Ihrer Zunge schmeckt. Haben Sie beim Lesen das Gesicht verzogen? Lief Ihnen der Speichel im Mund zusammen, als ob Sie tatsächlich in eine Zitrone gebissen hätten? Daraus folgt, wenn man Reitunterricht gibt, aber auch wenn man sich selbst Anweisungen gibt: positiv formulieren. Der andere Grund, warum ich davon abrate, sich schlechtes Reiten anzuschauen, ist, dass dieser Anblick, regelmäßig betrachtet, zur Normalität wird. Orientieren Sie sich immer an jemandem, der es bereits besser macht als Sie selbst, nehmen Sie die positiven Bilder als Anreiz und werden Sie genauso gut!
Auch das regelmäßige Lesen von Fachliteratur ist ein guter Pfeiler für die Bildung des Reiters, wie Nuno Oliveira in »Gedanken über die Reitkunst« schon feststellte: »Das Wichtigste ist, regelmäßig und ausgiebig zu reiten, ohne jedoch die Bücher verstauben zu lassen.« Trotzdem besteht noch ein großer Unterschied zwischen Kennen und Können. Man kann sich zwar durchs Lesen und Zuschauen theoretisch aneignen, wie man Fahrrad fährt. Das ist das Kennen der Technik. Aber Fahrrad fahren können lernt man nur durch die Ausführung. Kann man aber bereits Fahrrad fahren, so kann die eigene Ausführung durch Lesen über fortgeschrittene Techniken im Fahrradfahren profitieren.
Bei allen Inspirationen von außen ist es für die Ausbildung des Pferdes allerdings wichtig, bereits ein schlüssiges und strukturiertes Konzept zu haben, um das Pferd nicht zu verwirren. Hier ist es genauso wichtig, wie bei Trainern vor Ort, nicht ständig sein gesamtes Konzept über den Haufen zu werfen.

Ausbildung

1.13 Ist es sinnvoller, auf einem Lehrpferd zu lernen, oder kann ich zusammen mit meinem Pferd lernen?

Falls es möglich ist, ein Lehrpferd und den passenden Trainer zu finden, ist das der beste und effektivste Weg. Ein Lehrpferd ist idealerweise ein korrekt ausgebildetes und überdies noch souveränes und geduldiges Pferd. Früher wurde die Bezeichnung »Schulpferd« für die Pferde verwendet, welche die Hohe Schule beherrschten. Heute ist das Schulpferd leider oftmals eine arme Kreatur, die abgestumpft ihre immer gleichen Runden dreht. Anfänger sollten bestrebt sein, auf ihrer Suche nach einer Reitschule immer auf das Pferdewohl zu achten. Es sollte nicht nur das Reiten, sondern auch der Umgang mit dem Pferd und seine Pflege auf dem Lehrprogramm stehen.
Auch fortgeschrittene Reiter profitieren von guten Lehrpferden. Stellt ein Ausbilder seine Pferde zum Unterricht zur Verfügung, so ist dies oft eine teure Angelegenheit. Der Unterhalt und das Nachreiten dieser Lehrpferde durch den Ausbilder ist ein großer Kostenfaktor. Wenn Sie aber die Gelegenheit dazu haben, nutzen Sie sie! Sie werden davon profitieren!
Ebenso gibt es viele Argumente für die Anschaffung eines eigenen ausgebildeten Pferdes. Je weiter das Pferd ausgebildet und je sensibler es ist, desto mehr Bedeutung hat aber auch hier beim Lernen die Unterstützung durch einen erfahrenen Ausbilder. Ansonsten kommt bei Pferd und Reiter schnell Frust auf. Reiten und Reiten lernen ist so komplex, dass es ein lebenslanger Prozess bleibt. Es gibt keine Abkürzungen. Durchhaltevermögen und eine positive Frustrationstoleranz sind zentrale Attribute eines Reiters. Aber dafür wird er immer wieder mit wunderbaren Momenten mit seinem Pferd belohnt werden, die alle Mühen vergessen machen.
Wenn Reiter mit ihren Pferden zusammen lernen wollen, gelingt dies in der Regel nur, wenn beide bereits eine gute Grundausbildung haben.

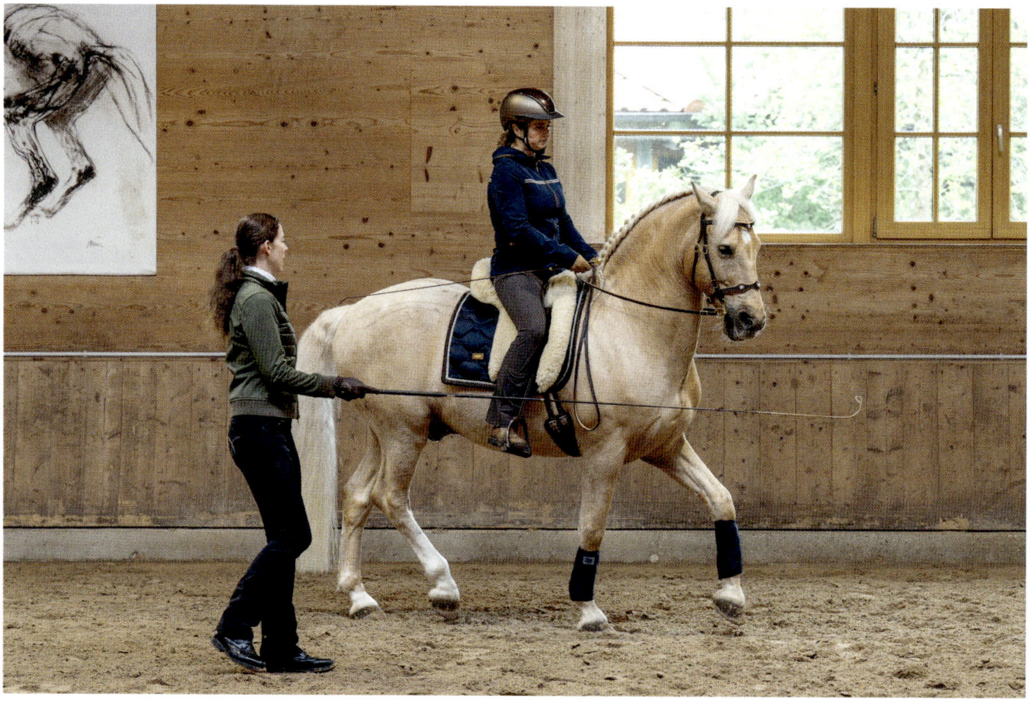

Gemeinsames Lernen macht Freude.

Besonders das Anreiten eines jungen Pferdes gehört in die Hand eines erfahrenen Ausbilders. Fehler, die hier entstehen, lassen sich nur schwer oder manchmal auch gar nicht mehr beheben.
Haben Pferd und Reiter allerdings eine gute Grundausbildung, so ist auch das gemeinsame Lernen möglich, es dauert meist jedoch länger, als wenn der Reiter bereits weiter ausgebildet ist. Aber hier sind der gemeinsame Weg und die gemeinsame Freude das Ziel.

1.14 Was mache ich, wenn ich auf scheinbar unüberwindbare Probleme in der Ausbildung stoße?

Treten Probleme in der Pferdeausbildung auf, so sollte gründliche Ursachenforschung betrieben werden, am besten gemeinsam mit erfahrenen Ausbildern. Als erstes müssen gesundheitliche Gründe mit Hilfe von Experten ausgeschlossen werden. Hier liegen oft die Ursachen von gefährlichem oder vermeintlich widersetzlichem Verhalten.
Auch die Haltung muss untersucht werden. Hat das Pferd ausreichend Gelegenheit, sich auszuruhen und zu schlafen? Wird es von anderen Pferden drangsaliert? Hat es genügend Möglichkeit zur freien Bewegung? Auch die Fütterung ist ein weiterer bedeutender Aspekt. Heutzutage sind viele Pferde überfüttert und leiden unter Übergewicht. Dies führt auf Dauer zu Stoffwechselerkrankungen und frühem Verschleiß des Bewegungsapparates. Ob Kraftfutter nötig ist und wenn ja, wieviel, sollte ebenfalls überprüft werden. Durch ein Blutbild kann auch festgestellt werden, ob das Pferd ausreichend mit Mineralstoffen versorgt ist. Darin liegt oft die Ursache für unzureichende

Bemuskelung oder mangelnde Gehfreude des Pferdes begründet.
Dann sollte die Ausrüstung überprüft werden. Passt der Sattel? Liegt er vielleicht auf dem Widerrist auf? Ist der Sattelbaum intakt? Befindet sich der Schwerpunkt des Reiters in der Mitte des Sattels und liegt dieser gleichmäßig auf? Passen Zaumzeug und Gebiss? Ist das Zaumzeug richtig verschnallt? Sind alle Ausrüstungsgegenstände adäquat zum Ausbildungsstand von Pferd und Reiter gewählt?
Sind diese Punkte allesamt abgeklärt, so muss als nächstes der Reiter und sein Sitz unter die Lupe genommen werden. Ist er zu schwer für sein Pferd? Ist der Reiter schief? Ist er ausreichend beweglich und koordiniert, um den Bewegungen des Pferdes zu folgen, ohne es zu stören?
Oft liegt die Ursache von reiterlichen Problemen darin, dass der Reiter zu viel einwirkt und das Pferd durch grobe Hilfengebung zu Dingen zu manipulieren versucht, die es nicht schaffen kann oder will. Die eigene Hilfengebung, vor allem die der Reiterhand, zu reduzieren, ist ein Schlüsselpunkt bei der Behebung von Problemen und Unstimmigkeiten. Ganz zentral ist auch eine eindeutige Kommunikation. Die Hilfen dürfen sich nicht widersprechen. Klare Hilfen und Aufgabenstellungen vermitteln Pferden auf Dauer Sicherheit und helfen nervöse und unsichere Pferde zu beruhigen.
Es sollte auch überlegt werden, ob das Pferd den Anforderungen bereits gewachsen ist. Aber auch bei weit ausgebildeten Pferden ist die Überprüfung und Verbesserung der Basisarbeit immer wieder wichtiger Bestandteil der Ausbildung. Hier ist es wertvoll, sich bewusst zu machen, was die Basis der Pferdeausbildung ist. Um Verbesserungspotential zu finden, kann man gedanklich, oder bei massiven Problemen auch in der Praxis die gesamte Ausbildung eines rohen Pferdes zum Reitpferd durchgehen. Als erstes benötigt man das Zutrauen und den Respekt des Pferdes. Lässt ein Pferd sich schon nicht

Treten anhaltende Probleme auf, sollte externer Rat eingeholt werden.

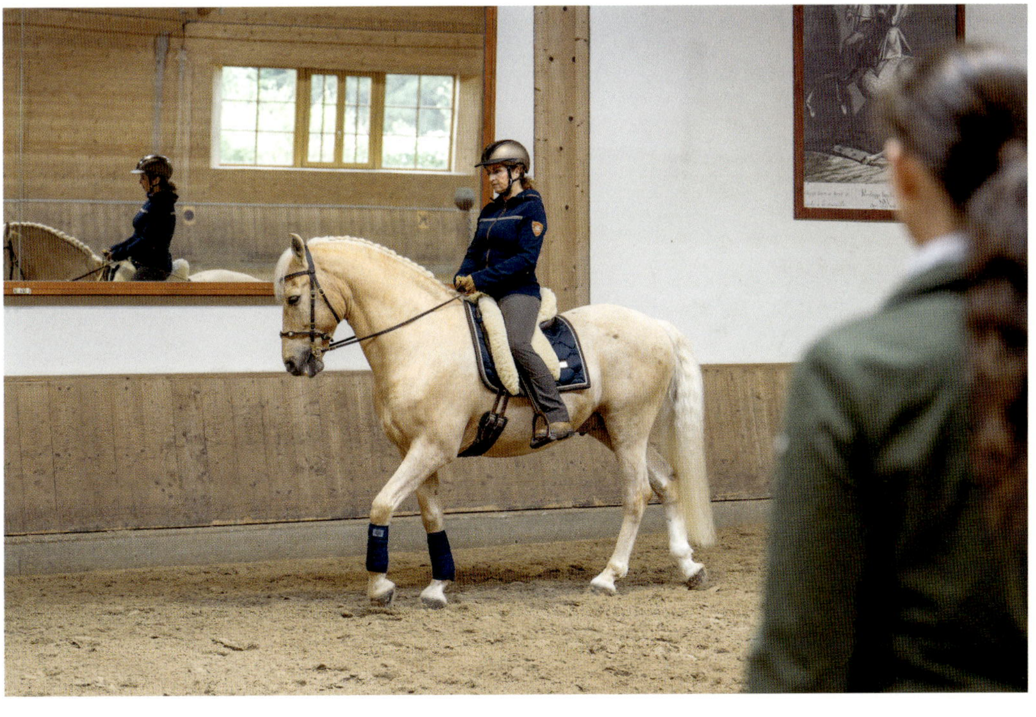

anfassen und putzen, genießt es die Zeit mit dem Menschen nicht, so muss hier begonnen werden. Durch intensive Beschäftigung mit dem Pferd muss die Basis für eine Kommunikation aufgebaut werden. Longieren und einfache Bodenarbeit wie Führübungen legen den Grundstein für die spätere reiterliche Hilfengebung. Als nächstes steht die Gewöhnung und das Akzeptieren der Ausrüstungsgegenstände und des Reiters auf dem Pferderücken an. Dies schließt auch ein, dass das Pferd zügelunabhängig in den Grundgangarten seine Balance mit Reitergewicht wiederfindet und es sich wieder so bewegt, als ob es keinen Reiter tragen würde. Dieser Punkt wird leider in der Pferdeausbildung oft übersprungen oder vernachlässigt, oft in der Absicht, das Pferd möglichst schnell in eine Form zu pressen und bereits einen fortgeschrittenen Anschein zu erwecken. Immer wieder zu überprüfen, ob und wie sich das Pferd mit der geringstmöglichen Beeinflussung durch den Reiter bewegt, ist grundlegend. Das Reiten der Grundgangarten sollte zur Überprüfung zumindest kurzfristig immer auch am langen Zügel möglich sein.
Sind diese Punkte alle abgehakt, muss das Verständnis des Pferdes für die Hilfen überprüft werden. Hat das Pferd die vortreibenden Hilfen tatsächlich verstanden, oder bewegt es sich nur deshalb vorwärts, weil es aufgeregt ist?
Wichtig ist auch die Einordnung von Problemen. Manchmal werden Kleinigkeiten überschätzt oder gravierende Probleme oder Hinweise darauf unterschätzt. Nur weil ein Pferd sich in den Übergängen oder beim Erlernen neuer Lektionen mal aus der Anlehnung heraushebt, ist nicht gleich die gesamte Ausbildung wertlos. Es bedarf einfach weiterer Übung und Ausbildung, bis das Pferd seinen Körper besser einsetzen kann, geschmeidig und im Gleichgewicht ist. Drängelt das Pferd dagegen bei jedem Halten rückwärts und steht nie ruhig und gelassen, so ist das ein gravierendes Problem. Zum einen ist

Pferdeausbildung braucht Zeit – Westfale Sir Felix Mendelssohn Bartholdy.

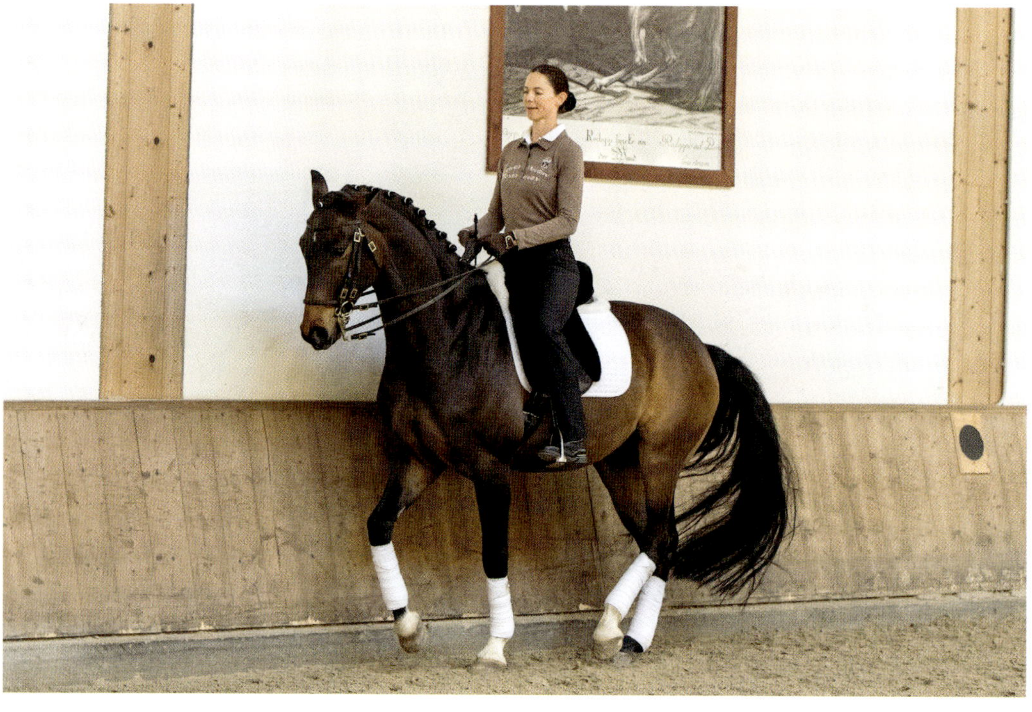

dann das Pferd zu angespannt und zum anderen ist es hinter den Hilfen und geht nicht »vorwärts«. Die reelle Reaktion nach vorne ist zentral! Louis Seeger (1794–1865) stellte schon fest: »Vergesst nie, dass die Fortbewegung (das Vorwärts) die Seele der Reitkunst ist und der Impuls dazu von der Hinterhand des Pferdes ausgeht.«
Bei der Arbeit mit Korrekturpferden habe ich festgestellt, dass sie durch ein gutes Haltungsmanagement, Klarheit in der Kommunikation und durch die Körperarbeit, die die klassische Dressur liefert, profitieren. Je besser sich ein Pferd in seinem Körper fühlt, desto gelassener stellt es sich auch Herausforderungen. Uns Menschen geht es ja genauso: Haben wir zu wenig geschlafen oder einen steifen Nacken, so sind wir an dem Tag nicht kommunikativ, reagieren auf Herausforderungen und Stress unwirsch. Fühlen wir uns aber wohl in unserer Haut und es zwickt nichts, so fühlen wir uns den Dingen besser gewachsen. Pferde, die unter Spannung geritten sind, erschrecken häufiger, sind oft extrem explosiv und beruhigen sich nach Schreckmomenten nur langsam wieder. Gut gerittene Pferde mit guter Erziehung, die sich wohl in ihrem Köper fühlen, erschrecken zwar auch mal. Aber es wird meistens weniger heftig ausfallen, und sie beruhigen sich auch schneller wieder.

1.15 Wie lange dauert es, bis mein Pferd eine bestimmte Lektion beherrscht?

Das ist nicht vorhersehbar. Natürlich gibt es Erfahrungswerte, die einen groben Anhaltspunkt liefern, aber eine genaue Vorhersage ist nicht möglich.
Der Lernfortschritt ist von unzähligen Faktoren abhängig. Eine fundierte Pferdeausbildung braucht immer Zeit.
Die Lerndauer ist abhängig vom Geschick des Ausbilders. Kann er dem Pferd verständlich machen, was gewünscht ist und was nicht? Das richtige Timing und die Intensität der Hilfengebung sowie das zeitlich richtig gesetzte und ausführliche Loben ermöglichen dem Pferd das schnelle Verstehen der Absichten des Ausbilders. Je erfahrener und gefühlvoller der Ausbilder ist, desto besser gelingt ihm dies. Wichtig ist auch zu entscheiden, wann und wie oft etwas wiederholt werden darf. Am zielführendsten ist es in der Regel, schon bei Ansätzen in die richtige Richtung ausgiebig zu loben und die Einheit zu beenden oder sich anderen Dingen zu widmen. Kann man keinen Fortschritt erzielen, so ist es auch häufig hilfreich, einige Tage oder Wochen nicht daran zu arbeiten. Gelingen zum Beispiel die fliegenden Wechsel nicht, so ist es zielführender, anstatt stupide die fliegenden Galoppwechsel zu wiederholen, die Geraderichtung zu verbessern und noch einmal das Angaloppieren aus dem Schritt und den Außengalopp zu perfektionieren. Hier finden sich oft Details, wie die weiche und feine Reaktion auf die Hilfen, die verbessert werden können. Probiert man die fliegenden Galoppwechsel dann nach einiger Zeit erneut, gelingen sie häufig besser, da die Grundvoraussetzungen dafür geschaffen worden sind.
Das Gehirn des Pferdes, genau wie das menschliche auch, braucht Zeit, neue Sachen zu verarbeiten. Besonders im Schlaf werden neu erlernte Fähigkeiten so abgespeichert, dass sie abrufbar sind und nicht so schnell mit anderen Dingen verwechselt werden. Wiederholungen helfen beim Lernen, aber Schlaf hilft beim Behalten des Erlernten!
Der Pferdekörper und die Muskulatur brauchen selbstverständlich auch genügend Zeit, um sich an neue Anforderungen anzupassen. So ist es vielleicht möglich, ein vollständig rohes Pferd durch geschicktes und intensives Training innerhalb von ein paar Tagen zu einem Reitpferd zu machen. Aber es ist eben auf Grund der nicht trainierten Muskulatur nicht empfehlenswert. Das Pferd ist dann noch gar nicht in der Lage, einen Reiter über längeren Zeitraum schadlos zu tragen. Nicht alles, was möglich ist, ist auch sinnvoll!
Wenn das Pferd körperlich in der Lage ist, etwas auszuführen und es nur am Verständnis mangelt, hat es sich bewährt, öfter am Tag, aber in kurzen Einheiten zu üben.

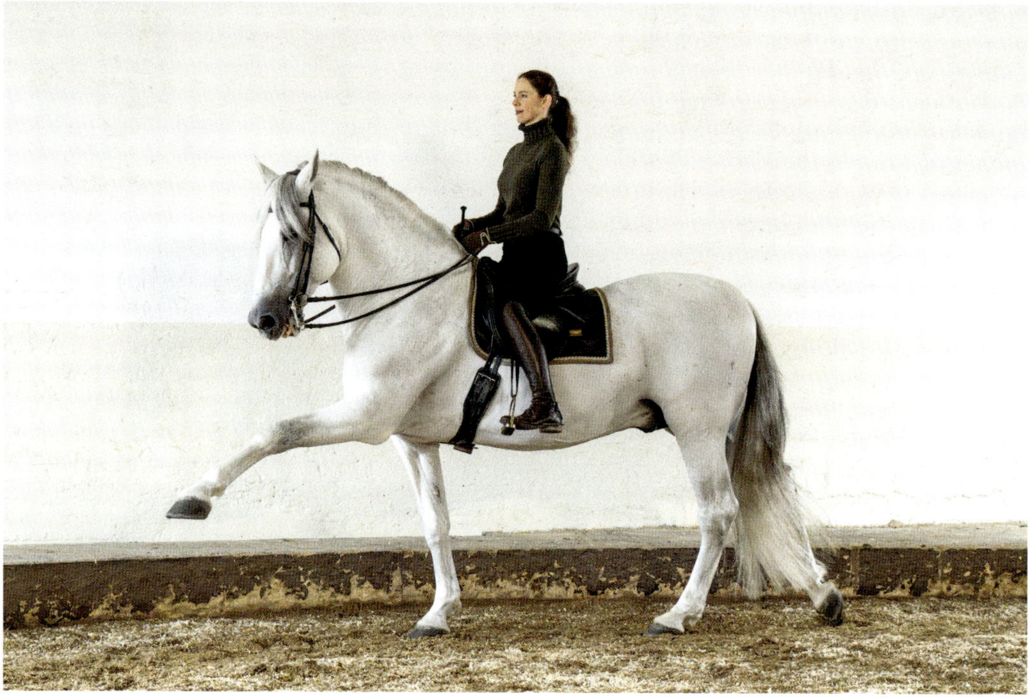

Es dauert eine Weile, bis das Pferd in der Lage ist, den Spanischen Schritt in Leichtigkeit und mit diesem Ausdruck auszuführen – P.R.E.-Hengst Legendario im Spanischen Schritt.

Die Intelligenz und das Gemüt des Pferdes sind auch ausschlaggebend für die benötigte Dauer des Lernens. Manche Pferde haben eine schnellere Auffassungsgabe als andere. Übereifrige Pferde stehen sich allerdings oft selbst im Weg. In ihrem Eifer bringen sie manchmal Dinge durcheinander. Hier liegt es am Ausbilder, dies zu kanalisieren und durch zeitgenaues Loben in die richtigen Bahnen zu lenken. Mit übereifrigen Pferden muss nicht nur geübt werden, Dinge auszuführen, sondern sie eben auch nicht zu tun, beziehungsweise diese wieder abzustellen und zu beenden. Zum Beispiel beim Spanischen Schritt oder bei den Galoppwechseln ist bei diesen Pferden immer wieder zu üben, dass sie auch weiterhin einen versammelten Schritt gehen, ohne ein Bein zu strecken oder auch einen Galopp halten ohne Galoppwechsel. Deswegen ist die Ausbildungsdauer mit übereifrigen Pferden in der Regel länger als mit phlegmatischen Charakteren. Mit diesen kann das Ausführen vermehrt im Fokus stehen. Pferde haben auch unterschiedliche Talente. Manches fällt ihnen leichter, manches bedarf einer langen Entwicklungszeit, und manches wird vielleicht nach langer Ausbildung möglich sein, aber nicht besonders spektakulär ausfallen. So kann und sollte jedes Pferd im Rahmen seiner Ausbildung lernen, im Trab die Tritte zu verlängern. Auch bei wenig gangstarken Pferden wird die Bewegung im Laufe der Ausbildung durch den Gewinn an Kraft und Balance schöner und ausdrucksstärker. Trotzdem wird das Endergebnis nicht bei jedem Pferd gleich sein. Hier sind das Gefühl und die Erfahrung des Ausbilders gefragt, sein Pferd zu fördern, aber auch nicht zu überfordern.

1.16 Wie lobe und motiviere ich mein Pferd richtig?

Lob ist ein wichtiges und effektives Mittel zur Pferdeausbildung, durch das Lob lernt das Pferd verstehen, was der Ausbilder möchte. Loben betont die guten Momente und richtigen Reaktionen des Pferdes. Gelobt werden kann zum Beispiel durch Streicheln, Kraulen, Kratzen, durch die Stimme, aber auch durch Futter. Von Bedeutung ist nicht nur, dass aus voller Überzeugung und enthusiastisch gelobt wird, sondern vor allem auch wann! Das Pferd kann ein Lob nur mit der gerade geschehenen Aktion verknüpfen und nicht mit dem, was es davor gemacht hat. Es liegt am Menschen, sich dem Pferd so klar wie möglich verständlich zu machen und die schwierige Aufgabe der Verständigung zwischen zwei verschiedenen Arten zu meistern. Das Loben zum richtigen Zeitpunkt hat einen großen Anteil am Erfolg dieser Kommunikation.

Beim Reiten, vor allem während der Ausführung einer Lektion, ist meistens das Lob mit der Stimme am sinnvollsten, da es den Bewegungsfluss nicht stört. Hat das Pferd aber etwas besonders gut gemacht, so sollte unterbrochen werden, um diesen Moment besonders hervorzuheben, entweder durch eine Pause oder die Beendigung der Einheit. Jetzt kann zusätzlich zur Stimme auch durch Kratzen und Kraulen gelobt oder auch ein Leckerli gegeben werden. Durch das Beenden kann besonders gut hervorgehoben werden, was der Reiter von seinem Pferd möchte.
Oft wird jedoch versucht, so lange doch noch ein besseres Ergebnis herauszukitzeln, bis das Pferd müde oder frustriert ist. So leidet auf Dauer die Motivation des Pferdes. Also: hören Sie auf, wenn es am schönsten ist. So kann das Pferd auch die positive Erfahrung und die gute Stimmung in die nächste Einheit mitnehmen. Weniger ist hier mehr. Der berühmte Satz der französischen Reitkunst:

Sinnvoll eingesetztes Futterlob hilft beim Lernen.

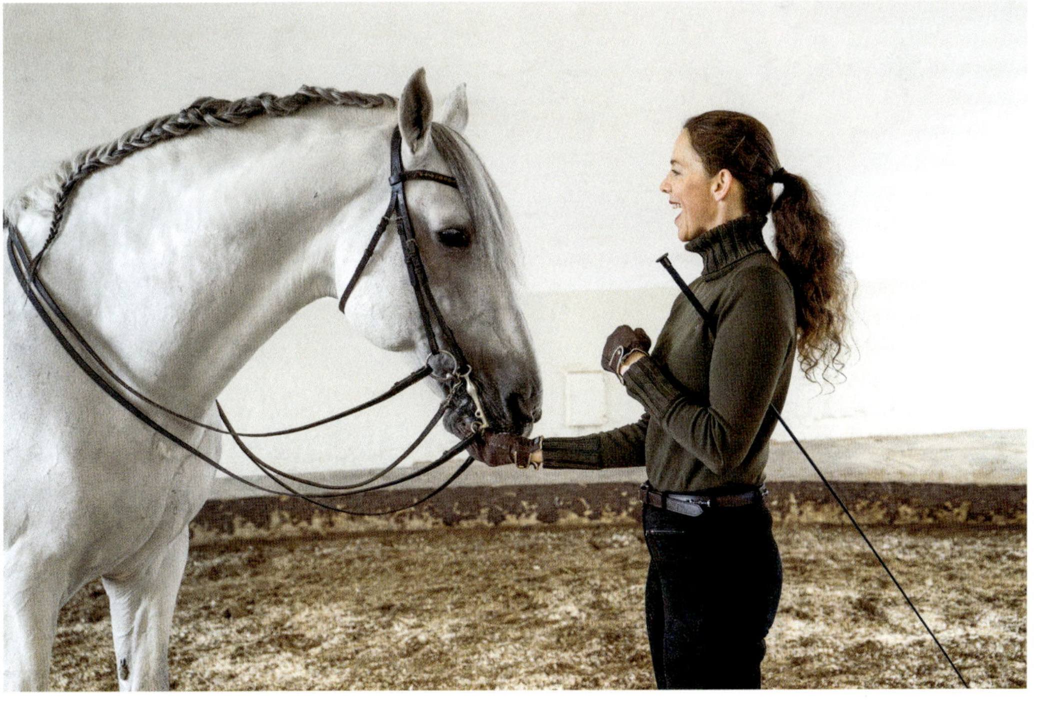

»Verlange wenig, wiederhole oft, lobe viel« ist ein allgemeingültiger und hilfreicher Lehrsatz.
Das berühmte Klopfen am Hals zum Loben ist heute oft verpönt, da es das Pferd nicht als Lob verstehen würde. Meiner Meinung nach kann es das schon verstehen, wenn es darauf konditioniert wurde - ähnlich, wie ein Pferd auch auf einen Clicker konditioniert werden kann. Wird beispielsweise immer gleichzeitig zum Klopfen mit der Stimme gelobt, so versteht es auch das Klopfen als etwas Positives. Trotzdem würde ich empfehlen, das Pferd am Mähnenkamm am Halsansatz, am besten an seiner Lieblingsstelle, zu kratzen. Dies nimmt es automatisch, auch ohne vorherige Konditionierung, positiv auf.
Futterlob ist ein umstrittenes Thema. Wird es klug angewendet, kann es aber sehr nützlich sein. Wichtig ist es aber dabei, dass das Pferd den Menschen nicht nur als Futterautomaten betrachtet. Also immer zuerst oder zumindest auch zeitglich mit der Stimme und mit für das Pferd erkennbarer Freude loben. Das Leckerli darf auch nicht eingefordert werden. Futter als Lob oder um dem Pferd einfach mal so eine Freude zu machen, ist eine sehr gute Sache. Aber wie kann man es verwenden, ohne dass das Pferd übergriffig und gestresst wird? Evolutionär macht es Sinn, knappe Ressourcen zu verteidigen, da sie nicht immer und nicht unbegrenzt verfügbar sind. Da Leckerlis nicht in unbegrenztem Umfang zur Verfügung stehen, empfindet das Pferd sie als knappe Ressource. Dieses Begehren kann Spannungen entstehen lassen. Ist ein Pferd zu wild auf Leckerlis oder bedrängt es einen dabei, so macht es Sinn, etwas seltener und nur in besonderen Situationen aus der Hand zu füttern oder die geordnete Futteraufnahme zu üben. Ziel ist es, dass der Mensch Zeitpunkt, Ort und Position des Pferdes während des Fütterns bestimmt. Um die geregelte Aufnahme von Futterlob zu üben, stellt man sich neben sein Pferd. Das Pferd sollte dabei mit geradem Hals ent-

Abwechslung fördert die Motivation – Bayernwallach Bailando beim Working Equitation.

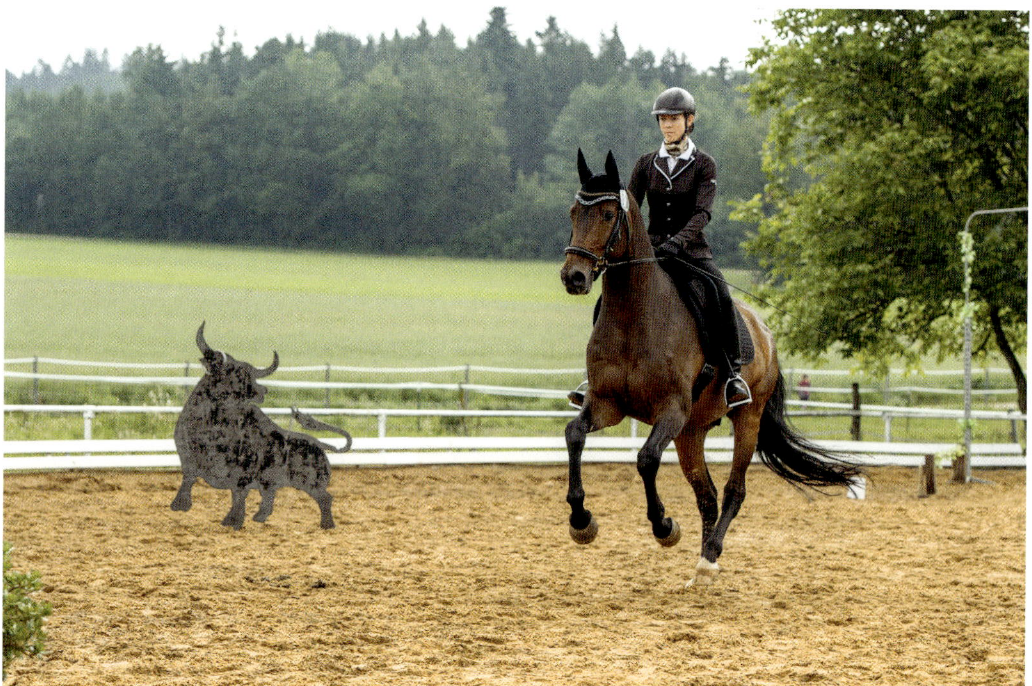

spannt stehen bleiben und abwarten, bis das Futter zu seinem Maul kommt. Bei dem ersten Versuch nimmt der Ausbilder das Leckerli in die Hand. Das gierige Pferd wird bereits Hals und Kopf in Richtung des Menschen drehen. Der Mensch streckt seinen Arm aus, so dass der Pferdehals gerade ist. Hier bekommt das Pferd das Leckerli. Der nächste Schritt ist nun, ein Leckerli in der Hand zu haben, ohne dass das Pferd den Hals zum Ausbilder dreht. Verdreht es den Hals dennoch, so wird es entweder durch Wedeln mit der Hand oder dem Strick oder bei sehr resoluten Pferden auch durch Bewegen der Gerte wieder auf Abstand gebracht. Bleibt es kurz da, wird es wieder mit geradem Hals gefüttert. Diese Übung kann so weit ausgebaut werden, dass sogar in der Tasche gekramt werden kann und das Pferd entspannt abwartet. Durch das Füttern in entspannten Momenten lernt das Pferd auch, Futter mit Entspannung zu verbinden und nicht mit Anspannung, da es eben nicht durch die Gier aufgeregt ist.
Für die Motivation ist es dienlich, das Pferd nicht zu überfordern, es aber auch nicht zu unterfordern. Dies gilt sowohl für den Körper als auch für den Geist. Hier ist es wichtig, ein Gefühl für sein Pferd zu entwickeln. Was ist zu viel, was zu wenig? Pferde mögen Routinen, aber trotzdem darf nicht immer alles stumpfsinnig und gleich sein, um den Geist wach zu halten. Immer mal wieder Abwechslung einzubauen ist hilfreich. Hier bieten sich unzählige Möglichkeiten für Dressurpferde: Cavaletti, Gymnastiksprünge, Stangenarbeit, Working Equitation Hindernisse, Ausreiten, Handarbeit, Longieren, Erarbeiten von Zirkuslektionen und vieles mehr. Der Kreativität sind hier keine Grenzen gesetzt. Aber achten Sie darauf, es nicht zu übertreiben. Jeden Tag etwas Neues anzufangen, würde bedeuten, dass das Pferd keine Routine entwickeln kann und das Pferd-Reiter-Paar auch keine langfristigen Erfolgserlebnisse hat. Also Abwechslung ja, aber so, dass auch Zeit und Raum bleibt, sich zu entwickeln und auch so, dass alles eine klare Linie hat und das Pferd nicht verwirrt wird.

1.17 Was mache ich, wenn mein Pferd nicht mitarbeiten möchte?

Hier muss eine gründliche Ursachenforschung betrieben werden. Es gibt fast kein Pferd, welches bei guter Gesundheit, richtigem Umgang und Training keine Lust hat, etwas mit dem Menschen zu unternehmen. Es gibt immer einen Grund, wenn die Mitarbeit verweigert wird! Entweder hat das Pferd Schmerzen oder es wurden grobe Fehler in der Ausbildung gemacht. Und ein Pferd lernt immer! Auch ein Pferd mit guter Grundausbildung wird durch falsches Reiten abgestumpft und unmotiviert. Eine klare Kommunikation ist der Schlüssel zu motivierten Pferden. Das schließt ein, keine widersprüchlichen Hilfen zu geben und auch ausreichend und zum richtigen Zeitpunkt zu loben!
Ist das Pferd unmotiviert, müssen zuerst alle gesundheitlichen Gründe abgeklärt werden. Lassen Sie sich von Ihrem Tierarzt und erfahrenen Pferdemenschen beraten. Keinesfalls darf einem Pferd Unrecht getan werden, indem es zu etwas bewegt wird, was es nicht kann oder ihm Schmerzen bereitet.
Ist das Pferd gesund, so muss über die Haltung nachgedacht werden. Hat das Pferd genügend Gelegenheit, sich frei zu bewegen, sich auszuruhen und zu schlafen? Passt die Fütterung? Ist dies alles abgeklärt, betrachtet man das Pferd einmal kritisch beim Freilaufen ohne jegliche Ausrüstung. Ist das Pferd hier noch lauffreudig? Und mit Sattel und Zaumzeug nicht mehr? Dann muss die Ausrüstung überprüft werden. Passt der Sattel? Ist das Zaumzeug richtig angepasst? Und vor allem: ist der Nasenriemen etwa zu eng?
Bei jeder Beschäftigung mit Pferden ist es wichtig, keine widersprüchlichen Hilfen und Signale zu geben. Dies gilt insbesondere bei einem unmotivierten Pferd. Das heißt zum Beispiel auch, keinerlei Hilfszügel zu verwenden! Beim Antreiben ist darauf zu achten, dass das Pferd nicht gleichzeitig gebremst wird. Für das Longieren bedeutet dies, dass beim Treiben der Körper des Menschen nicht im Weg

steht und der Weg nach vorne frei ist. Also steht man während des Treibens auf Höhe der Gurtlage oder besser noch dahinter, auf Höhe der Kruppe. Die Hand mit der Longe darin wird gesenkt und wenn das Pferd antritt, darf hierüber kein Druck auf das Pferd wirken. Beim Reiten muss beim Treiben ebenfalls auf die Körperposition, sprich den Sitz geachtet werden. Treibt der Reiter das Pferd an und es reagiert darauf, darf er keinesfalls mit dem Oberkörper zurückfallen, da dies das Pferd in der Bewegung stört. Oft passiert dies, wenn Reiter zu wenig Körperspannung haben. Genauso wenig darf der Zügel während des Treibens einwirken!
Ein anderer Aspekt ist die Beweglichkeit des Pferdes. Pferde, die sehr steif sind, bewegen sich in der Regel auch ungern, da sie dabei Widerstände in der Muskulatur zu überwinden haben. Je lockerer und beweglicher ein Pferd ist, desto leichter fallen ihm Bewegungen und desto motivierter wird es sein.

Videoclip Trailhindernisse

Abwechslungsreiche Aufgaben für Pferd und Reiter fördern die Motivation.

1.18 Wie longiere ich effektiv?

Meiner Erfahrung nach ist Longieren ein sehr hilfreiches Werkzeug in der Pferdeausbildung. Heutzutage gibt es allerdings auch viele kritische Stimmen zum Longieren, da es zu einem Verschleiß der Pferdebeine führe. Die Belastung ist sicher nicht von der Hand zu weisen, aber für mich überwiegen dennoch die Vorteile. Es kommt beim Longieren, wie bei fast allem im Zusammenhang mit Pferden, immer darauf an, wie man etwas macht. Wird das untrainierte Pferd nicht aufgewärmt, sehr lange, in überhöhtem Tempo, ohne Handwechsel, auf einer kleinen Volte, auf sehr tiefem oder hartem Boden longiert, ist das sicherlich nicht förderlich für die Gesundheit des Pferdes. Ist das Pferd dabei noch eng mit Hilfszügeln verschnürt, so dass es den Hals nicht zum Ausbalancieren nutzen kann und in unnatürliche Haltungen und Bewegungsmuster gezwungen wird, ist eine Überlastung des Bewegungsapparates vorprogrammiert.
Sinnvolles Longieren beginnt mit einer zweckmäßigen Ausrüstung. Longieren am Halfter oder Knotenhalfter ist zu unpräzise, da diese nicht stabil und ruhig am Pferdekopf verbleiben. Daher empfehle ich das Longieren am Kappzaum. Durch sein festes Nasenteil und die Backenriemen verbleibt er ruhig in der gewünschten Position. Die Longe sollte griffig und leicht sein. Am besten wird sie mittels einer Schnalle anstatt der üblichen Karabiner am Kappzaum befestigt, sie ist auf Dauer stabiler und erzeugt nicht noch weitere unerwünschte Schwingungen an der Longe. Eine gute Longierpeitsche darf nicht zu schwer sein, um einer Ermüdung der Handgelenke vorzubeugen. Der Schlag der Peitsche sollte sich leicht werfen lassen. Sehr angenehm sind hier klassische Lederschläge mit einer Schmitze aus einem dünnen Band am Ende. Der Longenführer trägt unbedingt Handschuhe, um seine Hände vor Verbrennungen zu schützen, falls das Pferd erschrickt und dem Longenführer die Longe durch die Hände zieht.
Das Longieren ist bereits als Vorbereitung für das Anreiten von hohem Wert. Hier lernt das Pferd, sich auf regelmäßiger, gebogener Linie auszubalancieren, sich zu entspannen, einen regelmäßigen Takt zu finden und lernt die wesentlichen Hilfen kennen. Es lernt, auf Distanz zur Person am Boden zu arbeiten, und lässt sich vom Longenführer ruhig und sicher dirigieren. Dies wird auch bei der Gewöhnung an den (zuerst nur passiven) Reiter genutzt. Später werden dann allmählich die Hilfen vom Longenführer auf den Reiter übertragen, bis das Pferd sich ausschließlich vom Reiter aus dirigieren lässt.
Das Longieren ist aber auch nach dem Anreiten in der Pferdeausbildung gut nutzbar. Hier kann der Reiter sein Pferd beobachten und hinsichtlich der Qualität der Bewegung, seines Gesamtausdrucks und seiner natürlichen Schiefe analysieren. Bei steifen und verspannten Pferden dient das Longieren zum Lösen und Aufwärmen vor dem Reiten. Es kann

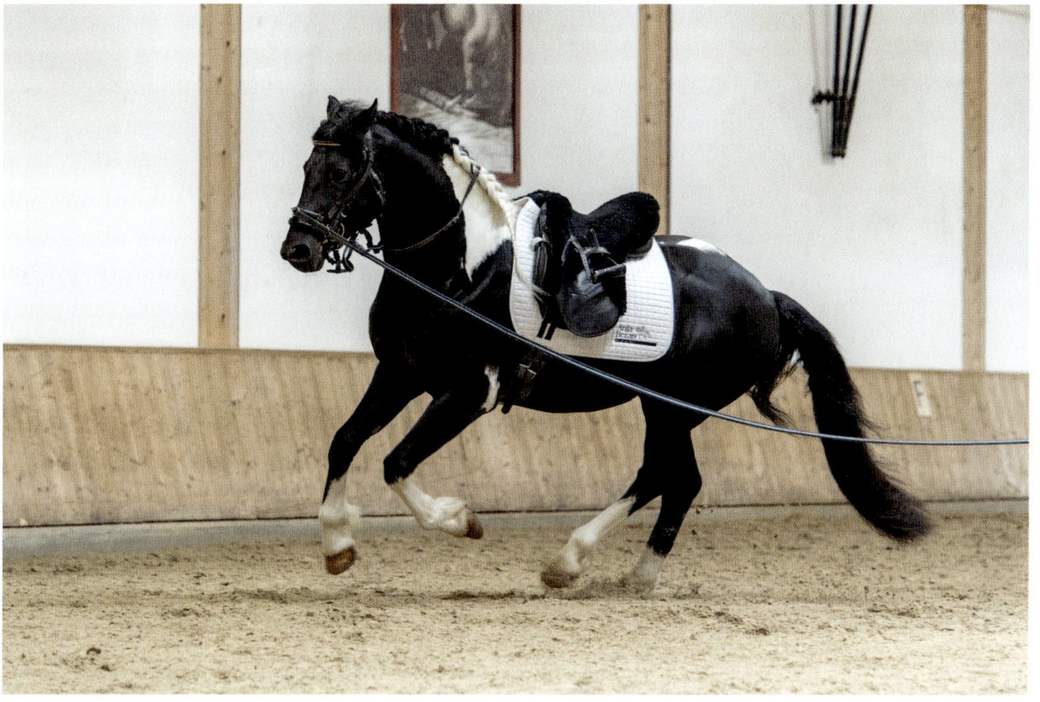

In der Ausbildung junger Pferde und zur Gewöhnung an die Ausrüstung hat das Longieren einen hohen Stellenwert – Barockpinto Ferro.

zum Aufbau der Kondition und zum Muskelaufbau verwendet werden. Es kann aber auch einfach als Abwechslung im Trainingsalltag eingebaut werden. So kann das Pferd auch mal ohne Reitergewicht bewegt werden, und die Rückenmuskeln können ohne zusätzliche Belastung arbeiten. Der Schwierigkeitsgrad der gestellten Aufgaben darf auch allmählich erhöht werden; so können verschiedenste Übergänge zwischen den Gangarten und Tempounterschiede in allen Gangarten eingebaut werden.
Zum Aufwärmen vor dem Longieren führe ich die Pferde gerne warm. Dabei können einfache Führübungen wie Halten, Volten, Rückwärtsrichten und Handwechsel eingebaut werden. Dies fördert die feine Kommunikation mit dem Pferd und seine Aufmerksamkeit mir gegenüber.
Generell sollte beim Longieren auf viel Abwechslung geachtet werden. Kleinere Zirkel sollten mit größeren abgewechselt werden und wenn möglich auch immer mal wieder Geraden eingebaut werden. Auch regelmäßige Handwechsel sorgen dafür, dass Longieren nicht zu eintönig wird.
Manchmal wird davon abgeraten, übermütige Pferde vor dem Reiten abzulongieren, da sie durch das Longieren nur mehr Kraft und Kondition aufbauen würden und dann noch schwieriger zu reiten seien. Ich rate aber dennoch dazu, übermütige Pferde vor dem Reiten zu longieren oder frei laufen zu lassen, zum einen für die Sicherheit des Reiters, aber auch, um konfliktfrei den Übermut und Spannungen des Pferdes abbauen zu lassen. Natürlich darf das Pferd nicht einfach nur müde gemacht werden, sondern es muss parallel dazu weiter ausgebildet werden, um das Pferd zu entspannen und so auszubilden, dass es den Reiter auch bei Übermut nicht in Gefahr bringt.

1.19 Wann ist Handarbeit sinnvoll, wann nicht, und ist Handarbeit einfacher als Reiten?

Handarbeit kann eine gute Ergänzung, aber auch eine Alternative zum Reiten sein. Handarbeit kann genutzt werden, um Neues zu erarbeiten, als Vorbereitung für das Reiten, um das Verständnis für die Hilfen zu fördern oder auch, um das Pferd ohne Reitergewicht zu gymnastizieren und zu mobilisieren. Die Handarbeit hilft auch beim Lösen. Pferde, welche zu wenig kauen, lösen den Unterkiefer leichter bei der Arbeit an der Hand und werden oft schneller locker als durchs Reiten. Es bietet dem Ausbilder auch die Gelegenheit, sein gesamtes Pferd zu betrachten. Die hier gewonnenen Erkenntnisse sind Gold wert. Handarbeit ist auch eine gute Möglichkeit, um unreitbare oder ältere Pferde zu bewegen. Genauso hilft sie auch nach Krankheiten oder sonstigen Pausen, Pferde wieder aufzutrainieren, ohne sie durch das Reitergewicht noch zusätzlich zu belasten. Auch für die Gewöhnung an die Gerte und das Verständnis für die Hilfen kann Handarbeit hervorragende Dienst leisten.

Videoclip Zügelführung Handarbeit

Grundposition der Zügelführung für die Arbeit an der Hand.

Nichtsdestotrotz ist Handarbeit für einige Pferde nur eingeschränkt sinnvoll. Manche Hengste haben zum Beispiel einen ausgeprägten Beißreflex. Sobald sich etwas in der Nähe ihres Mauls befindet, haben sie die Neigung, danach zu schnappen. Dies permanent zu korrigieren, führt nur zu Frust auf beiden Seiten. Deswegen ist es mit solchen Pferden förderlicher, vom Sattel aus oder aus großer Distanz wie zum Beispiel an der Longe zu arbeiten.
Bei sehr übermütigen Pferden ist es angeraten, sie vorher abzulongieren oder freilaufen zu lassen. Somit kann der erste Übermut schon mal abgebaut werden, und sie können sich auf konzentrierte und versammelte Arbeit einlassen. Zwar kann auch bei der Arbeit an der Hand der Schritt verlängert werden, aber bei den meisten Pferd-Mensch-Kombinationen wird der Mensch am Boden spätestens beim Trab nur noch im versammelten Tempo mithalten können. Um das Laufbedürfnis eines übermütigen Pferdes zu befriedigen, ist das nicht ausreichend. Das unterschiedliche Tempo, aber auch die fehlende Handlichkeit sind der Grund, warum sich kleinere Menschen mit sehr großen Pferden schwertun. Um sinnvoll einzuwirken, dürfen die Menschenhände, im Verhältnis zum Pferd, nicht zu tief getragen werden. Auch ein Einwirken mit der inneren Hand in Richtung Maulwinkel nach oben sollte möglich sein. Ist das Größenverhältnis zwischen Pferd und Reiter sehr ungünstig, wird es auf Dauer sehr anstrengend für den Menschen, seine Hände so hoch zu tragen. Zweckmäßige Handarbeit ist auf keinen Fall einfacher durchzuführen als gutes Reiten. Viele Pferdebesitzer versuchen lieber an der Hand mit ihrem Pferd eine Lektion zu erarbeiten, da sie es sich vom Sattel aus nicht zutrauen. Aber es darf nicht unterschätzt werden, dass die Arbeit an der Hand, wenn sie korrekt ausgeführt werden soll, mindestens genauso schwierig und koordinativ anspruchsvoll für den Menschen ist wie das Reiten. Die eigene Körperspannung, jede Körperposition, jede Bewegung sowie die Schrittlänge und Richtung hat Einfluss auf das Pferd. Besonders schwierig ist es, den Überblick und die Kontrolle über den gesamten Pferdekörper zu behalten. Viele Reiter richten ihren Blick und Fokus in den Seitengängen ausschließlich auf die Hinterbeine und realisieren gar nicht, dass sie den Pferdekopf permanent zu sich ziehen und das Pferd im Hals verdreht läuft. Hier hilft es, bei der Handarbeit immer wieder gerade Linien auf den Spiegel anzulegen, um sich zu überprüfen und zu verhindern, dass das Pferd schief wird. Oftmals weicht das Pferd mit der Kruppe ungewollt seitlich aus. Generell, vor allem wenn die Bande verlassen wird, ist die Kontrolle über die gegenüberliegende Seite des Pferdes, also die Seite, auf der der Mensch nicht mitgeht, bei der Handarbeit schwierig.

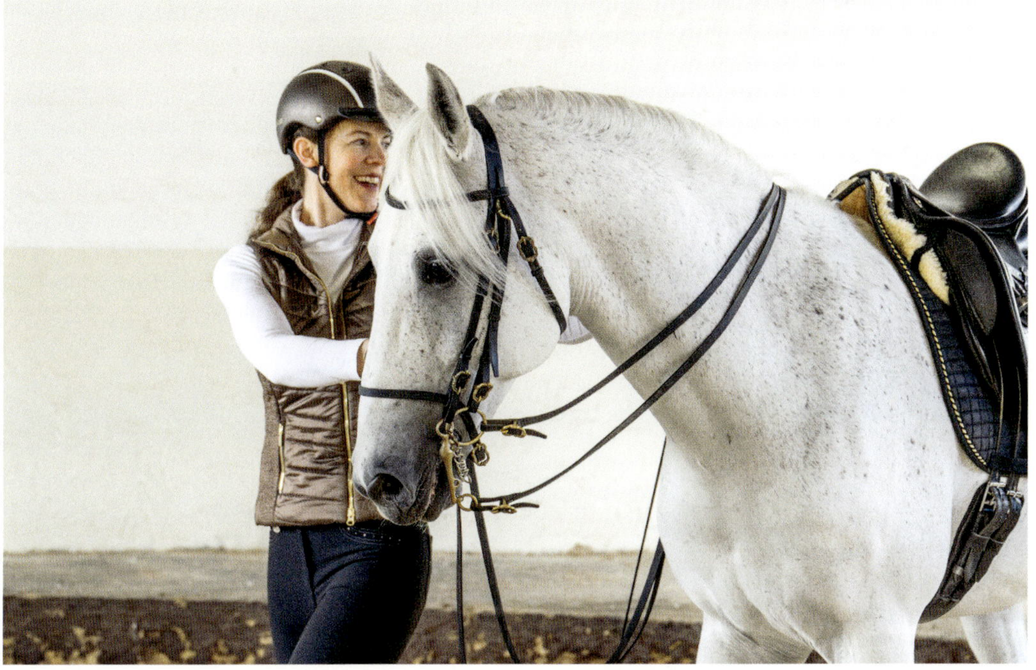

Lipizzanerhengst Maestoso Stornella bei der Arbeit an der Hand

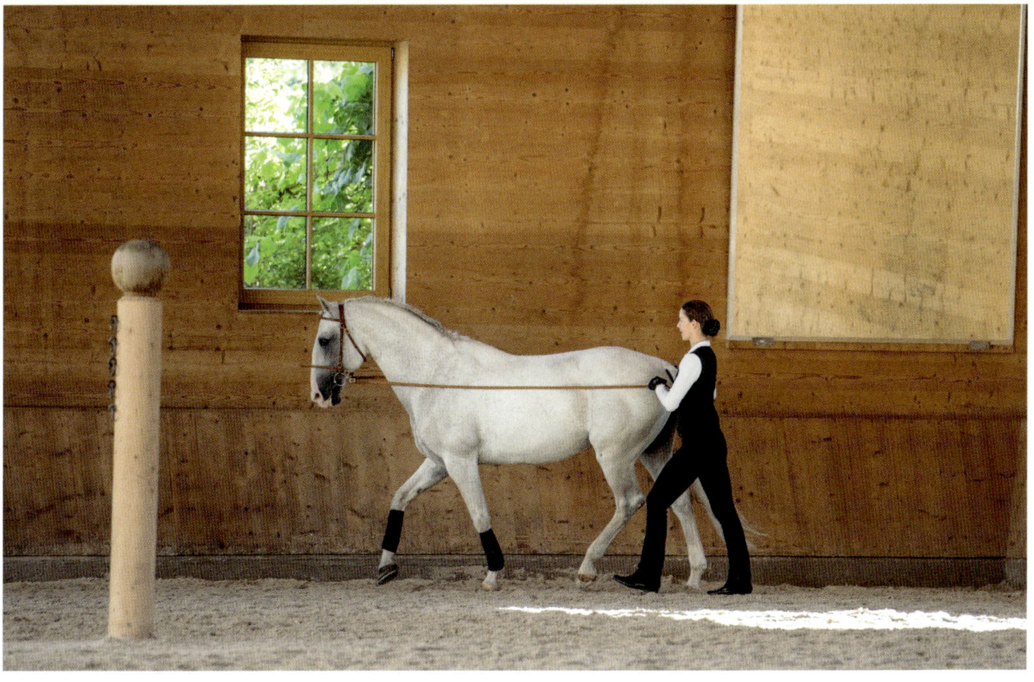

Arbeit an der Hand fördert die Harmonie zwischen Pferd und Mensch – Lusitanohengst Super.

Es ist eben nicht so symmetrisch eingerahmt, wie es zwischen den beiden Reiterschenkel wäre. Daher ist es eine große Herausforderung, das Pferd geradezurichten und die reelle Vorwärtstendenz zu behalten. Um dies zu gewährleisten, sollten bei der Handarbeit viele Handwechsel und Seitenwechsel vom Menschen von links nach rechts und umgekehrt durchgeführt werden.
Die Handarbeit ist ein schönes Mittel, um sich mit seinem Pferd zu beschäftigen, es stärkt auch die gemeinsame Bindung und das Vertrauen. Wenn nichts dagegenspricht, bereichert die Arbeit an der Hand das Repertoire der Beschäftigungsmöglichkeiten mit dem Pferd enorm. Aber es ist trotzdem auch möglich, ein Pferd ohne oder mit nur sehr wenig Handarbeit auszubilden. Wenn also das Pferd oder der Reiter keinen Spaß daran haben oder es körperlich nicht umsetzen können, so ist es nicht zwingend nötig!

1.20 Sollte jedes Pferd lernen, versammelt zu gehen?

Jedes Pferd sollte lernen, sich zumindest ansatzweise zu versammeln, damit es den Reiter besser tragen und ertragen kann. Pferde tragen aufgrund ihres Körperbaus natürlicherweise bereits ohne Reiter mehr Gewicht auf der Vorhand. Durch den Reiter, der aufgrund der Tatsache, dass der Rücken dort am tragfähigsten ist, nahe des Widerrists sitzt, verstärkt sich die Belastung der Vorhand. Jedes Pferd sollte in der Grundausbildung lernen, zumindest die zusätzliche Belastung durch den Reiter zu kompensieren und sich in einem horizontalen Gleichgewicht wieder auszubalancieren, so als säße kein Reiter auf ihm.
Versammlung bedeutet, dass das Pferd sein Gewicht und das Reitergewicht gleichmäßig auf seine vier Beine verteilt. Daher muss das Pferd in der Versammlung durch Hankenbeugung vermehrt Gewicht auf die Hinterbeine aufnehmen, um die Vorhand zu entlasten. Diese Entlastung der Vorderbeine ist für den Betrachter sichtbar, da das Pferd im Hals und in der Vorhand zu wachsen scheint. Es bewegt sich erhaben, und es wirkt, als würde es sich bergauf bewegen. Der Reiter spürt dies genauso. Die Bewegungen werden weicher, die Vorderbeine treten sanfter und mit viel Körperkontrolle auf den Boden auf. Dies wirkt sich auch positiv auf die Trittsicherheit aus.
Eine Voraussetzung für die Versammlung ist die Geraderichtung, da nur ein gerade gerichtetes Pferd auf dem linken und rechten Beinpaar dieselbe Gewichtsverteilung haben kann. Diese gleichmäßige Gewichtsverteilung ist auch Gesundheitsvorsorge fürs Pferd, da kein Bein überlastet wird. Somit ist zumindest ein gewisses Maß an Versammlung für jedes Reitpferd ein erstrebenswertes Ziel. Für schwächere Pferde oder solche mit körperlichen Schwierigkeiten ist es jedoch unabdingbar!

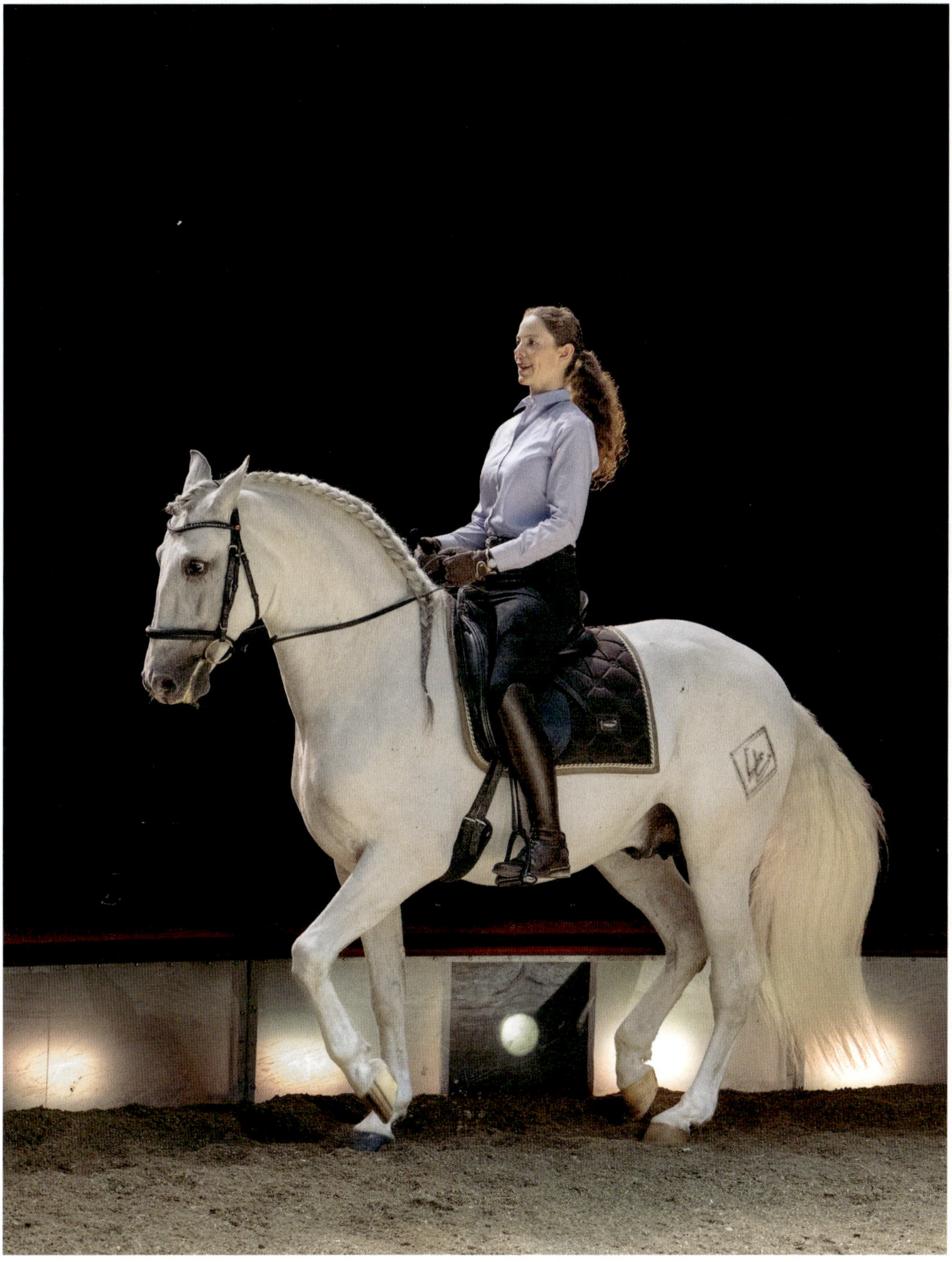

Die Piaffe ist nicht nur Selbstzweck, sondern eine gymnastisch wertvolle Lektion, die Kraft und Versammlung des Pferdes fördert – P.R.E.-Hengst Celtico.

2.

Ausrüstung

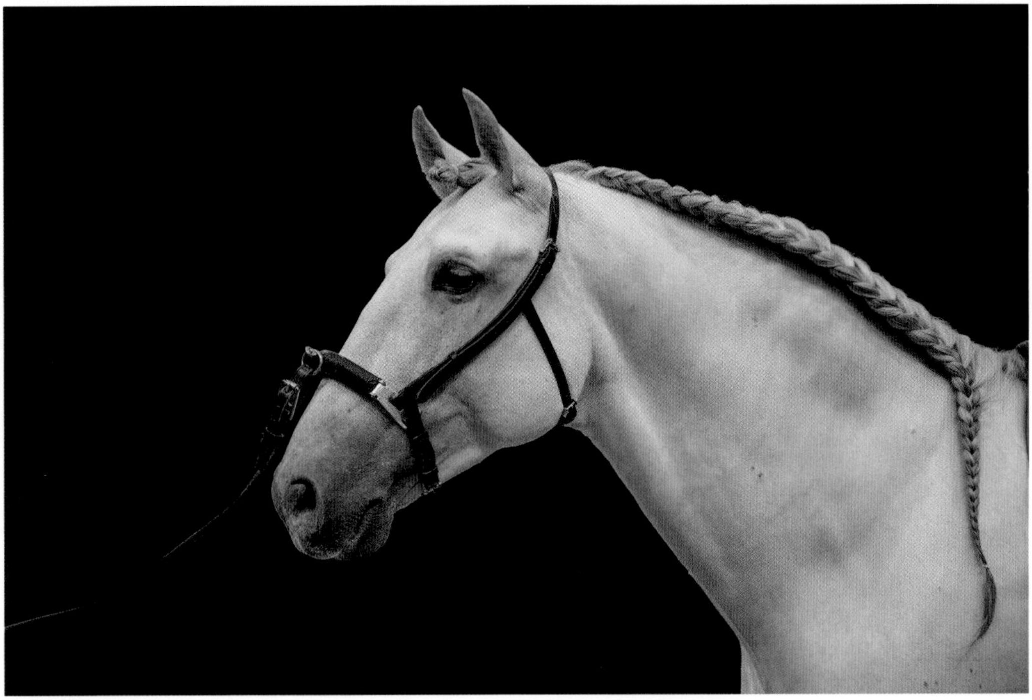

P.R.E.-Hengst Celtico mit Kappzaum

Kappzaum

2.1 Warum sollte ich am Kappzaum longieren?

Das Longieren am Kappzaum ermöglicht eine präzise und feine Einwirkung, da er ruhig und ohne sich zu verdrehen am Pferdekopf liegt. Longieren am Halfter oder Knotenhalfter ist zu unpräzise, da diese nicht stabil und ruhig am Pferdekopf verbleiben. Am Gebiss sollte die Longe nie eingehängt werden, da hier das Gebiss seitlich aus dem Maul gezogen wird und bereits durch die Schwingungen der langen Longe zu viele Bewegungen im Pferdemaul ankommen. Dies ist bereits der erste Schritt dahin, das Pferd abzustumpfen. Longierbrillen und Verschnallungen der Longe durch den inneren Gebissring über das Genick zum äußeren Ring erzeugen auch ungewünschte Züge am Gebiss und am Nacken. Dies kann immer einen negativen Effekt auf die Stellung des Pferdes oder ein Verschieben des Unterkiefers des Pferdes zur Folge haben. Lernt das Pferd bereits an der Longe, dass die (wenn auch unbeabsichtigten) Einwirkungen auf das Gebiss keine Bedeutung für es haben, lernt es die Signale des Gebisses zu ignorieren. Um aber die Reaktion des Pferdes auf die kleinsten und feinsten Hilfen zu erhalten, sollte immer am Kappzaum longieren werden, damit das Pferdemaul geschützt und sensibel erhalten wird.

2.2 Wie ist ein guter Kappzaum beschaffen? Wie wird dieser verschnallt?

Das Nasenteil sollte nicht zu dick gepolstert sein, sonst neigt der Kappzaum zum seitlichen Verrutschen. Das Nasenteil sollte von der Höhe so eingestellt werden, dass es wie das englische Reithalfter

liegt, also in etwa 2 Finger breit unter dem Jochbein. Liegt er zu hoch, drückt er auf dort austretende Nerven. Jedoch muss es anliegend verschnallt werden, da es sich sonst doch seitlich verdrehen kann und schärfer als beabsichtigt einwirkt. Keinesfalls darf der Kappzaum zu tief zum Liegen kommen, da er auf den empfindlichen Nasenknorpel drücken oder sogar die Atmung beeinträchtigen würde.
Des Weiteren muss ein Backenriemen für die erhöhte seitliche Stabilität vorhanden sein. Der Backenriemen verläuft unter dem Pferdekopf in etwa auf der Höhe des Auges, etwas tiefer als der Kehlriemen des Trensenzaums. Er wird so anliegend verschnallt, dass die Backenstücke nicht in Richtung Pferdeauge rutschen können.
Auf Stirn- und Kehlriemen kann beim Kappzaum verzichtet werden, er sitzt auch so sicher am Pferdekopf.

Zaumzeug

2.3 Wie verschnalle ich das Zaumzeug richtig?

In der Praxis begegnen mir oftmals zu tief verschnallte Gebisse. Es ist ganz wichtig, die Lage der Gebisse im Maul anzuschauen und nicht nur außen auf Falten in den Maulwinkeln zu achten. Die Höhe der Gebisse sollte immer so eingestellt werden, dass sie auf die Laden, also dem zahnlosen Teil des Unterkiefers zu liegen kommen. Auf keinen Fall dürfen die Gebisse auf die Hakenzähne schlagen! Das Gebiss wird so justiert, dass die Hakenzähne gerade nicht mehr berührt werden. Aber auch bei Pferden ohne Hakenzähne (die meisten Stuten haben keine Hakenzähne) sollte das Gebiss nicht zu tief verschnallt sein, da Pferde sonst oft mit einem unruhigen Maul oder dem Hochziehen der Zunge reagieren. Natürlich darf das Gebiss auch nicht so hoch eingeschnallt sein, dass das Pferd einen schmerzhaften Zug an den Maulwinkeln erfährt und das Zaumzeug beim Aufzäumen kaum noch über die Ohren zu bekommen ist. Generell ist darauf zu achten, dass beim Auf- und Abzäumen das Gebiss nicht gegen die Zähne schlagen darf.
Bei Verwendung von Kandare und Unterlegtrense muss die Unterlegtrense höher im Maul liegen als das Kandarengebiss. Auch die Kandare darf nicht auf den Hakenzähnen liegen.
Beim Anpassen des Zaumzeuges sollte auch auf die richtige Größe der Gebisse geachtet werden. Die Gebisse dürfen nicht so dick sein, dass die Zunge eingequetscht wird oder das Maul nicht mehr ganz geschlossen werden kann. Ebenso müssen die Gebisse breit genug sein, um die Maulwinkel nicht einzuklemmen. Die Breite der Unterlegtrense entspricht der Breite der normalen Wassertrense, oder ist etwas länger. Die Unterlegtrense sollte einen halben Zentimeter breiter sein als das Kandarengebiss. Gebisse ohne bewegliche Seitenteile, wie die meisten Kandaren, sollten am Pferdmaul anliegen. Pumpkandaren müssen etwas breiter sein als Kandaren mit festen Anzügen, damit die Maulwinkel nicht eingeklemmt werden können.

Bei der Pumpkandare sind die Seitenteile beweglich. Sie sind drehbar und gleiten auf und ab.

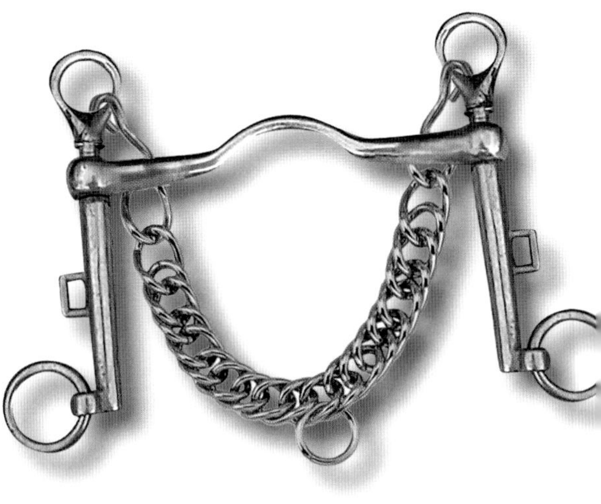

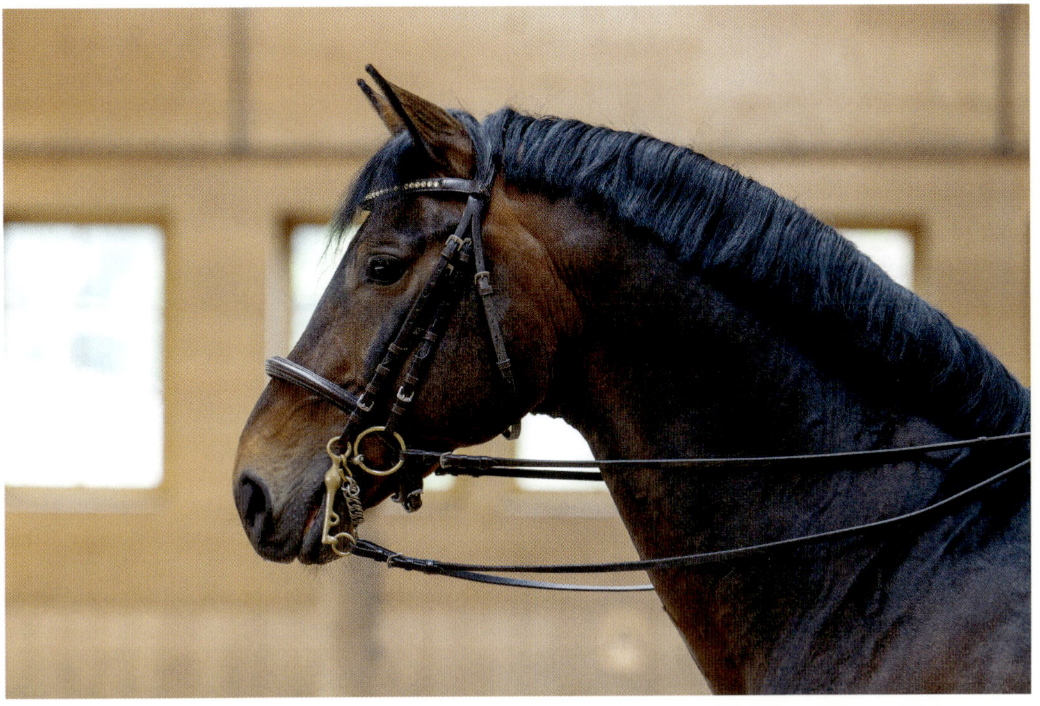

Warmbluthengst Luis Figo auf Kandare und Unterlegtrense gezäumt

Der Stirnriemen darf nicht nur nach der Optik ausgesucht werden, sondern achten Sie darauf, dass er lang genug ist, um nicht zu drücken und die Haut um die Ohren herum einzuklemmen.
Zwischen Kehlriemen und Ganasche sollte eine Faust passen, jedoch auch nicht wesentlich mehr. Sonst besteht die Gefahr, dass bei Pferden mit breitem Mähnenkamm und kleinen Ohren die Trense schon beim Schütteln vom Kopf rutscht. Aber er darf auch nicht zu eng sein, sonst drückt er auf die empfindliche Kehle, besonders wenn das Pferd in Beizäumung ist.
Reithalfter müssen so locker verschnallt werden, dass auf dem vorderen Nasenrücken des Pferdes zwei aufgestellte Finger Platz haben. Nur so ist es gewährleistet, dass das Pferd locker kauen und schlucken kann. Außerdem setzen sich Spannungen, die im Maul und Kiefergelenk entstehen, durch den restlichen Körper fort. Dass die Muskulatur im Hals und Schulterbereich sich verspannt, wenn die Zähne zusammengepresst werden, können Sie leicht im Selbstversuch ausprobieren. Ich finde es auch aufschlussreicher und pferdegerechter, dass die Pferde, falls ein zu starker Zügeldruck verwendet wird, diesem entgehen können oder zumindest der Unmut darüber sichtbar wird, indem sie das Maul öffnen können. Sind die Mäuler fest zugeschnürt, dann ist es auf den ersten Blick nicht so offensichtlich, dass zu viel Handeinwirkung verwendet wird. Zieht der Reiter am Zügel und das Pferd kann diesem Druck nicht durch Sperren entkommen, da der Nasenriemen zu eng verschnallt ist, so kann es schlimmstenfalls zu Verletzungen im Maul kommen. Momentan ist es sogar endlich Teil der Vorschläge zur Erneuerung des Reglements der FEI für 2024, ein einheitliches Messsystem einzuführen, die die Straffheit des Nasenriemens objektiv überprüfen soll.

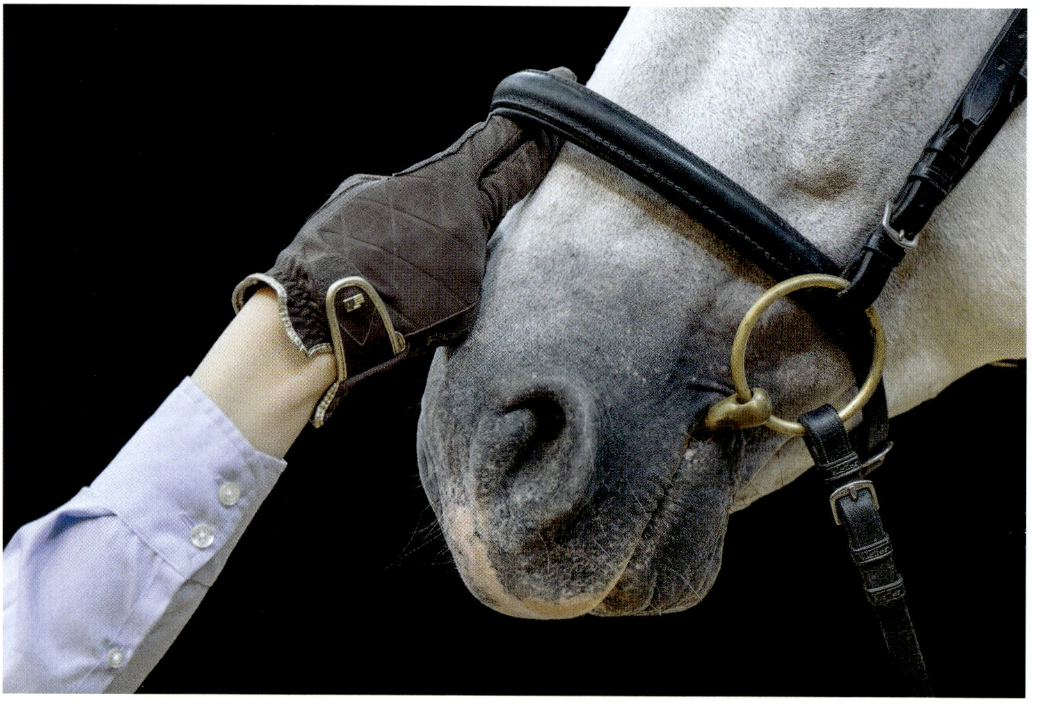

Mindestens zwei Finger müssen aufrecht aufgestellt zwischen Nasenrücken und Reithalfter passen.

Beim hannoverschen Reithalfter ist auf die korrekte Einstellung der Höhe zu achten, es darf keinesfalls zu tief eingestellt sein. Ein guter Richtwert sind hier vier Finger breit über dem Nüsternrand.
Beim englischen Reithalfter muss der Nasenriemen so hoch angebracht werden, dass zwischen Nasenriemen und Gebiss nicht die Maulwinkel eingeklemmt werden können. Es wird so eingestellt, dass der Nasenriemen etwa zwei Finger breit unter dem Jochbein liegt.
Bei manchen Pferden kann es sein, dass die Backenstücke des Zaumes zu nah an den Augen liegen. Hier kann es helfen, einen breiteren Genickriemen zu verwenden.
Reithalfter mit umgelenkter Verschnallung wie das schwedische Reithalfter sind nicht zweckmäßig, da sie ähnlich einem Flaschenzug wirken und dazu verleiten könnten den Nasenriemen zu eng zu schließen. Falls sie doch genutzt werden, so sollte

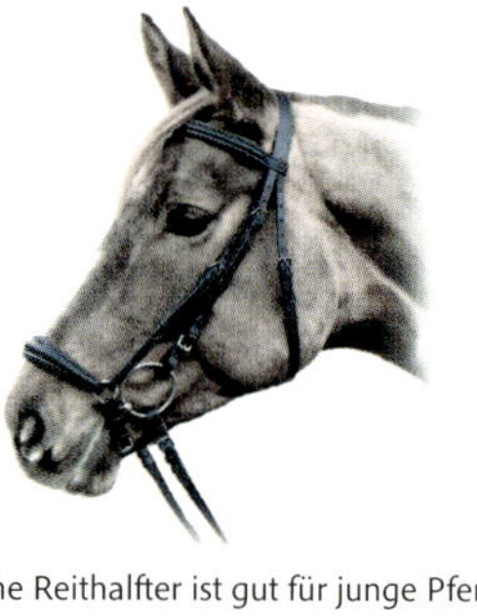

Das hannoversche Reithalfter ist gut für junge Pferde geeignet.

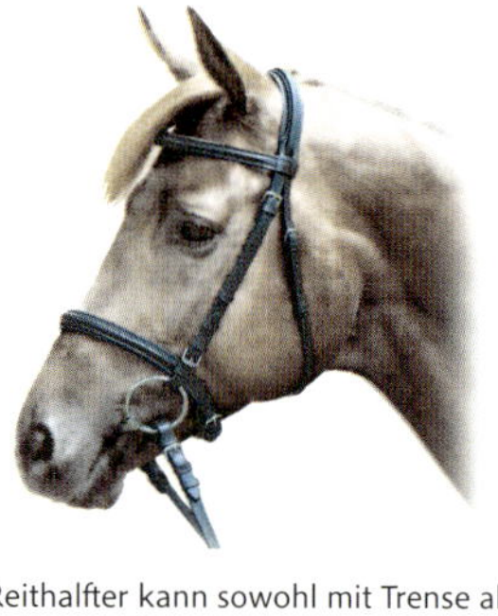

Das englische Reithalfter kann sowohl mit Trense als auch mit Kandare verwendet werden.

hierbei besonders darauf geachtet werden, dass der Nasenriemen gemäß der 2-Finger-Regel locker genug eingestellt wird.
Alle losen Enden der Riemen müssen in den Schubschlaufen eingefädelt sein, damit diese in der Bewegung nicht schlagen und das Pferd stören können.

2.4 Brauche ich ein Reithalfter? Wenn ja, welches?

Ein Reithalfter ist nicht zwingend notwendig, vor allem für weiter fortgeschrittene Pferde. In der Grundausbildung kann es allerdings doch eine Hilfe sein. Gerade bei der Gewöhnung des jungen Pferdes an das Gebiss hilft das Reithalfter dem Pferd, dass das Gebiss ruhiger im Maul zu liegen kommt. Dies erleichtert die Gewöhnung enorm. Auch für Pferde, die zu viel mit dem Gebiss spielen und unruhig im Maul sind, macht ein Reithalfter Sinn. Hierfür verwende ich gerne das hannoversche Reithalfter, da es das Gebiss mit umschließt. Das ist auch meine favorisierte Zäumung für das Anreiten junger Pferde, denn über das Trensenzaumzeug mit hannoverschen Reithalfter kann sehr gut ein Kappzaum verschnallt werden. So muss nicht umgezäumt werden, wenn zuerst am Kappzaum und dann auf Trense gearbeitet wird.
Im weiteren Verlauf der Ausbildung, beim Reiten auf Kandare und Unterlegtrense zwangsläufig, empfiehlt sich dann entweder ein englischer Nasenriemen oder das Reithalfter komplett wegzulassen. Nach der Grundausbildung dient das lockere und korrekt verschnallte Reithalfter nur noch als Zierde oder als Begrenzung, falls es doch ungewollt mal zu einem starken Zügelanzug in einer Schreckenssituation kommt. Die Maulwinkel werden geschont, da das Pferd den Kiefer nicht ganz so weit öffnen kann. Dabei könnten die Maulwinkel zwischen dem Gebiss und den Backenzähnen eingeklemmt und verletzt werden.

In den meisten Fällen kann das Reithalfter weggelassen werden.

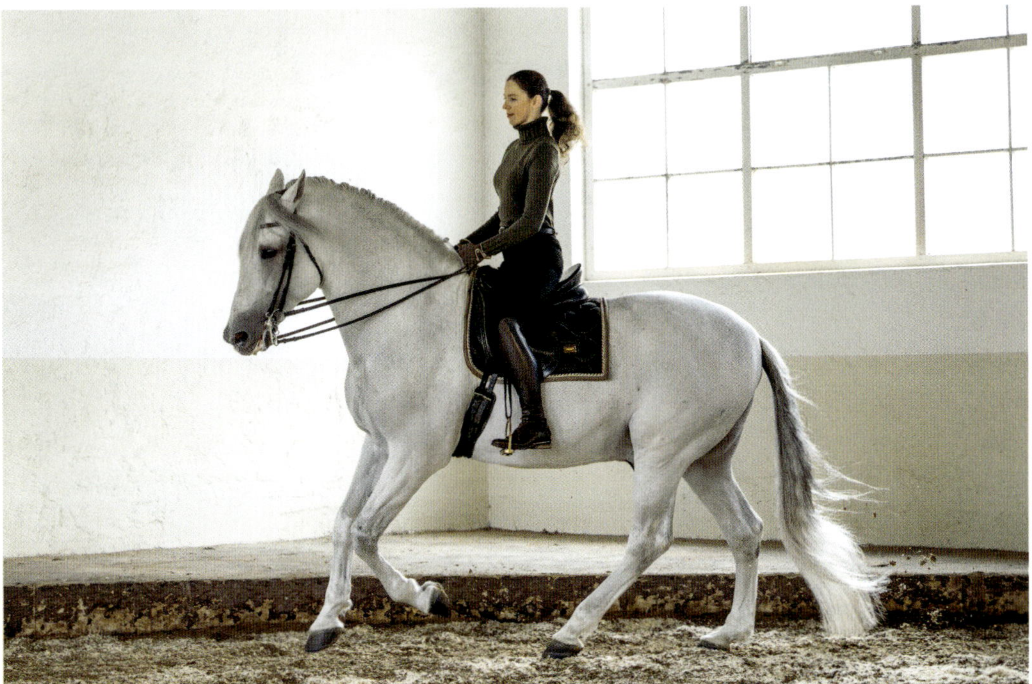

2.5 Wie sollten die Zügel beschaffen sein?

Die Zügel müssen lang genug sein, dass sich das Pferd am hingegebenen Zügel (Zügel nur noch hinten an der Schnalle in der Reiterhand) ohne Einschränkung strecken und die Nase weit nach vorne nehmen kann. Hin und wieder verwenden Reiter leider Zügel, die dies nicht ermöglichen. Das mündet oft darin, dass empfindliche Pferde am hingegebenen Zügel hinter der Senkrechten bleiben. Resolutere Charaktere könnten dazu verleitet werden, am Zügel zu rucken, um sich doch noch ganz strecken zu können.
Die Wahl des Materials ist dem Gusto des Reiters überlassen. Es sollte allerdings nicht rutschig sein, damit der Reiter ohne Kraftaufwand seine Zügellänge beibehalten kann. Ich nutze sehr gerne schmale Lederzügel, diese liegen schön in meiner Hand, sind griffig und die Hand ist nicht zu voll.
Stege an den Zügeln können nützlich sein, um abzugleichen, ob der linke und rechte Zügel gleich lang gefasst worden ist. Manche Reiter gewöhnen sich an, die Zügel immer in derselben Weise ungleich lang zu fassen. Oft ist es hilfreich, den inneren Zügel einen Fingerbreit kürzer als den äußeren Zügel zu fassen. Ist aber ein Zügel permanent kürzer als der andere, hat dies selbstverständlich ungünstige Auswirkungen auf das Pferd und den Reitersitz.
Mit Hilfe von Zügeln mit Stegen können die Reiter kontrollieren, ob sie die Zügel gleich oder unterschiedlich lang aufgenommen haben.
Bei sehr schiefen Pferden ist es interessant zu beobachten, wie sich gleich lang gefasste Zügel doch asymmetrisch anfühlen können. Dies gibt dann gute Aufschlüsse darüber, wie die Arbeit an der Geraderichtung voranschreitet. Bei sehr schiefen Pferden hat der Reiter auf der hohlen Seite des Pferdes das Gefühl, dass der Zügel länger ist und auf der steifen Seite kürzer. Mit zunehmender Geraderichtung wird das Gefühl am Zügel symmetrischer. Stege auf den Zügeln haben viele Vorteile, aber natürlich sollten die Stege dem Reiter nicht beim Ziehen am Zügel helfen. Wenn Sie gar nicht ohne Stege an den Zügeln reiten können, ist etwas verkehrt. Da muss dann in der Ausbildung deutlich nachgearbeitet werden!

Gebiss

2.6 Welche Gebisse benötige ich für mein Pferd?

Es ist auf keinen Fall nötig, ein riesiges Arsenal an verschiedensten Gebissen für ein einziges Pferd zu besitzen. In der Regel wird so nur versucht, Fehler und Lücken in der Ausbildung von Pferd und Reiter zu kompensieren. Einen weitaus größeren Unterschied als die Gebissform macht die korrekte Ausbildung.
Gerne verwende ich eine simple Wassertrense mit einem durchlaufenden Ring. Diese sollte nicht zu dick sein, sollte aber selbstverständlich so breit sein, dass sie die Lefzen des Pferdes nicht eingeklemmt. Ob sie jetzt einfach oder doppelt gebrochen ist, ist in der Regel gar nicht entscheidend. Viel wesentlicher ist, wie mit dem Gebiss umgegangen wird, sprich wie der Reiter am Zügel einwirkt.

Einfach gebrochene Wassertrense

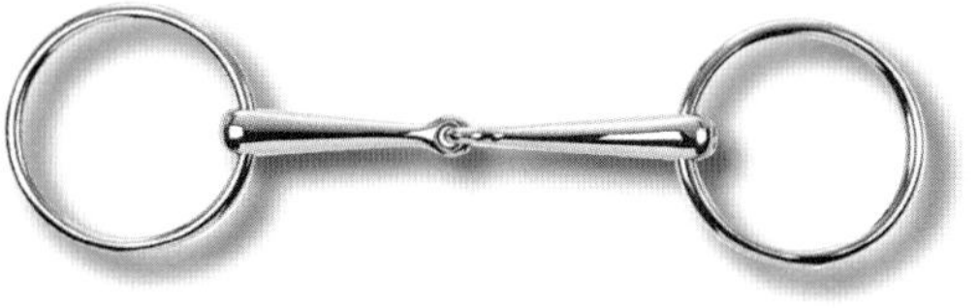

Doppelt gebrochene Wassertrense

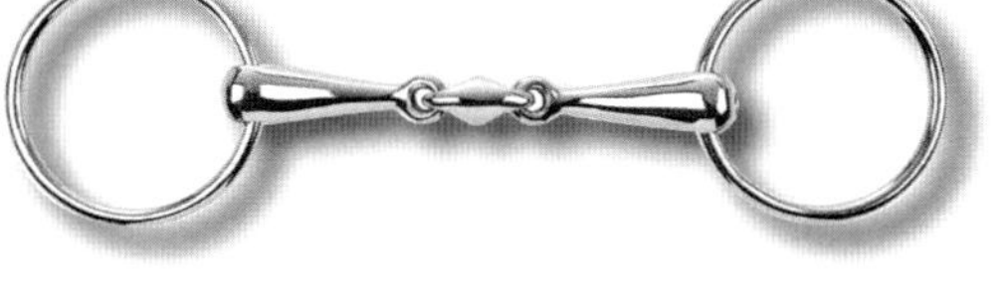

Überprüfen Sie immer wieder die Trense darauf, ob das Gebiss an den Löchern für die Ringe nicht ausgeschlagen und scharfkantig geworden ist. Dann muss die Trense sofort ausgetauscht werden, um Verletzungen der empfindlichen Maulwinkel zu verhindern.
Für die fortgeschrittene Ausbildung ist eine Kandare mit Unterlegtrense wertvoll. Die Kandare sollte keine allzu kurzen Anzüge haben, dies macht die Einwirkung direkter und nicht milder. Die Form der Zungenfreiheit ist für das jeweilige Pferd passend auszuwählen. Eine höhere, schmälere Zungenfreiheit wirkt tendenziell schärfer als eine leicht gebogene, breitere Zungenfreiheit. Somit ist für Pferde, die dazu neigen, hinter die Hand zu kommen, eine breitere, leicht gebogene Zungenfreiheit eher geeignet. Die höhere Zungenfreiheit macht bei Pferden Sinn, die dazu tendieren gegen die Hand zu gehen. Keine guten Erfahrungen habe ich mit Kandaren ohne Zungenfreiheit gemacht; da habe ich den Eindruck, dass die Pferde dies nicht so gerne mögen. Pumpkandaren können Pferde, die zu wenig kauen, durch ihre beweglichen Seitenteile zum Kauen anregen. Pferde, welche eine zu rege Maultätigkeit haben, sind besser mit festen Anzügen zu reiten, da sie nicht dazu verleitet werden, sich hinter das Gebiss zu kauen.

2.7 Wozu benötige ich eine Kandare?

Wichtig ist immer, dass die Kandare nicht als Zwangsmittel, sondern zur Verfeinerung der Hilfen verwendet wird. Sinnvoll und fein eingesetzt, ist die Kandare, in Verknüpfung mit der Unterlegtrense, ein sehr hilfreiches Werkzeug, um das Pferd genau positionieren und ihm somit helfen zu können, seinen Körper besser einzusetzen. Dabei wirkt die Unterlegtrense aufrichtend und wird zum Biegen und Stellen eingesetzt. Die Kandare zäumt bei. Diese präzise Einwirkung funktioniert auch deutlich besser als mit einem Pelham oder einer Kandare, bei welcher der obere Zügel auf Höhe des Mundstücks eingeschnallt werden kann, da bei Kandare mit Unterlegtrense die beizäumende Wirkung der Kandare und die aufrichtende und stellende, biegende Einwirkung besser getrennt sind. Auf keinen Fall sollten gebrochene Gebisse mit Hebelwirkung verwendet werden, hier ist die Gefahr des »Nussknackereffekts« zu groß.

Kandare mit hoher Zungenfreiheit

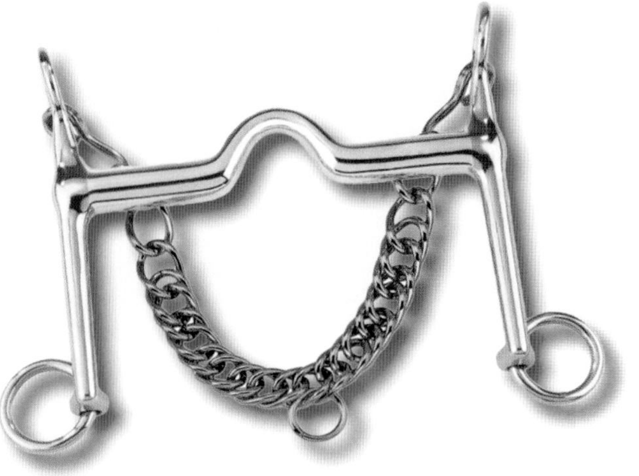

Kandare mit gebogener Zungenfreiheit

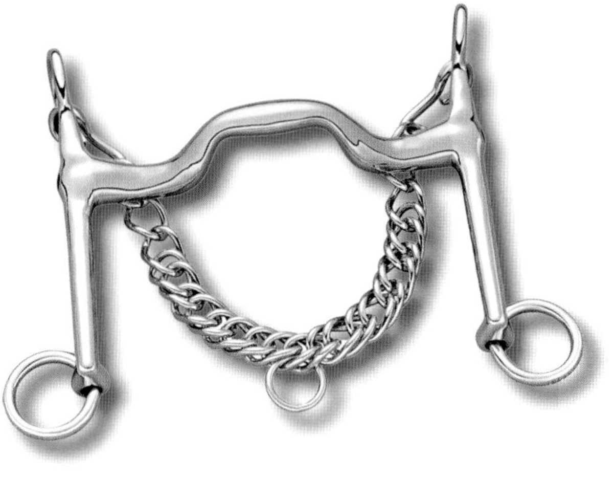

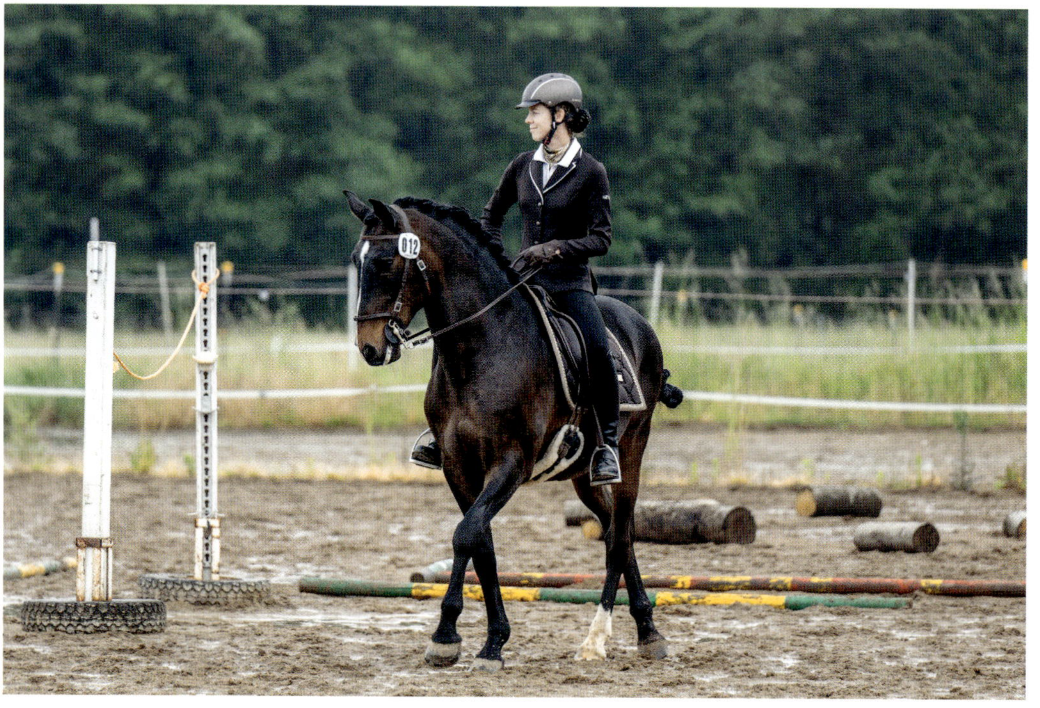

Einhändig gerittene Traversale im Schritt – Lusitanowallach Fantasma.

Auf blanker Kandare wird nur einhändig geritten, damit sich die Kandare im Maul nicht seitlich verkanten kann und um eine feine Einwirkung zu gewährleisten.

2.8 Wann stelle ich mein Pferd auf Kandare und Unterlegtrense um?

Auf diese Frage gibt es keine Antwort mit einer konkreten Altersangabe. Es muss individuell betrachtet und analysiert werden, wie weit das entsprechende Pferd in der Ausbildung ist. Dabei kommt es nicht auf ein bestimmtes Alter an, sondern darauf, dass das Pferd gut genug an den Hilfen steht, insbesondere darauf, dass es nicht die Tendenz hat, hinter das Gebiss zu kommen. Pferde, welche dazu neigen, hinter den Zügel zu kommen und sich hinter die Senkrechte zu verkriechen, reite ich sogar nie oder nur selten auf Kandare.

Bei Korrekturpferden, die auf Trense gelernt haben, gegen das Gebiss zu gehen und nicht zu kauen, ist die Umstellung auf Kandare oft ein Aha-Effekt und auch deutlich pferdeschonender. Oft hilft diesen Pferden bereits, dass die beiden Gebisse es zum Spielen mit der Zunge und somit zum Kauen verleiten. In der Regel kauen Pferde mit abgestumpften Mäulern und Pferde, welche sich festmachen, nicht oder zu wenig. Dann fehlt ein Baustein in der Ausbildung, denn das Lösen und Entspannen des Unterkiefers durch das Kauen tragen entscheidend dazu bei, dass das Pferd sich physisch wie auch psychisch entspannt.

2.9 Wenn ich mein Pferd auf Kandare und Unterlegtrense umstelle, kann ich es dann zukünftig nicht mehr nur auf Trense reiten?

Das darf nicht passieren! Das wäre dann aber nicht die Schuld der Ausrüstung (Kandare), sondern das Resultat massiver Probleme und Lücken in der Ausbildung. Die Kandare verfeinert die Einwirkung und hilft das Pferd genauer zu positionieren. Dies führt zu einem Ausbildungsfortschritt, somit ist das Pferd auf Trense leichter zu reiten.
Besonders beim Beginn des Umstellens auf die Kandare sollte immer wieder auch auf Trense geritten werden. Dabei wird der Ausbildungsfortschritt überprüft und das Pferd, welches mit Kandare noch etwas hinter die Hand kommt, tritt wieder vermehrt an die Hand heran.
Im weiteren Verlauf der Ausbildung kommt es dann auf die Präferenz von Pferd und Reiter an, welches Zaumzeug hauptsächlich oder sogar ausschließlich benutzt wird. Fühlen sich Pferd und Reiter mit Kandare und Unterlegtrense besser, so kann auch permanent damit geritten werden. Wird jedoch festgestellt, dass das Pferd zunehmend hinter die Hand gerät, sollte die Ausbildung überprüft und zeitweise auf die Kandare verzichtet werden.

2.10 Ist gebissloses Reiten nicht viel pferdefreundlicher?

Das Reiten ohne Gebiss ist nicht automatisch pferdefreundlicher. Wenn der Reiter am Zügel Druck ausübt, kommt dieser beim Pferd auch an, egal ob im Maul oder auf der Nase. Bei der Trense wirkt der Druck auf die Maulwinkel, ebenso auf die Zunge und den Unterkiefer. Das Pferd kann im Notfall unangenehmem Druck etwas ausweichen und

Ein korrekt gerittenes Pferd lässt sich auch jederzeit mit Trense reiten – P.R.E.-Hengst Odesso.

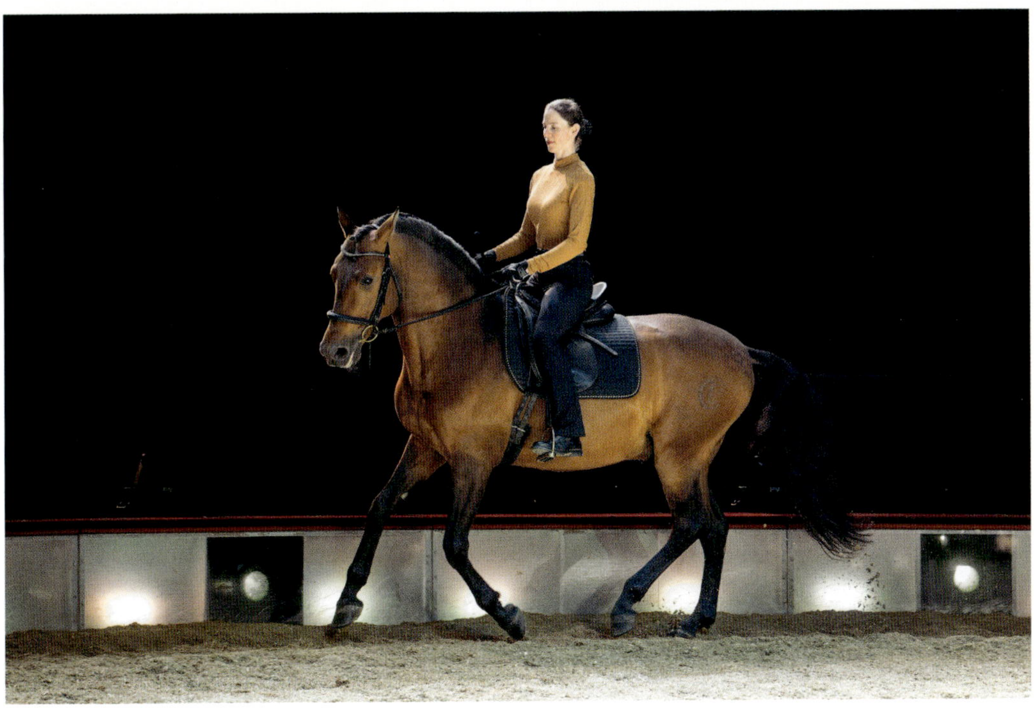

ihn so abschwächen. Bei den meisten gebisslosen Zäumungen wirkt der Druck auf den Nasenrücken des Pferdes. An dieser Stelle ist der Knochen nur durch eine dünne Haut geschützt. Keinesfalls sollte hier ein starker oder permanenter Druck ausgeübt werden. Besonders gefährlich können gebisslose Zäumungen mit Hebelwirkung werden. Bei deren Verwendung kommt es schnell zu einem sehr starken Druck, der von den Reitern oft unterschätzt wird.
Auch das Reiten mit Halsring ist nur nach entsprechender Ausbildung pferdefreundlich realisierbar. Mit dem Halsring starken Druck auf die Kehle oder auf die Luftröhre des Pferdes auszuüben, weil es nicht auf den Sitz reagiert, ist sicher nicht pferdefreundlich.
Meiner Erfahrung nach kann das gebisslose Reiten beispielsweise am Halsring eine schöne und aufschlussreiche Abwechslung sein. Aber für die präzise und gymnastizierende Arbeit ist die Verwendung eines Gebisses nicht zu übertreffen.
Oftmals suchen Reiter ihr Heil in gebisslosen Zäumungen, um Probleme im Training zu überwinden, zum Beispiel, weil sich ihr Pferd gegen den Zügeldruck wehrt. Die Lösung für Probleme besteht aber in den seltensten Fällen im Austauschen eines einzelnen Ausrüstungsteils, da der Zügeldruck mit einer gebisslosen Zäumung nicht verschwindet, sondern nur auf einen anderen Teil des Pferdekörpers einwirkt.
Die einzige sinnvolle Lösung besteht darin, die Ausbildung von Pferd und Reiter zu verbessern, so dass eine effektive Kommunikation entsteht und das Reiten mit feinen Hilfen möglich ist.

Sattel

2.11 Brauche ich unbedingt einen Maßsattel?

Nein, es muss nicht zwingend ein teurer Maßsattel sein. Natürlich ist es wichtig, dass der Sattel an das Pferd gut angepasst ist. Meiner Erfahrung nach ist

Gut ausgebildet und richtig eingesetzt fühlt sich ein Pferd mit Gebissen durchaus wohl – Vollblutaraber Malakil.

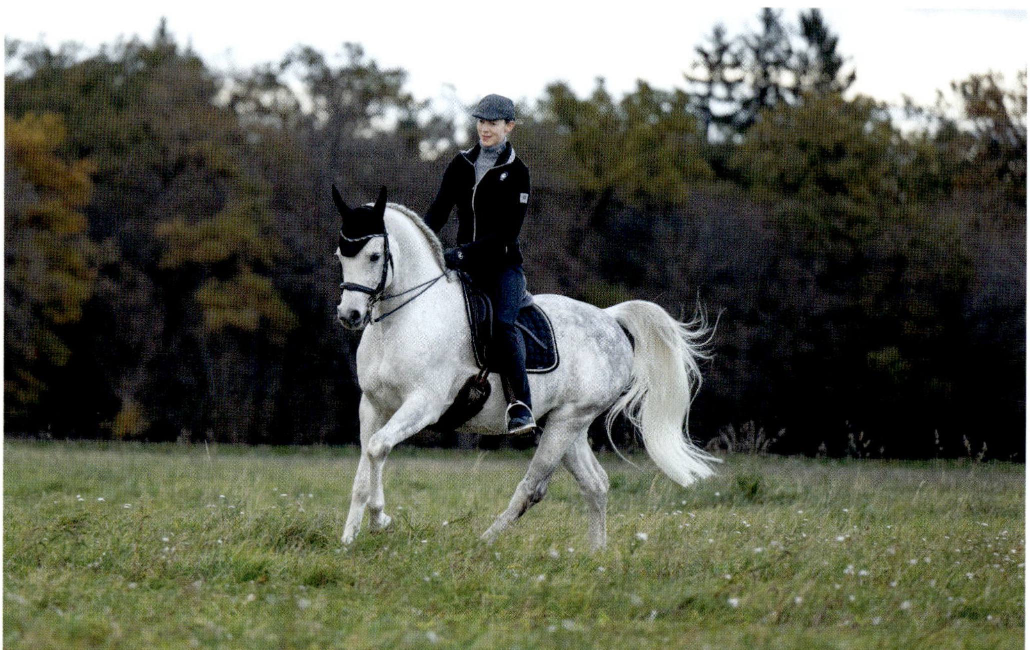

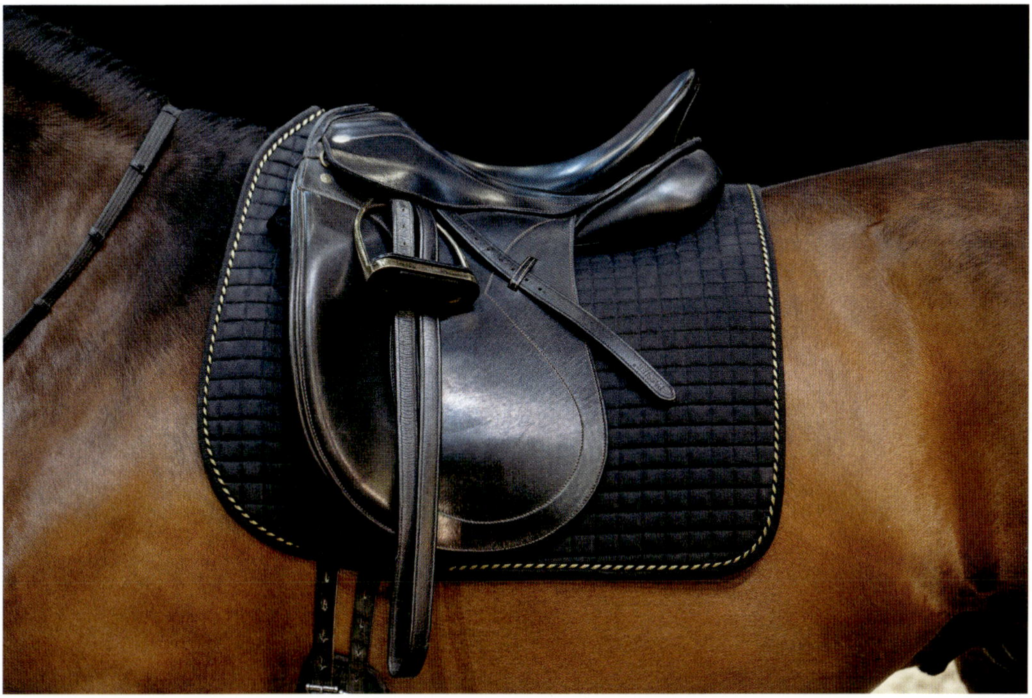

Ein Sattel, der Pferd und Reiter passt, ist wichtig.

dies jedoch auch mit einem guten Qualitätssattel machbar. Natürlich ist auch nicht jede Art von Sattel für jedes Pferd anzupassen. Hier ist die Expertise eines erfahrenen Sattlers notwendig.
Jedes Pferd unterliegt in seiner Figur im Laufe seines Lebens vielen Schwankungen, welche die Passform des Sattels beeinflussen. Hierzu zählt insbesondere der Fütterungs- und Trainingszustand. Nimmt das Pferd im Sommer mit dem Gras auf der Weide zu, wird der Sattel leicht zu eng. Hatte es eine Verletzung und musste pausieren, so nimmt die Muskulatur rapide ab, natürlich auch am Rücken. Dann wird der Sattel schnell zu weit für das Pferd.
Wenn der Reiter allerdings alle paar Wochen den Eindruck hat, dass der Sattel nicht passt, kann das wahre Problem auch ganz woanders liegen. Eine mögliche Ursache von Unmut beim Satteln und Reiten sind Magenprobleme. Diese sind leider eine sehr weit verbreitete und oft nicht erkannte Erkrankung bei Pferden.

Ein passender Sattel ist essenziell, aber es nützt dem Pferd nichts, reiterliche Defizite durch eine Materialschlacht zu kompensieren. Je schlechter ein Reiter sitzt, desto schwerer wiegen die Folgen eines schlecht passenden Sattels. Ein guter Reiter kann kleine Unzulänglichkeiten manchmal sogar kompensieren. Wichtig ist, dass die Ausrüstung zweckmäßig ist und zu Pferd, Reiter und ihrem Trainings- und Ausbildungsstand passt. Aber der Fokus sollte stets auf die Ausbildung von Pferd und Reiter gelegt werden und nicht ausschließlich auf die Ausrüstung.

2.12 Wie beeinflusst der Sattel den Sitz des Reiters?

Heute sind viele Dressursättel mit dicken und hohen Pauschen ausgestattet, oft in Kombination mit einem extrem tiefen Sitz. Das ist nicht empfehlenswert,

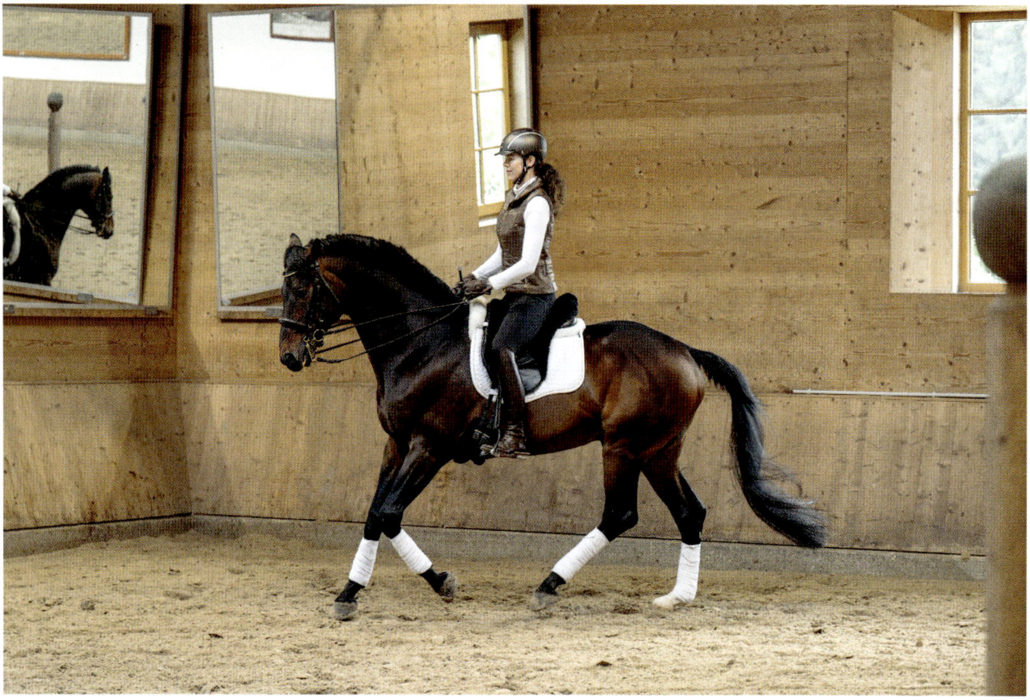

Mit einem passenden Sattel können Pferd und Reiter ihr volles Potential ausschöpfen.

auch wenn sich manche Reiter darin sicher fühlen. Diese Sättel verlegen den Oberschenkel zu weit nach hinten, verleiten zum Klemmen der Oberschenkel und das Hüftgelenk wird in eine überstreckte Position gezwungen, wodurch der Reiter nicht mehr mitschwingen kann. Ist ein Gelenk bereits komplett in Endstellung gestreckt, kann es den Bewegungen nicht mehr in jede Richtung folgen und ist somit nie sinnvoll für einen geschmeidigen Sitz. So eine überstreckte und starre Haltung kann beim Reiter auch schnell zu Rückenschmerzen führen. Oft haben Reiter in dieser Art von Sätteln auch die Bügel zu lang eingestellt, da sie sonst mit den Knien an den Pauschen anstoßen würden.

Bei der Sattelwahl sollte auf eine passende Größe der Sitzfläche geachtet werden. Ist die Sitzfläche für den Reiter zu klein, so verlagert sich der Schwerpunkt des Reiters zu weit nach hinten. Das Pferd bekommt den Druck dann im hinteren Teil der Sattellage ab, welcher nicht so tragfähig ist. Eine zu große Sitzfläche stellt meist kein so gravierendes Problem dar; manchmal ist das Sitzgefühl etwas schwammig, der Reiter wird nicht zu einem korrekten Sitz geführt, aber das ist besser, als wenn er in eine schlechte Haltung gezwungen wird. Natürlich darf der Sattel dabei für das Pferd keinesfalls zu lang sein, damit es weder in seiner seitlichen Beweglichkeit eingeschränkt wird, noch, dass es zu weit hinten im Rücken Druck bekommt.

Aber nicht nur die Größe, sondern auch die Passform des Sattels für das Pferd hat Auswirkungen auf den Reiter. Ist der Sattel nicht gut angepasst und liegt nicht in Balance, so hat er den tiefsten Punkt an einer falschen Stelle. Dieser falsche Schwerpunkt des Sattels setzt den Reiter auch falsch hin. Ist der Schwerpunkt zu weit vorne, verleitet das zum Sitzen im Hohlkreuz. Das stört das Pferd, da der Reiter nicht locker mitschwingen kann. Ist der Schwerpunkt

hingegen zu weit hinten, kommt der Reiter schnell in einen Stuhlsitz. Auch der Stuhlsitz verhindert das geschmeidige Mitschwingen in der Bewegung.
Ein wesentlicher Punkt ist auch die Lage der Steigbügelaufhängung. Ist diese zu weit vorne, kommt der Reiter ebenso in einen Stuhlsitz. Bei Steigbügelaufhängungen, welche zu weit hinten positioniert sind, wird das Bein des Reiters zu weit nach hinten gelegt, und er kommt in eine Hohlkreuzposition. Nur wenn die Steigbügelaufhängung gut positioniert ist, unterstützt der Steigbügel den korrekten und geschmeidigen Sitz. Besonders wichtig ist dies auch für das Leichttraben oder den leichten Sitz. Ist die Steigbügelaufhängung bei Dressursätteln in einer guten Position und nicht zu weit hinten, so können darin ohne weiteres auch kleinere Sprünge überwunden werden. Gleichermaßen sind sie dann auch für die kurzen Steigbügel geeignet, welche für junge Pferde erforderlich sind! Bei jungen Pferden wähle ich immer eine kürzere Steigbügellänge, um sicherzustellen, dass der Fuß nicht unbeabsichtigt aus dem Bügel rutscht und das junge Pferd sich vor dem plötzlich baumelnden Bügel erschrickt. Außerdem setze ich mich auch nicht so schwer und gestreckt hin, wie bei einem ausgebildeten Pferd; sondern wähle meist entlastende Sitzpositionen wie Leichttraben und Entlastungssitz im Galopp. Bei manchen Sätteln thront man, aufgrund ihrer Konstruktion oder zu viel Polsterung, weit über dem Pferd. So wird kein Gefühl der Einheit von Pferd und Reiter aufkommen. Außerdem hat der Reiter einen größeren Hebel, mit dem er einwirkt, was die Gewichtseinwirkung verstärkt. Dies verstärkt natürlich auch ungewollte Gewichtsverlagerungen.

2.13 Reicht es aus, wenn der Sattel meinem Pferd passt?

Nein, der Sattel muss unbedingt auch dem Reiter passen! Die Passform des Sattels für das Pferd und

Bei Damensättel ist es besonders wichtig, dass der Sattel Pferd und Reiter passt – Lipizzaner Maestoso Stornella.

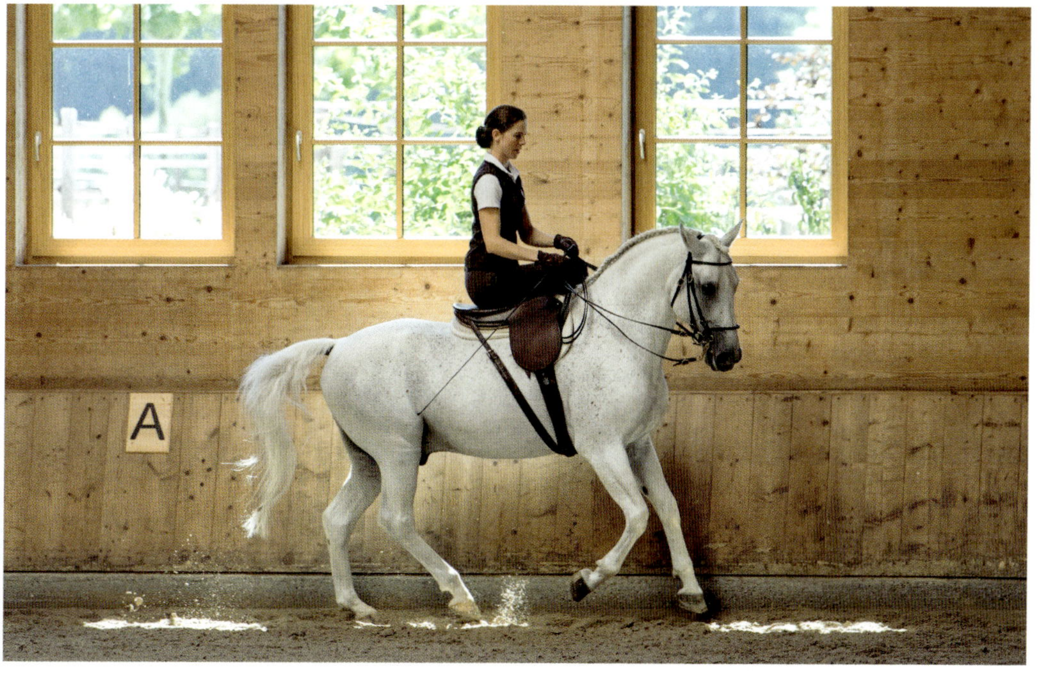

die Konstruktion des Sattels beeinflussen maßgeblich die Position des Reiters auf dem Pferd. Passt der Sattel für den Reiter nicht, so kann er nicht gut sitzen und auch den Pferdebewegungen nicht folgen. Nur wenn der Reiter ideal zum Sitzen kommt, kann er sich ausbalanciert positionieren und den Bewegungen des Pferdes folgen. Und nur so kann das Pferd ihn tragen, ohne dabei Schaden zu nehmen! Allein die Passform des Sattels für das Pferd zu betrachten ist zu einseitig gedacht.

Der Sattel muss von der Größe und der Form zum Reiter und seiner individuellen Anatomie passen. Sind Becken und Wirbelsäule in einer Position festgestellt, können sie nicht mehr als Stoßdämpfer fungieren. Jede Erschütterung kommt ungefiltert beim Reiter an, was sein Rücken häufig mit Schmerzen quittiert. Dem Pferd geht es dann meistens nicht anders! Kann der Reiter den Bewegungen nicht folgen, stört er das Pferd. Dieses verspannt sich und lässt den Reiter noch schlechter zum Sitzen kommen, Pferd und Reiter geraten in einen Teufelskreis. Somit haben dann doch beide ein Problem mit dem Sattel, auch wenn der Sattel dem Pferd eigentlich passt!

Lassen Sie sich von einem kompetenten Sattler und Ihrem Reitlehrer bei der Wahl des Sattels beraten. Wenn Sie einen Sattel kaufen, achten Sie zuerst darauf, dass er dem Pferd passt. Aber lassen Sie nie die Passform und das Sitzgefühl für Sie selber außer Acht!

2.14 Ich finde keinen passenden Sattel für mein Pferd. Kann ich nicht einfach nur noch ohne Sattel oder mit einem Reitpad reiten?

Ein gut passender Sattel trägt durch die Gewichtsverteilung über den Sattelbaum zur Schonung des Pferdes bei. Sitzt der Reiter ohne Sattel auf dem Pferd, so liegt die hauptsächliche Last unter den Sitzbeinhöckern des Reiters. Hier sind Druckspitzen unvermeidlich. Es kann für den Reiter eine schöne und verbindende Erfahrung sein, ohne Sattel zu reiten. Aber eine Dauerlösung ist das nicht. Natürlich trägt das Pferd keinen sofortigen Schaden davon, wenn der Reiter mal ohne Sattel reitet.

Ein sehr wichtiger Aspekt für das Pferd ist auch die Wirbelsäulenfreiheit. Das Reitergewicht darf nicht auf Wirbelsäule und Widerrist drücken. Das lässt sich durch einen gut passenden Sattel gewährleisten. Daher ist auf Dauer oder für längere Ritte ein Sattel deutlich pferdeschonender.

Ein weiteres Argument für einen Sattel sind die Steigbügel. Es gibt zwar auch Reitpads mit Steigbügeln. Hier ist aber die Gefahr recht groß, dass an der Steigbügelaufhängung eine Druckspitze für das Pferd entsteht. Nur mit einem Sattelbaum kann der Druck, welcher über die Steigbügel aufgenommen wird, auch gleichmäßig und großflächig verteilt werden. Steigbügel ermöglichen dem Reiter einen stabileren Sitz und erlauben auch für Pferd und Reiter entlastende Sitzarten wie das Leichttraben und auch den leichten Sitz.

Hilfsmittel

2.15 Sind Gerten und Sporen Tierquälerei?

Das kommt immer auf die Benutzung an! Gerten und Sporen dienen nicht der Bestrafung des Pferdes, sondern werden zur Verfeinerung der Kommunikation und zur Verständigung mit dem Pferd genutzt. Wird die Gerte bei der Bodenarbeit als verlängerter Arm oder beim Reiten als Ersatz oder Unterstützung der Schenkelhilfe eingesetzt, kann sie wesentlich zu einem klaren Verständnis und somit einer pferdegerechten Kommunikation beitragen.

Am Boden hilft die Gerte oder Peitsche beim exakten Dirigieren des Pferdes. Beim Reiten kann sie in der Ausbildung helfen, Lektionen und Hilfen, die an der Hand erarbeitet worden sind, auf das

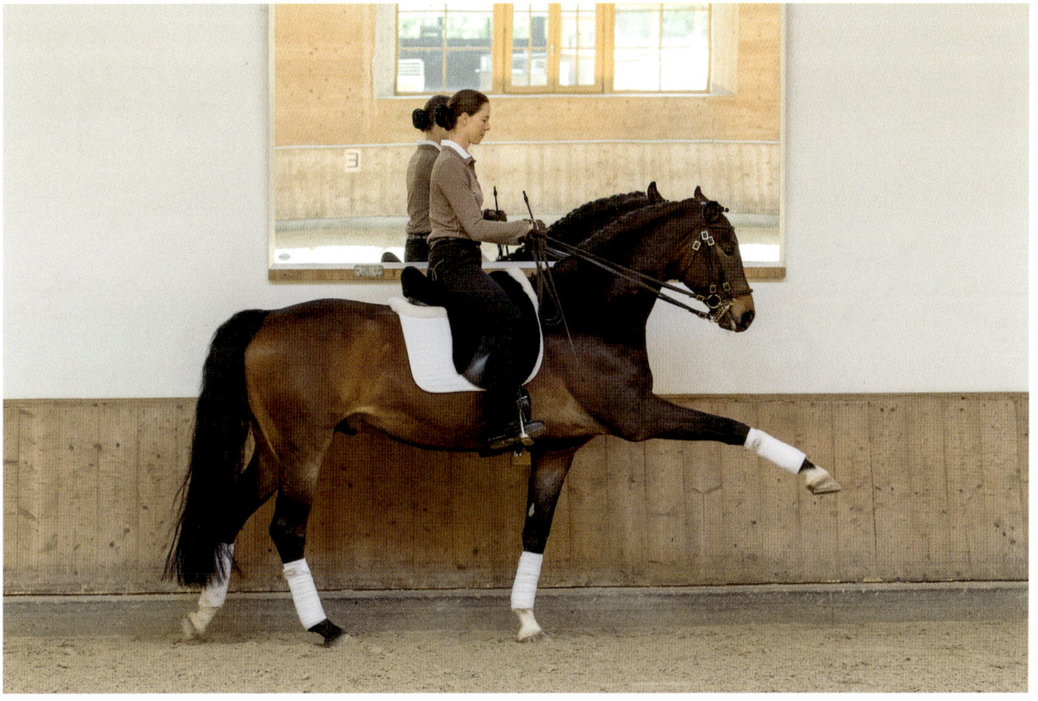

Die Gerte findet beim Erlernen des spanischen Schrittes Gebrauch - Westfale Sir Felix Mendelssohn Bartholdy.

Reiten zu übertragen. Die reiterlichen Hilfen sind vom Pferd nicht so ohne Weiteres verständlich, da die Reaktionen des Pferdes auf die Hilfen zumeist keine Reflexe, sondern erlernte Handlungsweisen sind. Pferde müssen die Sprache der Hilfen erst erlernen, um sie verstehen und umsetzen zu können. Dabei leistet der Einsatz einer Gerte gute Dienste. Ein Beispiel ist die seitwärts treibende Hilfe. Diese kann dem Pferd wunderbar beim Übertreten an der Hand durch das Touchieren mit der Gerte auf Kniehöhe erklärt werden, in Kombination mit der Körperposition des Ausbilders und einer leichten Kopfstellung gegen die Bewegungsrichtung. Hat das Pferd das seitliche Ausweichen auf die Gerte verstanden, kann die Arbeit unter dem Sattel fortgeführt werden. Dafür gibt der Reiter die seitwärtstreibende Schenkelhilfe vom Sattel aus und die Gertenhilfe unterstützt touchierend am Hinterbein. Nach und nach kann die Gertenhilfe reduziert und durch die Schenkelhilfe ersetzt werden. Die Gerte wirkt dann nur noch als Verstärkung ein, damit eine erhöhte Aktivität erreicht wird. So fällt es dem Pferd leicht zu verstehen, was der Reiter möchte. Bei richtigem Gebrauch können Sporen bei weit ausgebildeten Pferden und Reitern die Hilfengebung weiter verfeinern und vor allem präzisieren. Sporen dürfen nur von fortgeschrittenen Reitern getragen werden, die ein ruhiges Bein und ihre Position jederzeit im Griff haben. Zieht der Reiter immer wieder den Absatz hoch oder klammert gar mit dem ganzen Bein, sind Sporen komplett unangebracht. Ebenso muss sichergestellt sein, dass das Pferd eine gute Grundausbildung hat und das Verständnis für die Schenkelhilfen vorhanden ist. Sonst wird es auf den Einsatz der Sporen höchstens klemmen, aber nicht fein reagieren.

Sporen helfen auch nicht, wenn Pferde nicht mehr am Schenkel reagieren und schon gar nicht, wenn ein Pferd am Schenkel klemmt und abbremst.

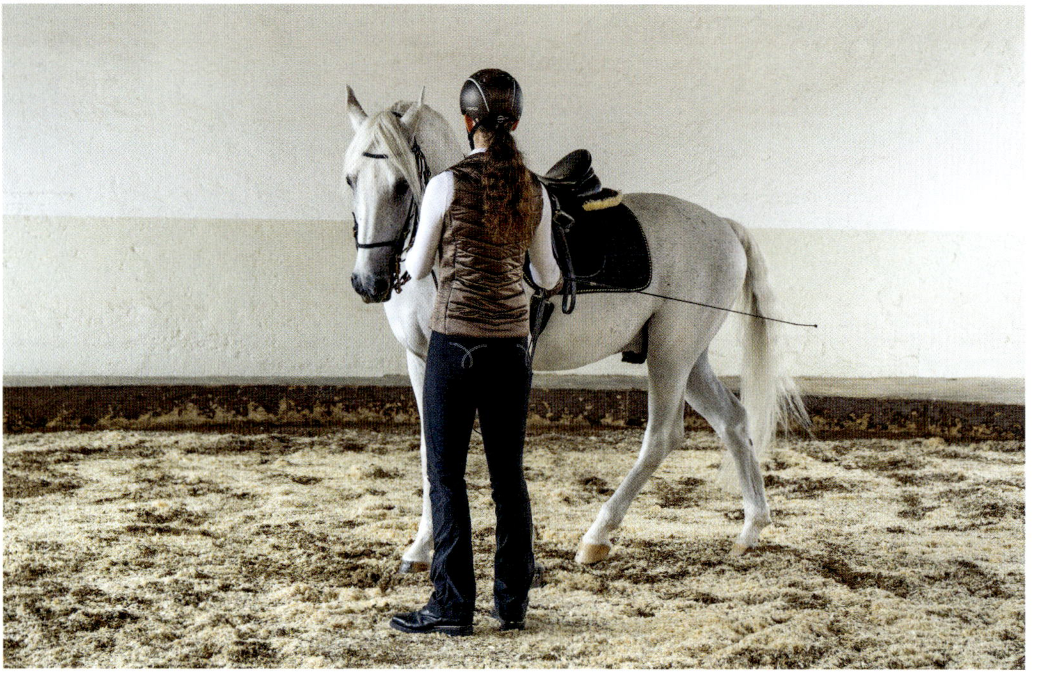

Bei der Handarbeit kann der Reiter dem Pferd die verschiedenen Bedeutungen der Gerte erklären.

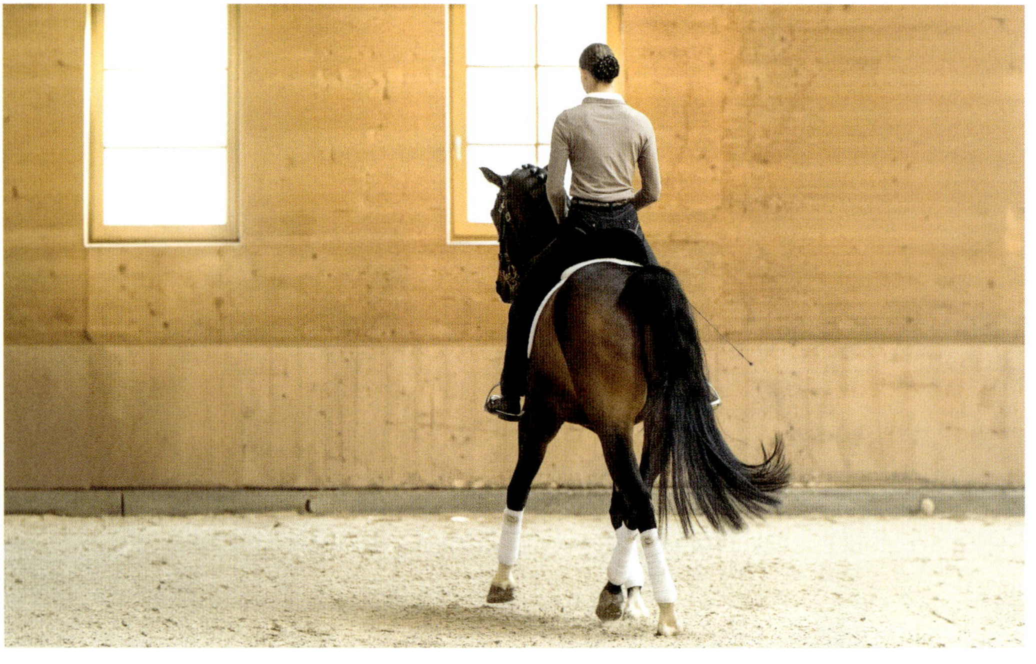

Keinesfalls darf der Sporn permanent am Pferd sein. Er darf nur punktgenau und präzise zum Verfeinern der Hilfen eingesetzt werden.

Wenn über Sporen reflexartig mehr Tempo erzeugt werden könnte, so würden alle Jockeys dieser Welt mit Sporen Rennen reiten. So ist es aber nicht. Reagiert ein Pferd nicht am Schenkel, muss wieder zurück an die Basis gegangen werden, um sicherzustellen, dass das Pferd die Hilfen auch verstanden hat und diese auch umsetzen kann!

2.16 Wie sollte die Gerte beschaffen sein?

Die Gerte sollte sowohl für die Handarbeit als auch fürs Reiten nicht zu weich, aber auch nicht zu hart sein. Nur mit einer ausreichend stabilen Gerte, die allerdings auch etwas elastisch ist, kann in lebendiger Art und Weise touchiert werden. Ist die Gerte zu hart, dann ist das Gefühl »hölzern« und es kann dadurch im Pferd keine Vibration ausgelöst werden. Ist die Gerte zu weich, ist das Touchieren zu unpräzise. Für das Dressurreiten sollte die Gerte ungefähr 120 cm lang sein. Beim Anreiten junger Pferde sowie beim Springen muss die Gerte kürzer sein. Hierfür empfiehlt sich eine härtere Gerte, die nicht unbeabsichtigt in Schwingung und Bewegung geraten und so das Pferd erschrecken könnte.
Für die Handarbeit ist häufig auch eine längere Gerte sinnvoll, mit der die Hinterbeine einfacher touchiert werden können. Hier haben sich auch zuweilen kurze Bogenpeitschen (ungefähr 120 bis 140 cm) bewährt. Der längere Schlag der Bogenpeitschen kann das Touchieren des äußeren Hinterbeins erleichtern.
Die genaue Länge und Art der Gerte ist immer eine Frage des persönlichen Geschmacks und der Größe des Pferdes. Aber sie darf nie zu schwer sein und muss gut ausbalanciert sein, damit beim Tragen keine Ermüdungserscheinungen im Handgelenk auftreten.

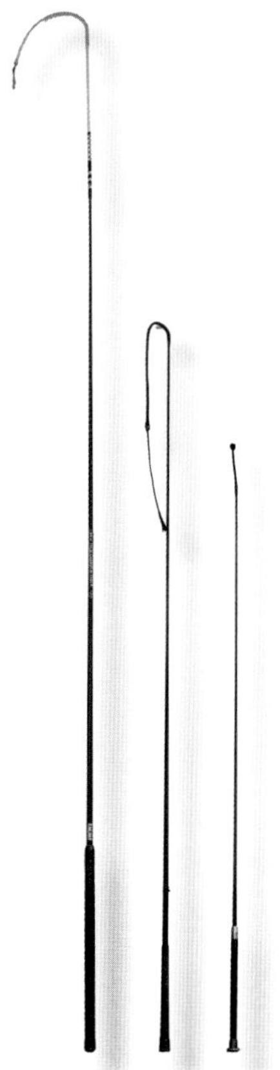

Von links nach rechts: Touchierpeitsche, Handarbeitsgerte und Dressurgerte

2.17 Wie gewöhne ich mein Pferd an die Gerte? Wie gehe ich vor, wenn es Angst vor der Gerte hat?

Gerte und Peitsche dienen nur als verlängerter Arm des Reiters, zur Präzisierung der Hilfengebung und der Kommunikation. Daraus ergibt sich bereits, dass das Pferd, bei richtiger Anwendung, nie Angst vor der Gerte entwickeln sollte. Junge Pferde ohne schlechte Erlebnisse haben höchstens Respekt vor der Gerte, ihnen hilft dann die behutsame Gewöhnung, damit die Gerte als Hilfe akzeptiert wird.
In der Regel wird das Pferd bereits beim Anreiten, in der Phase des Reitens an der Longe, an eine kurze Gerte gewöhnt. Wichtig ist es, sich klarzumachen, dass jegliche Bewegung mit der Gerte die Remonte zum Erschrecken bringen könnte. So muss auch das Tauschen der Gerte auf die andere Seite mit

dem unerfahrenen Pferd im Stand in Ruhe geübt werden. Die Gerte wird anfänglich immer ruhig an der Schulter des Pferdes getragen und nicht, wie beim geschulten Pferd, oberhalb des Knies über dem Oberschenkel des Reiters. Die dabei verwendete kurze Gerte wird auch anfänglich nur an der Pferdeschulter eingesetzt, um kein Ausschlagen oder Bocken zu provozieren.
Manchmal ist es aber leider der Fall, dass Pferde schlechte Erfahrungen gemacht haben und doch Angst vor der Gerte entwickelt haben. Trotzdem lohnt es sich, sie wieder mit diesen Hilfsmitteln positiv vertraut zu machen, da sonst ein wesentliches Werkzeug für die Erarbeitung der Lektionen fehlt. Ich habe auch noch nie erlebt, dass ein Pferd sich nicht wieder an Gerte und Peitsche gewöhnen konnte. Wie jede Korrekturarbeit, benötigt es jedoch Zeit und Geduld, aber es lohnt sich.
Hat das Pferd große Angst, so wird das Pferd mit Kappzaum und Longe in die Reitbahn gebracht. Der Ausbilder kratzt und krault das Pferd zuerst ohne Gerte am Hals. Ist das Pferd entspannt und genießt die Berührung, nimmt er eine kurze Gerte in die Hand, lässt den Griff oben etwas aus der Hand herausstehen und beginnt das Pferd hiermit am Hals oder Mähnenkamm nahe dem Widerrist zu kratzen. Akzeptiert das Pferd dies, so kann der Gertengriff etwas länger aus der Hand herausstehen und das Pferd wird damit am Hals langsam abgestrichen.
Im nächsten Schritt wird die Gerte herumgedreht, so dass der Griff unten in der Hand liegt. Das Pferd wird nun mit dem weichen Ende am Hals nahe der Schulter abgestrichen.
Bleibt das Pferd dabei entspannt, dann wird das Gleiche auf seiner anderen Körperseite wiederholt. Seien Sie nicht überrascht, wenn das Pferd links und rechts anders reagiert! Das hängt unter anderem damit zusammen, dass Pferde die Augen seitlich haben. Das linke Auge wird von der rechten Gehirnhälfte gesteuert und das rechte Auge von der linken

Anhalten mit auf die Kruppe gedrückter Gerte

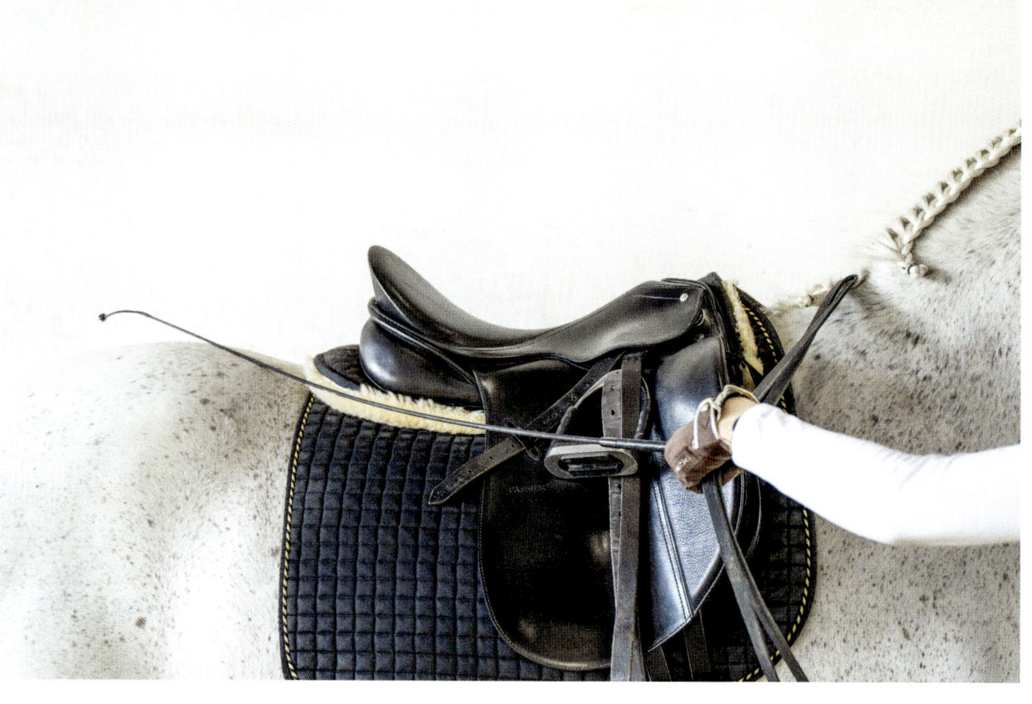

Gehirnhälfte. Somit ist beidseitiges Arbeiten bei der Gewöhnung an fremde oder Furcht einflößende Gegenstände von grundlegender Bedeutung.
Als nächste Stufe kann eine etwas längere Gerte benutzt werden. Hiermit wird genauso verfahren wie mit der kurzen Gerte. Bleibt das Pferd entspannt, so wird es nicht mehr nur am Hals abgestrichen, sondern auch über Rücken und Kruppe.
Danach kann der Ausbilder das Pferd rückwärtsgehend führen und mit Körpersprache, Stimme und eventuell Einsatz der Longe wieder anhalten. Gleichzeitig drückt er beim Anhalten die Gerte am Halsansatz an. Nach und nach lernt das Pferd so auf den Druck der Gerte anzuhalten. Steht es still, wird der Druck gelöst und die Gerte sinken gelassen. Zum erneuten Losgehen wird mit der Stimme geholfen, der Longenführer setzt sich selber in Bewegung und berührt das Pferd entweder mit der Gerte leicht seitlich am Bauch, wo der treibende Reiterschenkel zum Liegen käme, oder am Hinterbein auf Höhe des Knies.
Hat das Pferd das Anhalten mit dem Gertendruck am Hals verstanden, kann der Druck bei entsprechender Gertenlänge auch weiter hinten auf die Oberseite der Kruppe verlegt werden. Dies hilft später dann auch beim Erarbeiten des geschlossenen Stehens.
Schrittweise kann eine etwas längere Gerte verwendet werden, beziehungsweise kann dieselbe Gewöhnung auch allmählich mit der Longierpeitsche durchgeführt werden. Hierbei immer den Schlag in der Hand behalten, so dass er das Pferd nicht ungewollt berührt.
Wenn das Angehen und Anhalten mittels der Gerte funktioniert, so ist als Nächstes das Vermitteln der seitwärtstreibenden Hilfe dran. Zuerst noch am Kappzaum, später dann auf Trense gezäumt, lernt das Pferd noch diese weitere Bedeutung der Gerte kennen. Für den Beginn bietet sich das Übertreten auf einer kleinen Volte an. Dabei wird das Pferd leicht gegen die Bewegungsrichtung gestellt und mit Stimme, Gerte und Körpersprache (selber losgehen) um den Ausbilder herum bewegt. Das Anhalten erfolgt dann wieder über den bereits erlernten Druck der Gerte am Hals oder oben auf der Kruppe und mit Hilfe der Stimme.
Wenn das Pferd so vorbereitet ist, kann auch begonnen werden, mit Gerte zu reiten. Dazu wird genauso vorgegangen wie beim Anreiten der Remonte. Zuerst wird dem Reiter eine kurze, feste Gerte gereicht, die nur passiv mitgeführt wird. Wenn das entspannt klappt, kann diese beispielsweise beim Antraben auch mal leicht an der Schulter touchieren. Schritt für Schritt kann dann eine längere Gerte verwendet werden.
Um vom Sattel aus das Berühren mit der Gerte an der Hinterhand zu erarbeiten, bietet sich das Übertreten auf einer Volte oder das Schenkelweichen an der Bande an. Bei sehr sensiblen Pferden sollte die seitwärtstreibende Hilfe der Gerte bereits durch die Handarbeit etabliert worden sein. Beim Reiten berührt der Reiter das Pferd dann zeitgleich zur Schenkelhilfe mit der Gerte, so dass es dies verknüpft.
Durch diese Herangehensweise lernt das Pferd die Gerte als Hilfe und Kommunikationsmittel kennen und verstehen. Ist das Pferd daran gewöhnt, kann dieses nützliche Hilfsmittel ohne Anspannung des Pferdes verwendet werden.

2.18 Wie sollten Sporen verschnallt werden?

Sporen sollten nicht zu hoch am Absatz verschnallt werden, sonst kann es leicht zu ungewollten Berührungen mit dem Sporn kommen. Generell reagieren Pferde besser, je tiefer unten Schenkel und Sporn einwirken. Für englische Schnallsporen gibt es die Faustregel, dass ein Reiter mit langem Bein die Sporen etwas höher schnallt, ein Reiter mit kurzen Beinen etwas tiefer.
Ich bevorzuge allerdings immer, die Sporen tiefer unten am Absatz zu tragen. Bei den portugiesischen Stecksporen ergibt sich dies automatisch. So kann der Sporn sehr präzise aus einer Drehung im Fußgelenk zum Einsatz gebracht werden. Dadurch

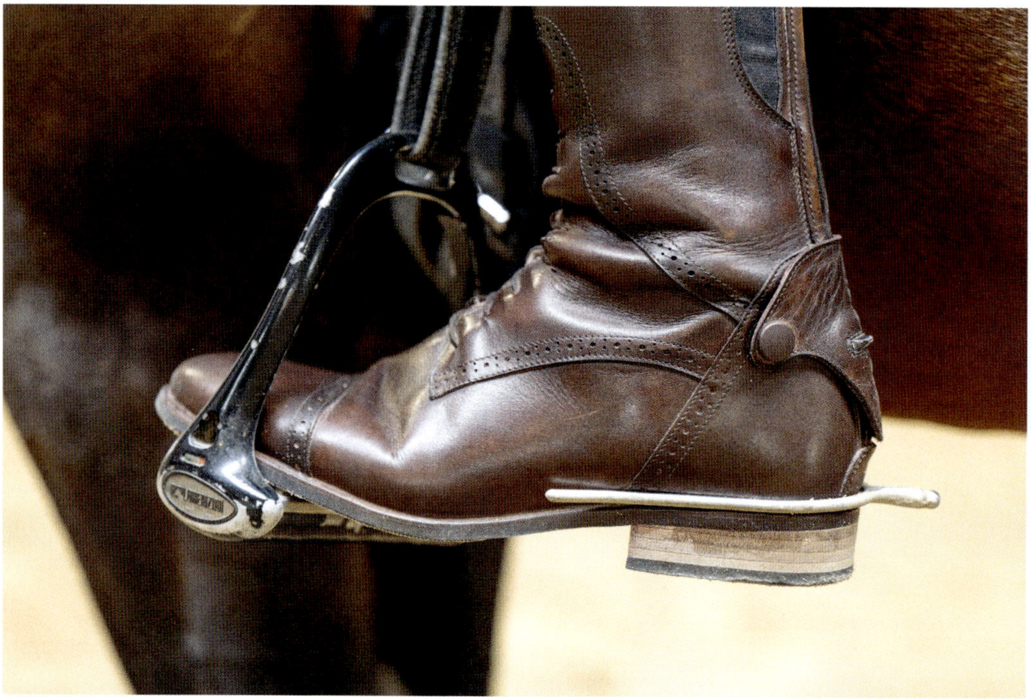

Portugiesische Stecksporen eignen sich gut für einen präzisen und differenzierten Einsatz.

ist auch die Gefahr geringer, dass, wenn nur mit der Wade getrieben wird, auch gleichzeitig unbeabsichtigt der Sporn einwirkt. Hierdurch können die Hilfen sehr schön differenziert eingesetzt werden.

Allgemeines

2.19 Ist es wichtig, dass alle Ausrüstungsgegenstände farblich aufeinander abgestimmt sind?

Ich finde das nicht verwerflich, solange das nicht der einzige Fokus ist. Pferden ist es herzlich egal, ob sie eine grüne oder pinke Schabracke tragen, solange sie zweckmäßig ist. Steht die Optik allerdings über Allem, so leidet das Pferd darunter. Hingegen freue ich mich besonders über ästhetische Reiter und Pferde, wenn sie dazu passend elegant reiten. Je harmonischer und feiner ein Pferd geritten wird, desto schöner ist der Gesamteindruck. Ist das Gesamtbild dann auch noch mit geschmackvoller Ausrüstung abgerundet, ist es eine Freude zuzuschauen. Gerade das Dressurreiten wird ja in seiner höchsten Form zur Kunst, dazu passt eine ästhetisch ansprechende Aufmachung von Pferd und Reiter.
Es ist auch eine Frage des Respektes dem Reiten und dem Pferd gegenüber, sich und das Pferd fürs Reiten sauber herzurichten. Es ist eben nichts Selbstverständliches und Alltägliches, dass Pferde uns gestatten, auf ihnen sitzen und reiten zu dürfen. Das darf ruhig zelebriert werden!
Abgesehen von der Ästhetik ist es wichtig, das Pferd sauber zu putzen, bevor die Ausrüstung angelegt wird, damit keine Scheuerstellen entstehen. Das Striegeln des Pferdes ist zudem eine kleine Massage und fördert die Durchblutung. Dies sorgt für eine

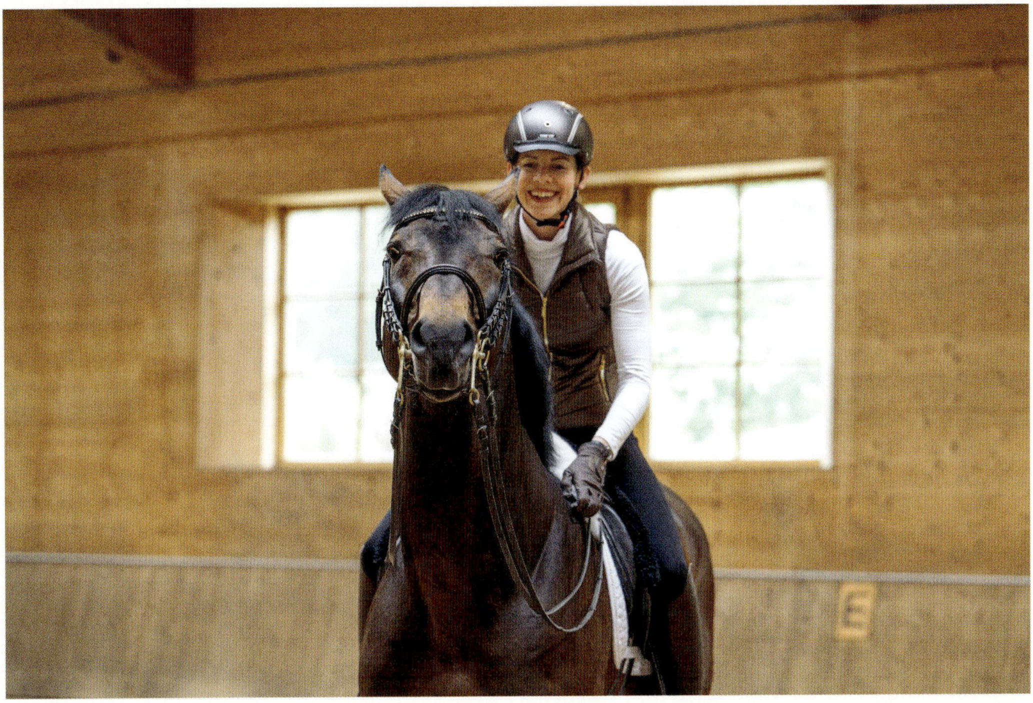

Die Stellen, an denen das Pferd am liebsten gekrault wird, lassen sich gut beim Putzen herausfinden.

gute Haut und ein schönes Fell. Nebenbei wärmt es den Reiter schon etwas auf. Beim gründlichen Putzen fallen auch kleine Verletzungen und Veränderungen auf. Das Putzen des Pferdes hat auch einen emotionalen Aspekt. Es stärkt nicht nur die Bindung zwischen Pferd und Reiter, da beide hier eine gute Zeit miteinander verbringen, sondern dabei kann schon die Laune des Pferdes ergründet werden. Pferde sind auch nicht jeden Tag gleich gelaunt ... Außerdem stellt sich dabei leicht heraus, wo es gerne gekrault wird, das kann sich der Ausbilder für das Loben zu eigen machen.

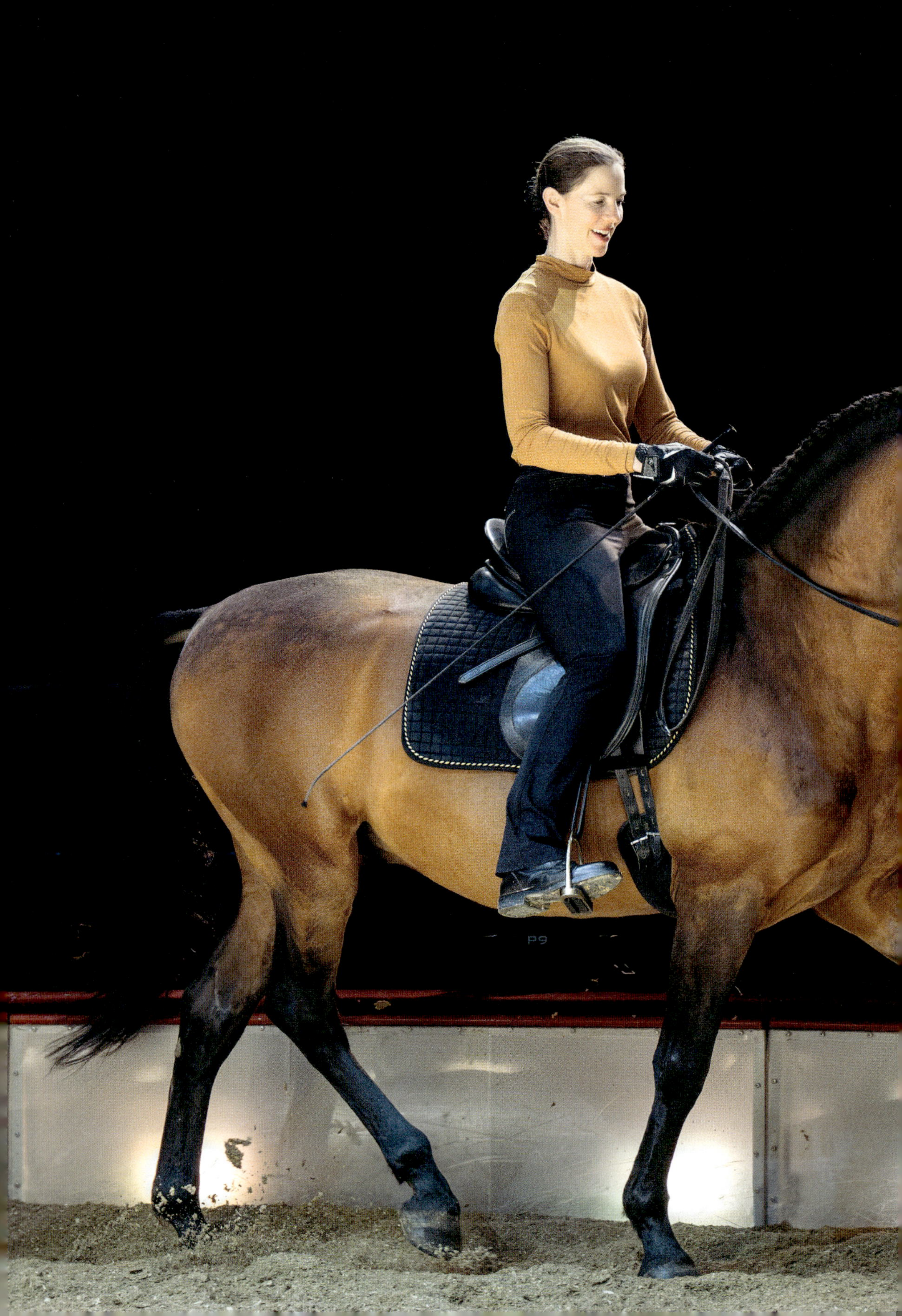

PRAXIS

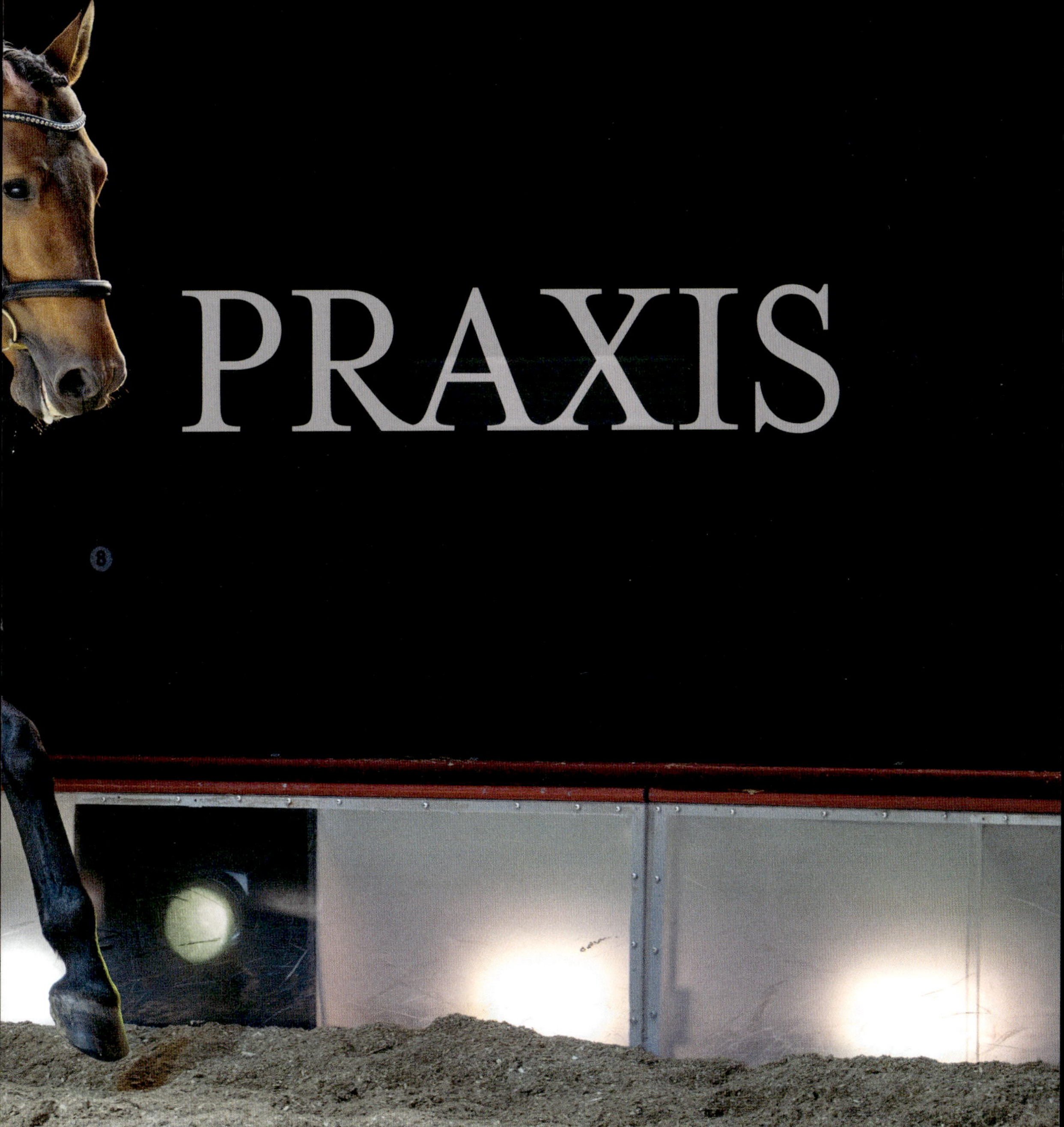

3.

Optimierung des Dressursitzes und Verfeinerung der Hilfengebung

Sitz

3.1 Warum ist der Sitz so ein zentraler Punkt in der Reiterei?

Je besser der Reiter sitzt, desto leichter kann das Pferd ihn tragen. Ermöglicht durch eine gute Körperhaltung kann der Reiter auch vermehrt mit seinem Sitz einwirken und die anderen Hilfen, wie gewünscht, minimieren. Dadurch werden Pferd und Reiter zu einer Einheit und das Pferd kann sich in seiner ganzen Brillanz entfalten.
Ein korrekter Reitersitz ist Grundvoraussetzung für jedes gute Reiten und die Gesunderhaltung des Pferdes. Nur wenn der Reiter in Balance sitzt, kann er den Bewegungen des Pferdes mühelos folgen. Daher ist ein guter und dem Pferd angepasster Sitz gelebter Tierschutz. Je besser die Position (symmetrisch, Oberkörper lotrecht, Becken schwingt mit), desto leichter ist das Reitergewicht für das Pferd zu tragen. Ein leichter Reiter, welcher den Bewegungen des Pferdes nicht folgen kann und ihm in den Rücken plumpst, ist schwerer für das Pferd zu (er-)tragen als ein Reiter, der ein höheres Körpergewicht hat, sich aber geschmeidig den Pferdebewegungen anpasst und sich immer mit dem Pferd im Gleichgewicht befindet.
Ausgangspunkt für einen guten Sitz und zugleich Schnittstelle mit dem Pferd ist das Becken, welches sich in einer neutralen Position befindet. Nur aus dieser Position heraus kann ein aufrechter Sitz entstehen, der den Pferdebewegungen folgt, effektiv und effizient einwirken kann.
Entgegen der Meinung vieler Nichtreiter benötigt der Dressursitz nicht viel Kraft in den Beinen, denn der Reiter hält sich nicht mit den Beinen auf dem Pferd fest. Dies würde automatisch dazu führen, dass er nicht mehr locker in der Hüfte mitschwingen und mit dem eigenen Becken den Bewegungen des Pferderückens nicht mehr folgen kann. Zwar haben Anfänger oft Muskelkater in den Beinen, dies entsteht aber aus mangelnder Balance, einer daraus resultierenden verkrampften Körperhaltung und eventuellen Unsicherheiten, die zu einem Klemmen im Knie und Oberschenkel führen. So »hält« der Anfänger sich zwar auf dem Pferd, aber geschmeidig mitschwingen kann er so noch nicht. Er muss sich an die Bewegungen gewöhnen, Vertrauen zum Pferd gewinnen und dadurch zum Entspannen bei gleichzeitiger Erlangung einer positiven Körperspannung kommen. Dies benötigt natürlich auch einen gewissen Muskelaufbau, welcher vor allem bei weniger sportlichen Reitern eine längere Zeit braucht. Das »Obenbleiben« ist außer in Schreckmomenten (und da kommt der Knieschluss erfahrungsgemäß automatisch) auch keine Frage des Knieschlusses, sondern der Balance, Körperspannung und des Mitgehens in der Bewegung.
Wie groß die Herausforderung ist, den Bewegungen des Pferdes zu folgen und dieses in keiner Situation zu stören, wird oft unterschätzt. Selbst erfahrenen Reitern passieren hier manchmal Fehler. Gibt es ein Problem in der Pferdeausbildung, liegt die Ursache häufig darin begründet, dass der Reiter das Pferd stört, sei es eben durch einen Sitz, der die Bewegungen des Pferdes behindert, durch unkorrekte oder durch widersprüchliche Hilfengebung.
Eine typische Situation, bei der das Pferd widersprüchliche Signale erhält, entsteht aus einem Mangel an Körperspannung des Reiters: Sitzt der Reiter im Stand ohne Körperspannung und treibt so das Pferd zum Losgehen im Schritt an, fällt er mit dem Oberkörper zurück, da während des Antretens der Reiter die Trägheit der Masse und den Hebel des Oberkörpers nicht durch Körperspannung und durch leichtes Neigen in den Gang ausgleicht. Dadurch kommt er hinter die Bewegung des Pferdes. Allein das stört schon den Bewegungsfluss. Im schlimmsten Fall kommen durch das Zurückfallen zusätzlich noch die Hände nach hinten und oben. Dadurch kommt ein ungewollter Zug der Zügel im Pferdemaul an. Diese Widersprüchlichkeit verhindert eine klare Kommunikation zwischen Pferd und Reiter. Wird das Pferd nun weitergetrieben, entgegen den eigentlich aufnehmenden Hilfen des Sitzes und des Zügels, lernt das Pferd die Hilfen zu

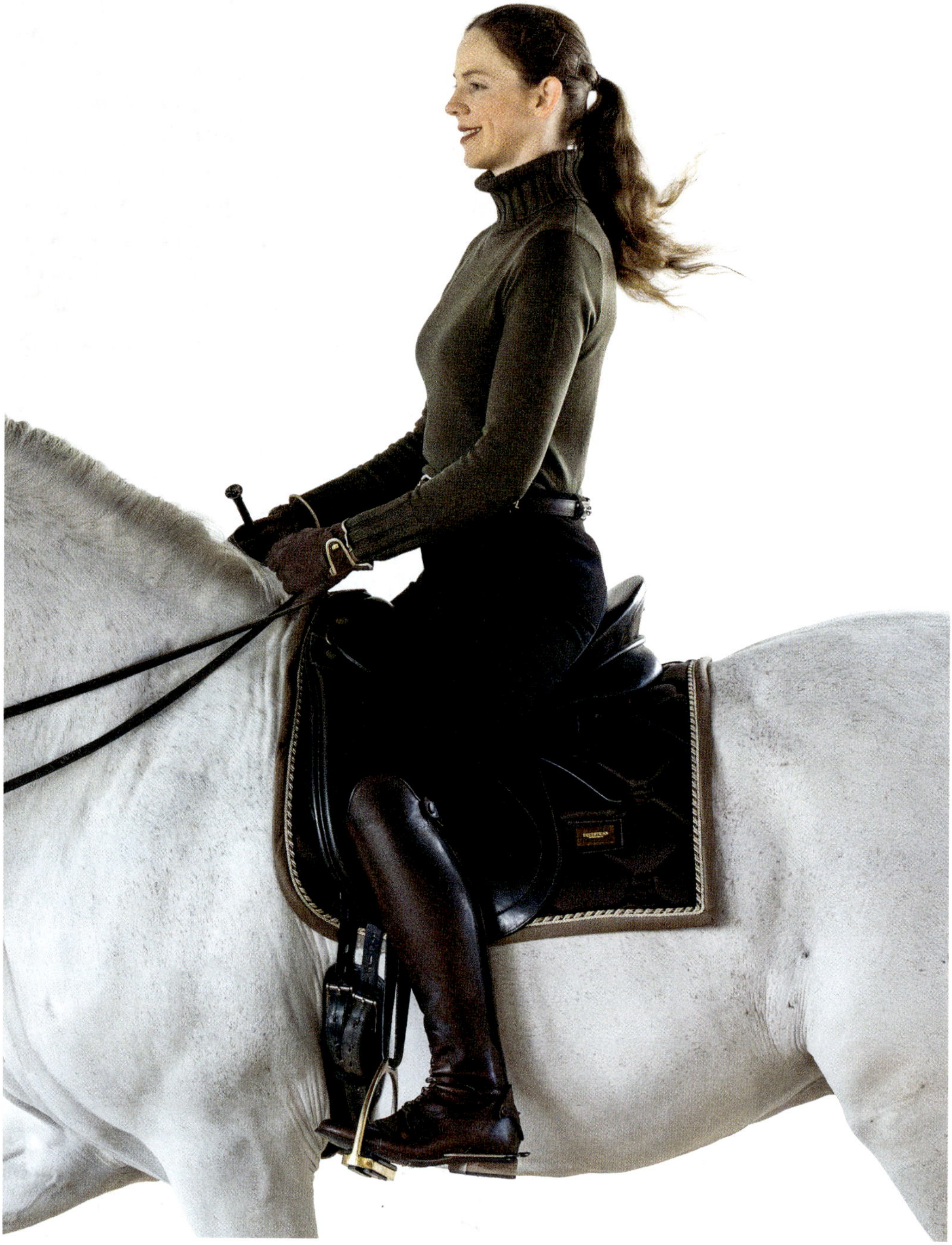

Durch einen guten Sitz werden Pferd und Reiter zu einer Einheit verbunden.

ignorieren und stumpft ab. Die richtige Lösung wäre hier, auf das Nachgeben mit dem Zügel zu achten und vor allem beim Losgehen den Oberkörper zu kontrollieren.

Die effektive, zielführende und weiche Hilfengebung ist untrennbar mit dem korrekten Sitz verbunden. Erst aus dem richtigen und zügelunabhängigen Sitz heraus ist es möglich, eine gute Hilfengebung zu erlangen. Nur wenn der Sitz stimmt, kann der Reiter feine Hilfen geben, weil er sich so durch das Anpassen an die Bewegungen stillhalten kann. Das Pferd darf sich nicht aus einem Wust an Bewegungen und Aktionen, die der Reiter eventuell unbewusst auf seinem Rücken fabriziert, aussuchen müssen, was eine Hilfe sein soll und was nicht. Ein guter, geschmeidiger und ruhiger Sitz kann gewährleisten, dass die Hilfen immer wieder gleich reproduzierbar sind und auch in der beabsichtigten Intensität und Feinheit gegeben werden können. Dadurch ist es möglich, eine für das Pferd verständliche und feine Kommunikation aufzubauen.

Nur wenn der Reiter die Balance und die nötige Spannung in seiner Körpermitte hat, kann er auch Arme, Hände und Beine locker in Position behalten. Das ist für eine feine und weiche Hilfengebung unerlässlich. Sitzt der Reiter nicht zügelunabhängig, bekommt das Pferd bereits ungewollt Impulse über die Zügel ins Maul. Um das Pferd in der Bewegung zu halten, muss es gegen den Druck weitergetrieben werden. Auch hier erhält das Pferd widersprüchliche Signale vom Reiter. Der Reiter muss so stark treiben, dass die treibende Hilfe über das ungewollte Aufnehmen am Zügel dominiert und das Pferd weitergeht. Oder noch schlimmer, das Pferd ist bereits so abgestumpft, dass es gelernt hat, trotz der (ungewollt) aufnehmenden Wirkung weiterzugehen.

Genauso ist es mit der Gewichtshilfe. Sitzt der Reiter asymmetrisch, oder bei bestimmten Lektionen in die falsche Richtung, muss das Pferd dies kompensieren. Dazu muss es häufig mit erhöhtem Aufwand von Schenkel- und Zügelhilfen gebracht werden. Bei sehr schiefen Reitern sind wir wieder beim Aspekt des Tierschutzes angekommen: hängt der Reiter immer auf eine Seite, so wird auch das Pferd einseitig überlastet, was natürlich zu früherem Verschleiß führen kann. Selbstverständlich kann eine asymmetrische Körperhaltung auch zu einer Fehlbelastung für den Reiterkörper und zu Schmerzen führen.

Ein guter Sitz und eine feine Hilfengebung lassen sich nicht trennen: nur wenn der Reiter gut sitzt, kann er sein Pferd über den Sitz reiten und die Hilfen minimieren. Andersherum ist es aber auch so, nur wenn leichte Hilfen geben werden, kann der Reiter korrekt sitzen bleiben, da er die korrekte Position nicht verlassen muss.

3.2 Warum ist es so wichtig, »am Sitz zu reiten«, und was heißt das überhaupt?

Am Sitz zu reiten bedeutet, dass der Reiter über seinen Körper eine Verbindung zum Pferd aufgebaut hat. Dadurch kann er das Pferd über seine Sitzposition und die Art und Weise, wie er sitzt, beeinflussen. Voraussetzung für das Reiten am Sitz ist, dass der Reiter den Bewegungen des Pferdes folgen kann, ohne es zu stören. Um es dann positiv zu beeinflussen, ist eine gute Koordination und Körperwahrnehmung wichtig, um die Bewegungen mal etwas mehr zu folgen, mal weniger oder um eine gezielte Gewichtsverlagerung vorzunehmen. Nur wer stabil sitzt, kann auch sein Pferd darüber formen. Dies gibt dem Pferd Halt. Der Rumpf muss dafür stabil gehalten werden und die Arme und Beine möglichst locker. So kann die reiterliche Einwirkung hauptsächlich über den Sitz geschehen und weniger über Zügel- und Schenkelhilfen.

Das Pferd muss, um am Sitz zu sein, einerseits so weit ausgebildet sein, dass es ausbalanciert und in Selbsthaltung geht. Andererseits muss es daraufhin geschult werden, auf die kleinste Veränderung im Reitersitz zu achten und durch die Ausbildung in der Lage und der Balance sein, auf diese zu reagieren. Diese Abstimmung am Sitz muss auch immer wieder abgefragt und verbessert werden.

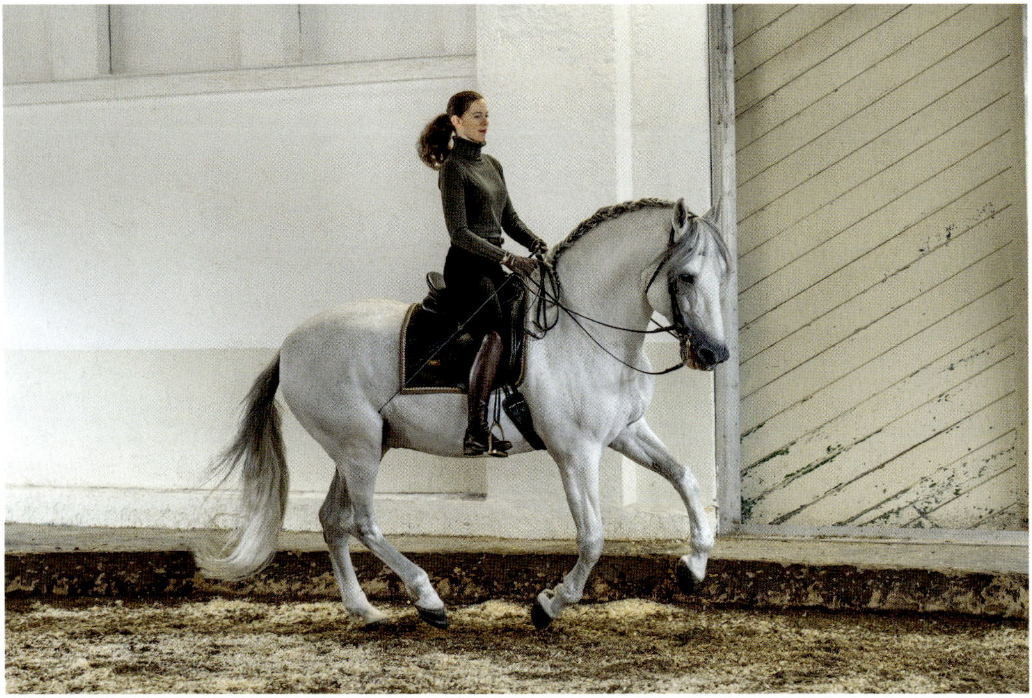

Ist das Pferd am Sitz, ist es möglich, auf die Zügeleinwirkung zu verzichten und das Pferd trotzdem geschlossen zu halten.

Ist das Pferd am Sitz, so kann der Reiter ganz fein jede Bewegung über seinen Körper dirigieren. Er kann Richtung, Tempo, Frequenz und den Versammlungsgrad über seinen Sitz steuern. Das Pferd hat gelernt, sich am Sitz des Reiters zu orientieren. Selbst wenn der Reiter am Zügel nachgibt, dabei aber seine Position und seine Körperspannung beibehält, wird auch das Pferd in Selbsthaltung und Versammlung bleiben und nicht auseinanderfallen.
Je besser das Pferd am Sitz abgestimmt ist, desto eher können die Zügel- und Schenkelhilfen reduziert werden. Ein entsprechend ausgebildetes und geschultes Pferd lässt sich nur über die Einwirkung des Sitzes zurücknehmen oder durchparieren. Je weniger der Reiter das Pferd über Zügelhilfen beeinflussen muss, desto harmonischer werden die Übergänge.
Wichtig ist aber immer, dass der Reiter zwar mal mehr und mal weniger mit seinem Becken den Bewegungen des Pferdes folgt. Aber nie darf er eigene Bewegungen machen und sich mehr bewegen als das Pferd oder es gar anschieben wollen mit seiner Beckenbewegung. Dies stört das Pferd und führt in der Regel dazu, dass es langsamer und steifer wird.

3.3 Wie sitze ich richtig?

Die Grundposition des Reitersitzes ist ein aufgerichteter und symmetrischer Sitz. In der Bewegung ist der Sitz nicht statisch. Die Bewegungen des Pferdes werden hauptsächlich in der Wirbelsäule des Reiters resorbiert, welche gemeinsam mit seinem Becken den Bewegungen leicht um die mittlere, neutrale Ausgangsposition herum schwingend folgt. Genauso federn, bei größeren Bewegungen, die Fußgelenke und die Ellbogen leicht. Durch dieses geschmeidige Folgen der Bewegung erscheint der Reiter still auf dem Pferd.

Das Fundament eines korrekten Sitzes ist das Becken, welches sich in einer neutralen Position befindet. Der Reiter spürt auf beiden Sitzbeinhöckern gleich viel Gewicht lasten. Darüber wird dann der Oberkörper ähnlich wie ein Turm aufgebaut. Der Bauchnabel darf keinesfalls eingezogen werden, aber auch nicht zu stark nach vorne gedrückt werden. Das Brustbein ist leicht angehoben, ohne dabei die Rippenbögen auseinander zu drücken und in ein Hohlkreuz zu kommen. In einer aufrechten Haltung wird der Kopf möglichst bewegungslos über der Wirbelsäule getragen. Der Blick des Reiters geht dabei leicht unter die Horizontale und zwischen den Pferdeohren hindurch, dadurch kann der Nacken des Reiters locker bleiben. Die Schultern fallen entspannt nach hinten und unten. Die Oberarme hängen nahe dem Oberkörper herunter, die Ellenbogen sind leicht gebeugt. Die Hände sind aufrecht gedreht, als würde man eine Kerze tragen. Diese Drehung der Hand hilft, eine aufrechte Haltung im Oberkörper einzunehmen.

Die Oberschenkel und Knie ruhen flach am Sattel, dabei sollte nicht mehr Druck entstehen, als das Eigengewicht der Beine hervorruft. Sie sind weder nach innen noch nach außen gedreht. Die Knie sind locker gebeugt. Die Fußspitzen sind nahezu parallel zum Pferd ausgerichtet, aber mit der physiologischen Außenrotation von ungefähr 15 Grad. Die Fußsohle ist in etwa parallel mit dem Boden, mit dem Absatz als tiefstem Punkt.

Insgesamt sollte der Sitz symmetrisch sein, die Schultern als auch die Ohren auf einer Höhe. Genauso sollten keine seitlichen Drehungen vorhanden sein und beide Arme, Beine, Hände und Füße gleich platziert werden.

3.4 Wie verbessere ich meinen Sitz?

Das Ziel eines guten Reitersitzes ist, dass der Reiter sich den Bewegungen des Pferdes anpassen und

Vorbildlicher Sitz – Jana Mandana Lacey-Krone auf Lusitanohengst Rameses

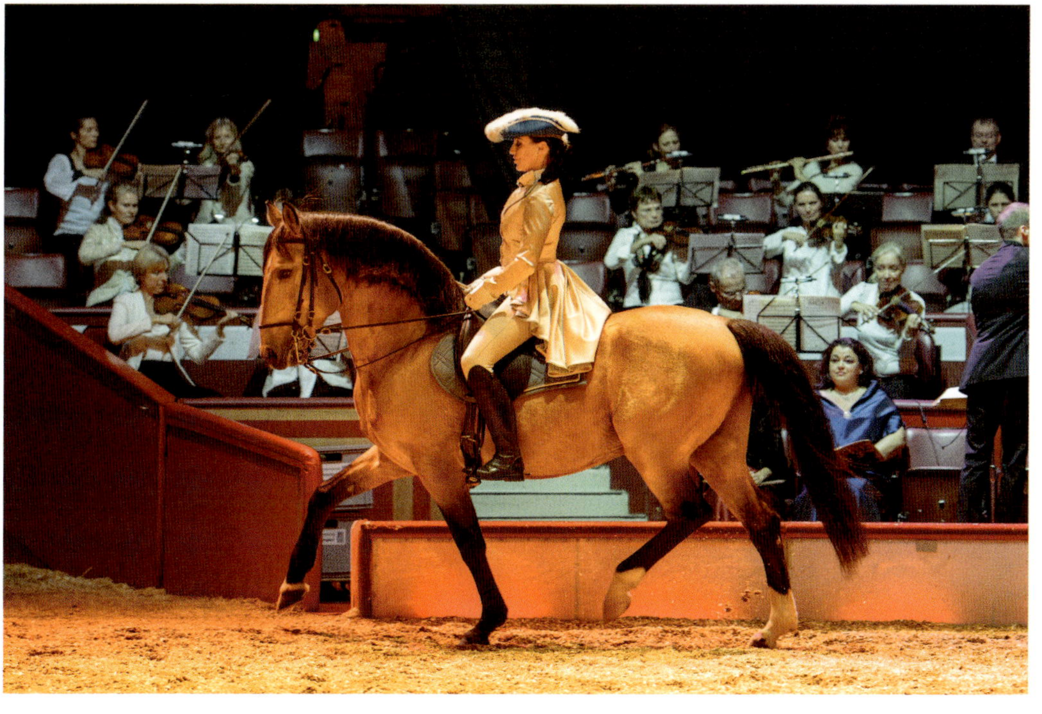

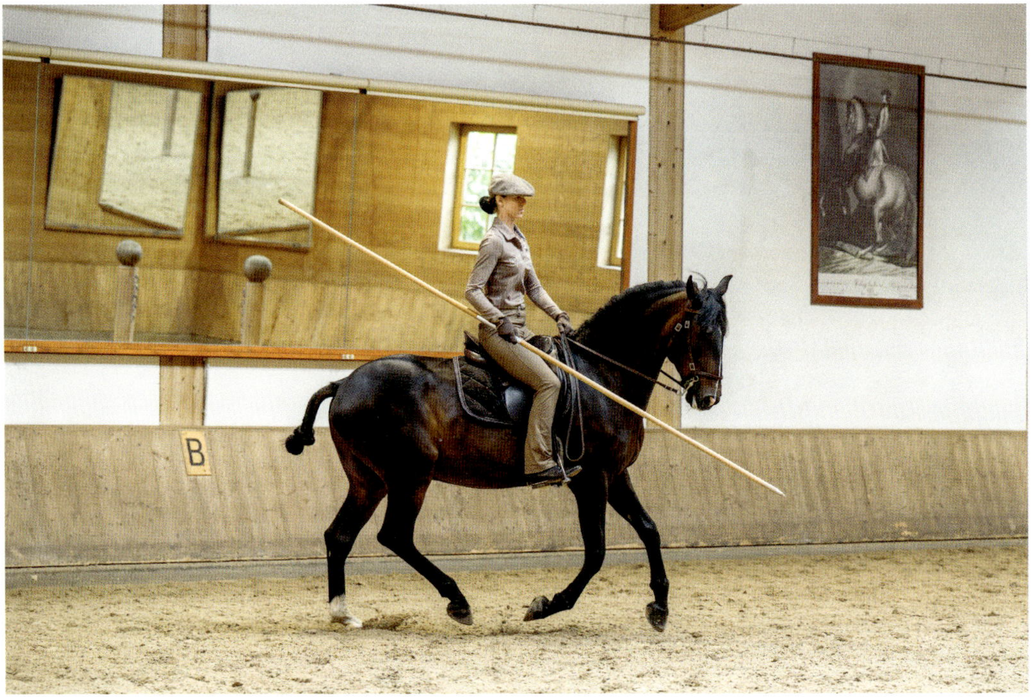

Einhändiges Reiten verbessert Sitz und Einwirkung – Lusitano Fantasma.

diese dann bei Bedarf positiv beeinflussen kann. Der Reiter muss in der Hüfte beweglich, aber gleichzeitig im Rumpf stabil sein. Jedoch sollte der Reiter sich dessen bewusst sein, dass er sich nicht festmachen darf, sondern seine Rumpfmuskulatur sich im Takt an- und abspannen muss. Arme und Beine müssen locker sein und dürfen nur gerade so viel Spannung haben, dass sie in der Bewegung nicht wackeln.

Videoclip Garrocha

Einhändig gerittene Reitkunst.

Als Anfänger lernt der Reiter zuerst, sich nur an die Pferdebewegungen anzupassen. Erst wenn er gelernt hat, im Becken mitzuschwingen, und er zügelunabhängig sitzt, kann er das Pferd beeinflussen. Üblicherweise wird das Reiten lernen an der Longe begonnen. Doch auch für Fortgeschrittene kann eine Sitzlonge sehr hilfreich für die Weiterentwicklung des Sitzes sein. Reiten ist unter anderem deswegen so anspruchsvoll, weil der Reiter nicht nur den Bewegungen des Pferdes folgen muss, sondern sie auch noch positiv beeinflussen möchte. Und das Pferd hat natürlich auch immer wieder eigene Einfälle und bewegt sich nicht wie ein Roboter unentwegt gleichmäßig vor sich hin. Sich bei einer Sitzlonge darauf verlassen zu können, dass das Pferd gleichmäßig weitergeht und sich nicht ums Wenden kümmern zu müssen, hilft ungemein beim Fokus auf die eigene Körperposition. An der Longe können natürlich, neben dem Versuch, die korrekte Position einzunehmen und zu erhalten, auch Übungen durchgeführt werden, die Geschmeidigkeit, positive Körperspannung und Balance fördern helfen.
Aber: das Reiten lernt man nicht nur durchs Reiten! Jeder kann die eigene Körperhaltung durch Gym-

nastik und Sport ohne Pferd entscheidend verbessern. Die wichtigsten Punkte für den Reitersitz sind Mobilität, Stabilität, Koordination und Körperwahrnehmung. All diese Punkte können auch ohne Pferd optimiert werden. Besonders gut hierfür sind zum Beispiel Pilates oder funktionelles Training speziell für Reiter. Dabei lernen Sie Ihren Körper kennen, bringen die Bewegungen mit der Atmung in Einklang und trainieren die notwendige Mobilisation in der Hüfte und die Kräftigung des Rumpfes. Die daraus gewonnene Stabilität in der Körpermitte und positive Körperspannung sind ganz essenzielle Punkte des guten Reitersitzes. Koordination und Körperwahrnehmung sind weitere Aspekte, die ohne Pferd sehr gut geschult werden können. Die Wahrnehmung der tatsächlichen Position des eigenen Körpers im Raum ist grundlegend für einen guten Sitz. Oft hat der eigene Körper sich so an eine Fehlhaltung gewöhnt, dass eine physiologische Haltung sich ungewohnt oder sogar falsch anfühlt.

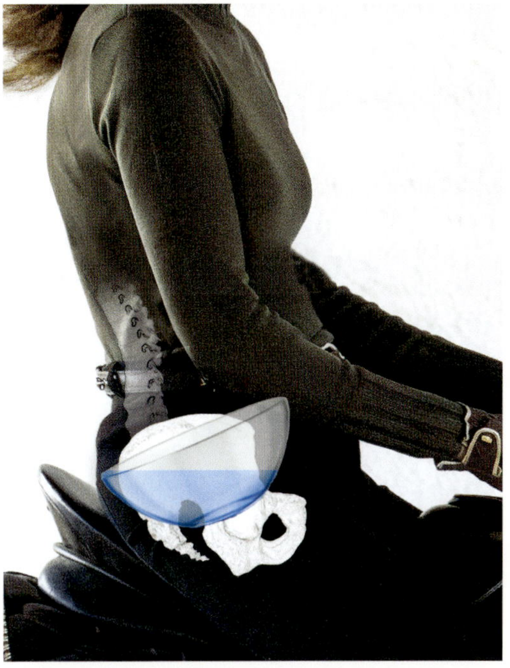

Ist das Becken nach hinten gekippt, läuft das Wasser hinten aus der Schale heraus.

Bei der neutralen Beckenposition verbleibt das Wasser in der Schale.

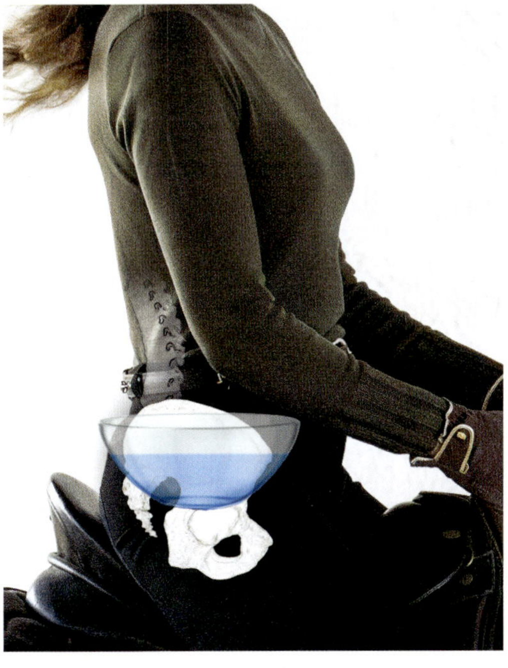

Ist das Becken nach vorne gekippt, läuft das Wasser vorne aus der Schale heraus.

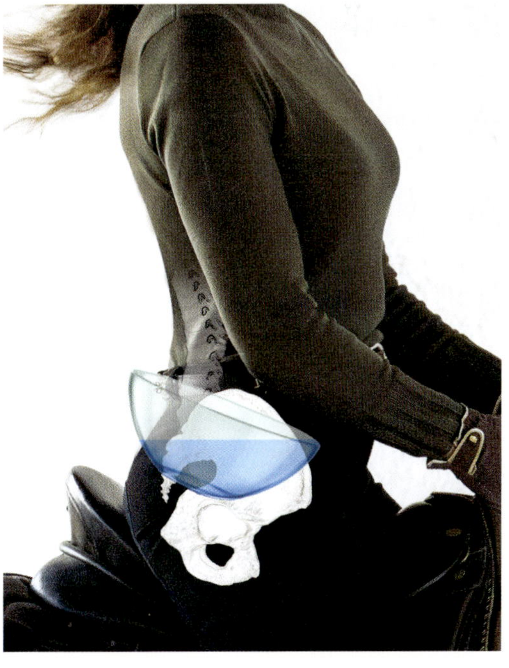

Auch eigene Asymmetrien können ohne Pferd ausgeglichen oder zumindest verbessert werden. Generell sind alle Arten der bewussten Beschäftigung mit dem eigenen Körper hilfreich. Je mehr Erfahrungen unser Körper macht, je öfter er aus dem Gleichgewicht gebracht wurde und sich wieder stabilisieren musste, desto besser kann er sich auf wechselnde Gegebenheiten anpassen und einstellen. Ich finde, es ist eine Sache des Respekts gegenüber dem Pferd, sich ein Mindestmaß an körperlicher Fitness und Mobilität anzueignen, bevor man wagt, sich auf ein Pferd zu setzen!

In der Praxis begegnen mir viele Reitschüler, die im Hohlkreuz sitzen. Dies ist ihnen anfangs häufig gar nicht bewusst. Hier hilft folgende Wahrnehmungsübung: Stellen Sie sich seitlich neben einen Spiegel, um am Ende der Übung das eigene Gefühl mit der tatsächlichen Position im Raum abgleichen zu können. Die Übung lässt sich sowohl auf dem Pferd als auch abgesessen im hüftbreiten Stand mit leicht gebeugten Knien durchführen. Der Blick richtet sich zuerst nach vorne, nicht in den Spiegel. Jetzt das Becken abwechselnd nach vorne und hinten kippen. Vielen hilft das Bild, sich das Becken als eine mit Wasser gefüllte Schale vorzustellen. Kippt das Becken nach vorne, läuft vorne Wasser aus. Beim Kippen nach hinten läuft das Wasser hinten aus. Nach einigen Bewegungen vor und zurück versuchen Sie, die Mitte zu finden, hier bleibt bei unserem Bild das Wasser in der Schale. Jetzt wird mittels einer Kopfdrehung per Blick in den Spiegel überprüft, wie das Becken ausgerichtet ist. Oft sind die Reiter nach dem Blick in den Spiegel überrascht, in welcher Position sie sich tatsächlich befinden. Oft haben sie das Gefühl, sich in der mittleren Position zu befinden, aber der Blick in den Spiegel entlarvt, dass dies nicht der Fall ist. Die mittlere, neutrale Position fühlt sich für Reiter mit Hohlkreuz oft wie ein Rundrücken an. Häufigeres Ausführen dieser Übung, auch zuhause vor dem Spiegel, fördert das richtige Gefühl für die tatsächliche Position des Körpers im Raum und überschreibt allmählich das Körpergedächtnis, welches anfangs das Hohlkreuz als normale, weil gewohnte Position gespeichert hatte.

Generell kann es beim Erlangen des Körpergefühls helfen, Positionen zu übertreiben. Lehnt ein Reiter beispielsweise mit dem Oberkörper grundsätzlich zu weit nach hinten, kann er das Gefühl für einen lotrechten Oberkörper dadurch erlangen, dass er eine Runde ganz bewusst sich so weit wie es geht nach hinten lehnt. Die nächste Runde lehnt er sich absichtlich zu weit nach vorne. In der dritten Runde versucht er dann, die lotrechte Position zu finden. Ein guter Sitz ist nichts Statisches. Es reicht nicht aus, sich im Stand in eine Schablone zu pressen. Der gute Sitz passt sich der Bewegung und der Situation an. So stellt das Sitzen auf einem jungen Pferd andere Anforderungen an den Reiter als das Sitzen auf einem durchtrainierten, ausgebildeten Pferd. Bei einem schwachen Pferd darf der Reiter nur weniger schwer einsitzen, bis es sich durch aufbauende Gymnastik besser stabilisiert hat.

Um den eigenen Sitz zu verbessern, ist es angeraten, neben der Gymnastik ohne Pferd, sich auf dem Pferd von außen kontrollieren zu lassen. Am hilfreichsten ist hier sicherlich ein guter Reitlehrer. Aber auch außerhalb der Reitstunde können Sie sich selbst weiterbringen: entweder durch einen Blick in den Spiegel, aber vor allem auch durch Foto- und Videoaufnahmen. Diese helfen auch sehr gut bei der Verbesserung der eigenen Körperwahrnehmung. Viele Reiter sind erstaunt, wenn sie die eigene Position auf dem Pferd sehen, da sie oft so an Fehlhaltungen gewohnt sind, dass sich diese normal und richtig anfühlen. Ohne Korrektiv von außen würde es dem Reiter gar nicht auffallen, dass etwas im Argen liegt.

Die menschliche Körperhaltung wird auch immer durch seine Psyche beeinflusst. Ist der Reiter angespannt oder ängstlich, so wird er dazu neigen, sich fest zu machen. Bei ängstlichen Reitern sackt oft der Oberkörper zusammen, er macht sich klein. Die Hände wirken in Richtung des Bauches ein, der Reiter neigt zum Ziehen am Zügel. Auch ein stressiger Arbeitstag oder private Probleme können sich negativ auf die Körperhaltung und auch auf die eigene Laune auswirken; daher macht es Sinn, sich im Kopf zu lösen, bevor man zu seinem Pferd

geht. Das ist sicher leichter gesagt als getan, aber trotzdem ist es wichtig. Merkt man, dass man zu angespannt ist, sollte man an diesem Tag lieber aufs Reiten verzichten und vielleicht nur das Pferd putzen, kraulen oder füttern. Manchen hilft aber auch ein schöner entspannter Ausritt, um wieder ins seelische Gleichgewicht zu kommen - das ist individuell verschieden. Aber fest steht: Ist der Reiter entspannt und fühlt sich gut, so wird es ihm leichter fallen, aufrecht und ohne Verspannung, aber doch mit der nötigen Körperspannung zu sitzen.
Unser Befinden wird auch durch unsere Atmung beeinflusst. Bei Anspannung atmen wir flacher, halten phasenweise sogar die Luft an. Gerade in Schrecksituationen oder während höheren Lektionen ist darauf zu achten, entspannt weiter zu atmen. Ebenso können wir unseren Gemütszustand durch die Atmung beeinflussen. Dies können wir für uns nutzen. In Situationen mit hoher Anspannung hilft der Fokus auf die Atmung, den Geist zu beruhigen. Dabei kann es nützlich sein, wenn darauf geachtet wird, beim Einatmen bis vier zu zählen und beim Ausatmen bis sechs. Dadurch wird eine physische und psychische Entspannung erreicht. Anja Beran schreibt in ihrem Buch »Der Dressursitz« dazu: »Die Atmung ist für einen Reiter ein weiterer wichtiger Faktor, um seiner vollständigen Körperkontrolle und -wahrnehmung ein großes Stück näherzukommen, und verdient deshalb große Beachtung.«
Ein weiterer wesentlicher Punkt für den Reitersitz ist, dass das Pferd sich so bewegt und eine Haltung annimmt, dass es seinen Reiter leicht sitzen lässt. Ist es nicht im Gleichgewicht, fest im Rücken und verliert ständig den Takt, fällt selbst erfahrenen Reitern das geschmeidige und ausbalancierte Sitzen schwerer. Hingegen lädt das Pferd, welches sich versammelt, rund, im Takt und mit tätigem Rücken bewegt, seinen Reiter geradezu zum Sitzen ein. Daher ist der Sitz des Reiters auch immer fest mit der Ausbildung des Pferdes verknüpft. Wenn gut ausgebildete Lehrpferde zur Verfügung stehen, ist es ein hervorragendes Mittel zum Erlangen eines guten Sitzes, wenn der Ausbilder diese vom Boden aus piaffieren lässt. Der Reiter sitzt oben, fühlt seinen Sitz und konzentriert sich darauf. Das Pferd lässt den Reiter in der Piaffe durch den tätigen Rücken automatisch gut zum Sitzen kommen. Dies fördert neben dem Gefühl auch die positive Körperspannung des Schülers.
Unbestritten ist, dass die Grundlage für gutes Reiten ein guter Sitz ist, um Pferd und Reiterrücken zu schonen und fein reiten zu können. Also: Nutzen Sie jede Gelegenheit, Ihren Sitz zu überprüfen und zu verbessern! Und vor allem: Vergessen Sie Ihre Körperhaltung auch im Alltag nicht. Wer immer krumm und bucklig am Schreibtisch sitzt, wird es schwer haben, im Sattel aufrecht zu sitzen.

3.5 Wie wähle ich die richtige Steigbügellänge für mich?

Für den Dressursitz wird die Steigbügellänge so gewählt, dass die Fußsohle, bei entspannt aus der Hüfte nach unten fallenden Beinen, in etwa parallel zum Boden positioniert wird.
Die Einstellung der Steigbügelriemen hat Auswirkungen auf die Position des Beckens, der Beine und der Füße. Nur bei einer Länge, die individuell dem Reiterkörper angepasst ist, kann der Reiter im Becken mitschwingen und die Schenkel und Füße ermüdungsfrei und ruhig in einer sinnvollen Lage halten. Reiter mit kurzen, runden Beinen werden in der Regel kürzere Steigbügel benötigen als Reiter mit langen, schmalen Beinen. Auch die Form des Beckens und die Breite der Hüfte hat Einfluss auf die benötigte Einstellung. Bei der Steigbügellänge darf ruhig immer mal wieder geändert, probiert und variiert werden.
Viele Reiter erhoffen sich durch sehr lange Steigbügeleinstellung ein optisch langes Bein. Oft sind die Bügelriemen dann aber so lang, dass die Reiter nur noch mit der Fußspitze nach dem Bügel angeln und die Ferse nach oben kommt. Zu lange Bügelriemen verleiten auch zum Spaltsitz, mit damit verbundenem Hohlkreuz. So wird das elastische Mitschwingen in der Mittelpositur verhindert, und das Reitergewicht kommt vermehrt auf den Oberschenkel und

weg vom Gesäß. Ich habe die Erfahrung gemacht, dass Probleme beim Aussitzen oft durch eine etwas kürzere Einstellung der Steigbügelriemen erheblich gemindert werden können. Auf diese Weise fällt es dem Reiter leichter, mit dem Becken den Bewegungen des Pferdes zu folgen.
Sind die Steigbügelriemen zu kurz, kommt zu viel Druck auf die Bügel. Das Knie hat die Tendenz, nach vorne oben zu rutschen, und drückt gegen die Pausche. Die Waden werden fest, der Stuhlsitz wird begünstigt.
Um einen ungefähren Anhaltspunkt für die korrekte Steigbügellänge zu erlangen, sollten die Füße aus den Bügeln genommen werden. Die Steigbügelriemen sollten so lang eingestellt werden, dass die Fußspitze nur etwas angehoben werden muss, um den Bügel zu erreichen. Der Fuß ruht entspannt im Bügel, ohne zusätzlichen Druck auszuüben. Druck auf den Bügel darf nur durch das Gewicht des Beines entstehen. Mehr Druck im Bügel führt zu Steifigkeiten, verhindert das entspannte Sitzen im Sattel sowie das Federn im Fußgelenk in der Bewegung.
Bei jungen Pferden, oder wenn viel leichtgetrabt wird, sollten die Bügelriemen etwas kürzer eingestellt werden. So kann man den Bewegungen leichter folgen und verliert die Bügel nicht so leicht. Das hilft auch die Unterschenkel ruhig zu behalten.
Auch beim Springen ist selbstverständlich ein deutlich kürzerer Bügelriemen nötig.
Die Länge der Bügelriemen hängt auch von der Breite des Pferderumpfes ab. Bei sehr schmalen oder sehr breiten Pferden wählt man meist eine etwas kürzere Einstellung.

3.6 Wie wichtig ist es, dass der Absatz immer tief bleibt?

Ein tiefer Absatz macht Sinn, da so der Fuß nicht dazu neigt, in den Bügel zu rutschen. Außerdem wird da-

Der Fuß ruht entspannt im Bügel, die Fußsohle ist annähernd parallel zum Boden.

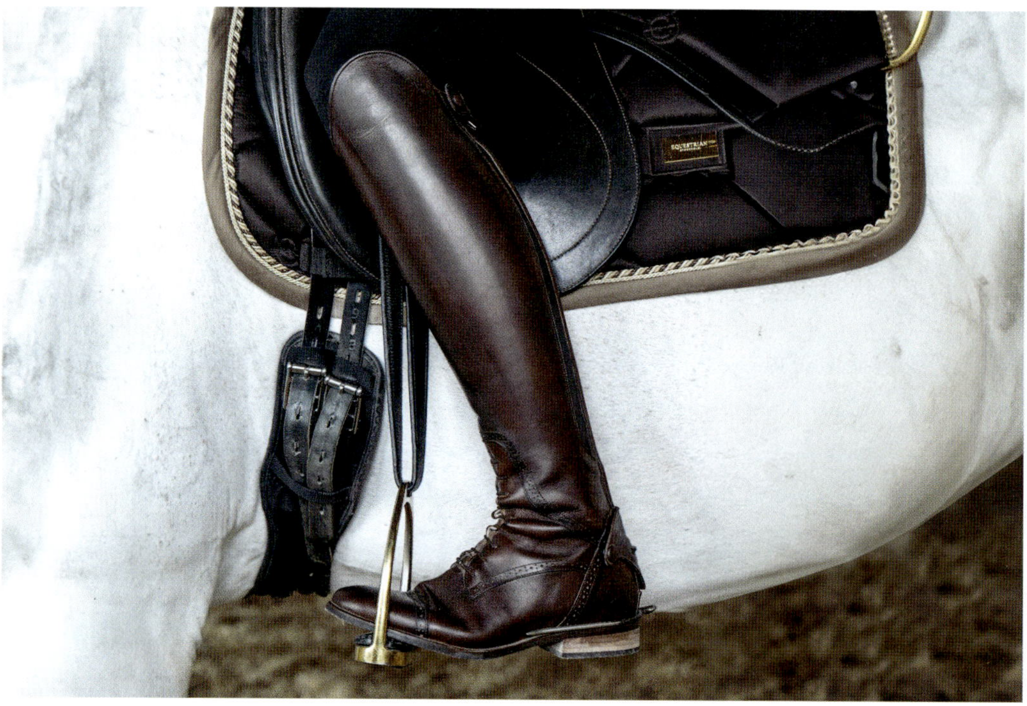

durch die weiche Einwirkung mit der Wade ermöglicht. Für den Dressursitz sollte der Absatz aber nur so tief getragen werden, dass die Fußsohle in etwa parallel zum Boden ist. Der Reiter lässt die Beine aus der Hüfte heraus locker fallen. Nimmt der Reiter die Steigbügel nicht auf, so fallen die Fußspitzen entspannt nach unten. Dies sollte auch beim Reiten ohne Bügel unbedingt zugelassen werden, um Verspannungen zu vermeiden. Wenn der Steigbügel aufgenommen ist und die Fußspitze im Steigbügel ruht, wird diese bei korrekter Einstellung der Länge der Bügelriemen durch den Steigbügel etwas angehoben und die Fußsohle befindet sich parallel zum Boden. Durch die Absätze an Reitschuhen und -stiefeln ist der Absatz nun der tiefste Punkt. Selbstverständlich ist diese Position nichts Statisches. Die Bewegungen des Pferdes setzen sich bei einem durchlässigen und geschmeidigen Sitz bis in den Fuß des Reiters fort. Das Fußgelenk federt leicht nach unten.

Ein hochgezogener Absatz ist nicht nur unerwünscht, weil er unschön ist, sondern er beeinflusst auch den restlichen Sitz des Reiters negativ, beziehungsweise ist er ein Indikator für weitere Sitzfehler. Ein hochgezogener Absatz zeigt, dass der Reiterschenkel klemmt oder dass beim Treiben das gesamte Bein hochgezogen wird.

Der Wille, dies zu vermeiden, führt leider oftmals dazu, dass das Tieftreten des Absatzes übertrieben wird. Aber das zieht weitere Problematiken nach sich. Wird beim Dressursitz der Absatz künstlich stark nach unten gedrückt, spannt sich die Muskulatur der Wade bereits an. Steht die Wadenmuskulatur unter Dauerspannung, ist die leichteste Einwirkung des Reiterschenkels, welche nur aus leichtem Erhöhen der Spannung der Wadenmuskulatur besteht, schon nicht mehr möglich.

3.7 Wie halte ich die Reitgerte richtig?

In der Grundposition liegt die Dressurgerte ruhig auf dem Oberschenkel des Reiters, dicht oberhalb des Knies. Die Gertenspitze zeigt nach schräg hinten und unten. In dieser Position kann die Reiterhand in einer entspannten, mittleren Position verweilen. Die zweckmäßige Länge der Dressurgerte beträgt ungefähr 110 bis 130 cm. Sie sollte so beschaffen sein, dass sie nicht zu hart ist, so dass sie leicht in Schwingung zu versetzen ist, um das Touchieren ohne große Handbewegung zu ermöglichen. Ist die Gerte zu weich, fällt es schwer, sie in der Bewegung ruhig zu behalten und das Pferd nicht unbeabsichtigt zu berühren. Auch die Präzision beim Touchieren leidet unter einer zu weichen Gerte.

Das Touchieren mit der Gerte am Oberschenkel des Pferdes oder hinter dem Reiterschenkel kann durch eine Drehung und eventuell durch ein zeitgleiches, leichtes seitliches Öffnen der Hand erfolgen.

Ich trage die Gerte gerne so, dass ich den Griff nicht direkt beim Knauf fasse, sondern am unteren Ende des Griffes, näher am Schwerpunkt der Gerte. So ist das Tragen der Gerte angenehmer und das Touchieren gelingt müheloser.

Beim Anreiten von jungen Pferden wird eine kürzere, festere Gerte verwendet. Mit dieser kurzen Gerte wird an der Schulter touchiert. Erst später, wenn das Pferd an das Tragen und das Wechseln dieser kurzen Gerte von einer in die andere Hand gewöhnt ist, darf eine etwas längere Gerte verwendet werden, um damit die Hinterhand zu touchieren.

Beim Präsentieren des ausgebildeten Pferdes, welches einhändig auf Kandare vorgestellt wird, wird die Gerte in der rechten Hand mit der Spitze nach oben aufgestellt. Somit zeigt die Gertenspitze nicht nach schräg hinten unten, sondern schräg nach oben. So kann bei Bedarf überall touchiert werden, wo es notwendig ist. Zusätzlich hilft es dem Reiter aufrecht zu sitzen, und die freie rechte Hand wird automatisch positioniert. In der linken Hand werden traditionsgemäß die Zügel geführt. Früher wurden Pferde in der Regel für den Gebrauch ausgebildet. Da die Mehrzahl der Menschen Rechtshänder ist, war diese geschicktere Hand dann frei für das Führen von Waffen oder anderem Werkzeug.

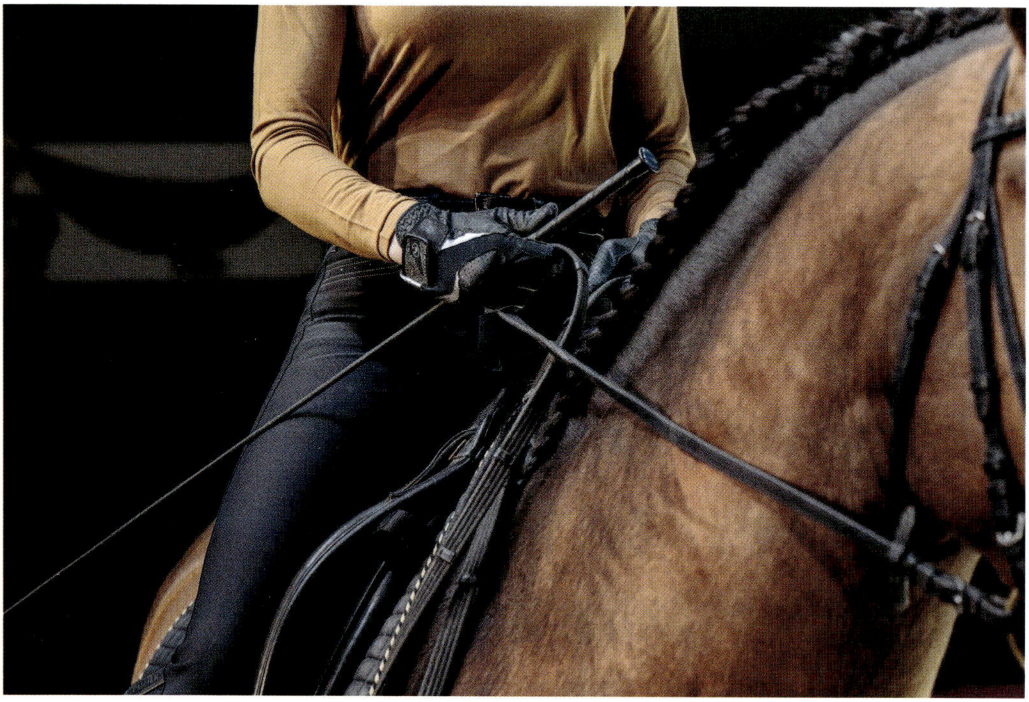

Die Dressurgerte liegt locker am Oberschenkel auf, das gewährleistet eine entspannte Position des Handgelenks und eine ruhige Führung der Gerte.

Wird einhändig geritten, so steht die zügelführende, linke Hand mittig über dem Mähnenkamm, um eine symmetrische Einwirkung zu gewährleisten. Die rechte Hand mit der Gerte darin steht neben der Linken. Das Tragen der aufgestellten Gerte hilft den Sitz symmetrisch und aufrecht zu halten.

3.8 Wie trabe ich richtig leicht?

Das Leichttraben zu meistern ist gar nicht so einfach, im Gegenteil, es ist eine komplexe Bewegung, die Koordination und Körperspannung seitens des Reiters erfordert. Das richtig ausgeführte Leichttraben entlastet den Pferde- und den Reiterrücken, besonders in freierem Tempo. Natürlich bleibt das Reitergewicht, welches auf den Pferderücken wirkt, genauso schwer wie beim Aussitzen. Die entlastende Wirkung entsteht dadurch, dass der Reiter den Bewegungen des Pferdes bequem folgen kann und das Reitergewicht leicht nach vorne verlagert wird. Beim Einsitzen in den Sattel darf der Reiter die Körperspannung nicht aufgeben und sitzt nicht so tief ein wie beim Aussitzen. So kann der Reiter auch unbequemeren oder schwungvolleren Bewegungen leichter folgen als beim Aussitzen.

Zum Aufstehen neigt der Reiter den Oberkörper leicht nach vorne, ähnlich der Bewegung, die er macht, wenn er von einem Stuhl aufsteht. Diese leichte Neigung in den Gang gewährleistet, dass der Reiter nicht hinter die Bewegung des Pferdes kommt. Der Schwung des Pferdes unterstützt das Aufstehen, aber der Reiter darf nicht zu weit aus dem Sattel kommen.

Beim »Hinsetzen« während des Leichttrabens darf der Reiter sich nur gefühlvoll in den Sattel gleiten lassen und nur leicht einsitzen. In diesem Moment des Hinsetzens liegt eine der Hauptfehlerquellen des Leichttrabens. Einige Reiter lassen sich durch den Schwung des Trabs weit nach oben katapultieren, um dann ohne Körperspannung und Kontrolle wieder nach unten zu fallen. Das führt das Leichttraben ad absurdum, da es durch den plumpsenden Reiter nicht zu einer Entlastung, sondern durch den Aufprall auf den Sattel zu einer erhöhten Belastung des Pferderückens führt.

Das kontrollierte und geschmeidige Gleiten in den Sattel wird beim Leichttraben durch die geringgradige Neigung in den Gang ermöglicht, aber auch durch die stabile Basis der Knie und Unterschenkel. Der Reiter steht aus dem Knie heraus auf und schließt diese beim Aufstehen etwas. Der Fuß übt dabei einen leichten Druck auf die Steigbügel aus. Das Leichttraben darf jedoch die ruhige Position der Unterschenkel und Füße nicht beeinträchtigen, keinesfalls dürfen sie nach vorne rutschen. Knie, Unterschenkel und Bügeltritt bilden das stabile Fundament für das Leichttraben, ähnlichem dem Springsitz.

Die Hände müssen unabhängig von der Auf- und Abwärtsbewegung ruhig und tief verbleiben, um das Pferd nicht im Maul zu stören. Fällt dem Reiter dies schwer, macht es Sinn, die mittleren Fingergelenke am Pferdehals abzustützen. So kann sich auch der Anfänger leichter ausbalancieren, und der fortgeschrittene Reiter entwickelt ein Gefühl für die unabhängige Reiterhand.

Für ein korrektes Leichttraben ist es erforderlich, dass die Bügelriemen nicht zu lang eingestellt sind. Ansonsten können Bügeltritt, Unterschenkel und Knie kein ruhiges Fundament bilden. Oft pendelt dann der Schenkel in der Bewegung vor und zurück, und der Reiter ist hauptsächlich damit beschäftigt, mit den Fußspitzen noch den Bügel zu behalten, anstatt sich mühelos den Pferdebewegungen anzupassen.

In der Bahn wird auf dem inneren Hinterbein leichtgetrabt. Das heißt, der Reiter befindet sich mit dem Gesäß im Sattel, wenn das innere Hinterbein den

Beim Leichttraben geht der Reiter leicht mit dem Oberkörper in die Bewegung ein – Bayernstute Amazing Grace.

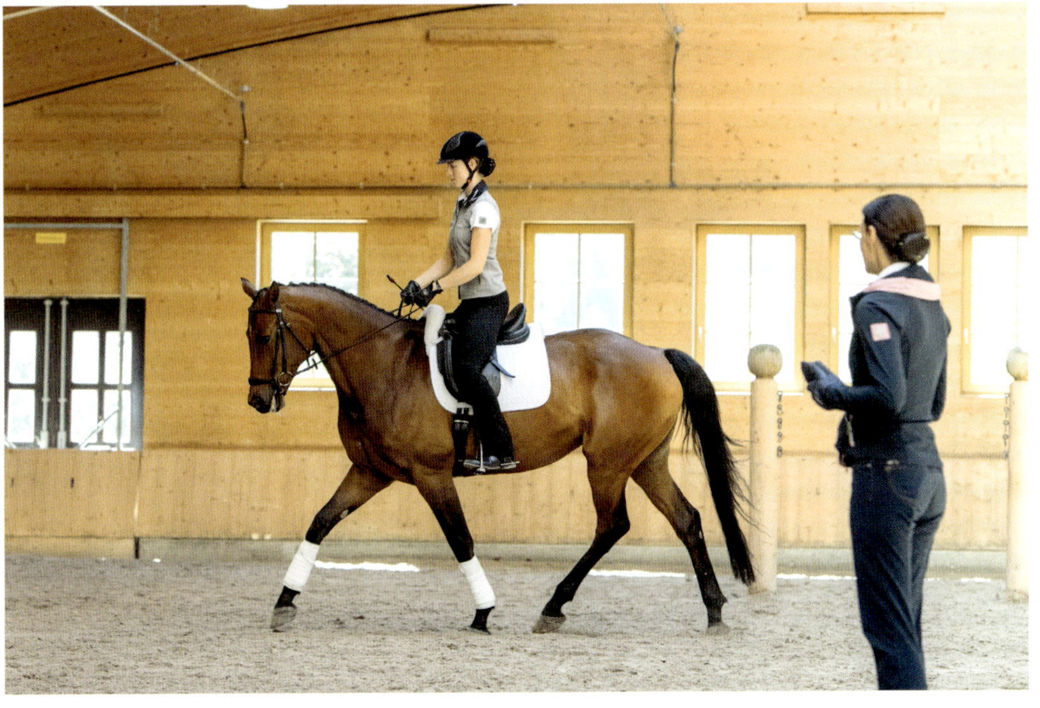

Boden berührt. Da der Trab eine diagonale Bewegung ist, kann man sich auch an der Bewegung der äußeren Pferdeschulter orientieren. Der Reiter steht auf, wenn die äußere Schulter vorgeht (und somit das äußere Vorderbein und das innere Hinterbein), und setzt sich, wenn die Schulter zurückgeht. Auf langen Ritten im Gelände sollte darauf geachtet werden, abwechselnd auf beiden Hinterbeinen leicht zu traben, um eine gleichmäßige Belastung zu gewährleisten.

3.9 Wann macht Leichttraben Sinn?

Leichttraben macht bei freiem Tempo zur Entlastung des Reiters und des Pferdes Sinn, weil der Reiter hier auch größeren Trabbewegungen einfacher folgen kann. Besonders auf langen Strecken im Gelände kann es ermüdungsfrei durchgeführt werden. Auch wenn ein Pferd mal das Gleichgewicht verliert und schnell wird, kann der Reiter sich mit Leichttraben behelfen, um den Bewegungen trotzdem zu folgen. Vor allem für Pferde, welche sich zu Beginn der Reiteinheit festhalten, bietet es sich an, nach der mobilisierenden Schrittarbeit in den Seitengängen leichtzutraben und hier auch immer wieder Tempounterschiede im Leichttraben einzubauen. Dies gilt auch für Pferde, die sich zurückhalten. Da wäre es kontraproduktiv, wenn der Reiter dadurch, dass er beim Aussitzen nicht so geschmeidig zum Sitzen käme, die Bewegungen und die Bewegungsfreude des Pferdes stören würde. Im Leichttraben kann leichter eine ungebundene Bewegung erreicht werden. Pferde sind Bewegungs- und Fluchttiere. Ausschließlich in abgekürzten Bewegungen zu reiten, widerspricht ihrer Natur. Selbstverständlich ist die Entwicklung der Tragkraft und der Versammlung essenziell, um das Pferd zum Reiten zu kräftigen, so dass es den Reiter tragen kann, ohne Schaden zu nehmen. Das darf aber nicht darin enden, dass die Pferde permanent gebremst und festgehalten werden und sich nie in längeren Tempi fortbewegen dürfen. Das ist eine falsch verstandene Versammlung. Wichtig ist immer, dass sowohl verlängerte Tempi als auch versammelte Tempi möglich sind. Besonders für jüngere Pferde ist das Leichttraben wichtig, da sie noch nicht ausbalanciert sind und den Reiter somit noch nicht sitzen lassen. Dabei ist es das wichtigste Gebot für den Reiter, sich den Bewegungen des Pferdes anzupassen, ohne es zu stören. Das gelingt gerade bei schwungvollen Pferden im Leichttraben besser.

Beim Erlernen der Trabverstärkung ist das Leichttraben für Pferd und Reiter ebenfalls schonender. Das Verstärken des Trabmaßes über das Tritte-Verlängern hinaus sollte allerdings erst erarbeitet werden, wenn das Pferd schon durch versammelnde Arbeit gekräftigt worden ist. Erst wenn das Pferd später zum Sitzen in der Verstärkung einlädt, da es zwar schwungvoll, aber trotzdem schwingend und ausbalanciert geht, sollte der Reiter es sich erlauben, auszusitzen.

Aber auch für den Reiter kann das Leichttraben eine Entlastung sein. Wenn er Schwierigkeiten hat, locker im Trab auszusitzen, ist es besser für Reiter und Pferd, wenn nur kurze Strecken im abgekürzten Trab ausgesessen werden und ansonsten leichtgetrabt wird. Reiter, die noch nicht so gut aussitzen können, Reiter von bewegungsstarken Pferden mit viel Schwung oder von sehr unbequemen Pferden profitieren vom Leichttraben, da sie sich nicht abmühen müssen, mitzuschwingen und ihr Pferd weniger gestört wird.

Um Versammlung zu fördern, bietet sich aber das Aussitzen an. Weit ausgebildete Pferde, speziell solche mit angenehm zu sitzendem Trab und ausgeglichenem Temperament, müssen nicht mehr zwingend leichtgetrabt werden, auch nicht zu Beginn der Reiteinheit. Bei ihnen kann nach der lösenden und aufwärmenden Arbeit im Schritt auch gleich ausgesessen werden. Korrekturpferde, welche vormals in übereiltem Tempo geritten wurden, und Pferde, die zum Stürmen neigen, werden zur Korrektur und zum Finden ihres Gleichgewichts hauptsächlich in abgekürzten ausgesessenen Tempi geritten, um sie wieder ins Gleichgewicht zu bringen.

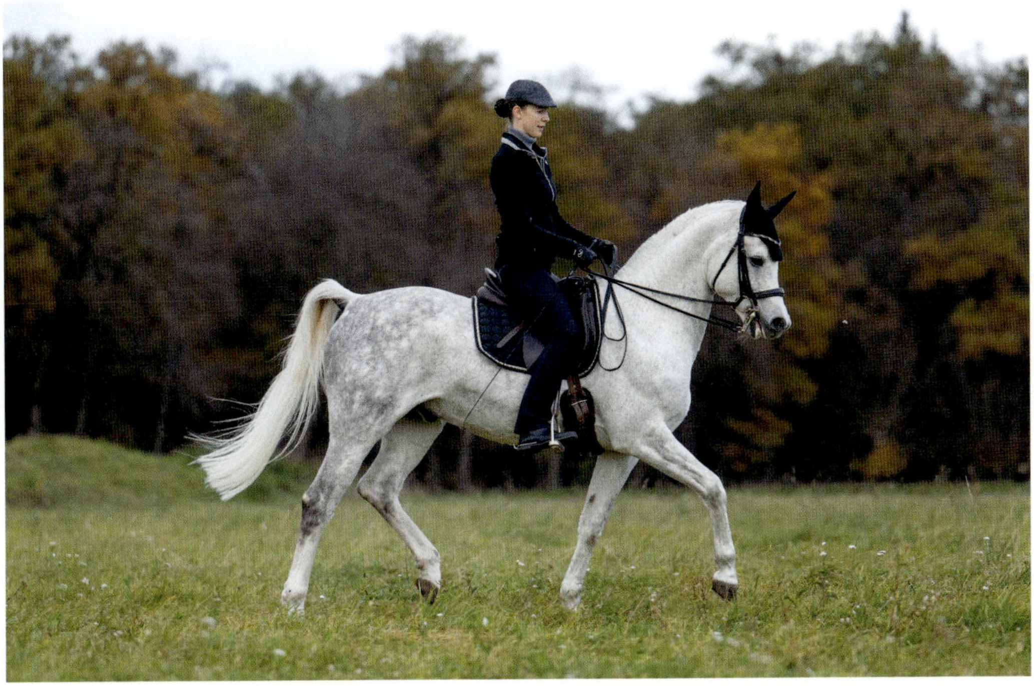

Um auch schwungvolle Bewegungen aussitzen zu können, braucht der Reiter eine Mischung aus Beweglichkeit und Körperspannung. Zusätzlich muss das Pferd ihn auch zum Sitzen kommen lassen.

3.10 Wie schaffe ich es, im Trab richtig auszusitzen?

Damit das Aussitzen im Trab gelingt, müssen Hüftgelenke und Wirbelsäule so beweglich sein, dass das Becken der dreidimensionalen Bewegung des Pferderückens folgen kann. Die Wirbelsäule des Reiters absorbiert die Stöße, so dass Schultergürtel, Kopf und Hände ruhig und unabhängig getragen werden können. Zeitgleich wird eine Spannkraft vor allem in der Rumpfmuskulatur benötigt, die den Rumpf aufrecht und in Balance hält. Aber diese Körperspannung muss so koordiniert und dosiert sein, dass die Muskulatur sich nicht verkrampft, sondern sich im Rhythmus der Bewegung an- und entspannt. Ist zu viel Spannung an falscher Stelle vorhanden, beispielsweise, wenn der Reiter mit den Beinen klemmt und die Knie zu fest schließt, wird das Becken festgestellt, der Reiter kann den Bewegungen des Pferderückens nicht mehr folgen. Werden diese Bewegungen dadurch nicht mehr durch das lockere Federn in seinen Gelenken absorbiert, zeigt sich die Bewegung oft an anderen Stellen, zum Beispiel durch Wackeln mit dem Kopf oder den Händen.

Eine der häufigsten Ursachen für Probleme beim Aussitzen ist die körperliche Verfassung des Reiters. Die Voraussetzungen, die es braucht, um den Bewegungen des Pferdes folgen zu können, erarbeitet der Reiter am besten, wie oben erwähnt, bereits ohne Pferd. Um speziell das Aussitzen im Trab zu verbessern, sind Dehnungsübungen für die Beweglichkeit der Hüftgelenke und Kräftigungsübungen für den Rumpf notwendig.

Auf dem Pferd müssen diese Fähigkeiten aber immer noch sinnvoll angewendet werden. Das bedeutet, dass der Reiter einen Weg finden muss, sich den Bewegungen des Pferdes anzupassen.

Wenn Reiter es nicht schaffen, im Trab auszusitzen, so ist als erste Hilfe darauf zu achten, dass das Trabtempo nicht zu hoch ist. Wenn ein höheres Tempo geritten wird, dann sollte dies erstmal nur im Leichttraben geschehen. Bei großen Schwierigkeiten mit dem Aussitzen sollten immer nur kurze Reprisen in abgekürztem Tempo geritten und, bevor der Sitz verloren geht, schon wieder zum Schritt pariert werden. Auf einem höheren Tempo im ausgesessenen Trab zu bestehen, hilft weder dem Reiter, der sich immer mehr verkrampft, noch dem Pferd, dem der Reiter immer mehr in den Rücken plumpst.

Ein wesentlicher Aspekt ist auch, dass der Reiter nicht versuchen darf, bewegungslos zu sitzen. Ein gut aussitzender Reiter erscheint nur ruhig. Aber in Wahrheit lässt er sich von seinem Pferd bewegen. Nur indem man den Pferdebewegungen folgt und diese durch seinen Körper fließen lässt, schafft man es, den Eindruck zu erwecken, »still« auf dem Pferd zu sitzen. Sitzt man aber tatsächlich komplett still und folgt den Bewegungen nicht, so wird man im Sattel hin- und hergeworfen, man plumpst dem Pferd in den Rücken. Bestehen Probleme mit dem Aussitzen, darf der Reiter sich nicht gegen die Bewegungen sperren, sondern muss sich darauf einlassen. Bei Aufregung und Angst gelingt dies leider häufig nicht, genauso wie bei ungewohnten und anspruchsvolleren Bewegungsabläufen. Zu viel Druck auf die Oberschenkel, Knie oder Steigbügel arretieren das Hüftgelenk und das Becken in einer starren Position, was das Mitschwingen verhindert. Außerdem hebelt der Reiter sein Gesäß dadurch auch aus dem Sattel heraus. Dieser entspannte, breite Kontakt mit dem Gesäß ist aber zwingend notwendig, um zum Sitzen zu kommen.

Auch die Atmung hat einen wesentlichen Einfluss auf das Aussitzen. Halten Sie die Luft nicht an, sondern lassen Sie den Atem fließen, sonst wird das Mitschwingen nicht möglich sein!

Einen maßgeblichen Einfluss auf das Aussitzen hat auch das Pferd. Jedes Pferd hat seine individuelle Art der Bewegung, der sich der Reiter flexibel anpassen muss. Aber nicht nur seine Art sich zu bewegen, mit mehr oder weniger Schwung, weicheren oder härteren Bewegungen, sondern auch seine momentane Verfassung beeinflussen den Sitzkomfort. Auf einem nicht ausbalancierten Pferd, einem ängstlichen und angespannten Pferd oder einem Pferd, das zu übereilt trabt, sitzt es sich nie gut. Aussitzen ist also auch eine Frage der Ausbildung des Pferdes. Wirklich gut aussitzen kann ein Reiter nur, wenn das Pferd ihn auch sitzen lässt. Das heißt, es befindet sich im Gleichgewicht, ist losgelassen, aber versammelt und geschlossen, der Rücken ist tätig, und es bewegt sich in einem für es angemessenen Tempo fort. Sobald einer dieser Punkt verloren geht, wirkt sich dies massiv auf das Sitzgefühl aus. Aber genauso kann ein Pferd sich nicht entspannt und schwingend fortbewegen, wenn der Reiter seine Bewegungen durch einen unzulänglichen Sitz blockiert. Auf dem Weg zur Reitkunst gehen Ausbildung von Pferd und Reiter immer Hand in Hand und beeinflussen sich immer gegenseitig.

Bei Problemen mit dem Sitz sollte immer auch die Passform des Sattels für Pferd und Reiter überprüft werden. Wird der Reiter durch den Sattel, beispielsweise durch zu dicke Pauschen, in eine bestimmte Position gezwungen und fixiert, so kann er den Bewegungen nicht mehr folgen. Passt der Sattel dem Pferd nicht, liegt der Schwerpunkt häufig nicht richtig. Dadurch wird der Reiter schlecht positioniert und es entstehen Druckspitzen auf dem Pferderücken. Das Pferd wird sich wahrscheinlich festhalten im Rücken, der Reiter kommt nicht zum Sitzen, ein Teufelskreis entsteht.

Einwirkung

3.11 Wie schaffe ich es, mein Pferd am Sitz zu reiten?

Um am Sitz reiten zu können, muss der Reiter in der Lage sein, sich den Pferdebewegungen anzupassen. Das heißt, die Hüfte muss beweglich und der Rumpf gleichzeitig stabil sein.
Aber über diese Grundvoraussetzung hinaus muss der Reiter sich nicht nur den Bewegungen anpassen, sondern diese durch seine Körperspannung und Position beeinflussen. Dafür ist eine Kombination aus Beweglichkeit, aber eben auch aus Stabilität und Körperwahrnehmung erforderlich. Bei erwünschten Bewegungen wird sich nur angepasst. Um die Bewegung zu beeinflussen, muss beispielsweise zum Durchparieren absichtlich die Bewegung leicht gestört werden, indem das Becken und die Hüften arretiert werden und die Bewegungen nicht mehr durchlassen. Sollen die Schritte, Tritte und Sprünge hingegen verlängert werden, so lässt der Reiter die Bewegungen besonders locker durch seine Mittelpositur fließen und schwingt vermehrt mit. Damit das Reiten am Sitz funktioniert, braucht das Pferd ein Mindestmaß an Balance und Versammlung. Vor allem muss es aber auf die Sitzhilfe abgestimmt werden. Diese Abstimmung beginnt bereits in der Grundausbildung des Pferdes. Schon bei den ersten Reitversuchen an der Longe, wo nach und nach die Hilfen vom Longenführer an den Reiter übergeben werden, wird das Anhalten und das Durchparieren zum Schritt, neben den Stimm- und Zügelhilfen, durch ein zeitgleiches Schließen der Knie und Arretieren des Beckens durchgeführt. So lernt das Pferd die Bedeutung dieser Hilfen kennen. Nach und nach kann dann die Stimm- und später auch die Zügelhilfe reduziert werden, bis das Pferd nur noch am Sitz durchpariert. Voraussetzung, um das Pferd am Sitz abzustimmen, ist immer, keinerlei

Ist das Pferd am Sitz, verlieren die Zügel an Bedeutung.

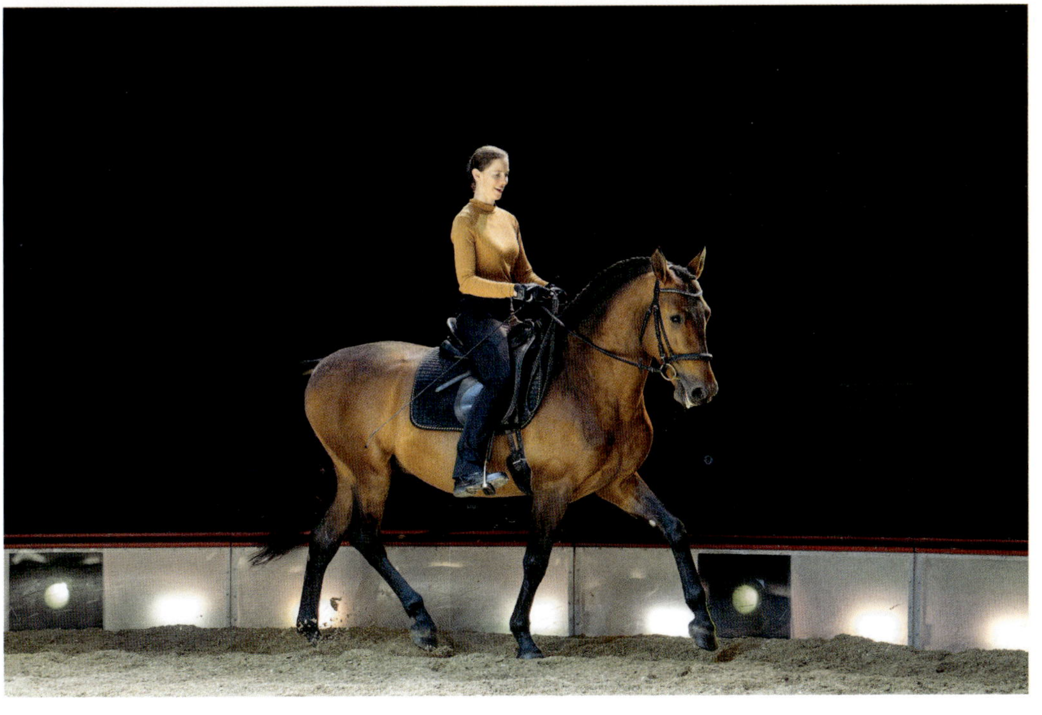

widersprüchlichen Hilfen zu geben. Ansonsten kann das Pferd die Sitzhilfen nicht richtig zuordnen. Beim Treiben mit den Schenkeln darf der Sitz nie gleichzeitig aufnehmend einwirken, sondern muss die Bewegungen des Pferdes durchlassen. Beim Durchparieren ist es hilfreich, zuerst nur über die Sitzhilfe einzuwirken, und nur wenn das Pferd noch nicht ausreichend reagiert hat, einen Moment später zusätzlich noch mit Stimme und/oder Zügelhilfe einzuwirken.

Das Durchparieren kann durch zeitgleiches Ausatmen wesentlich erleichtert werden. Das Ausatmen hilft, sich entspannt und »schwer« in den Sattel zu setzen.

Neben den Übergängen zwischen den Gangarten sind das Verlängern des Schrittes und das darauffolgende Verkürzen nur mit der Sitzhilfe eine weitere gute Übung, um das Pferd auf die Sitzhilfe abzustimmen.

Nach und nach lässt sich das Pferd durch den Sitz des Reiters formen. Ein weit ausgebildetes Pferd wird sich auch der Körperspannung des Reiters anpassen und beispielsweise (fast) ohne Schenkeleinwirkung aus einem versammelten Schritt in die Piaffe übergehen, nur, weil der Reiter die entsprechende Körperspannung und -haltung eingenommen hat. Wichtig ist auch bei solch feiner Hilfengebung, als Reiter genau im Kopf zu haben, was als nächstes ausgeführt werden soll und wie es sich anfühlen wird. Durch diese inneren Bilder aktiviert der Körper unbewusst bereits die erforderlichen Muskeln. Pferde mit ihrer ausgesprochen hohen Sensibilität reagieren häufig bereits darauf. Dann erweckt es den Eindruck, dass der Reiter nur noch denken muss, und das Pferd führt alles in Brillanz mühelos aus, Pferd und Reiter verschmelzen zu einer harmonischen Einheit.

3.12 Wie erreiche ich eine feine Hilfengebung?

Damit ein Pferd mit feiner Hilfengebung dirigieren werden kann, ist es notwendig, dass das Pferd in Balance ist und es auf die leichte Einwirkung abgestimmt ist. Das Pferd muss darauf konditioniert werden, auf eigenen Antrieb hin die begonnene Bewegung weiter auszuführen. Versetzt der Reiter das Pferd beispielsweise in den Trab, so sollte es im Idealfall weitertraben, bis der Reiter den Trab beendet. Das heißt, der Reiter sollte keinesfalls permanent treiben, sondern passt sich passiv den Bewegungen des Pferdes an und greift nur ein, falls das Pferd etwas ändert, oder der Reiter etwas ändern möchte. Selbstverständlich muss der Reiter in der Praxis immer mal wieder einwirken, um das Pferd zu korrigieren, falls es zu schnell oder zu langsam wird. Aber keinesfalls darf routinemäßig und fortwährend jeden Tritt eingewirkt werden, um den Trab zu erhalten. Je mehr das Pferd selbsttätig die vom Reiter initiierten Bewegungen und Lektionen beibehält, desto brillanter wird die Ausführung. Aber das verpflichtet auch den Reiter dazu, wenn nichts zu tun ist, auch passiv zu bleiben und das Pferd machen zu lassen.

Videoclip Damensattel

Nicht nur Erhalt von Tradition, sondern auch Gefühlsschulung.

Um das Pferd auf eine möglichst sparsame Hilfengebung zu konditionieren, muss der Reiter immer bestrebt sein, seine eigenen Hilfen, wo es nur geht, zu hinterfragen, zu reduzieren und wo möglich auszusetzen. Es ist ganz essenziell, dass nur eingewirkt werden darf, um eine gewollte Veränderung hervorzurufen, beziehungsweise, falls das Pferd selbst nachlässt, es durch feine Hilfen daran zu erinnern, selbsttätig die Bewegung weiter auszuüben. Gleichermaßen wesentlich ist es, die Hilfe sofort auszusetzen, sobald das Pferd auf die Hilfe reagiert hat, und erst bei einer Korrektur oder gewünschten Änderung wieder einzusetzen. Genauso muss der Reiter immer zuerst mit der feinst möglichen Einwirkung beginnen und diese nur bei Bedarf steigern. Einer der zentralsten Punkte für das Erlangen einer feine Hilfengebung ist der Reitersitz. Die gut koor-

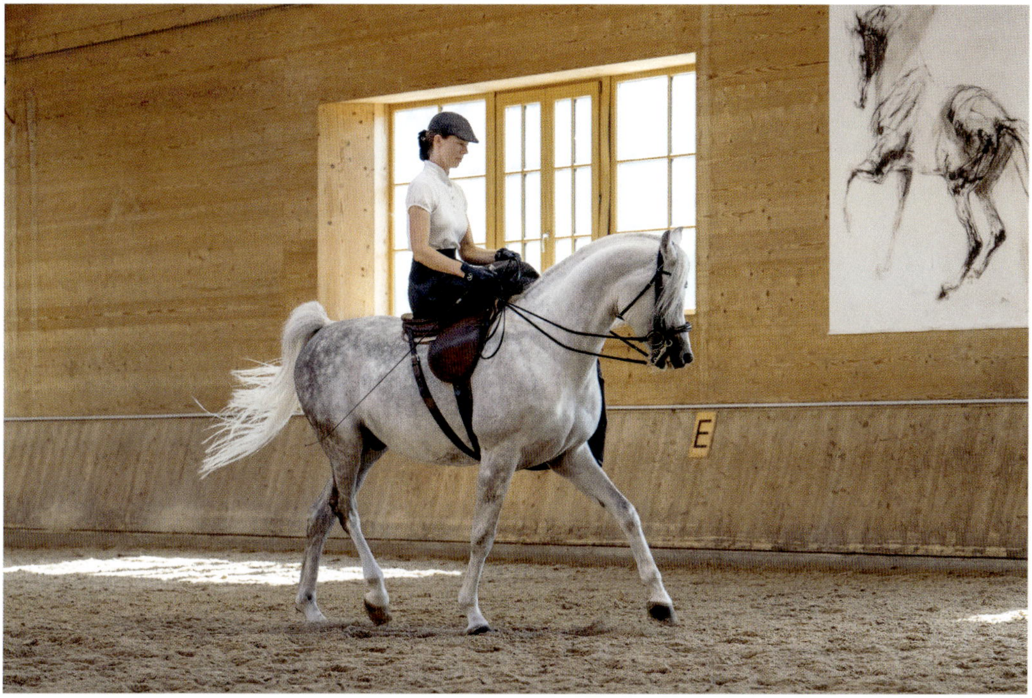

Um unter dem Damensattel hohe Lektionen zu zeigen, muss das Pferd aufgrund der verringerten Einwirkungsmöglichkeit auf feine Hilfen reagieren.

dinierte Mischung aus Stabilität in der Körpermitte, bei gleichzeitiger Mobilität der Hüften, ermöglichen eine präzise und feine Einwirkung. Sitzfehler können das erwünschte Minimieren der Hilfen verhindern: Für unsichtbare Hilfen dürfen die Muskeln des Reiters nicht fest sein. Hält der Reiter sich über die Kraft der Beine auf dem Pferd, so klemmt er. Das Klemmen der Schenkel verhindert das Mitschwingen des Reiters im Becken. Das wiederum stört das Pferd in der freien Bewegung seines Rückens. Es fühlt sich behindert und wird sich weniger gerne mit dem Reiter bewegen. Das wiederum führt dazu, dass der Reiter mehr Aufwand in die treibenden Hilfen legen muss, damit es sich überhaupt weiterbewegt. Dies widerspricht dem Prinzip, möglichst minimale Hilfengebung zu nutzen.

Gleichermaßen entscheidend wie der Reitersitz ist die Ausbildung des Pferdes. Das Pferd muss die Hilfen des Reiters verstanden haben, muss darauf konditioniert werden, auf die feinen Hilfen zu reagieren, und es muss durch seine Ausbildung in die Lage versetzt werden, die Hilfen umsetzen zu können. Ein Pferd, welches steif und im Ungleichgewicht ist, kann die Hilfen nicht oder nur unter erhöhtem Aufwand umsetzen. Die Ausführung wird dann jedoch auch nicht in der Qualität sein, wie es nötig und gewünscht wäre.

Für das Abstimmen auf feine Hilfen ist es wichtig, dass immer zuerst nur der kleinstmögliche und feinste Impuls vom Reiter gegeben wird. Das Pferd muss die Chance haben, darauf zu reagieren, auch auf die Gefahr hin, dass die Hilfe so gering war, dass es eventuell nicht reagiert. Kommt keine Reaktion, so wird die Hilfe des Reiters allmählich gesteigert, bis das Pferd reagiert. Die Hilfe wird dann sofort ausgesetzt und das Pferd gelobt. Durch häufige und zeitnahe Wiederholung von Übergängen, die das Pferd quasi schon vorwegnehmen möchte, wird die

Reaktion und die Aufmerksamkeit des Pferdes auf die Hilfen verbessert.
Beim Abstimmen des Pferdes auf den Einsatz des Reitersitzes zur Hilfengebung ist es ausschlaggebend, dass der Reiter beim Durchparieren immer zuerst versucht, ausschließlich über den Sitz Einfluss zu nehmen. Nur wenn dies nicht klappt, wiederholt er die Sitzhilfe und unterstützt gleichzeitig mit seiner Stimme und gegebenenfalls zusätzlich mit den Zügeln.
Die Abstimmung des Pferdes auf feine Hilfengebung ist vergleichbar mit der Stimmung eines Instruments. Eine Gitarre klingt nur brillant, wenn die Bauart gut ist (Ausbildung des Pferdes), die Gitarre auch gut gestimmt ist (Abstimmung des Pferdes auf die Hilfengebung) und der Gitarrist gut spielt (Reitersitz und Ausbildung des Reiters). Jeden Tag muss der Gitarrist seine Aufmerksamkeit auf die Stimmung seines Instruments legen. Genauso verhält es sich mit dem Reiten: Reiten ist nie ein statischer Zustand, sondern immer ein vergänglicher und veränderlicher Prozess, der zum Erhalt immer wieder erneuert und verbessert werden muss.

3.13 Wie nehme ich die Zügel auf?

Das Aufnehmen der Zügel nach dem Aufsteigen oder nach einer Pause im Schritt am hingegebenen Zügel sollte geprägt sein vom Respekt des Reiters gegenüber dem Pferdemaul.
Heute ist es eine weit verbreitete Unart, sich zum Aufnehmen der Zügel im Oberkörper vorzubeugen, weit vorne in die Zügel zu greifen und beim Hinsetzen die Hände mit den Zügeln darin mit zu sich nach hinten zu nehmen. Dadurch hat man keinerlei Gefühl für die Zügellänge. Meistens werden die Zügel, so aufgenommen, bereits so kurz sein, dass das Pferd in eine Position gezwungen wird und sich beizäumen muss.
Besser ist es, aufrecht sitzen zu bleiben und die Zügel nur so aufzunehmen, dass ein leichter Kontakt zum Pferdemaul besteht, gerade so, dass der Reiter das Pferdemaul fühlt. Der Reiter erhöht dabei auch leicht die eigene Körperspannung, um das Pferd über den Sitz zu animieren Haltung anzunehmen. So kann der Reiter dann mittels seiner Finger mit dem Pferd in Dialog treten und die Gefahr minimieren, dass die Zügellänge kürzer als der Pferdehals ist. Das Pferd wird, gemäß seinem Ausbildungsstand, den feinen Kontakt annehmen. Das weiter ausgebildete und lockere Pferd wird durch das Aufnehmen der Zügel bereits zum Kauen und zum Nachgeben im Unterkiefer angeregt. In Verbindung mit dem Sitz und der Körperspannung des Reiters wird es sich auch aufrichten und runden. Wichtig ist, dass dies eben nicht mechanisch durch den Reiter erzwungen wird, sondern er teilt dem Pferd seinen Wunsch mit und dieses positioniert sich daraufhin. Bleibt das Pferd nach dem Aufnehmen fest und steif, so wird es durch das Reiten von Volten oder Seitengängen gelockert, so dass es durch die Biegung, Stellung und die Tätigkeit im Rücken das Maul löst und sich lockert.

Videoclip
Zügel aufnehmen
Feinfühlige
Kontaktaufnahme

3.14 Welche Position und Einwirkung der Hand ist korrekt?

Die Hände sollten als Grundstellung so positioniert werden, dass sie mit dem geringstmöglichen Aufwand getragen werden können und ohne steif zu sein. Dies wird bei aufrechtem Oberkörper erreicht, indem die Hände locker vor den Sattel fallen. Oberarme und Ellbogen liegen nah am Rumpf. Dabei werden die Zügelfäuste so aufgestellt, dass der Daumen oben liegt. Die Finger werden locker gebeugt. So ist kein Gelenk in seiner Endstellung, was die Beweglichkeit einschränken würde. In den Schultern, Händen und Armen darf nur gerade so viel Spannung aufgewendet werden, wie nötig ist,

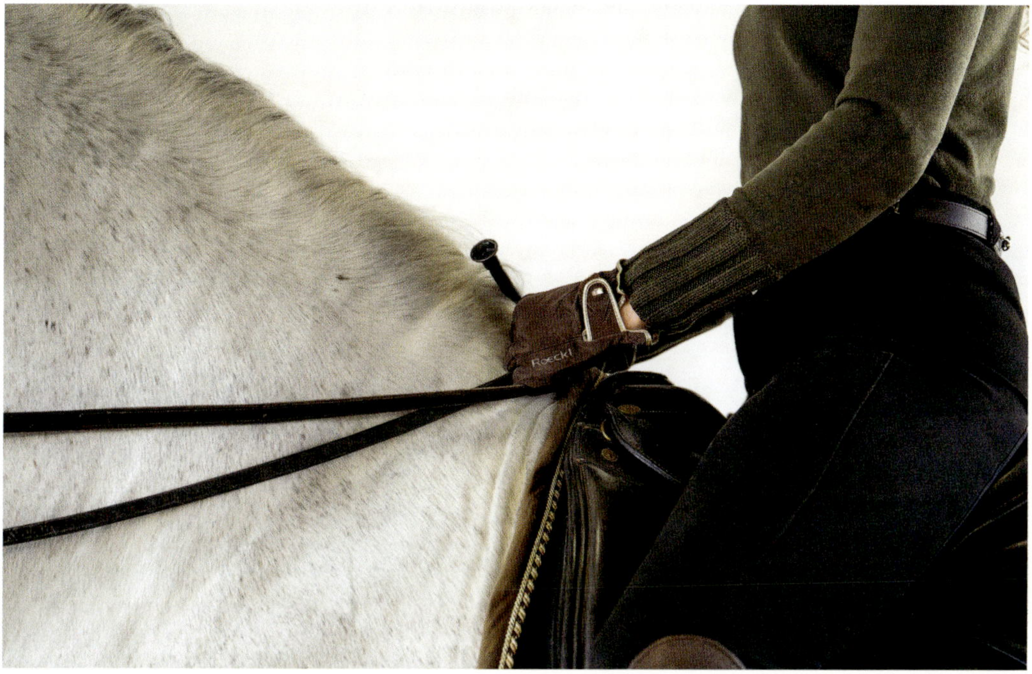

Grundhaltung der Arme und Hände

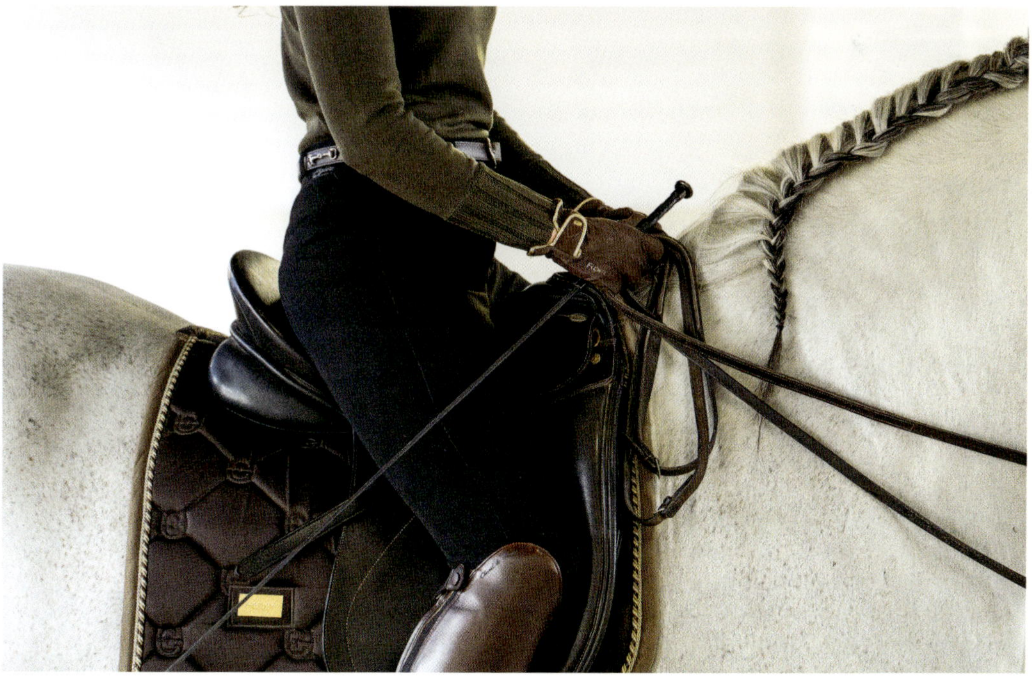

Die Dressurgerte wird auf dem Oberschenkel platziert.

um diese Position in der Bewegung beizubehalten. Jede darüber hinaus gehende Spannung würde sich bereits negativ auf das Pferd auswirken. Werden die Hände in den Handgelenken abgeknickt und nach unten gedrückt oder verdeckt (Handrücken zeigt nach oben), sind die Handgelenke steif und können nicht so weich mit dem Pferdemaul interagieren wie locker aufgestellte Hände.
Diese Grundposition hilft dem Reiter auch bei dem Bestreben, seine Einwirkung über die Hand zu minimieren. Versucht der Reiter, die Einwirkung vermehrt über seine Körpermitte und seinen Sitz wirken zu lassen, ohne die Hände zu bewegen oder höchstens die Finger zu schließen, so wird ihm dies mit locker fallengelassenen Händen leichter gelingen, als wenn er die Hand bereits aktiv in eine andere Position gebracht hätte. Hände und Rumpf sind eine Einheit, die aber ihre Positionen unabhängig voneinander behalten oder verändern können müssen. Dies ist aber häufig leichter gesagt als getan.

Als Menschen sind wir gewohnt, fast alles mit unseren Händen zu erledigen. Beim Reiten ist dies aber kontraproduktiv. Eine sanfte und spielerische Zügeleinwirkung ist zwar grundsätzlich nicht schlecht, da über die Zügel eine lebhafte Kommunikation zum Pferdemaul aufgenommen werden kann. So können nicht nur Stellung, Biegung und Position des Pferdekopfes beeinflusst werden, sondern über das Kauen und das Lösen des Unterkiefers kann der gesamte Pferdekörper positiv beeinflusst werden. Dies darf aber nie in Ziehen ausarten oder den Fleiß des Pferdes ausbremsen und ersticken. Insgesamt sollte die Zügeleinwirkung nie zu dominant sein.
In den meisten Fällen ist es besser, vermehrt durch Sitz- und Schenkelhilfen einzuwirken. Leider ist es meist auch so, dass wir entweder mit den Extremitäten arbeiten oder mit unserer Spannung in der Körpermitte. Das bedeutet, wenn der Reiter sich erlaubt, mit der Hand beziehungsweise mit den Zügeln einzuwirken oder deren Position zu ändern,

Das seitliche Öffnen der Hand

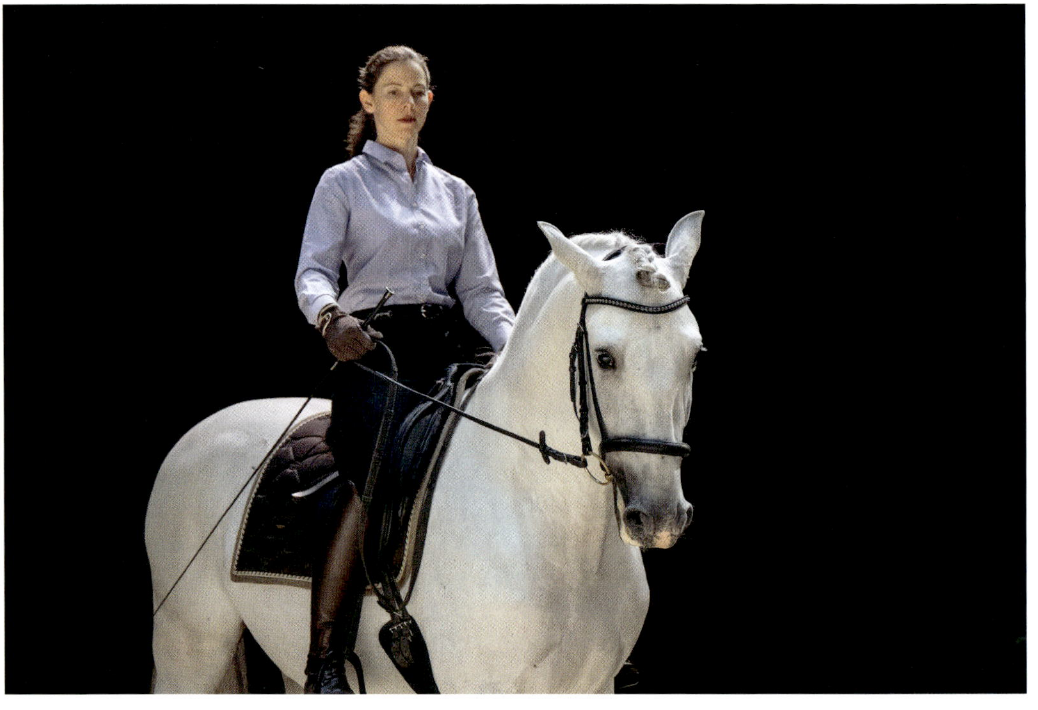

ist es schwierig, gleichzeitig die Körperspannung im Rumpf beizubehalten, um zusätzlich mit dem Sitz einwirken zu können.

Die Hand und der Zügel dürfen nie rückwärts Richtung Bauch einwirken. Die Einwirkung sollte vorrangig über ein vermehrtes Schließen der vorher nur locker gebeugten Finger und nicht durch eine Bewegung aus dem Arm heraus geschehen. Ausnahme sind das Heben der Hand und das seitliche Öffnen. Beides kann in entsprechenden Situationen sehr hilfreich sein. Die Einwirkung der Hand darf immer nur weich und kurzzeitig erfolgen, um ein Festziehen des Reiters und ein Gegenziehen des Pferdes zu vermeiden.

Das Heben der Hand ist hilfreich, um ein Nachgeben im Unterkiefer auszulösen oder dem Pferdekopf eine höhere Position zu geben. Dies ist besonders nützlich als Korrektur, wenn das Pferd nach unten zieht oder auf der Hand liegt. Dabei darf aber das Nachgeben nicht vergessen werden, um zu verhindern, dass das Pferd sich dann nur in einer höheren Position auf der Hand abstützt.

Das seitliche Öffnen kann beim Biegen und Stellen helfen. Wird das seitliche Öffnen der Hand mit einem gleichzeitigen Führen der anderen Hand und des Zügels gegen den Hals verbunden, so hilft es, die Schultern des Pferdes in die Richtung der öffnenden Hand zu führen. Dies kann beim Wenden und beim Erarbeiten der Seitengänge helfen, aber auch beim Geraderichten. Die Wirkung des äußeren Zügels gegen den Hals verbessert die Wirkung des öffnenden Zügels, indem die Halsbasis begradigt wird und die Hilfe nicht auf den Hals des Pferdes wirkt und es diesen verdreht, sondern auf seine Schultern und Vorderbeine.

Prinzipiell ist es am besten, immer möglichst wenig mit der Hand einzuwirken, aber trotzdem so viel wie nötig und zum passenden Zeitpunkt, immer gefolgt vom Nachgeben der Zügeleinwirkung bei gleichzeitiger Bewahrung des Sitzes.

3.15 Wie vermeide ich es, mich beim Reiten von Wendungen zu verdrehen?

Beim Reiten von Wendungen sollte der Oberkörper des Reiters leicht in die Bewegungsrichtung gedreht werden. Das Gewicht ist ebenfalls leicht in die Bewegungsrichtung verlagert. Der Oberkörper darf jedoch dabei nicht seitlich abknicken, da sonst die Gewichtsverlagerung unbeabsichtigt in die falsche Richtung verschoben wird. Der Reiter sollte geschlossen sitzen bleiben, in sich stabil und aufrecht bleiben, ohne die Ellbogen vom Körper zu lösen. Gerade bei Gewichtsverlagerungen sollte sich der Reiter immer mit dem Gedanken, er hätte einen Faden am Hinterkopf, nach obenhin gerade ziehen. Häufig wird gelehrt, dass der Reiter beim Abwenden nach innen schauen soll. Ich präferiere aber, dass der Reiter zwischen den Ohren durch nach vorne schaut; seine Position im Raum betrachtet er nur aus den Augenwinkeln heraus. Vor allem bei Reitern, welche dazu neigen, sich in Wendungen zu verdrehen, hilft dies enorm. Auch das schwierig zu behebende Abknicken in der Hüfte lässt sich so vermindern.

Ein häufiger Fehler beim Reiten gebogener Linien ist es, das Gewicht zu stark zu verlagern. Die Gewichtsverlagerungen sollten wirklich nur Nuancen betragen, der Reiter muss das Gefühl behalten, er verbliebe mit seinem Gewicht über dem Körper des Pferdes, und er gleicht nur die Fliehkraft, welche nach außen wirkt, aus.

Das unerwünschte seitliche Abknicken in der Hüfte und der Taille kann durch gezieltes Training von Balance und Stabilität der Körpermitte ohne Pferd verbessert werden.

3.16 Was kann ich dagegen tun, wenn ich mir angewöhnt habe, mit der inneren Hand zurückzugehen?

Dies geschieht häufig beim Abwenden. Oft geht dies mit dem Verdrehen des Oberkörpers einher.

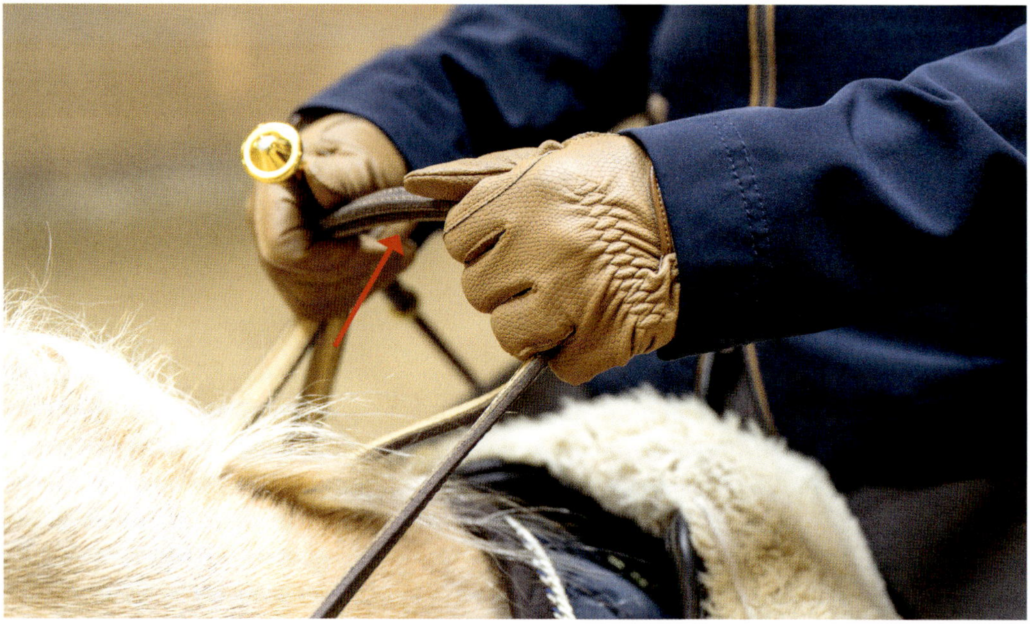

Das Greifen der Zügel zur einer Zügelbrücke kann beim Erlangen einer ruhigeren Hand helfen.

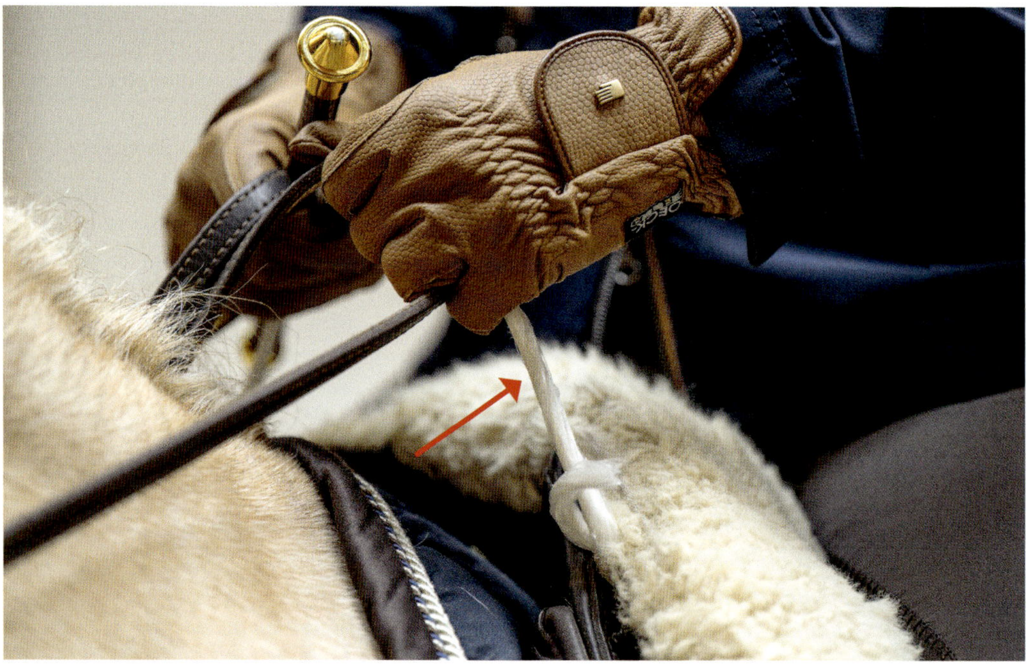

Eine weitere Möglichkeit, um das Gefühl für eine ruhige Reiterhand zu erlangen, besteht darin, anstatt des Sattelanfassriemens einen längeren Riemen zu greifen.

Wendet das Pferd nicht ab, so sollte der Reiter die Hand lieber seitlich öffnen, als sie zurückzuziehen. Wirkt der Reiter zum Abwenden mit der inneren Hand zurück, so ist ihm meist auch nicht bewusst, wie er das Pferd korrekt am äußeren Zügel wenden könnte. Um das Verständnis und das Gefühl zu schulen, dass Pferde nicht allein durch Innenbiegung abwenden, ist das Wenden in Konterstellung mit dem damit verbundenen seitlichen Öffnen der ehemals inneren Hand wirkungsvoll.
Hat der Reiter es sich angewöhnt, die Hand zurückzunehmen, so geschieht das Zurückgehen mit der Hand meist unbewusst. Um ihm die Position seiner Hand wieder bewusst zu machen, so ist es hilfreich, dass er ab und zu für eine visuelle Kontrolle nach unten auf seine Hände schaut. Für die Schulung des Gefühls kann auch das Greifen einer Zügelbrücke genutzt werden. Hierfür wird jeweils der Teil des Zügels, der die Hand oben verlässt, in einer Handbreite Abstand mit der anderen Hand gegriffen. So liegt eine Verbindung zwischen den beiden Händen vor. Wird eine Hand stark zurückgezogen, so wird der Zug in der anderen Hand für den Reiter spürbar.
Eine weitere Möglichkeit ist es, einen etwas längeren Riemen anstatt des Sattelanfassriemens oben an den Befestigungsringen für das Vorderzeug zu befestigen. Hier kann beispielsweise eine Strohkordel verwendet werden. Der Riemen sollte so lang sein, dass er bei korrekter und entspannter Handhaltung durch die Hand laufen kann und dabei unter leichter Spannung steht. Gelingt es dem Reiter, diese leichte Spannung nach vorne und oben, wie bei der Anlehnung zum Pferdemaul, auch in der Bewegung und beim Abwenden ständig zu halten, so ist die Reiterhand ruhig und geht nicht zurück. Natürlich dürfen solche statischen Hilfsmittel nicht permanent verwendet werden, aber kurzfristig verwendet, können sie so manchen AHA-Effekt bringen.

3.17 Wie setze ich meine Stimme effektiv ein?

Pferde können intuitiv den Klang der Stimme einordnen. Verstärkt wird dies durch die Verknüpfung mit der menschlichen Körpersprache und Handlungen. Wird gleichzeitig mit dem Füttern von Leckerlis mit der Stimme gelobt, so versteht das Pferd die Stimme als etwas Positives.
Ein sehr häufig zu beobachtendes Phänomen bei Reitern ist das zu jeder Gelegenheit verwendete Schnalzen. Dann weiß das Pferd im besten Fall zwar, dass es etwas machen soll, aber nicht was. Besser ist es, für jede vom Pferd gewünschte Aktion ein eigenes Kommando zu etablieren. Genauso sollte auch nicht durchgehend im Takt geschnalzt werden. Mit der Stimmhilfe sollte genauso umgegangen werden wie mit den anderen Hilfen auch. Sie wird nur verwendet, wenn es nötig ist. Sobald das Pferd die Aktion beginnt, setzt die Hilfe aus. Nur wenn das Pferd nachlässt oder der Reiter etwas ändern möchte, setzt sie wieder ein.
Soll die Stimme etwas bewirken, so ist darf sie nicht inflationär verwendet werden. Natürlich darf man auch mal länger mit seinem Pferd reden. Aber es darf nicht erwartet werden, dass das Pferd darauf reagiert, wenn man im Plauderton unter vielen anderen Wörtern ein Kommando einbaut. Möchte man mit der Stimme eine bestimmte Aktion des Pferdes auslösen, so muss davor und danach einige Momente geschwiegen werden, damit das Pferd die Stimme auch als Auslöser für eine Reaktion erkennen kann. Genau wie Hunde reagieren auch Pferde viel mehr auf die Art und Weise, wie etwas gesagt wird, als auf den konkreten Wortlaut. Deswegen muss die Stimme sich auch immer dem gewünschten Effekt anpassen. Möchte ich das Pferd antraben lassen, so muss Energie über meine Stimme transportiert werden. Möchte ich das Pferd aus dem Trab anhalten, so muss die Stimme beruhigend wirken. Der Reiter kann auch ungewollt Ärger oder Unsicherheiten über seine Stimme transportieren.
Bei dem Flucht- und Herdentier Pferd ist der Sinn

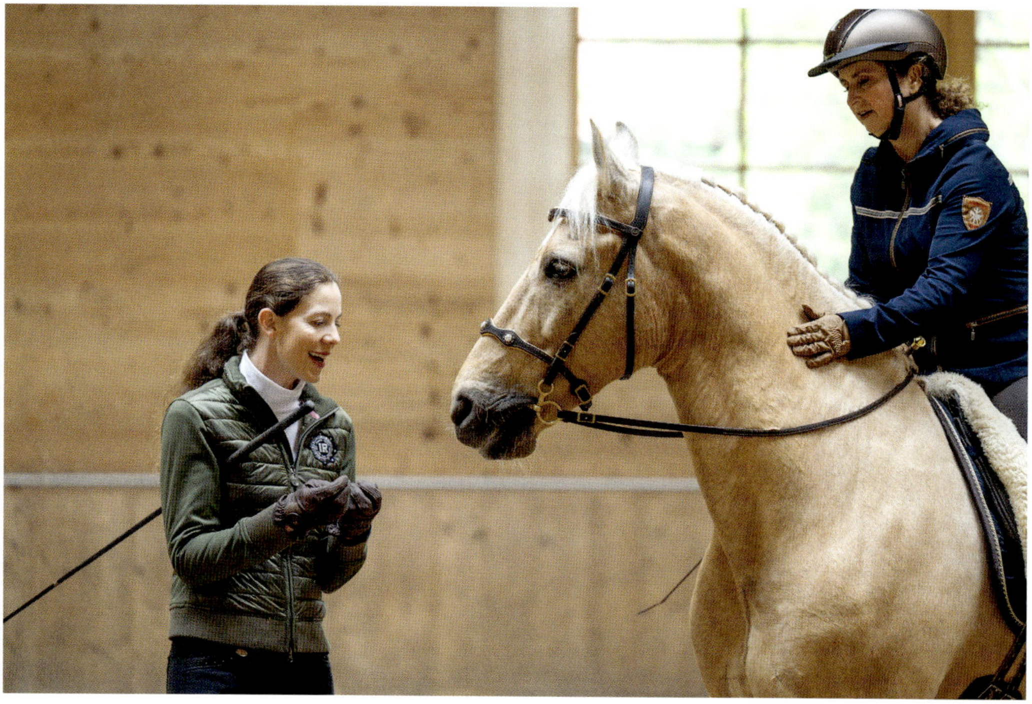

Die Stimme ist ein wirksames Ausbildungswerkzeug.

für das Erkennen von Gefahr, Angst, Unsicherheit und Spannungen in seinem Umfeld deutlich stärker ausgeprägt als beim Menschen. In kritischen Situationen sollte der Reiter sich immer wieder hinterfragen, ob er durch seinen Stimmeinsatz die Situation entschärfen kann oder sie sogar verschlimmert. Beruhigende Worte können viel Anspannung nehmen, gerade auch, weil der Reiter dann die Luft nicht anhalten kann. Aber in Schrecksituationen auf einem Pferd zu kreischen, sollte der Reiter versuchen zu unterlassen, das würde die Situation nur weiter verschärfen.

4.
Aufbau und Gestaltung der Reiteinheit

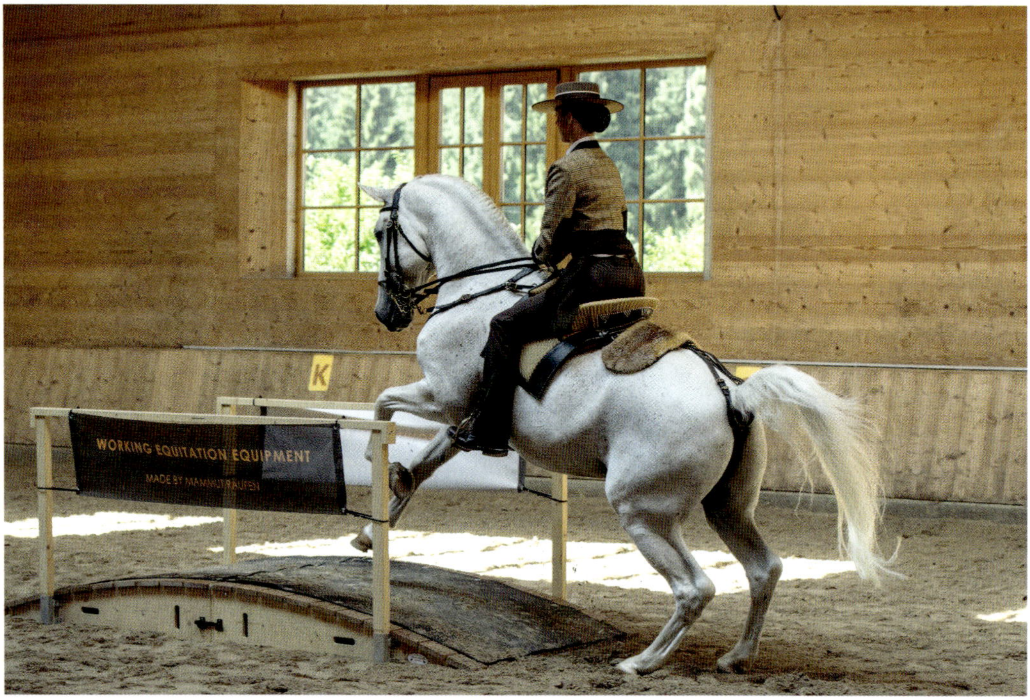

Abwechslung gehört in den Trainingsplan des Pferdes – Lipizzanerhengst Maestoso Stornella beim Galoppieren über die Brücke.

4.1 Wie entscheide ich, was ich in einer Einheit mache?

Um zu entscheiden, was in einer Trainingseinheit gemacht wird, muss der Reiter den tagesaktuellen Stand analysieren. Wie geht es Pferd und Reiter heute? Was will er erreichen, wie war die letzte Einheit und wieviel Zeit ist seitdem vergangen? Macht es Sinn, an diesem Tag in der Ausbildung fortzuschreiten, Neues zu entwickeln oder lieber nochmal etwas zu wiederholen und zu verbessern? Oder ist an dem Tag ein Erholungsprogramm angesagt?
Es hilft, wenn der Reiter sich vor Beginn einen Plan macht, was er an diesem Tag erreichen möchte, und sich den Weg dahin klarmacht. Aber so ein Plan darf nicht stur durchgehalten werden, sondern muss unter Umstände flexibel und spontan angepasst werden. Die Tagesform und der Ausbildungsstand von Pferd und Reiter geben vor, was gemacht wird. Ist das Pferd beispielsweise müde, so ist es nicht sinnvoll, an diesem Tag Neues einzuführen. Ist das Pferd an dem Tag steif, wird die Zielsetzung des Tages nur sein, dass das Pferd lockerer wird.
Mögliche Ziele sind die jeweils nächsten Schritte in der Ausbildung des Pferdes, neue Lektionen oder auch hin und wieder nur das Absichern und Verbessern von bereits Erlerntem. Das Abstimmen des Pferdes an feinen Hilfen und seine Gymnastizierung, sprich Lockern und Kräftigen des Pferdekörpers und das Erlangen der Balance, sollte bei jeder Reiteinheit eingeplant werden. Im Laufe der Ausbildung des Pferdes ist es wichtig, Schwerpunkte zu setzen und nicht jeden Tag mehrere neue Lektionen abrufen zu wollen. Hier sollte man sich lieber auf eine Sache konzentrieren, um das Pferd nicht zu ermüden und es aufnahmefähig zu halten.
An manchen Tagen entwickle ich aber keinen konkreten Plan, sondern versuche zu erfühlen, was die

heutigen Bedürfnisse des Pferdes sind, beziehungsweise auch einfach mal nur eine gute Zeit mit dem Pferd zu verbringen und vor allem Dinge zu tun, die Pferd und Reiter besonders viel Spaß machen. Es können auch immer wieder Einheiten eingebaut werden, die nur dazu dienen, das Pferd zu lockern und die Hilfengebung weiter zu verfeinern. Generell ist es am förderlichsten für das Gleichgewicht des Pferdes, wenn es auch in der Reitbahn immer wieder unterschiedlichen Reizen ausgesetzt wird. Daher ist es gut, immer wieder kurze gerade Linien mit gebogenen Linien und Seitengängen abzuwechseln. Genauso sind Wechsel der Stellung und Biegung auf derselben Hand (Innen- und Außenstellung, wechselnde Seitengänge), aber auch Handwechsel förderlich. Gleiches gilt für Übergänge zwischen den Gangarten und innerhalb einer Gangart. Es ist jedoch darauf zu achten, auch nicht zu hektisch abzuwechseln, beziehungsweise durch Wiederholung dem Pferd die Chance zu geben, sich jeweils an die neue Bewegung zu adaptieren und es nicht zu frustrieren, da es keine Gelegenheit hat, die gestellten Aufgaben zu verstehen und zu erfüllen. Generell darf Abwechslung für das Pferd im Ausbildungskonzept nicht zu kurz kommen. Die Reitausbildung des Pferdes sollte immer wieder durch Ausritte, Longieren, Handarbeit und ähnlichem aufgelockert werden.

Videoclip Springgymnastik
Ergänzende Gymnastizierung für Dressurpferde

4.2 Wie wird eine Reiteinheit aufgebaut?

Der konkrete Aufbau der Reiteinheit ist abhängig vom Typ des Pferdes, seiner Tagesform und seinem Ausbildungsstand genauso wie vom Ausbildungsstand des Reiters.

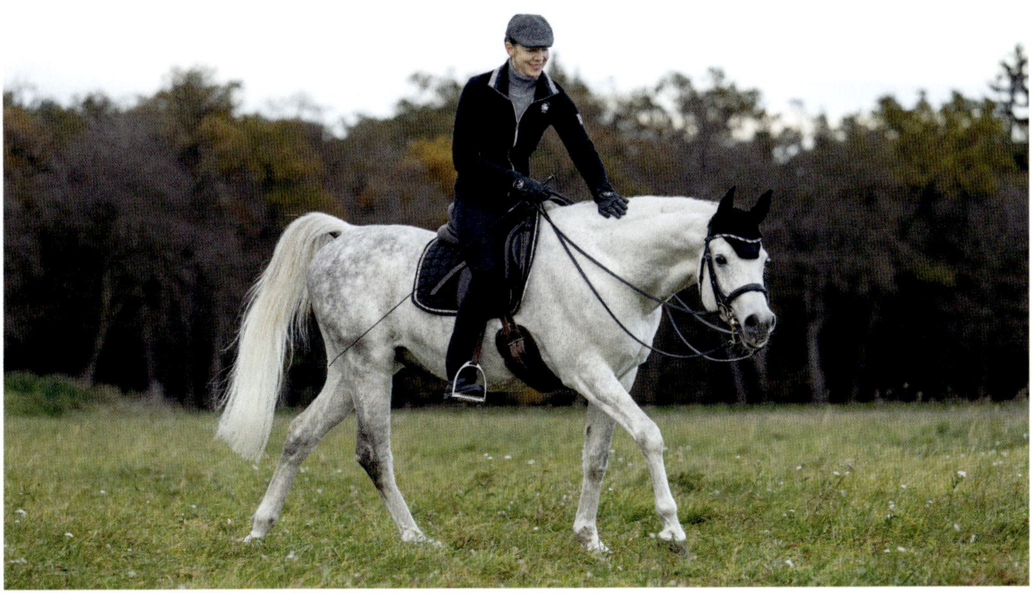

Die Reiteinheit beginnt und endet am hingegebenen Zügel – Vollblutaraber WM Malakil.

Das Pferd muss zu Beginn aufgewärmt werden, um den Verschleiß und die Verletzungsanfälligkeit zu reduzieren. Dies ist für den Bewegungsapparat als auch für den Kreislauf von Bedeutung. Wichtig ist es, gleich von Beginn der Reiteinheit an zu versuchen, das Gleichgewicht und die Geraderichtung zu verbessern und das Pferd nicht erst schief auf die Vorhand laufen zu lassen, um es dann erst geradezurichten und zu versammeln.
Genauso sollte auch während des gesamten Rittes darauf hingearbeitet werden, das Pferd an immer feineren Hilfen abzustimmen und am Sitz zu haben. Ist das Pferd aufgewärmt, werden die vorher geplanten Schwerpunkte oder die vom Reiter erfühlten heutigen Notwendigkeiten bearbeitet. Neue und schwierige Sachen sollten vorbereitet werden, aber es darf nicht erst mit dem Einüben begonnen werden, wenn das Pferd bereits müde ist.
Die Einheit sollte unbedingt mit einem Erfolgserlebnis für das Pferd abschließen, um positive Gefühle zu speichern. Dadurch lassen sich auch Momente mit gewünschten Reaktionen des Pferdes besonders betonen. Wenn man mit etwas besonders Gutem abschließt, das ausgiebig gelobt wird, versteht das Pferd leicht, was der Reiter von ihm will. So wird es dies gerne wieder zeigen. Selbstverständlich trägt dies auch zur Motivation vom Reiter bei. Ein gut gelaunter Reiter, der sich über das Tun des Pferdes freut, ist bereits positiv gestimmt für das nächste Mal.
Falls das Pferd noch sehr warm ist am Ende der Einheit, kann es noch geführt werden oder eine kleine Runde ins Gelände geritten werden. Auch anschließendes Wälzen und Freilaufen ist zum Lockern nach der Bewegung wertvoll.

4.3 Wie beginne ich meine Reiteinheit?

Der Beginn der Einheit dient dem Aufwärmen und der Einstimmung auf die bevorstehende Arbeit. Wenn das Pferd übermütig ist, sollte vor allem bei jungen Pferden die Möglichkeit gegeben werden, diesen Übermut vor dem Reiten abzubauen. Dies ist einerseits ein Sicherheitsaspekt für den Reiter, andererseits ist das Pferd dann auch aufnahmefähiger und konzentrierter. Hier bietet sich Longieren oder Freilaufen lassen an. Dabei ist besonders darauf zu achten, dass das Pferd vorher ausreichend im Schritt aufgewärmt wird. Eine Möglichkeit besteht darin, das Pferd Schritt zu führen, das wärmt auch gleich den Reiter etwas mit auf.
Vor dem Reiten kann auch Handarbeit eine gute Möglichkeit sein, sich und sein Pferd aufzuwärmen und aufs Reiten vorzubereiten. Im Idealfall ist es dann schon locker und geschlossen, der Pferderücken ist bereit, die Last des Reiters zu tragen.
Direkt nach dem Aufsitzen versuche ich immer zuerst, am hingegebenen Zügel Schritt zu reiten. Ist dies nicht möglich, weil das Pferd zu angespannt ist, so wird die gesamte Einheit nur zum Ziel haben, das Pferd zu entspannen. Das Reiten am hingegebenen Zügel gibt bereits erste Aufschlüsse über die Tagesform und die Verfassung des Pferdes. Wie ist die Schrittlänge des Pferdes? Macht es sich schief? Fühlen sich die Bewegungen weich und geschmeidig an? Ist das Pferd eilig oder sehr gemächlich? Ist es abgelenkt?
Erst nach dieser Analyse nehme ich die Zügel vorsichtig auf und stelle eine leichte Zügelverbindung her. Dann beginne ich mit der Arbeit im Schritt. Diese wird individuell auf das jeweilige Pferd abgestimmt. Gerne überprüfe ich hier bereits die Reaktion auf Sitz und Hilfen. Sehr gut sind hierfür das Verlängern und Verkürzen des Schrittes. In der Schrittarbeit können auch gleich zu Beginn Seitengänge eingebaut werden, um das Pferd zu gymnastizieren und an seiner Geraderichtung zu arbeiten.
Ist das Pferd mal sehr geladen, so muss der Reiter entscheiden, wie es sich am besten entspannt. Das Wichtigste bei angespannten Pferden ist, dass nicht dauerhaft versucht wird, das Pferd zurückzuhalten. Hierbei staut sich die Energie immer weiter an, das Pferd zieht sich immer weiter zusammen, bis es die Energie auf meist ungewollte Art explosiv entlädt. Der Reiter muss Wege finden, die am besten zu dem individuellen Pferd, seinem Charakter und seinem

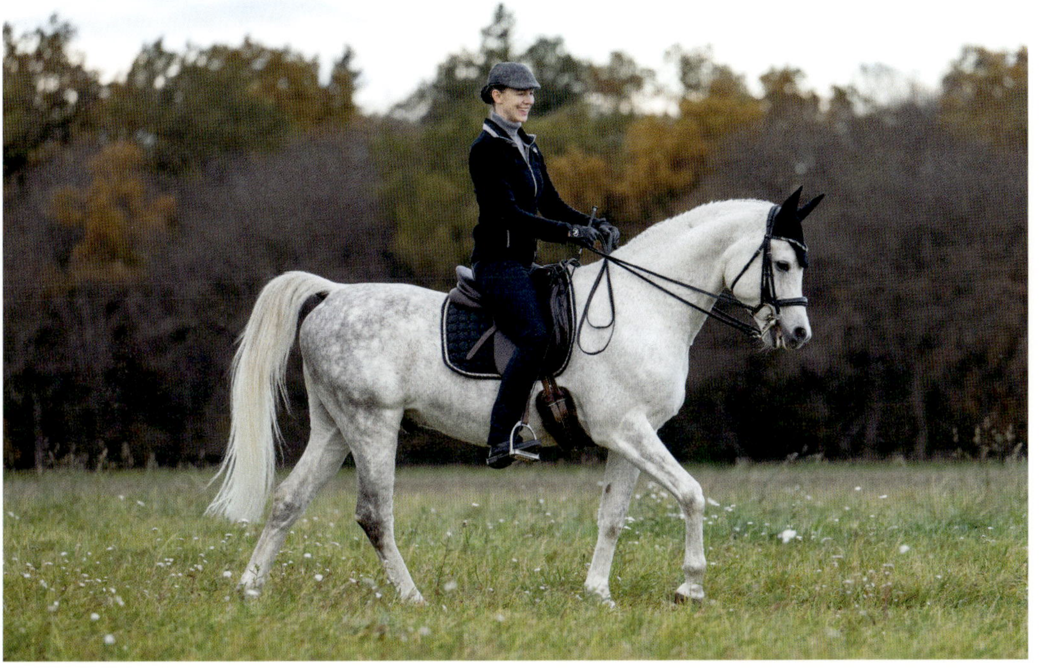

Der Schritt gilt als Mutter aller Gangarten und muss sorgsam gepflegt und geritten werden.

Ausbildungsstand passen, um die Energie in geordnete Bahnen zu lenken. Auf keinen Fall darf der Reiter wie erstarrt oben sitzen, den Atem anhalten und die Schenkel wegstrecken. Es müssen vielmehr Wege gefunden werden, bei denen das Pferd mit den Schenkelhilfen engagiert und gefordert werden kann, damit es unabhängig von der Handeinwirkung wird. Manche Pferde entspannen sich bei der Schrittarbeit, bei der das Pferd aber bereits durch viel Abwechslung geistig gefordert werden sollte. Seitengänge und das Verlängern und Verkürzen des Schrittes sind hier besonders wertvoll. Andere Pferde entspannen sich besser im Trab. Hier macht es bei jungen, ungestümen Pferden Sinn, leichtzutraben und viele Hufschlagfiguren zu reiten, auch mit engeren Wendungen, um das Pferd über die Wendung zurückzuholen. Ist das Pferd bereits weiter ausgebildet und kennt das Übertreten im Trab auf einer Volte, so ist dies ideal, um das angespannte Pferd zu fordern und zu lösen. Galoppiert ein Pferd gut, entspannt es sich manchmal auch gut in einer längeren, aber ruhigen Galoppreprise. Da ist zum Beispiel Zirkel verkleinern und vergrößern und das Einbauen von Galoppvolten hilfreich; so lässt sich die Energie in gewollte Bahnen lenken, ohne das Pferd über die Zügel zu bremsen. Ist ein Pferd sehr angespannt, sollte vorerst auf Rückwärtsrichten verzichtet werden, da es in dem Fall den Gedanken des Vorwärts verlieren könnte.

Phlegmatische Pferde hingegen versuche ich bereits zu Beginn der Einheit »aufzuwecken«. Sie benötigen sehr viel Abwechslung in Tempo, Handwechsel oder Wechsel zwischen den verschiedenen Seitengängen. Mit diesen Pferden sollte auch nicht zu lange am Stück Schritt geritten, sondern in kurzen Reprisen immer wieder zwischen den Gangarten gewechselt werden. Solche Pferde muss der Reiter mobilisieren und auch geistig fordern, so dass sie nie wissen, was

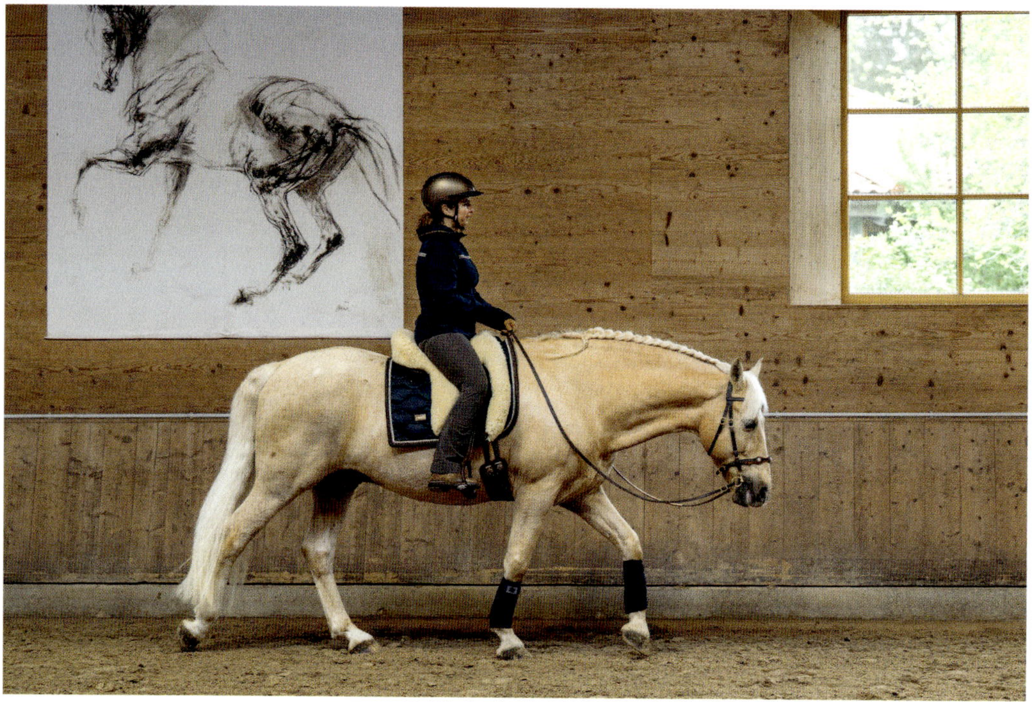

Pausen am hingegebenen Zügel – Miriram Pawlitzek mit Talisman

als nächstes kommt, und sie neugierig darauf sind. Manche Reiter nutzen das Schrittreiten am Anfang der Reiteinheit nicht, um ins Pferd hineinzuhorchen und die heutige Stimmung und Verfassung zu erfühlen, sondern nur um mit anderen Reitern zu plaudern oder beschäftigen sich mit ihrem Handy. Dies ist sehr schade, lassen sich doch hier viele wichtige Aspekte erfühlen, und das Pferd kann hervorragend im Schritt gymnastiziert werden.
Nach der Schrittarbeit reite ich gerne zuerst einige Übergänge zwischen Trab und Schritt oder Trab und Halten. Hierbei achte ich besonders darauf, dass das Pferd am Sitz durchpariert.
Der Beginn der Reiteinheit dient also neben dem Aufwärmen auch der Analyse des Pferdes und des Testens seiner Reaktionen an Sitz und Hilfen und der Verbesserung dessen. Das Pferd sollte mobilisiert und gelockert werden. So ist es optimal auf die folgende Arbeit vorbereitet.

4.4 Was gilt es in den Pausen zu beachten?

Das Wichtigste ist erst einmal überhaupt, häufig Schrittpausen einzubauen. Diese geschehen am hingegebenen Zügel. Sie unterstützen den Lernprozess, da sie nach einer gelungenen Lektion eingebaut werden und sie so die positive Aktion des Pferdes betonen und bestätigen.
Sie sind auch für den Körper unerlässlich, sodass sich das Pferd und seine Muskulatur immer wieder entspannen kann. Besonders junge, schwache Pferde und Pferde mit psychischen oder physischen Problemen brauchen häufiger und längere Pausen zur Erholung.
Das Reiten der Schrittpausen am hingegebenen Zügel ist ein wesentlicher Aspekt für das zügelunabhängige Reiten. Dieses Reiten am hingegebenen Zügel sollte von Pferd und Reiter bewusst wahr-

genommen werden. Trotz Reiter auf dem Rücken lernt das Pferd sich auszubalancieren, ohne sich auf den Zügel zu stützen. Das Pferd sollte einen fleißigen, aber gelassenen Schritt gehen. Der Reiter verhält sich möglichst ruhig und gleicht nur aus, wenn das Pferd zu schnell oder langsam wird oder die gewünschte Linie zu weit verlässt. In den Schrittpausen ist es entscheidend, dass das Pferd den Hals komplett durchstrecken und die Nase nach vorne nehmen kann. Keinesfalls darf es mit tiefer Kopfposition hinter der Senkrechten bleiben, da der Zügel zu kurz ist oder es sich diese Position angewöhnt hat. Falls dies geschieht, die Zügel in eine Hand nehmen und die Hand nach vorne Richtung Halsmitte nehmen, um dem Pferd den maximalen Raum zu geben, den Hals lang machen zu können.

Manche Pferde haben sich auch angewöhnt, am Zügel zu rucken, wenn dieser nicht lang genug ist, da sie mehr Raum brauchen, um den Hals entspannt durchzustrecken. Hier ist es besonders wichtig, entweder für eine Arbeitshaltung die Zügel aufzunehmen oder für die Pausenhaltung mit langem Hals die Zügel hinzugeben, damit es für das Pferd ganz klar verständlich getrennt ist und es sich das Rucken am Zügel abgewöhnt.

Selbst der Magen des Pferdes profitiert von häufigen Schrittpausen, da hier die Magensäure im unteren, gegen Säure widerstandsfähigeren Teil des Magens bleibt. Bei schnellerer Bewegung wird der Magen durch Kontraktion der Bauchmuskulatur zusammengedrückt. Dadurch gelangt die Magensäure in den oberen, säureempfindlicheren Teil des Magen. Langfristiger Kontakt hier kann zu Magenschleimhautentzündungen und auf Dauer zu Magengeschwüren führen.

Entspannter Schritt am hingegebenen Zügel muss möglich sein. Fängt das Pferd zu zappeln an oder trabt los, muss es durch Stimmhilfe, Aufnehmen und Nachgeben der Zügel in den Schritt gebracht und beruhigt werden. Häufig verlieren Pferde den Schritt, die sich zusammenziehen, hinter den Hilfen sind und nicht reell vorwärtsgehen. Um sie zu entspannen und in einem positiven Sinne »lang« zu machen, hilft es, die Zügel wiederaufzunehmen und biegende Arbeit im Schritt zu machen. Dann immer wieder erneut versuchen, die Zügel ganz hinzugeben, bis es funktioniert, und das Pferd ohne Zügel ruhig schreitet.

Es ist auch möglich mal im Stand eine kurze Pause zu machen und das Pferd sich im Hals strecken zu lassen. Dies ist auch ein guter Test für die Balance und Geduld des Pferdes. Steht es auch am hingegebenen Zügel stabil und ruhig? Oder verliert es ohne die Hand das Gleichgewicht, fällt vornüber und geht los?

4.5 Woran merke ich, dass ich eine Lektion oder Reiteinheit beenden sollte?

Wie schon bei der Motivation des Pferdes (Kapitel 1 Frage 17) beschrieben, sollte die Einheit immer mit einem positiven Erlebnis beendet werden. Dies wird durch das Beenden des Reitens für das Pferd auch besonders einprägsam. Wenn ich merke, heute mag alles nicht so recht gelingen, werde ich am Ende die Lieblingslektion des Pferdes abrufen, welche sicher gut gelingt, um doch einen positiven Abschluss zu finden. Dann ausgiebig loben und die Einheit beenden. Als Faustregel lässt sich sagen: Beenden Sie die Reiteinheit, wenn es am schönsten ist!

Auch eine Lektion sollte dann ausgeleitet werden, wenn sie besonders gut gelungen ist. Im Laufe des Trainings muss zuweilen die Lektion geändert werden, bevor es zu anstrengend wird, oder wenn das Pferd beginnt sich fest zu machen. Übt man beispielsweise Renvers, so muss man anfangs nicht nur aus der Lektion gehen, wenn das Pferd die Übung für ein paar Tritte einigermaßen durchgeführt hat, sondern auch wenn man merkt, es wird zu schwierig und das Pferd beginnt sich am inneren Zügel fest zu machen. Dann am besten sofort in eine andere seitliche Bewegung drehen, wie Travers oder Schenkelweichen, um das Pferd

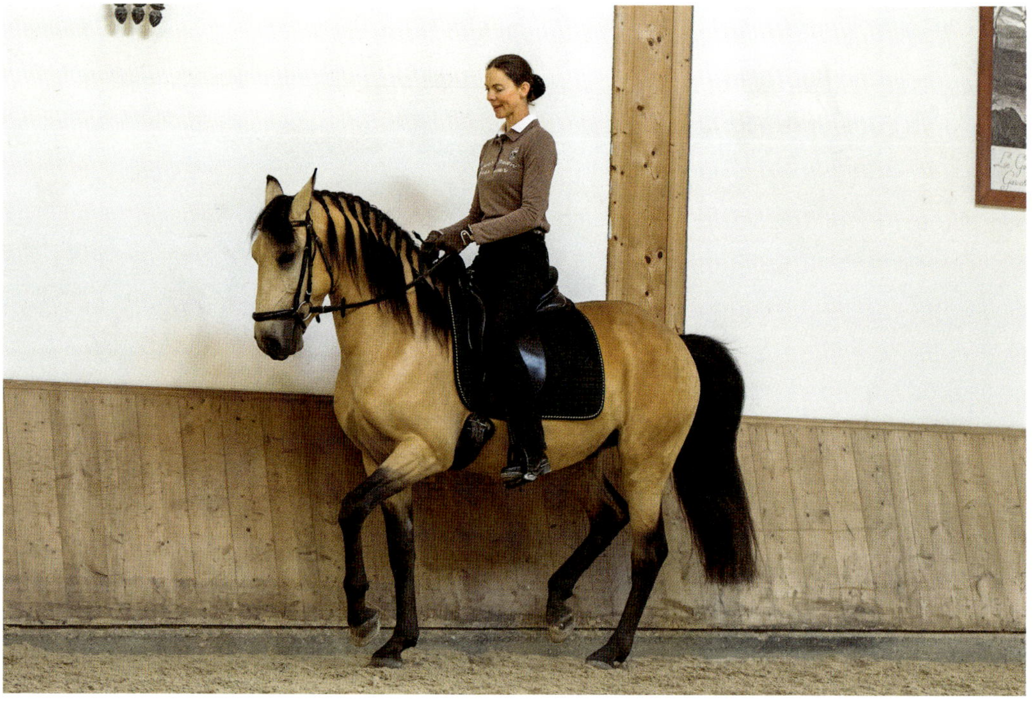

5-jähriger Lusitano beim Erlernen der Piaffe – auf diese gelungenen Tritte wurde die Einheit mit ausgiebigem Lob beendet.

wieder zu lösen. Ist das Pferd leicht und locker am Zügel, so kann erneut für ein paar Tritte ins Renvers gedreht werden.

4.6 Wie lange und wie oft sollte ich reiten?

Die Dauer des Rittes hängt davon ab, welchen Eindruck das Pferd an dem Tag macht, dem Trainingstand und auch von der Phase der Ausbildung. Junge Pferde können sich noch nicht lange konzentrieren, und ihnen fehlt die Kraft für längeres Reiten. Hier sollte die Vorbereitung auf das Reiten (Longieren oder Freilaufen lassen) und der Ritt selbst immer so kurz wie möglich gestaltet werden. So bleibt das Pferd motiviert, baut allmählich Kraft auf und wird nicht durch Überforderung frustriert.

Sukzessiv kann man das Reiten dann weiter intensivieren und die Dauer verlängern. Wichtig ist immer die langsame Steigerung.

Pferde, die voll im Training sind, reite ich in der Regel insgesamt zwischen 30 und 60 Minuten. Aber entscheidend ist nicht die Uhr, sondern wie der Ritt verläuft. Ist man nach kurzer Zeit zufrieden, fühlt einen Fortschritt, sollte aufgehört werden! Aber auch, wenn nach längerem Reiten der Erfolg ausbleibt, sollte die Einheit besser beendet werden. Erfahrungsgemäß ist es meist so, dass nach über einer Stunde auch keine weiteren Fortschritte mehr erzielt werden, da Pferd und Reiter erschöpft sind. Besser ist es, sich dann nicht festzubeißen, sondern selbst, wenn das für den Tag gesetzte Ziel nicht erreicht worden ist, die Reiteinheit zu beenden. Vorher noch etwas einbauen, was sicher gelingt. Am nächsten Tag sieht die Welt meistens schon wieder ganz anders aus. Die

Zwischenzeit kann dazu genutzt werden, durch Überlegen, in Gesprächen mit Reiterkollegen, dem Trainer oder dem Nachlesen in Fachbüchern ein paar Ansätze und Strategien zu entwickeln, wie es besser funktionieren könnte. Mit einem ausgeruhten Pferd und einem frischen Geist gelingen Lektionen, die am Vortag nicht klappen wollten, dann oft spielerisch leicht.

Ausreiten ist natürlich auch eine schöne Abwechslung, hier können Pferd und Reiter positive Erfahrungen sammeln und gemeinsam Herausforderungen meistern. Das schweißt zusammen und hilft dabei, ein gutes Team zu werden. Das gemeinsame Erleben der Natur ist ein Stück Lebensqualität für Pferd und Reiter. Das Gehen über unebenen Boden und verschiedene Untergründe gibt Trainingsimpulse für die Pferdemuskulatur. Hierbei muss aber beachtet werden, dass auch Ausreiten eine gewisse Form der Belastung ist. Schlurfen Pferd und Reiter ohne jegliche Körperspannung stundenlang durchs Gelände, ist dies zwar für den Geist eine Entspannung, aber für den Pferderücken eine Belastung. Natürlich kann man das auch mal machen, aber es darf eben nicht vergessen werden, dass es für den Pferderücken keine Erholung ist.

Da hier kein Schwung hilft, sondern das Gewicht des Reiters durch die Muskelkraft getragen werden muss, hängt auf Dauer dann oft der Rücken nach unten durch, wenn die Kraft nachlässt. Wechselt man zwischendurch die Belastung (Absteigen und Führen, Traben, Galoppieren, bergauf und bergab Reiten, Tempowechsel im Schritt), so hilft dies dem Pferd.

Aber auch ein Reitpferd sollte nicht jeden Tag geritten werden. Zum Ausgleich und zum Aufbau der Muskulatur ist es sinnvoll, dass das Pferd zwischendurch auch ohne Sattel und Reitergewicht gearbeitet wird. Hier bieten sich beispielsweise Freilaufen, das Longieren am Kappzaum und die Handarbeit an.

Die Arbeit am Langen Zügel stellt eine schöne Abwechslung zum Reiten dar – Lusitanohengst Super.

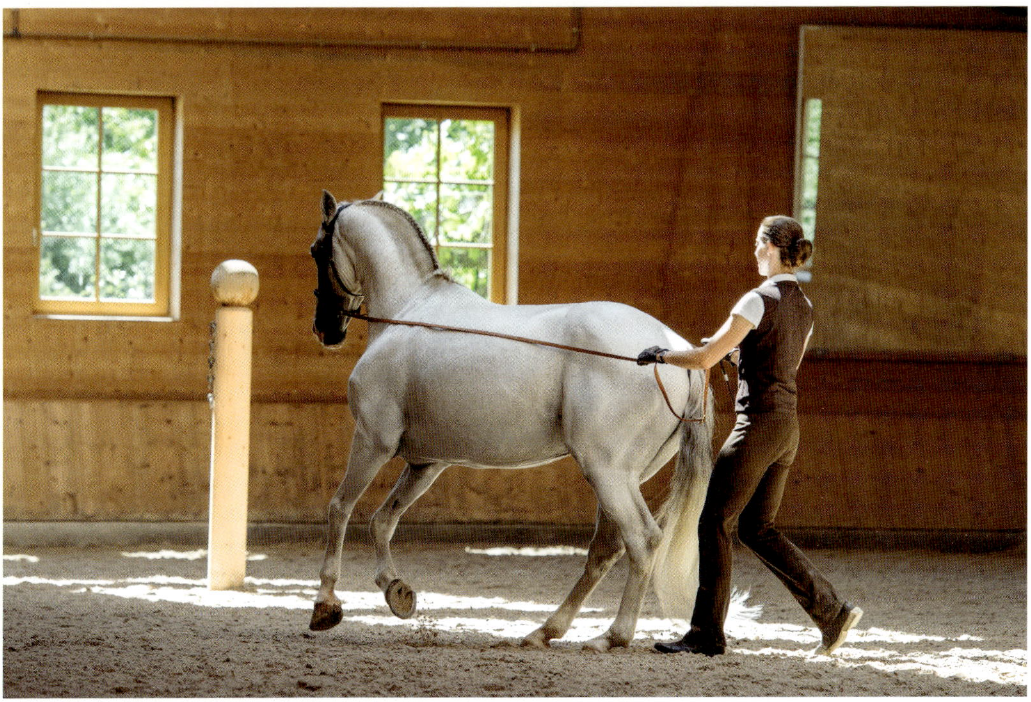

5.
Reiten

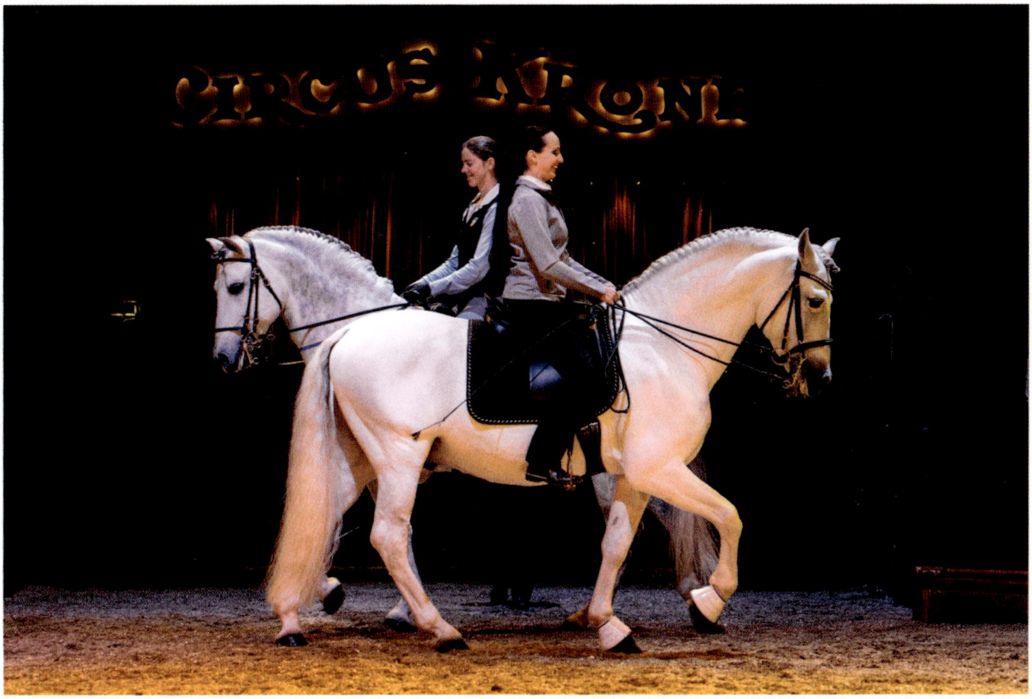

Dem Schritt fällt eine sehr große Bedeutung in der Pferdeausbildung zu – Jana Mandana Lacey-Krone auf P.R.E.-Hengst Maestro und Vera Munderloh auf P.R.E.-Hengst Ofendido.

Schritt

5.1 Wie bedeutend ist der Schritt in der Pferdeausbildung?

Dem Schritt fällt eine sehr große Bedeutung in der Pferdeausbildung zu. Für die körperliche Entwicklung des Pferdes ist es wichtig, dass es erlernte Bewegungen nicht nur irgendwie durchführt, sondern sie bewusst und achtsam ausführt. Das verbessert die Qualität der Bewegungen ungemein. Die langsamen Bewegungen helfen, die Skelettmuskulatur zu trainieren, die zum Stützen und Schützen der knöchernen Strukturen wichtig ist.

Heutzutage haben viele Reiter regelrecht Angst, Schritt zu reiten, da sie befürchten, den Schritt des Pferdes zu verderben, sobald sie es am aufgenommenen Zügel Schritt reiten. In einem Punkt haben diese Reiter recht: der Schritt ist störungsanfällig. Da er über keinen Schwung und wenig Geschwindigkeit verfügt, ist der Schritt empfindlicher als Trab und Galopp, hier sind Probleme in der Ausbildung am leichtesten ersichtlich. Aber es ist immer eine Frage, wie etwas gemacht wird. Werden die Zügel kurz genommen, über die Zügel Druck aufgebaut, das Pferd in eine Position gezwungen und jetzt noch kräftig gegen die Hand getrieben, um trotz der eigentlich aufnehmenden Handeinwirkung den Fleiß im Schritt zu erhalten, so baut das Pferd immer weiter Spannung auf. Diese Spannung wird häufig im Pass und in Anlehnungsproblemen enden.

Im Schritt ist es wichtig, genauso wie in den anderen Gangarten auch, dass der Hals nicht komprimiert wird, sondern zu dem gewählten Tempo passt. Ist der Schritt lang (starker Schritt), so muss auch der Hals lang sein (Rahmenerweiterung).

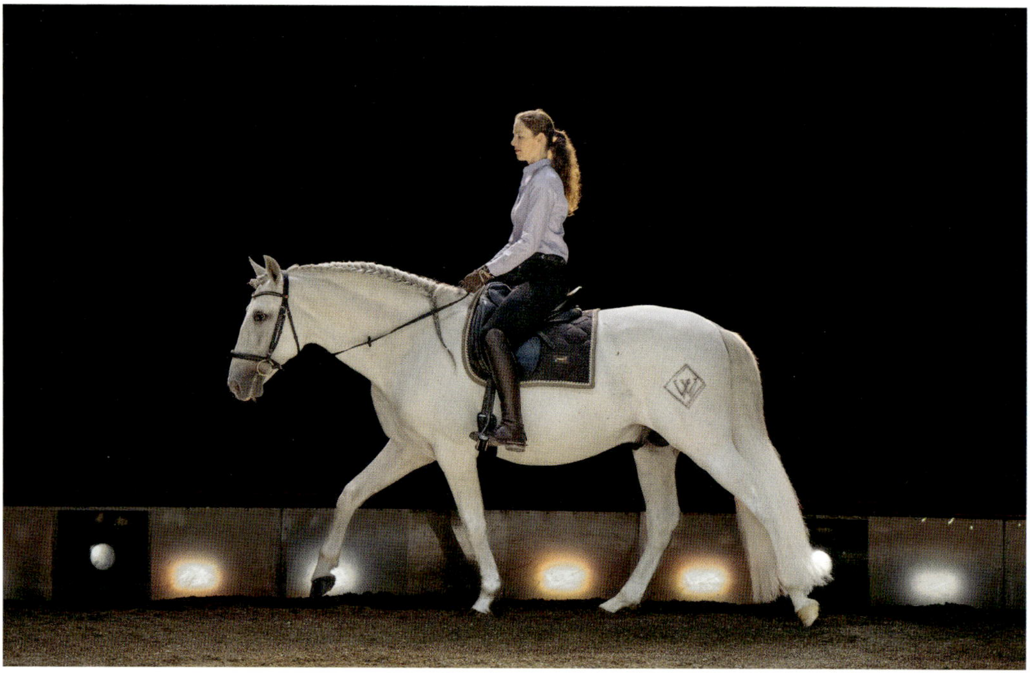

Beim Verlängern des Schrittes muss auch eine Rahmenerweiterung des Pferdes erreicht werden ...

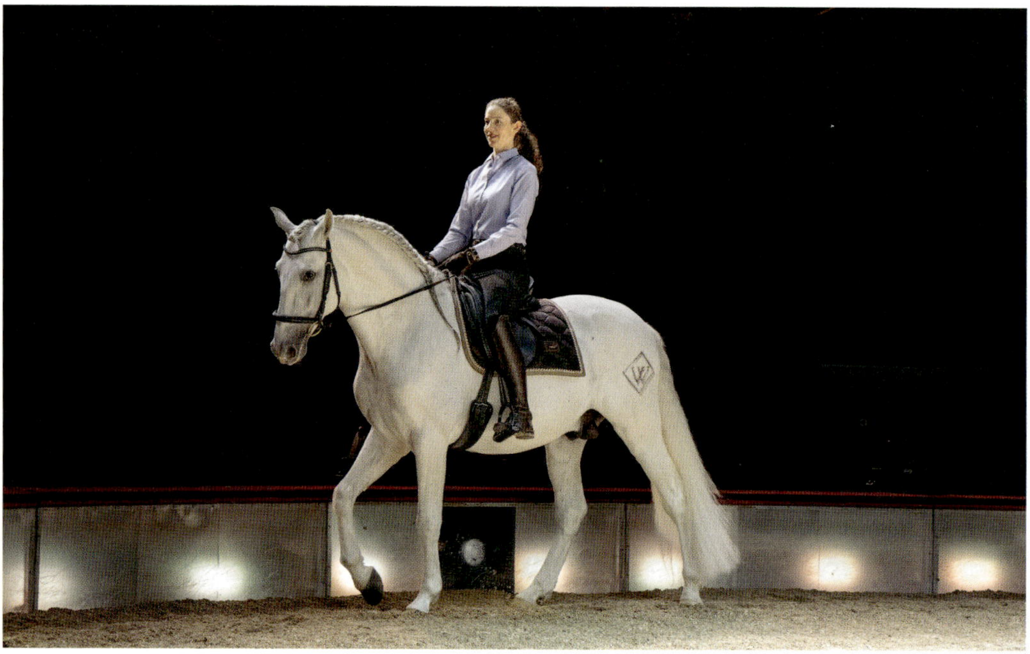

... und im versammelten Schritt rundet sich das Pferd und richtet sich auf – P.R.E.-Hengst Celtico.

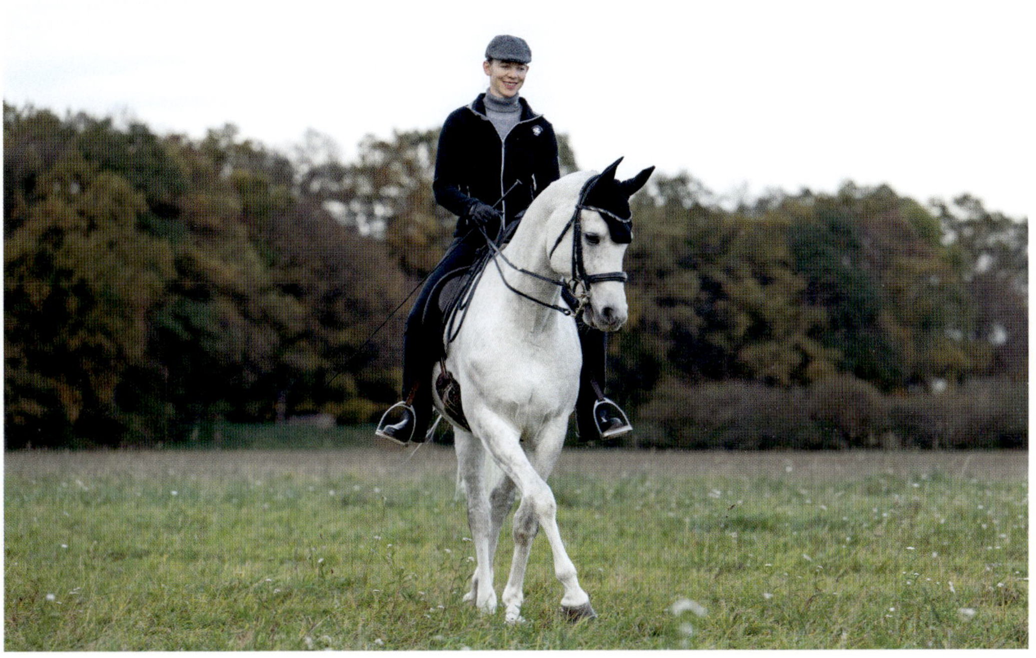

Das Gymnastizieren in den Seitengängen im Schritt ist eine wertvolle Arbeit – Vollblutaraber WM Malakil.

Die Zügellänge muss immer an die Halslänge und -position angepasst werden. Ist der Schritt abgekürzt (versammelter Schritt), so darf auch der Hals kürzer sein (in einem langen Bogen, rund und aufgerichtet). Besonders wichtig ist es, sich vor Augen zu führen, dass das Pferd im versammelten Tempo auch nicht mehr übertreten darf, sondern »die Hinterhufe höchstens bis in die Spur der Vorderhufe« treten (Richtlinien für Reiten und Fahren Bd. 1, FN-Verlag). Ein guter Schritt zeichnet sich durch einen klaren Viertakt und auch durch Fleiß und in längeren Tempi durch Raumgewinn aus. Aber ein Pferd, welches von Natur aus einen kurzen Schritt hat, wird die Qualität des Schrittes nicht verbessern können, wenn es in ein übereiltes Tempo getrieben wird, in welchem die Schritte schneller, aber nicht länger werden. Der Schritt lässt sich durch gymnastizierende Arbeit und Verlängern und Verkürzen des Schrittes innerhalb der Kapazitäten des Pferdes etwas verbessern.

Im versammelten Schritt wird der Pferdehals ganz ruhig, und die Nickbewegung fällt weg. Somit werden die Reiterhände auch ruhig, aber entspannt an einem Fleck getragen und folgen nicht mehr den Bewegungen des Pferdekopfes.

Durch die Arbeit im abgekürzten Schritt erlangt das Pferd leichter seine Balance, da es ohne den Schwung wenig Tendenz hat, sich auf der Hand abzustützen. Dieses erlangte Gleichgewicht kann dann nach und nach auf die anderen Gangarten übertragen werden. Außerdem ist es im Schritt am einfachsten, das Pferd zu lösen und zu lockern. Schritt ist die ideale Gangart, um dem Pferd Neues beizubringen, da ihm hier viele Aufgaben leichter fallen. Im Schritt kann das Pferd einfacher ins Gleichgewicht gebracht werden als in schwungvolleren Gangarten, bei denen eher eine Tendenz besteht, auf die Vorhand zu laufen. Im Schritt haben sowohl Pferd als auch Reiter mehr Zeit, sich in neue Bewegungen hineinzufühlen und falls nötig, sie zu

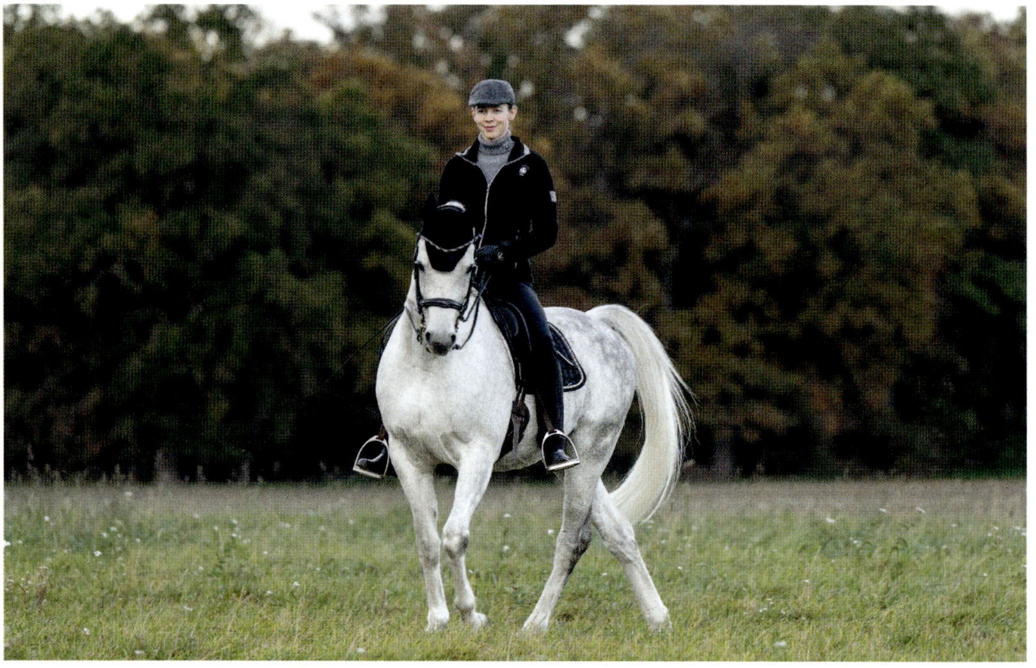

Seitliches Übertreten wirkt durch seine lockernde Wirkung dem Passgang entgegen.

korrigieren. Zusätzlich wird es jedem Reiter leichter fallen, im Schritt besser zu sitzen als im Trab. Sind das Verständnis und die notwendige Mobilisation vorhanden, lassen sich Bewegungsmuster und Lektionen dann auch leicht in den Trab und in den Galopp mit übernehmen.

Gerade das Erarbeiten der Seitengänge im versammelten Schritt bietet einen enormen Vorteil gegenüber dem Erarbeiten im Trab. Pferde, welche sich auf Grund ihrer körperlichen Gegebenheiten damit schwertun, lernen im Schritt nach und nach das Ausführen der Seitengänge. Im abgekürzten Schritt hat das Pferd auch die Möglichkeit und die Zeit, seine Hanken beugen zu lernen. Bei zu hohem Tempo und zu langen Schritten werden die Gelenke der Hinterbeine steif bleiben und sich nicht beugen.

5.2 Was mache ich, wenn mein Pferd Pass geht?

Es gibt Pferde, welche von Natur aus und somit auch ohne Reiter eine Passtendenz haben. Diese lässt sich während dem Reiten dann häufig durch gute Ausbildung verbessern, aber die grundsätzliche Neigung zum Pass bleibt vorhanden.

Ein Teil der Pferde hat jedoch die Tendenz zum Pass erst durch eine misslungene Ausbildung erworben. Dabei hält das Pferd im Pass die Rückenmuskulatur fest und beugt die Gelenke der Hinterhand nicht. Wie in Frage 1 dieses Kapitels beschrieben, entsteht der Passgang durch zu viel Spannung. Wird das Pferd durch die Hand komprimiert und gleichzeitig durch zu viel Treiben Druck erzeugt, macht das Pferd sich fest und verliert den Viertakt. Verstärkt wird dies meist noch durch ein Schieben des Reiters mit dem Becken. Überhöhtes Tempo, Schmerzen und psychische Anspannung sorgen für dasselbe Ergebnis.

Erworbener Passgang kann auch wieder abgelegt werden, wenn das Pferd sich durch fachgerechte Ausbildung körperlich und geistig entspannen lernt. Eine besonders wertvolle Übung hierfür ist das seitliche Übertreten im Schritt auf einer Volte. Dabei lösen sich die Rückenmuskeln und das Pferd kann sie, wie für den klaren Schritt erforderlich, abwechselnd anspannen und wieder lösen. Ebenso lernt es hier seine Hanken zu beugen.

Videoclip
Übertreten reiten
Gymnastizieren des Pferdes durch seitliches Übertreten auf einer Volte.

Ganz wichtig ist es dann im weiteren Verlauf, wie beschrieben, auf die Halsposition und Rahmenerweiterung zu achten. Diese muss an das Schritttempo angepasst sein. Zusätzlich darf das Pferd keinesfalls zu einem übereilten Schritt angetrieben werden.

Trab

5.3 Wie kann ich den Trab meines Pferdes verbessern?

Der Trab ist die Gangart, die das größte Potenzial hat, sich durch die Ausbildung verbessern zu lassen.
Viele Pferde sind von Natur aus nicht mit einem schwungvollen und raumgreifenden Trab ausgestattet, dies lässt sich jedoch im Rahmen ihrer Möglichkeiten weiter ausbauen. Wird jedoch zu Beginn ihrer Ausbildung versucht, ihnen größere Tritte abzuverlangen, als sie geben können, leidet der Trab massiv darunter. Die Tritte werden dann nur eiliger, kürzer und schneller, statt wie gewünscht raumgreifender. So kommen sie auch auf die Vorhand, werden fest und verlieren häufig den regelmäßigen Takt. Dies führt auch zu erhöhtem Verschließ am Bewegungsapparat.

Seitengänge im Trab mobilisieren das Pferd – Achal Tekkiner Degni Shael im Renvers.

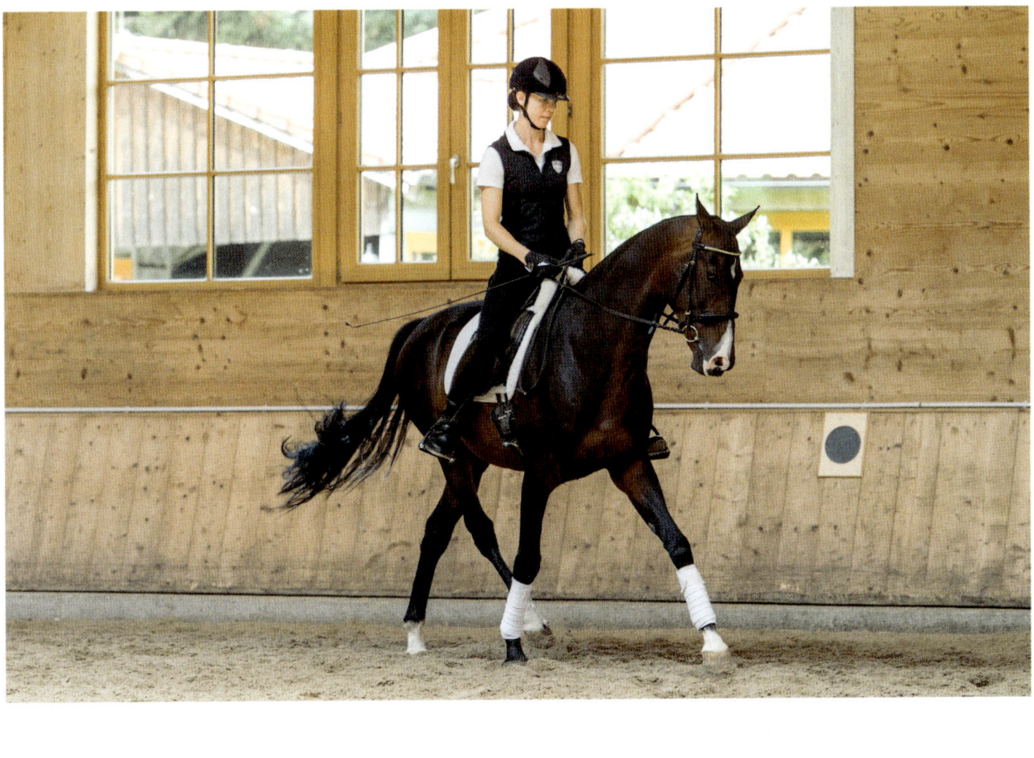

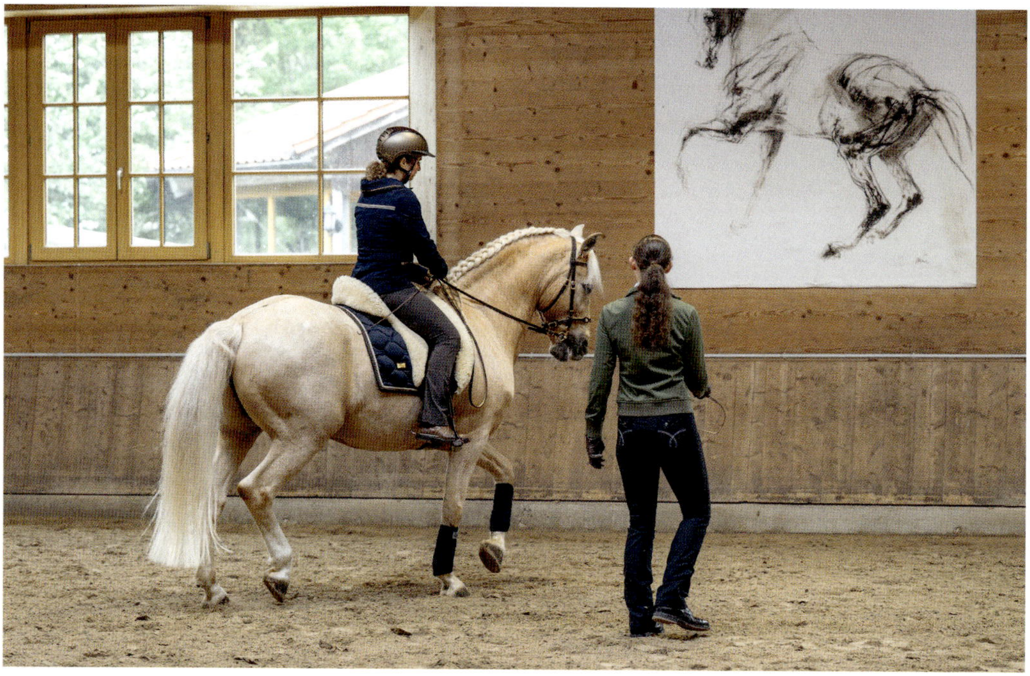

Das Erlernen der Passage fördert die Kadenz im Trab – Miriam Pawlitzek und Talisman.

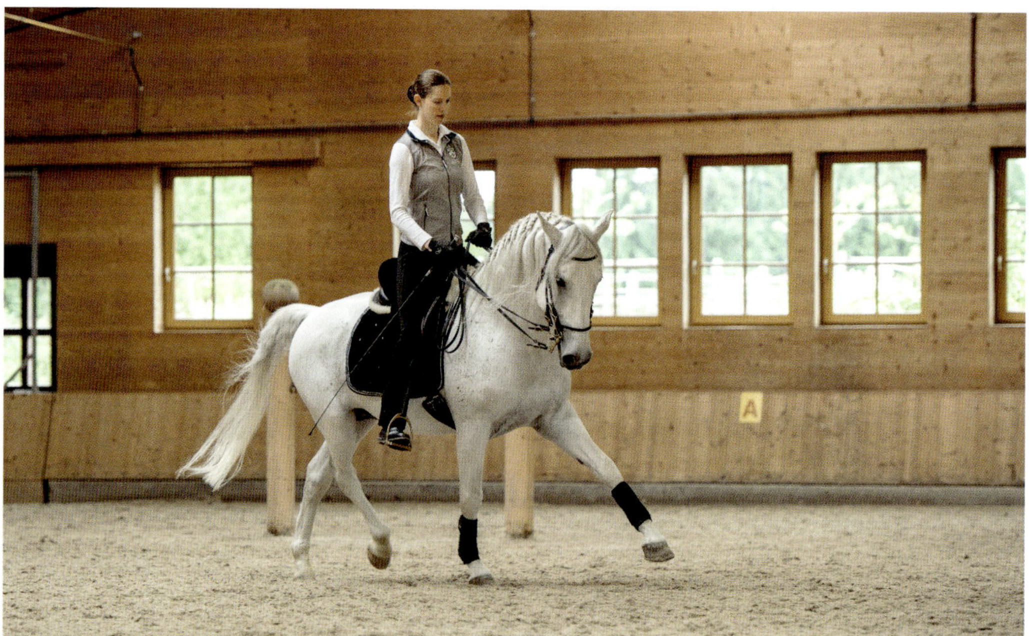

Lippizzanerhengst Maestoso Stornella beim Zulegen im Trab auf dem Zirkel

Um den Trab tatsächlich zu verbessern, ist es nötig, den individuellen Takt und das Tempo des Pferdes herauszufühlen. Natürlich sollte auch mit Pferden mit einem schwachen Trab bereits in der Grundausbildung geübt werden, die Tritte zu verlängern und zu verkürzen. Aber eben immer im Rahmen des Möglichen und vor allem mit der Zielsetzung, nicht einen spektakulären Trab anzustreben, sondern als Überprüfung der Reaktion auf die vortreibenden Hilfen. Dieses Verlängern der Tritte muss mit der angemessenen Rahmenerweiterung ausgeführt werden.
Das Erhöhen der Geschmeidigkeit und das Anpassen an verschiedene Gleichgewichtssituationen in den Seitengängen im Trab tragen einen wesentlichen Beitrag zur Verbesserung des Trabes bei. Selbstverständlich kann ein Pferd nur bestmöglich traben, wenn es ausbalanciert ist. Somit ist neben Übergängen vor allem auch das Mobilisieren des Pferdes in den Seitengängen essenziell.
Einen großen Effekt kann in der weiteren Ausbildung auch das Erlernen der Passage haben. Dadurch entwickelt das Pferd ein neues Körpergefühl, lernt den Moment der Schwebe zu betonen und sich kadenziert in diagonalen Tritten fortzubewegen. Ist die Passage später sicher, so kann mit ihr gespielt werden. Häufige Übergänge zwischen versammeltem Trab und Passage helfen, die Kadenz im versammelten Trab zu verbessern. Das Pferd nimmt das erlernte Bewegungsgefühl allmählich aus der Passage mit in den Trab. Dabei ist wichtig, dass die Passage vorsichtig über den Sitz aus dem Trab entwickelt wird und das Pferd nicht über die Zügel komprimiert und zurückgezogen wird. So kann man im Laufe der Ausbildung den Trab immer leichter beeinflussen und formen. Ausgehend von der Passage lässt sich dann auch allmählich die Trabverstärkung erarbeiten, welche über das bloßes Verlängern der Tritte hinausgeht. Aus der Passage werden dafür wiederholt die Tritte etwas verlängert und wieder ohne Verlust des Taktes zurück zur Passage geführt. Hierbei sollte man versuchen, die Kadenz in den verlängerten Trab mitzunehmen, die Energie beizubehalten und dies, ohne das Pferd weglaufen zu lassen.

Reaktion auf Hilfen

5.4 Wie stimme ich mein Pferd auf die vorwärtstreibende Schenkelhilfe ab?

Die Reaktion auf die vorwärtstreibende Schenkelhilfe ist eine der wichtigsten Säulen der Pferdeausbildung. Reagiert das Pferd auf leichtes Antreiben mit der Wade nicht mit einer freien Bewegung nach vorn, muss wieder zurück zur Basis gegangen werden. Ist das Problem massiv, wird ähnlich wie beim Anreiten vorgegangen. Dazu muss zuerst das Verständnis für die vorwärtstreibenden Hilfen über das Longieren ohne Reiter hergestellt werden. Selbstverständlich darf das Pferd dabei auf gar keinen Fall durch Hilfszügel ausgebremst werden. Reagiert es hier fleißig auf Schnalzen, Körpersprache des Ausbilders und Anheben der Peitsche, so kann mit dem Reiten an der Longe begonnen werden. Der Reiter ist zuerst passiv und überlässt dem Longenführer die Hilfen. Der Zügel muss dabei unbedingt locker durchhängen gelassen werden! Bewegt sich das Pferd genauso gut vorwärts wie ohne Reiter, wird begonnen, dass der Longenführer die Hilfen gibt und der Reiter gleichzeitig hilft. Nach und nach wird so die Hilfengebung auf den Reiter übertragen und der Longenführer ist nur noch als Sicherung da. Er greift helfend ein, sollte das Pferd doch einmal nicht entsprechend reagieren. Wenn das Pferd die Hilfen vollkommen verstanden hat, kann es auch alleine vom Reiter dirigiert werden.
Ganz wichtig ist immer, dass bei Pferden, die den Vorwärtsdrang und die Reaktion nach vorne auf den Schenkel verloren haben, beim Verwenden der vorwärtstreibenden Hilfen der Weg nach vorne frei ist. Generell sollte zu diesem Zeitpunkt nicht versucht werden, das Pferd an den Zügel zu reiten oder sonst wie zu runden. Das heißt auch, es dürfen keine Hilfszügel verwendet werden, die das Pferd bremsen könnten. Genauso ist beim Longieren auch auf die Position des Longenführers zu achten, er darf nicht vor dem Pferd stehen, da er sonst

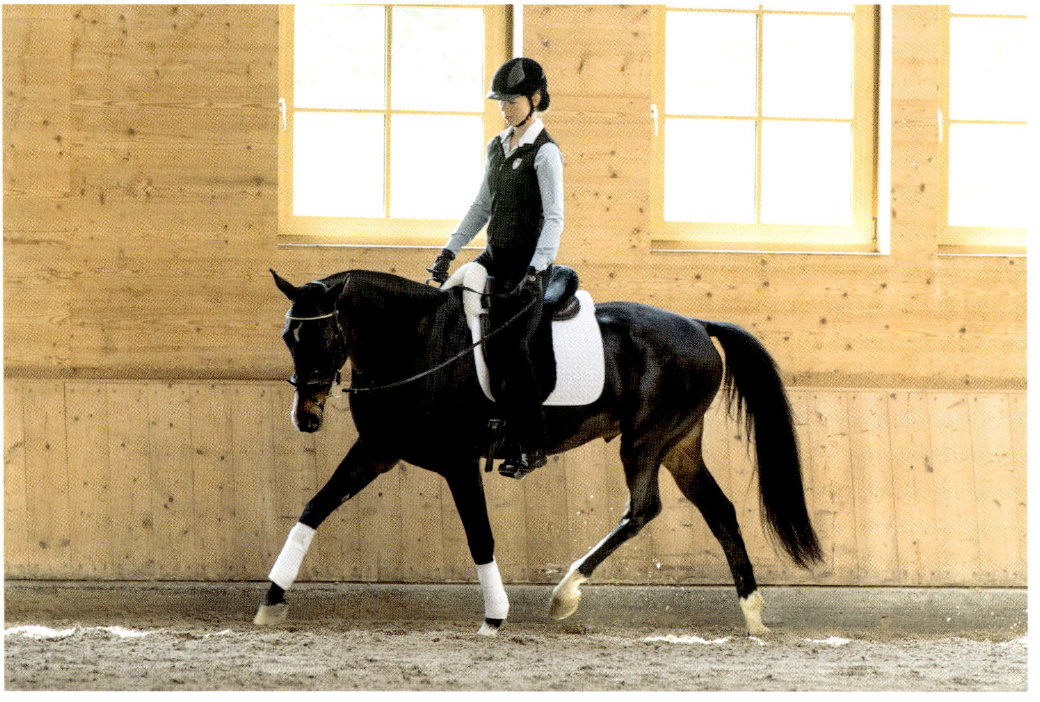

Der Zügel darf den Impuls der Hinterbeine nicht ersticken.

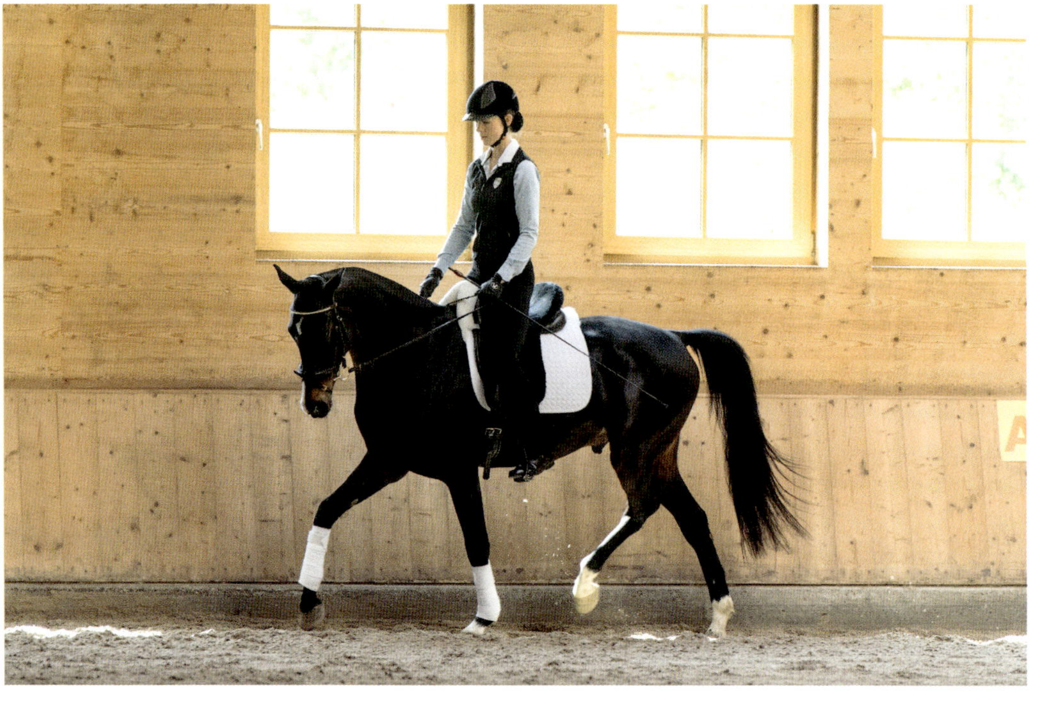

verbremsend einwirkt und der Weg nach vorne für das Pferd nicht frei erscheint. Beim Reiten ist darauf zu achten, dass beim Treiben nicht gleichzeitig mit den Zügeln eingewirkt, sondern nachgegeben wird. Dies beschrieb auch schon François Baucher mit seinem Grundsatz: ‚Hand ohne Beine, Beine ohne Hand'.

Das Timing des Treibens ist ebenfalls ein wichtiger Aspekt für den Erfolg des Abstimmens an den Hilfen. Anfangs darf man das Pferd nur antreiben, wenn es dann auch leicht nach vorne gehen könnte. Sprich, angetrabt wird beispielsweise nicht in eine Ecke der Reitbahn hinein, sondern zu Beginn der langen Seite. So ist die Chance auf die korrekte Reaktion des Pferdes größer. Diese kann dann ausgiebig mit der Stimme belohnt werden. So wird sich schneller ein Fortschritt verzeichnen lassen, als wenn das Pferd nicht reagiert, da die Anforderung für es schwierig erscheint. Das Antraben in die Ecke hinein, direkt auf die Bande zu, bremst das Pferd aus und müsste dann wieder korrigiert werden, falls das Pferd nicht adäquat reagiert.

5.5 Was mache ich, wenn mein Pferd »faul« ist?

Zuerst muss abgeklärt werden, ob nicht gesundheitliche Gründe zum Verlust des Vorwärtsdrangs führen. Hat ein Pferd Schmerzen, Mangelzustände oder ähnliches, wird es sich nicht freudig bewegen wollen.

Ich mag das Wort »faul« nicht gerne. In den allermeisten Fällen wird die Bewegungsunlust keine Charaktereigenschaft des Pferdes sein, sondern sie zeigt an, dass irgendwo Schwierigkeiten bestehen. Und diese Probleme sind in der Regel menschengemacht. Viele Pferde, die als faul gelten, sind verdorben oder unwillig gemacht worden, schlecht gymnastiziert oder haben die Hilfen des Reiters nie richtig verstanden. Werden die Ursachen behoben, blühen diese Pferde auf, werden fleißig und sind mit Freude dabei.

Viele Pferde, denen nachgesagt wird, sie seien faul, sind häufig schlichtweg sehr steif. Es kostet sie viel Energie, sich über den Widerstand der festgehaltenen Muskeln hinweg zu bewegen. Für ein solches Pferd ist der erste Ansatzpunkt das Gymnastizieren. Fühlt es sich in seinem Körper wohl, ist es locker, so fällt ihm jede Art der Bewegung leicht, und es wird diese auch freudiger durchführen.

Ähnliches gilt für sehr schiefe Pferde. Starke Asymmetrien gehen oft mit Verspannungen einher. Ebenso haben diese Pferde Mühe, sich auf der vom Reiter gewünschten Linie zu halten. Vor allem ist die Kraftübertragung von der Hinterhand nicht so effektiv und effizient, da die Hinterhand nicht der Vorhand folgt und die Bewegungsenergie sich nicht ausschließlich in Richtung nach vorne entfaltet.

Parallel dazu muss die Reaktion des Pferdes an den Hilfen verbessert werden. Um das Pferd nicht weiter abzustumpfen, darf der Reiter nur einwirken, um eine Änderung hervorzurufen. Dauerhaftes Antreiben aus dem Gefühl heraus, das Pferd sei faul, ist kontraproduktiv und stumpft das Pferd nur weiter ab. Vielmehr muss der Reiter mit kurzer, signalartiger Einwirkung mit Schenkeln und eventueller Unterstützung mit der Gerte dazu bringen, auf die Einwirkung des Reiters zu reagieren und dann die Hilfe sofort wieder auszusetzen.

Es müssen auch die richtigen Prioritäten gesetzt werden: Das Vorwärts steht über allem! Häufig sehe ich Reiter auf Pferden, die sich nur schwerlich überhaupt noch mit dem Reiter weiterbewegen. Aber anstatt alle Hilfszügel wegzulassen, die Zügel locker zu lassen, die Hals- und Kopfposition mal zu vergessen und das Pferd neu an den vortreibenden Hilfen abzustimmen, wird versucht, es mit Zügelhilfen in eine bestimmte Position zu manipulieren. Dies wird nicht von Erfolg gekrönt werden! Zielführender ist es hier, komplett auf die Anlehnung zu verzichten, das Pferd vorne, soweit es geht, in Ruhe zu lassen und nur signalartig zum Lenken einzuwirken. Bei jedem Treiben muss für das Pferd der Weg nach vorne vollständig frei und ohne jegliche Widerstände sein. Nur so lernt es wieder die Bedeutung der

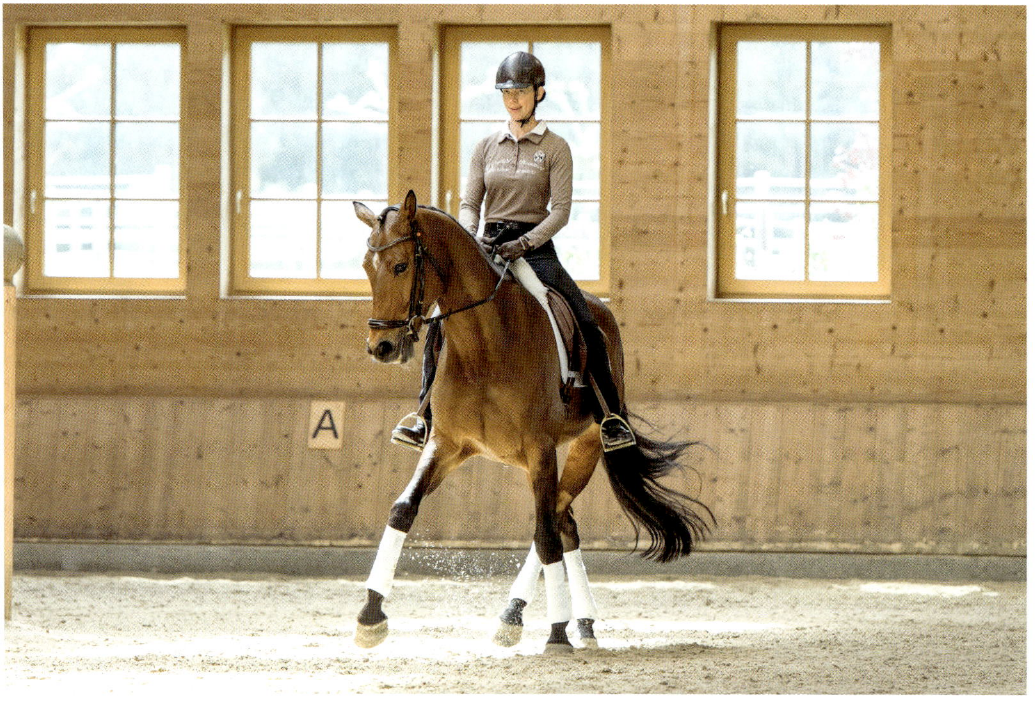

Nur ein losgelassenes Pferd kann sich schwungvoll, elastisch und ausdrucksstark bewegen – Bayernstute Amazing Grace in der Traversale.

treibenden Hilfen verstehen und wird darauf wieder reagieren lernen.
Ganz besonders wichtig ist es hier, mit dem Kopf des Pferdes zu arbeiten. Jede kleinste Verbesserung und jeder Schritt in die richtige Richtung muss belohnt werden, während dem Reiten am besten mit der Stimme, damit das Pferd dabei weitergeht.

5.6 Was mache ich, wenn mein Pferd am Schenkel klemmt?

Klemmen am Schenkel ist etwas anderes als ein Nichtreagieren am Schenkel. Reagiert das Pferd nicht am Schenkel, so zeigt es keinerlei Reaktionen auf das Treiben. Klemmt ein Pferd hingegen am Schenkel, so wird es auf das Treiben sogar langsamer und verhält sich. Dies kann sich steigern bis zum Schiefstellen der Kruppe, Buckeln, rückwärts Rennen oder Steigen.

Klemmt das Pferd beim Einwirken des Schenkels, so darf auf keinen Fall mit Sporen geritten werden. Sie würden das Pferd nur noch mehr zum Anspannen der Bauchmuskulatur veranlassen und das Problem verstärken.
Bei Pferden mit dieser Problematik muss besonders darauf geachtet werden, nur signalartig mit der Wade einzuwirken. Drückt der Reiter längere Zeit die Schenkel zusammen, so wird das Pferd sich nur noch mehr anspannen und noch mehr klemmen.
Das klemmende Pferd muss wieder am Schenkel abgestimmt werden. Dabei ist besonders darauf zu achten, dass es sich nicht zusammenzieht und komprimiert. Der Hals muss lang werden und die Nase vor die Senkrechte kommen. Hilfreich sind hierbei viele Übergänge innerhalb der Gangart.

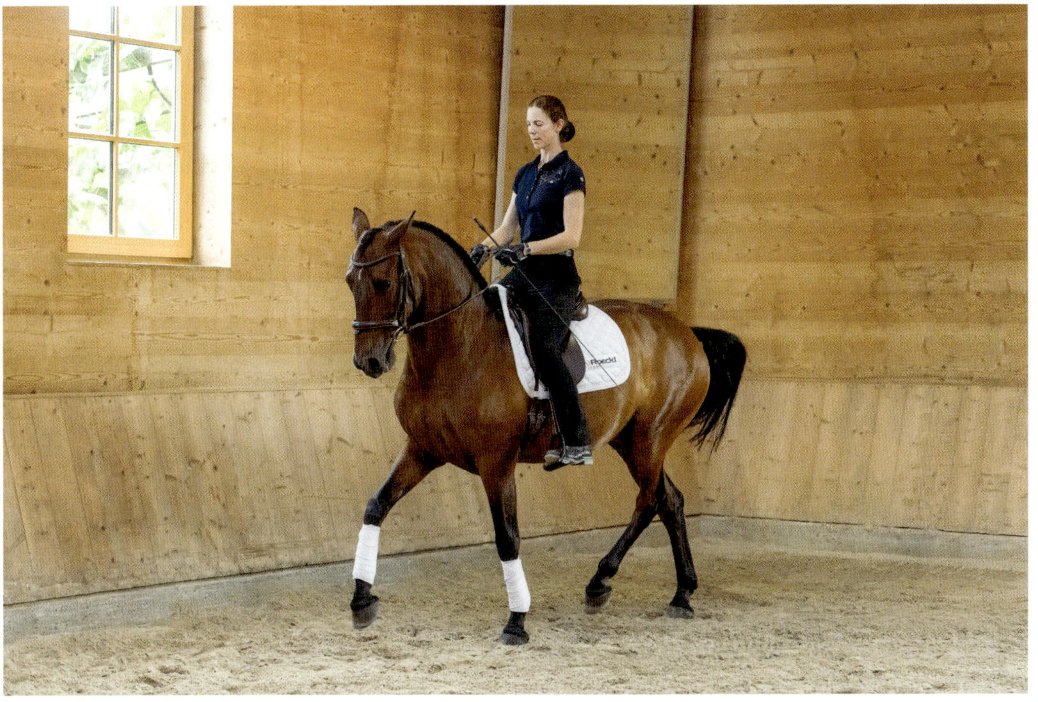

Gute Impulsion – P.R.E.-Wallach Poderío Eucalypto

Übergänge

5.7 Warum fällt meinem Pferd das Durchparieren schwerer als die Übergänge in höhere Gangarten?

Für das Fluchttier Pferd ist es evolutionär am wichtigsten, spontan und schnell flüchten zu können und sich auch aus dem Stand weg in den Renngalopp zu versetzen, um sein Leben zu retten.
Außerdem tragen Pferde bereits ohne Reiter aufgrund ihres Körperbaus mehr Gewicht auf den Vorderbeinen, und dies wird durch das Gewicht des Reiters noch verstärkt. Daher fällt ihnen auch die Bewegung in Richtung nach vorne leichter. Um prompt durchzuparieren, muss das Pferd zumindest graduell etwas mehr Gewicht auf die Hinterhand bringen. Dies bedeutet eine erhöhte Anforderung an das Pferd.

Für die Ausbildung bedeutet dies, dass beim Durchparieren, besonders beim Erarbeiten eines neuen Übergangs, immer erst einmal in Kauf genommen werden muss, dass das Pferd auslaufend pariert. Über häufige Wiederholung wird das Pferd nach und nach in die Lage versetzt, die Hanken zu beugen und prompter durchzuparieren.
Das Antreten in höhere Gangarten darf jedoch schon recht bald, noch in der Anfangsphase der Grundausbildung, prompt abgefragt werden, da dies dem Pferd leichter fällt. Das sofortige Antraben aus dem Schritt wird bereits in der Grundausbildung gefordert, wohingegen das Durchparieren aus dem Trab zum Schritt erst noch auslaufend sein darf; erst allmählich wird die Durchführung prompt gelingen. Genauso wird das Antraben aus dem Stand und das Angaloppieren aus dem Schritt zuerst gelingen, der Übergang vom Trab zum Stand und vom Galopp zum Schritt kann zuerst noch auslaufend sein.

5.8 Wie bereite ich Übergänge richtig vor?

Viele Reiter bereiten ihre Pferde mit zu viel Druck auf einen Übergang vor. Besonders vor dem Durchparieren wird häufig versucht, das Pferd zu stark zu versammeln. Aber anstatt echter Versammlung sind die Pferde meistens nur zwischen Hand und Schenkel komprimiert. Dadurch entsteht Spannung, was für den Übergang nicht hilfreich ist und oft zu unnatürlichen Bewegungen führt. Die Vorbereitung sollte eher darauf abzielen, das Pferd in die Lage zu versetzen, den Übergang leicht durchführen zu können.
Ein rittiges Pferd wird sich auch ohne großen Vorlauf in jede Gangart versetzen lassen. Selbstverständlich wird die Chance, dass der Übergang qualitativ gut und harmonisch ausgeführt wird, durch eine richtige Vorbereitung erhöht. Aber grundsätzlich sollte es auch möglich sein, ohne längere Vorbereitung Übergänge zu reiten; nur dann ist das Pferd reaktiv und aufmerksam. Heutzutage dürfen wir nicht vergessen, dass ein ursprünglicher Sinn der Dressur für den Reiter darin lag, das Pferd leicht und schnell manövrieren zu können.
Für das Antraben oder Angaloppieren dürfen nicht automatisch immer die Zügel nachgefasst werden. Bleibt man im selben Gangmaß, sprich, es wird aus dem versammelten Schritt versammelt angetrabt oder galoppiert, so bleibt die Halslänge des Pferdes und somit auch die Länge der Zügel gleich. Genauso darf nicht automatisch in höheren Gangarten ein höherer Zügeldruck vorhanden sein!
Die sinnvolle Vorbereitung eines Übergangs besteht darin, dass das Pferd im Gleichgewicht und geradegerichtet ist. Dabei darf es nicht auf der Reiterhand liegen. Zusätzlich muss es aufmerksam sein und das Energieniveau muss für die kommende Gangart passen.
Bei der täglichen Übung ist es erstmal von Vorteil, Übergänge dann durchzuführen, wenn sie

Für einen guten Übergang muss sich das Pferd vorher im Gleichgewicht befinden – Bayernhengst Luis Figo.

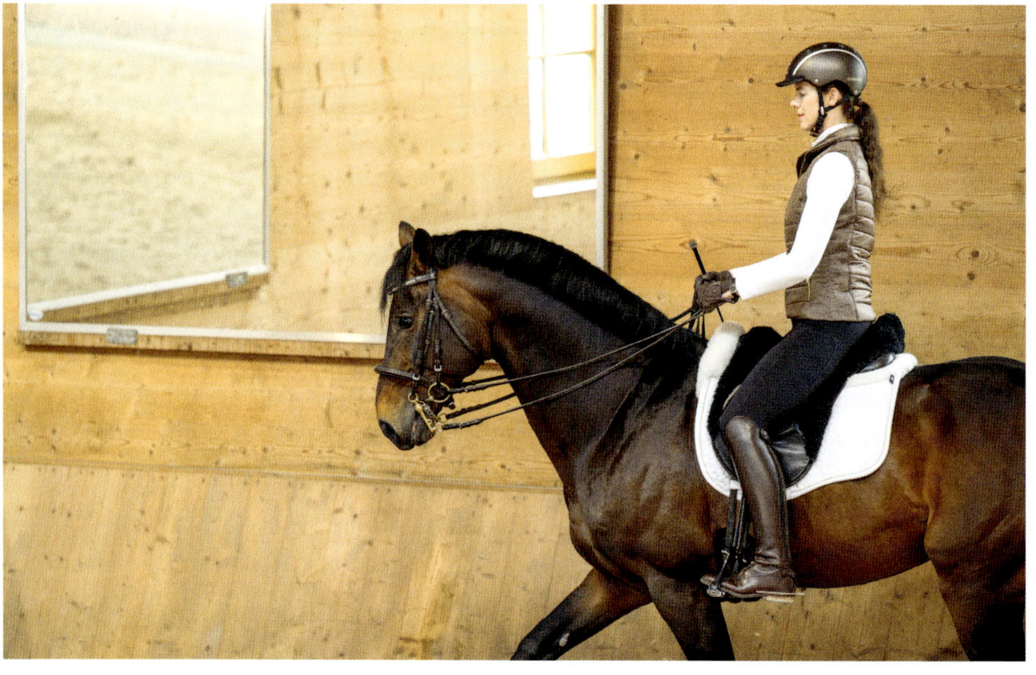

besonders gut und auf leichte Hilfen hin passieren können, diesen Moment muss der Reiter erfühlen lernen. Das Pferd kann die gestellten Anforderungen vom Reiter nur erfüllen, wenn es sich in dem Moment im Gleichgewicht befindet. Das heißt, es liegt nicht auf der Hand, läuft nicht auf der Vorhand, ist nicht schief und der Hals ist nicht verbogen.
Durch das bereits in der Grundausbildung erarbeitete, sofortige Antreten wurde der Grundstein des Zündens nach vorne an den vortreibenden Hilfen gelegt. Dieses Antreten muss auch ohne jegliche Vorbereitung klappen. Ansonsten muss dies verbessert werden und das Pferd sollte besser an den Hilfen abgestimmt werden.
Erst im Verlauf der Ausbildung sollte dann auch das Durchparieren an einem vorher definierten räumlichen Punkt durchgeführt werden. Ziel ist es, dass das Pferd dauerhaft so im Gleichgewicht läuft, dass es jederzeit zu jeder Bewegung fähig ist. Wird das Durchparieren aber zu früh und zu oft am Punkt ohne Rücksicht auf die Qualität durchgeführt, wird das Pferd zwar abstoppen, aber selten wirklich auf feine Hilfen und mit gebeugten Hanken durchparieren.

5.9 Was mache ich, wenn mein Pferd schwer durchpariert?

Pariert das Pferd schwer durch, so ist es in der Regel nicht ausbalanciert oder nicht genügend auf die Hilfen konditioniert. Um das Durchparieren zu verbessern, muss der Reiter dem Pferd zuerst helfen, sein Gleichgewicht zu verbessern. Pariert ein Pferd nicht durch, hat es dabei oft eine zu tiefe Kopf- und Halshaltung. Trägt das Pferd den Kopf sehr tief, so kommt automatisch vermehrt Gewicht auf die Vorderbeine, es rennt häufig auf die Vorhand und stützt sich auf die Reiterhand. Trägt es den Kopf dagegen höher und das Genick ist der höchste Punkt, so wird

Um ein leichtes Durchparieren zu ermöglichen, muss das Pferd ausbalanciert und die Anlehnung vor dem Durchparieren leicht sein – P.R.E.-Hengst Legendario.

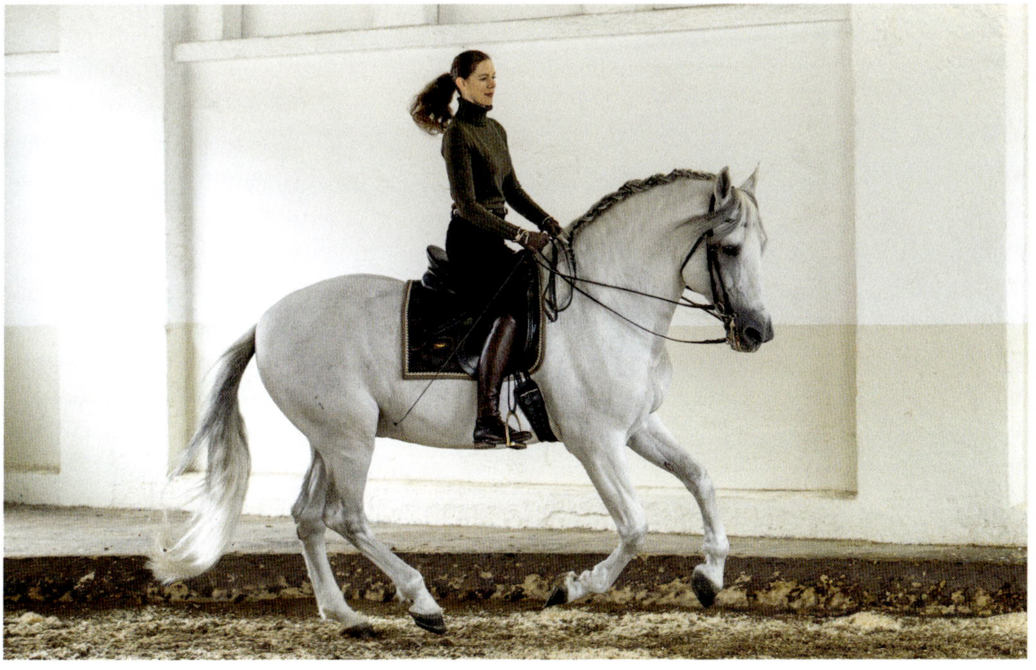

die Überlastung der Vorhand vermindert. Hat das Pferd also Probleme beim Durchparieren, muss der Reiter dem Pferd eine Position aufzeigen, in der es leichter durchparieren kann. Hierfür ist es hilfreich, die Hände höher zu tragen und mit dem Zügel aufrichtend einzuwirken. Dabei muss aber darauf geachtet werden, dass das Pferd sich nicht auf dem Zügel abstützt und der Reiter den Kopf des Pferdes trägt, sondern der Reiter darf dem Pferd nur ein Signal geben und muss dann wieder nachgeben. Nur wenn das Pferd mit dem Genick als höchsten Punkt unabhängig vom Zügel ist, tritt eine Verbesserung des Gleichgewichts ein.

Bei Schwierigkeiten mit dem Durchparieren sollte der Reiter auch seinen Sitz und seine Hilfengebung überprüfen. Sitzt er aufrecht? Klemmt er vor dem Übergang vielleicht und stoppt die Bewegung des eigenen Beckens nicht nur für das Durchparieren? Um das Pferd am Sitz abzustimmen und es vor allem unabhängig von der Reiterhand zu machen, kann die Stimme eine wesentliche Hilfe sein. Diese Konditionierung auf das Parieren über die Stimme sollte bereits an der Longe und bei der Handarbeit begonnen werden. Möchten Sie dann beispielsweise vom Trab zum Halten parieren, stellen Sie zuerst sicher, dass Ihr Pferd, wie oben beschrieben, in einer Haltung ist, die dies leicht erlaubt. Das Genick muss der höchste Punkt sein und die Zügel höchstens in einem leichten Kontakt. Dann versuchen Sie zu sitzen, als ob Sie mit dem Becken nicht mehr mitgehen, und geben das bereits erlernte Stimmkommando. Durch das Sprechen atmen Sie auch aus. Daher sitzen Sie automatisch tiefer, entspannter und damit günstiger zum Durchparieren. Stimmen die Voraussetzungen, so wird das Pferd häufig bereits auf Sitz und Stimme reagiert haben. Dann ausgiebig loben. Hat es noch nicht oder nicht ausreichend reagiert, so wird die Stimm- und Sitzhilfe wiederholt und gleichzeitig werden die Finger am Zügel geschlossen. Dies wird, durch Nachgeben am Zügel unterbrochen, wiederholt, bis das Pferd steht.

5.10 Was mache ich, wenn mein Pferd beim Parieren immer nach unten zieht?

Pariert das Pferd zwar durch, aber zieht dabei nach unten, ist es nicht im Gleichgewicht und vermeidet das Beugen der Hanken während des Übergangs. Hier muss zunächst die Vorbereitung überprüft werden, siehe Frage 8. Das Pferd muss bereits vor dem Übergang mit dem Genick als höchstem Punkt und ohne sich am Zügel abzustützen gehen. Aber dennoch kann es sein, dass es beim Durchparieren nach unten zieht. Das liegt daran, dass es die Hanken nicht beugt und mit den Hinterbeinen keine zusätzliche Last aufnimmt. Für den Reiter fühlt es sich an, als würde das Pferd im Moment des Übergangs bergab gehen.

Das Pferd sollte zuerst durch die mobilisierende Arbeit in den Seitengängen lernen, wie es die Hanken beugen kann. Um es in dem Moment des Übergangs dazu anzuleiten, seinen Körper besser einzusetzen, sollte der Reiter dem Pferd mit Hilfe einer hohen Handposition zeigen, dass es während dem Übergang mit dem Genick oben bleiben sollte. So hat das Pferd die Möglichkeit, die Hanken zu beugen und den Widerrist anzuheben. Dann hat der Reiter das Gefühl, dass das Pferd während des Übergangs hinten tiefer kommt und vorne groß bleibt.

Der Reiter darf die Hand keinesfalls nach hinten und oben nehmen oder gar ins Ziehen kommen. Das Durchparieren muss durch den Sitz erfolgen, die Hand und die Zügeleinwirkung helfen dem Pferd nur beim Einnehmen einer sinnvollen Position. Anfangs ist es hilfreich, wenn das Pferd dabei sehr offen im Genick ist und die Nase weit vor der Senkrechten hat. So wird vermieden, dass es sich mit höherer Halshaltung engmacht und doch auf dem Zügel abstützt. Um das sicherzustellen, kann der Reiter die Hände während des Übergangs etwas nach oben und vorne führen.

Sehr förderlich für die Hankenbeugung sind auch Übergänge in den Seitengängen. Dadurch lernt

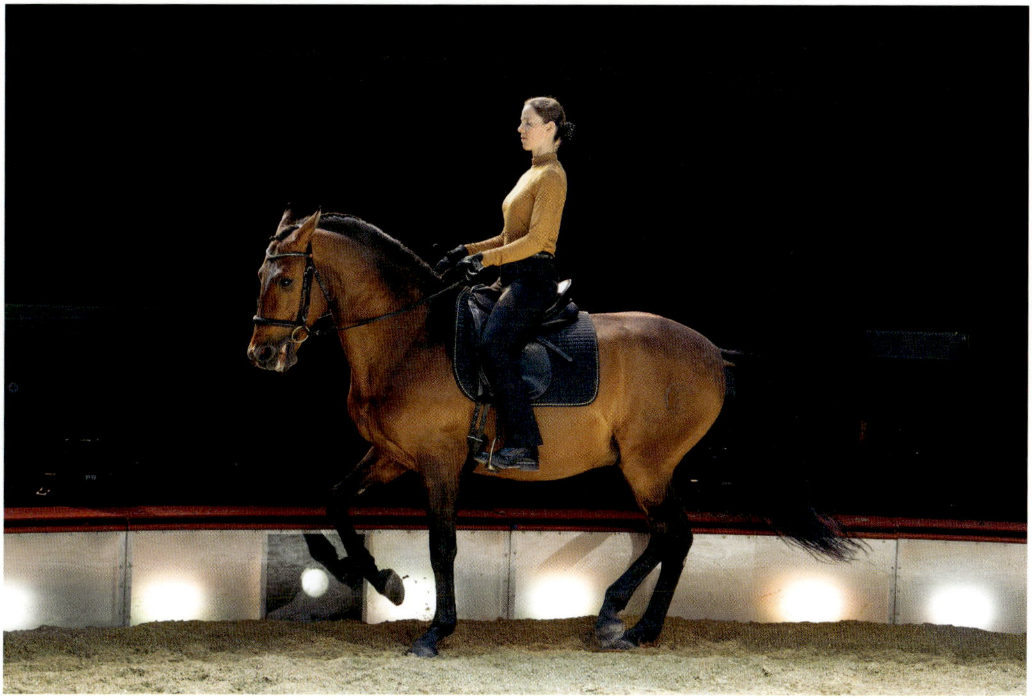

Nicht nur in der Piaffe ist Aufrichtung gefragt, eine »Bergauf-Tendenz« ist immer wichtig – P.R.E.-Hengst Odesso.

das Pferd das Beugen der Hanken, welches für das Kreuzen der Hinterbeine erforderlich ist, mit den Übergängen zu kombinieren.

5.11 Wie schaffe ich es, dass mein Pferd in den Übergängen rund bleibt? Wann und warum ist dies wichtig?

Das Endziel ist, dass das Pferd die Übergänge zwischen allen Gangarten ohne Veränderung des Halses absolviert. Gelingt dies mühelos, so ist dies die Bestätigung, dass alle Bewegungen ohne Widerstände durch den Pferdekörper fließen, das Pferd sich im Gleichgewicht und in Selbsthaltung befindet. Während der Ausbildung ist es normal und nicht dramatisch, wenn das Pferd sich mal heraushebt. Auf keinen Fall darf der Reiter dann das Pferd mit dem Zügel in eine runde Position ziehen. Vielmehr muss er das Herausheben wahrnehmen, es als Indikator akzeptieren und als Ansatzpunkt nehmen, wo und wie die Ausbildung weiter vorangetrieben werden sollte. Besonders beim Durchparieren wird das Pferd sich anfangs durch das Herausheben behelfen, da es durch das Anheben des Kopfes vermehrt Gewicht auf die Hinterhand bringt, die Vorderbeine entlastet und das Durchparieren überhaupt erst möglich macht. Beim fortgeschrittenen Pferd ist das Herausheben häufig ein Anzeichen von mangelnder Hankenbeugung während des Übergangs.
Beim Antreten ist es etwas kritischer zu betrachten, darf aber auch nicht zu einer erzwungenen Kopfposition führen. Beim Antraben beispielsweise hebt sich das Pferd meistens heraus, wenn es die Schenkelhilfe noch nicht richtig annimmt und sich verspannt. Hier muss dann durch häufige Übergänge und durch besonderes Augenmerk auf die

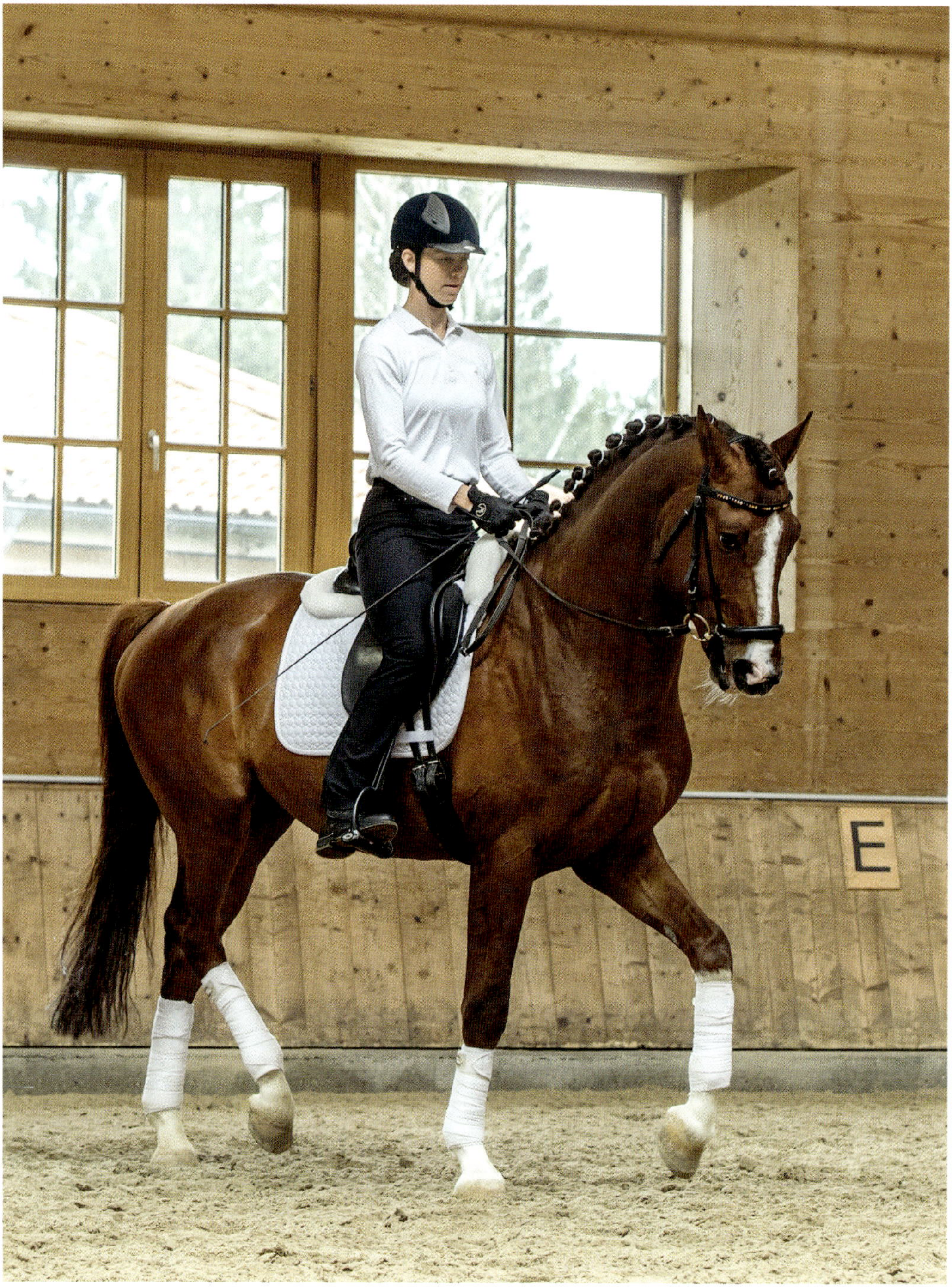

Fließt die Bewegung in der Versammlung ohne Widerstände durch den gesamten Körper, bleibt das Pferd automatisch rund – Bayer Diego da Silva in der Passage.

Entspannung und Losgelassenheit beim Reiten das Pferd zu einer entspannten Reaktion auf den Schenkel gebracht werden. Ein anderer Grund für das Herausheben ist, wenn das Pferd vorderlastig ist und den Impuls zum Antreten nicht aus dem Hinterbein nimmt, sondern es sich mit Hals und Kopf in den Trab hereinzieht und die Hinterbeine hinterherzieht. Hier hilft es häufig, das Pferd zeitgleich mit der Schenkelhilfe mit der Gerte an der Hinterhand zu berühren. So wird es sich seiner Hinterhand bewusster und wird vermehrt aus dem Hinterbein antreten. Am besten wirkt dies, wenn das Antraben auf gebogener Linie durchgeführt wird, da das Pferd hier durch die Biegung und Stellung locker im Hals und Unterkiefer bleibt. So wird es schnell lernen, von hinten anzutreten und die Bewegung durch den gesamten Körper fließen zu lassen.

Häufig heben sich Pferde auch beim Angehen vom Stand in den Schritt heraus. Dies geschieht meist dann, wenn das Pferd im Stand sein Gewicht nicht gleichmäßig auf alle 4 Beine verteilt hat, sondern es die Vorderbeine vermehrt belastet. Durch diese vermehrte Belastung ist es schwierig, die Vorderbeine zum Losgehen anzuheben. Daher behilft es sich, um den Widerstand zu überwinden, indem es Kopf und Hals auch mit anhebt. Hier muss das Gleichgewicht im Stand verbessert werden. Es muss sichergestellt werden, dass der Kopf nicht zu tief ist oder das Pferd sich auf dem Zügel abstützt. Das Gleichgewicht im Stand kann durch Rückwärtsgehen und erneutes Halten verbessert werden, und die Vorhand wird entlastet.

Anhalten

5.12 Wie schaffe ich es, dass mein Pferd nach dem Anhalten stillsteht?

Das Anhalten mit Reitergewicht stellt eine Herausforderung an das Gleichgewicht des Pferdes. Dies wird besonders deutlich beim Anreiten junger Pferde sichtbar. Sie verharren häufig einen ganz kurzen Moment, »fallen« dann aber regelrecht um und wackeln oder gehen wieder los. Stellen Sie sich vor, Sie fahren Fahrrad. Das ist bereits eine Herausforderung für Ihr Gleichgewicht. Jetzt versuchen Sie aber, ohne Vorwärtsbewegung mit dem Fahrrad stehen zu bleiben. Was passiert? Sie kippen und werden einen Fuß auf den Boden stellen. Warum ist das Stehenbleiben schwieriger als die Vorwärtsbewegung? Weil der stabilisierende Schwung fehlt. Dem Pferd geht es ähnlich. Es verfügt zwar mit seinen vier Beinen über eine breitere Unterstützungsfläche als Sie auf dem Fahrrad, deswegen kann auch jedes Pferd lernen, ruhig stehen zu bleiben, aber trotzdem muss es erst einmal herausfinden, wie es dies bewerkstelligen kann. Um stehen bleiben zu können, muss das Pferd sich zumindest rudimentär ausbalancieren. Dafür darf es nicht zu schief sein, der Hals muss einigermaßen gerade sein und das Gewicht darf nicht zu stark auf den Vorderbeinen lasten.

Beim Anreiten ist es hilfreich, wenn das Pferd bei den ersten Versuchen anzuhalten von einer Person am Boden am Kappzaum geführt wird, die gleichzeitig mit ihm stehen bleibt und eventuell am Kappzaum helfend einwirkt, um den Hals gerade und nicht zu tief zu behalten. So hat das Pferd optisch eine Hilfe und wird unterstützt gerade zu bleiben. Am sinnvollsten ist es auch, zuerst an der Bande zu halten. Hier wird das Pferd eingegrenzt und es fällt ihm leichter ruhig stehen zu bleiben.

Besonders bei Remonten darf das Stehenbleiben nicht zu lange ausgedehnt werden, sondern der Reiter sollte lieber kurz auf Unbeweglichkeit bestehen, das Pferd mit der Stimme loben und wieder losgehen lassen. So hat das Pferd eine große Chance, die gestellte Aufgabe zu bewältigen und sein Lob abzuholen. Auf diese Art lernen Pferde viel schneller, als wenn man es zu lange stehen lässt, es das Gleichgewicht verliert, losgeht und dann korrigiert werden muss.

Ein anderer Grund, warum Pferde nicht ruhig stehen bleiben, ist, wenn sie aufgeregt sind. Abgesehen vom Grundcharakter eines Pferdes ist ihr Gemüt mit seinem körperlichen Zustand verknüpft. Das heißt, Pferde, welche schlecht ausbalanciert sind, sind häufig auch unruhiger. Wenn sie durch gute Ausbildung ein besseres Gleichgewicht erlangen und vor die Hilfen kommen, werden sie auch ruhiger und begegnen jeder Herausforderung gelassener. Natürlich kann es auch bei Pferden, die sich in ihrem Körper wohlfühlen, der Fall sein, das sie einmal zu aufgeregt sind, zum Beispiel in fremder Umgebung, nach einem Schreckmoment oder ähnlichem. Dann ist es besser, die Pferde erst einmal in Bewegung zu halten und wenn sie sich etwas beruhigt haben, auch das Anhalten und Stillstehen wieder einzubauen.

Das unbewegliche Stehen kann auch zuerst bei der Handarbeit erarbeitet werden. Klappt das Halten ohne Reiter dann ruhig und sicher, so kann es auch leichter auf das Reiten übertragen werden. Das Pferd wird dafür im ruhigen Schritt an der Bande geführt. Dann geben Sie Ihr Stimmkommando fürs Anhalten (am besten mit langem Vokal wie z.B. »Hoooo«), gleichzeitig bleiben Sie stehen und nehmen die Zügel leicht an. Dabei muss das Genick der höchste Punkt und der Hals genau mittig vor dem Pferderumpf ausgerichtet sein. Achten Sie im Stand auf Ihre eigene Körpersprache. Sie dürfen keinen Schritt machen, wenn das Pferd unbeweglich stehen bleiben soll, denn es wird sich an Ihnen orientieren. Hilfreich ist es auch, wenn Sie sich zum Anhalten umdrehen und mit dem Blick Richtung Schweif stehen bleiben. Dies wirkt auch bremsend auf das Pferd. Steht das Pferd einen kurzen Augenblick unbeweglich, loben Sie und gehen wieder los. Geht es rückwärts, droht gar zu steigen oder stellt es sich schief, dann erneut angehen, das Pferd geraderichten und nochmals versuchen, stehen zu bleiben. So wird der Gedanke des »Vorwärts« etabliert und die Situation wird nicht eskalieren. Dreht das Pferd sich immer wieder im Stand, so dass die Kruppe bahneinwärts steht, dann wird zur Korrektur im Schritt angegangen, die Vorhand des Pferdes nach innen geführt und das Anhalten im Schulterherein durchgeführt. Wenn dies sicher gelingt, so wird es später auch ohne das Schulterherein gelingen.

Funktioniert das ruhige Stehen für einen kurzen Moment bei der Handarbeit, dann wird beim Reiten das gleiche Vorgehen wiederholt: Anhalten an der Bande aus dem ruhigen Schritt, unterstützt durch Reitersitz, Stimme und leichtes Aufnehmen am Zügel. Genick des Pferdes ist oben, Hals gerade.

Das Wichtigste ist immer, falls das Pferd sich doch bewegt, die adäquate Korrektur durch den Reiter. Geht es zurück oder dreht es sich im Stand, ist dies ist ein großer Fehler und sollte immer nach vorne korrigiert werden. Daher sofort erneut angehen und erneut anhalten. Steht es unbeweglich: Loben! Sonst bekommt man das Pferd nicht vor die Hilfen und es lernt sich seitlich zu verdrehen. Geht das Pferd von selbst aber zu früh wieder los, so ist es ein weniger großer Fehler. Hier das Pferd in Ruhe die gemachten Tritte wieder rückwärtsgehen lassen und erneut halten. Dies verdeutlicht dem Pferd die gestellte Aufgabe und verbessert sein nach vorne verlorenes Gleichgewicht.

Gelingt das kurze, unbewegliche Stehen gut, kann allmählich die Dauer des Stehens weiter ausgedehnt werden. So lernt das Pferd nach und nach, geduldig wartend und ausbalanciert zu stehen.

5.13 Wie lernt mein Pferd geschlossen zu stehen?

Wenn das Pferd geschlossen steht, sind Vorder- und Hinterbeine parallel und sein Gewicht ist gleichmäßig auf alle 4 Beine verteilt. Dafür muss der Hals mittig vor dem Rumpf sein, das Genick den höchsten Punkt bilden, Vorderbeine lotrecht und die Hinterbeine herangeschlossen sein. So kann das Pferd leicht längere Zeit ruhig stehen bleiben, aber es kann auch jederzeit in jede Richtung (rückwärts, vorwärts, vorwärts-seitwärts) erneut angehen, sprich: es ist versammelt.

Bleibt das Pferd in den Haltparaden noch nicht unbeweglich stehen, so sollte zuerst an einem

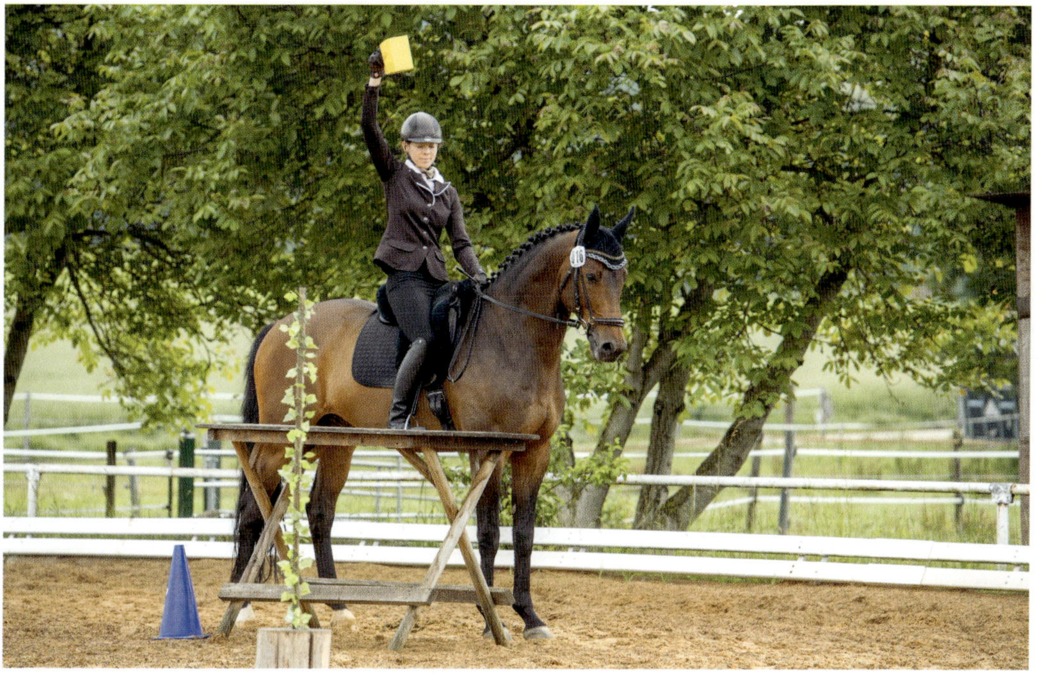

Ruhiges, gelassenes Stehen ist auch im Alltag wichtig – Bayernwallach Bailando.

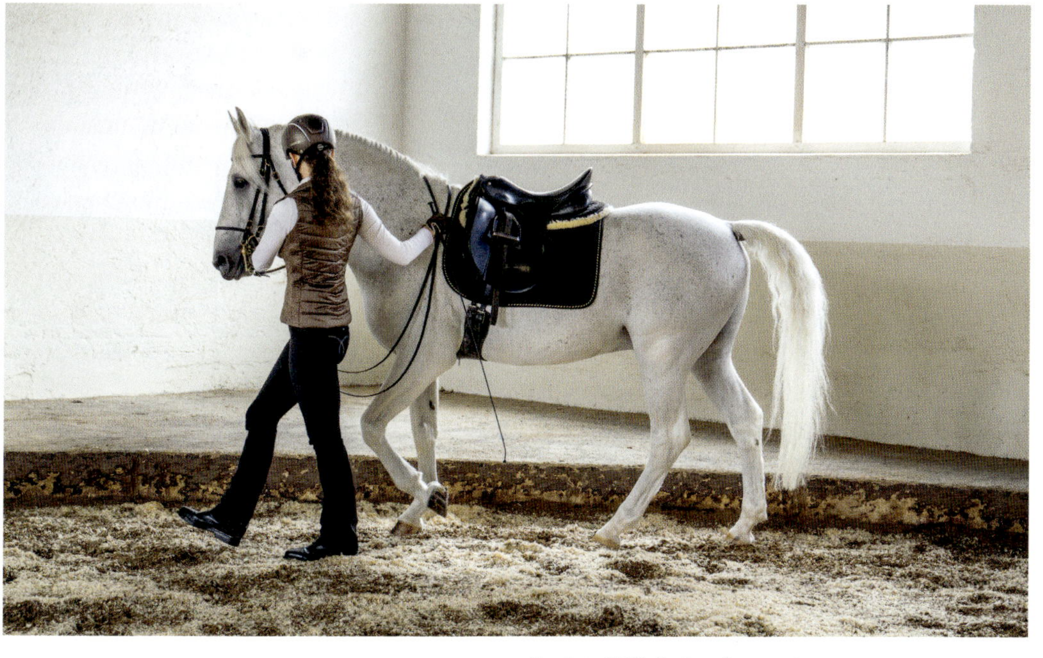

Handarbeit hilft die Grundlagen zu legen.

kurzfristigen unbeweglichen Stand gearbeitet werden. Dabei sollte auf keinen Fall versucht werden, seine Beinposition zu verändern. Erst wenn die Unbeweglichkeit sicher ist (siehe vorherige Frage), darf die nächste Stufe aufgebaut werden, das geschlossene Stehen.

Im Idealfall ergibt sich das geschlossene Stehen bereits durch die versammelnde und geraderichtende Arbeit. Ergibt sich das geschlossene Stehen nicht von selbst, so kann bei der Positionierung der Beine nachgeholfen werden. Hierbei lernt das Pferd auf die Reiterhilfe hin, auch gezielt einzelne Beine anzusprechen. Dies geht am leichtesten bei der Handarbeit oder wenn der Reiter von unten durch einen Helfer begleitet wird. Das Erarbeiten des geschlossenen Stehens trägt zum Verständnis der Gerte und Touchierhilfen bei und hilft dem Pferd, ein besseres Körpergefühl zu entwickeln. Zuerst lernt das Pferd, dass die Vorderbeine nebeneinanderstehen; die Hinterbeine werden zunächst außer Acht gelassen. Hält das Pferd mit einem Vorderbein weiter hinten an, so wird es durch vorsichtiges Anführen animiert, noch einen halben Schritt nach vorne zu machen. Sitzt ein Reiter oben, so kann er weit vorne am Gurt und nur einseitig auf der Seite, auf der das Vorderbein zurücksteht, mit dem Schenkel einwirken. Stehen die Vorderbeine parallel, loben. Das Pferd wird wie fürs Anführen animiert, loszugehen, aber es wird bereits wieder aufgenommen, wenn das Pferd sein Gewicht nach vorne verlagert, damit es nur ein Vorderbein vorsetzt. Macht es trotzdem einen ganzen oder mehrere Schritte nach vorne, so dass die Vorderbeine erneut nicht nebeneinanderstehen, so wird es einfach nochmal versucht. Die Kunst liegt in der geduldigen Feinabstimmung. Mit dem richtigen Timing gelingt dies aber meist schnell. Erst wenn die Vorderbeine korrekt stehen, sollte begonnen werden, die Hinterbeine zu korrigieren. Hier wird das Hinterbein an der Röhre mit einer Gerte angetippt, um das Pferd zu animieren, dieses Bein nach vorne zu stellen. Das Hinterbein darf aber

Ein guter geschlossener Stand: Die Vorderbeine sind vertikal, die Hinterbeine herangeschlossen, die Beine sind parallel und das Genick ist der höchste Punkt – Miriam Pawlitzek auf Talisman.

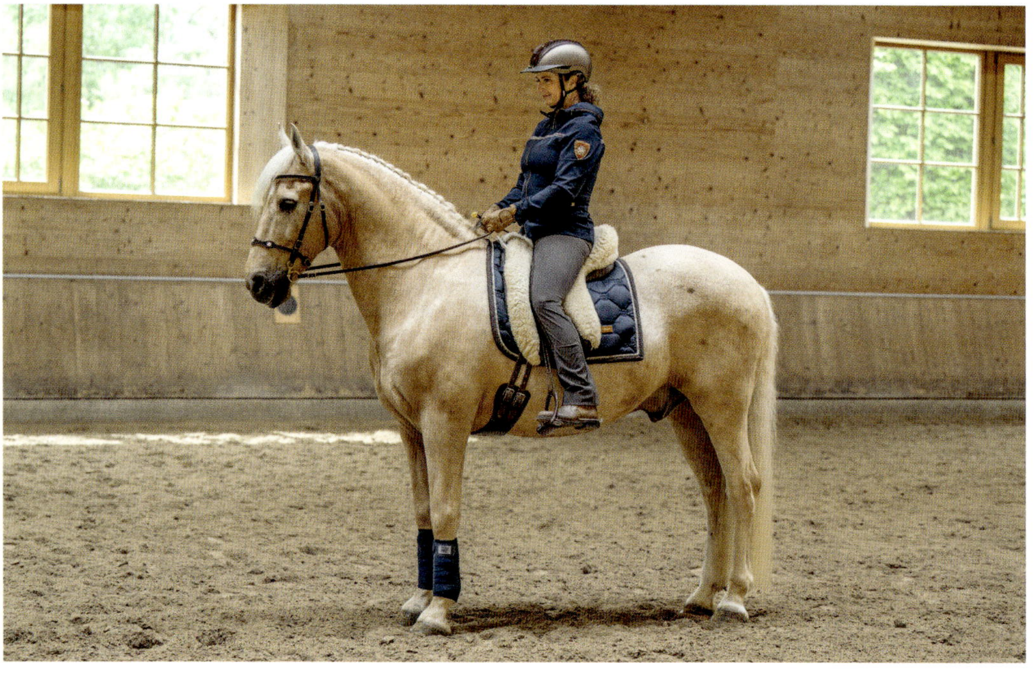

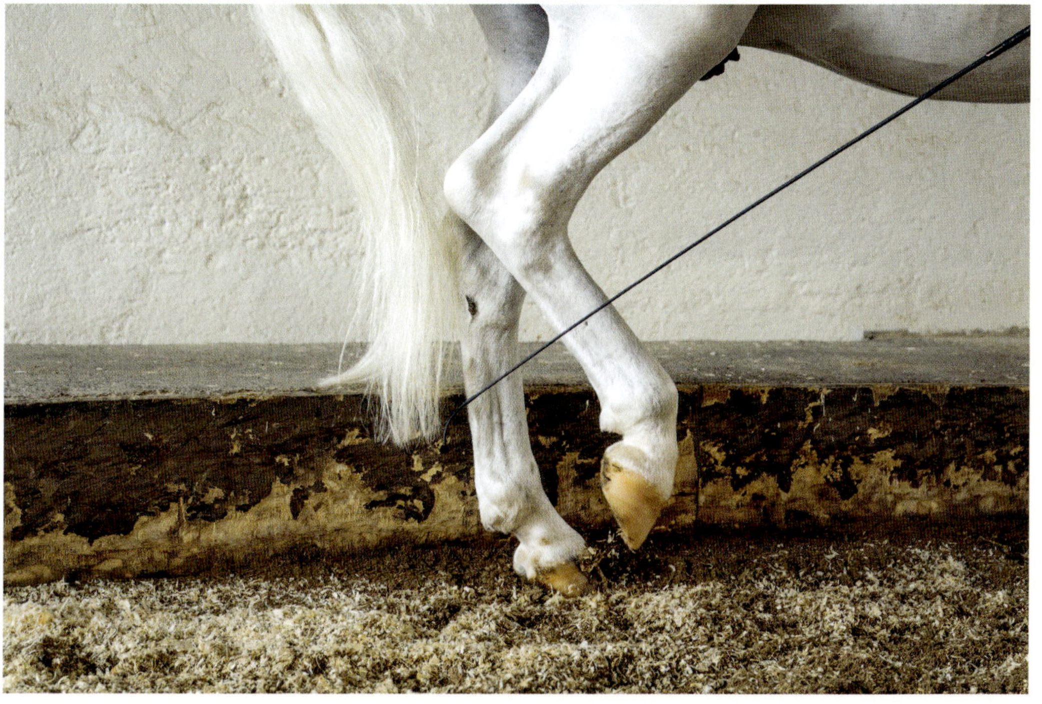

Durch Touchieren der Röhre wird das Hinterbein herangeschlossen.

nur touchiert werden, wenn das Pferd unbeweglich steht, die Vorderbeine lotrecht und parallel stehen und das andere Hinterbein nicht bereits zu weit unter dem Körper ist. Steht das Hinterbein vor der Hüfte, so lernt das Pferd sich nur zusammenzuschieben und doch wieder Gewicht auf die Vorderbeine zu bringen. Setzt das Pferd das Bein auf die Touchierhilfe hin nach vorne, so wird es ausgiebig gelobt. Sitzt der Reiter oben, so kann er auf der Seite, wo das Hinterbein zurücksteht, gleichzeitig mit dem etwas nach hinten gelegtem, gleichseitigem Schenkel helfen. Dadurch wird es allmählich die Schenkelhilfe mit der Aktion des Hinterbeins verknüpfen.
So kann der Reiter dann auch (falls überhaupt nötig) allein vom Sattel aus zuerst die Vorderbeine und dann die Hinterbeine durch seine entsprechende Schenkelhilfe korrigieren. Die Art und Weise, wie ein Pferd anhält und steht, lässt gute Rückschlüsse darauf zu, wie sein Ausbildungsstand ist, vor allem, wie es um sein Gleichgewicht und seine Geraderichtung bestellt ist. Steht es mit den Vorderbeinen rückstellig, so überlastet es die Vorhand; genauso wenn die Hinterbeine zu weit unter dem Körper stehen und die Vorder- und Hinterbeine einem V ähneln. Stehen die Hinterbeine hingegen weit hinten heraus, so ist das Pferd nicht geschlossen, die Hanken werden nicht gebeugt. Ist immer dasselbe Vorderbein weiter hinten, so wird das Vorderbein überlastet sein und das Pferd auf dieser Schulter liegen. Steht immer ein Hinterbein weit hinten heraus, so wird dieses Hinterbein weniger aktiv sein.
Die Ursache für einen asymmetrischen Stand des Pferdes kann aber auch am Reiter liegen, entweder

Videoclip Geschlossenes Stehen

Korrektur einzelner Beine an der Hand.

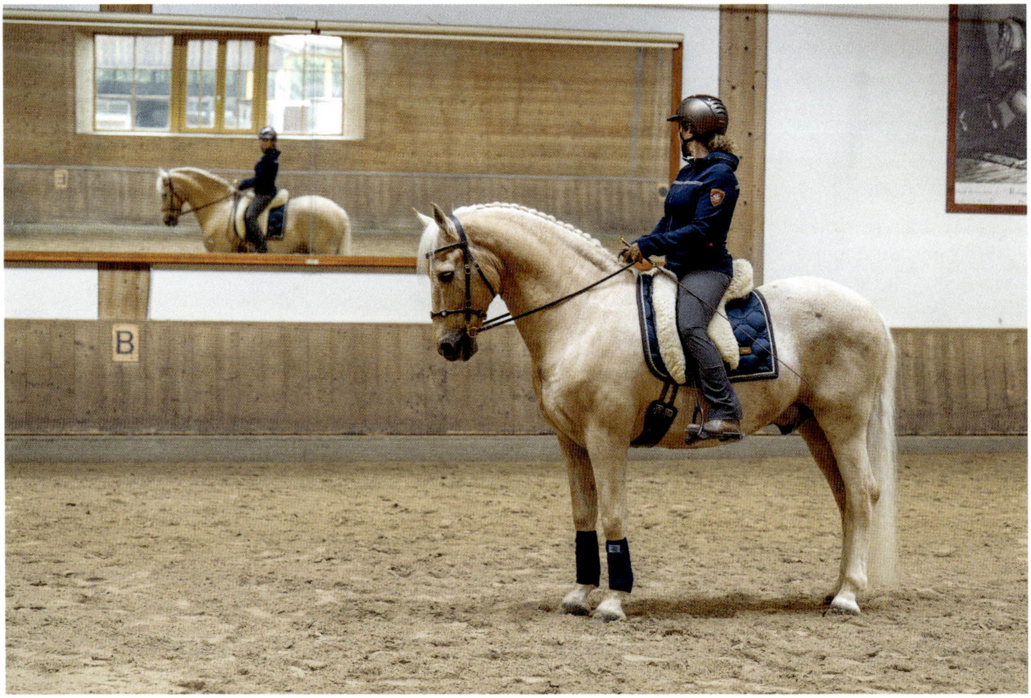

Die Position der Beine im Halten kann im Spiegel kontrolliert werden – Miriam Pawlitzek auf Talisman.

begründet in einem schiefen Sitz oder einer asymmetrischen Hilfengebung.
Um die Position des Pferdes im Stand falls nötig korrigieren zu können, ist es für den Reiter zunächst einmal wichtig zu fühlen, welches Pferdebein im Stand wo positioniert ist. Steht das Pferd geschlossen, daher mit Vorder- und Hinterbeinen jeweils parallel und senkrecht unter der Last, so ist das Sitzgefühl gerade und der Stand des Pferdes fühlt sich stabil an. Ist ein Bein jedoch zu weit vorne oder hinten, so fühlt der Reiter, dass der Pferderücken und somit sein Becken nicht horizontal ausgerichtet sind. Die parallele Position der Vorderbeine kann der Reiter, falls er es nicht erfühlt, leicht durch einen Blick auf die Pferdeschultern kontrollieren. Steht eine Pferdeschulter weiter zurück, so ist das Vorderbein auch weiter hinten und der Reiter muss dieses Bein vortreiben. Die Hinterbeine muss der Reiter im Spiegel kontrollieren oder erfühlen. Er darf sich nicht umdrehen und nach den Hinterbeinen des Pferdes schauen, denn meist bewegt sich das Pferd bei dieser starken Gewichtsverlagerung. Um zu erfühlen, welches Hinterbein weiter zurücksteht, bei einer nicht parallelen Position, finde ich es am hilfreichsten zu erfühlen, welches Hinterbein vor dem Halten den letzten Schritt gemacht hat. Dann wird das andere Hinterbein weiter zurückstehen. Dieses kann der Reiter dann gezielt vortreiben.

Takt

5.14 Woran erkenne ich, ob das Tempo für mein Pferd gut gewählt ist?

Das Tempo ist für das Pferd dann gut gewählt, wenn es dabei in Balance bleibt oder durch das Tempo in

Balance kommt. Für jedes Pferd muss individuell das aktuell richtige Tempo herausgefühlt werden. In einem Tempo, das gut gewählt ist für das Pferd, wird der Reiter leichter zum harmonischen Sitzen kommen. Hier muss der Reiter sein Gefühl schulen, um herauszufühlen welches das momentan angebrachte Tempo für sein Pferd ist. Läuft das Pferd über Tempo, werden seine Bewegungen hart und der Reiter fühlt eine Bergab-Tendenz. Geht das Pferd untertourig, so spürt der Reiter keinen Impuls der Hinterbeine mehr, die Bewegungen scheinen holprig und ungleichmäßig.
Der häufigste Fehler besteht darin, dass Pferde über ihr individuell mögliches Tempo hinaus geritten werden, in der Hoffnung, sie im Hinterbein aktiv zu halten und so ihren Gang zu verbessern. Gangstarke Pferde werden dies zu einem gewissen Teil kompensieren, ohne aber davon zu profitieren. Pferde mit von Natur aus kürzerem Gang tolerieren dies gar nicht. Ständiges Reiten in überhöhtem Tempo bringt die Pferde aus der Balance, auf die Vorhand und auf die Hand, bricht den Takt und macht sie fest. Bewegt das Pferd sich in einem für es passendem Tempo, so wird es vorne nicht schwer auf der Hand liegen und das Pferd erhält seinen Impuls bei. In einem guten Tempo hat das Pferd auch die Chance, die Hanken zu beugen. Bewegt es sich zu schnell fort, bleiben die Beine lang und steif. Wichtig ist, dass das Pferd nicht immer im gleichen Tempo, schnell oder langsam, geht, sondern dass es möglich ist, das Gangmaß zu variieren und das Pferd dabei seine Aktivität und Flexibilität beibehält.
In der Regel muss mehr und häufiger an den versammelten Tempi gearbeitet werden. Zum einen fallen diese dem Pferd meist schwerer, da fast alle Pferde lieber schieben als tragen. Aber es ist auch die angestrebte Versammlung, von der das Pferd mehr profitiert. Dabei bleibt es leichter im Gleichgewicht, und gleichzeitig wird die Muskulatur gefördert, die es benötigt, um den Reiter zu tragen.

Nur in einem für es angemessenen Tempo kann das Pferd sich optimal entfalten.

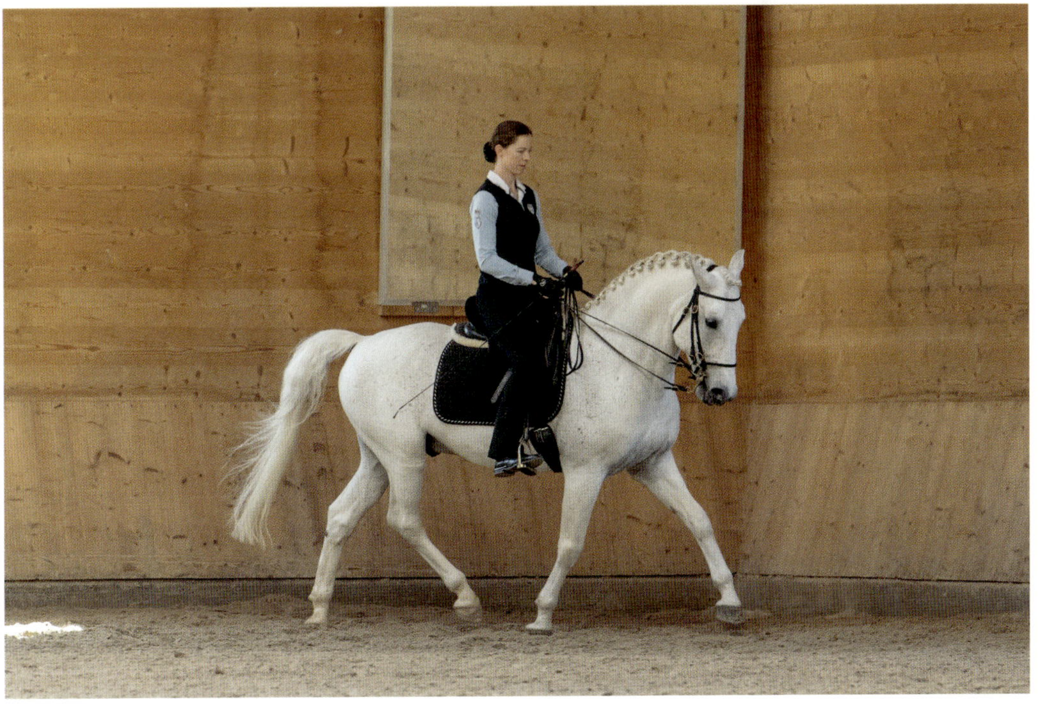

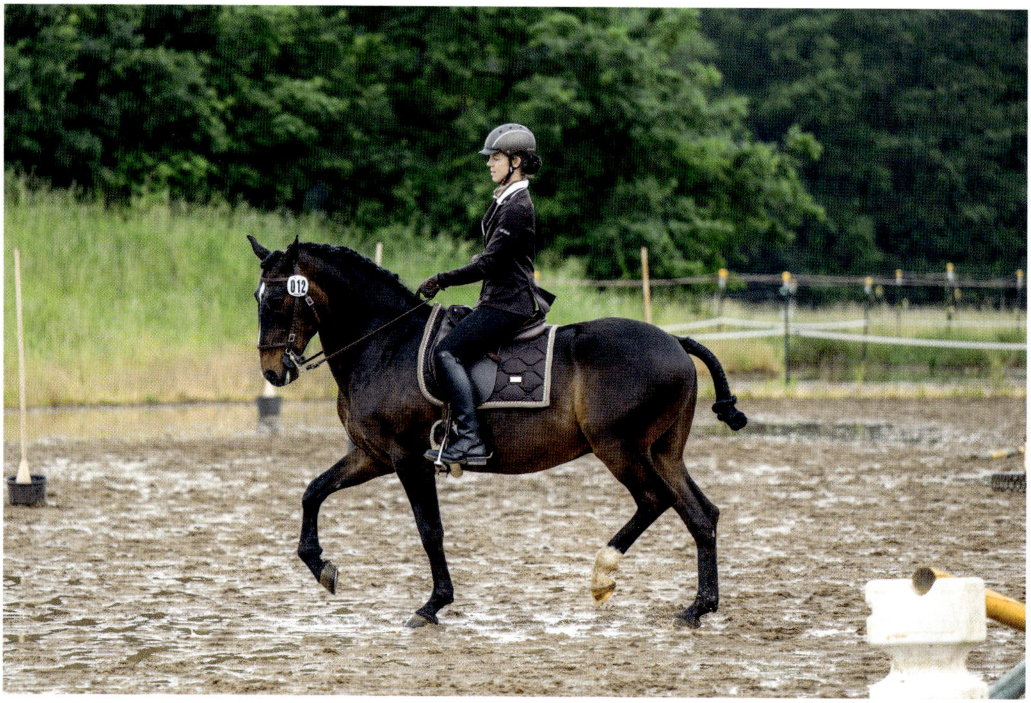

Der Impuls der Hinterbeine darf in der Versammlung nicht verloren gehen – Lusitano Fantasma.

Außerdem neigen die Pferde in abgekürztem Tempo weniger dazu, auf die Vorhand zu laufen. Gerade das Erarbeiten der Seitengänge, anfangs vor allem im abgekürzten Schritt, gelingt so leichter, da bei Bedarf mehr Zeit bleibt, etwas zu ändern und zu verbessern.
Im versammelten Tempo darf aber nicht einfach nur langsam geritten werden, sondern der Reiter muss fühlen, dass die Bewegung fließend bleibt und das Pferd mit der Zeit hinten immer aktiver wird. Der Impuls der Hinterbeine darf nie verloren gehen.
Um eine gute Verstärkung in Balance auszuführen, benötigt das Pferd vorher einen gewissen Versammlungsgrad und vor allem viel Kraft in Rücken und Hinterhand. Somit ist es wichtig, zuerst das Pferd zu versammeln und daraus dann allmählich eine Verstärkung zu entwickeln.

5.15 Was mache ich, wenn mein Pferd ständig schneller wird?

Behält das Pferd das vom Reiter vorgegebene Tempo nicht bei und wird schneller, so bedeutet dies auch hier, dass es nicht im Gleichgewicht ist.
Damit das Pferd lernt, im gleichmäßigen Tempo zu bleiben, sind zwei Aspekte wichtig: Das Pferd muss ins Gleichgewicht gebracht werden, sodass es ihm leichtfällt, das Tempo von selbst einzuhalten. Und es muss am Reitersitz abgestimmt werden, so dass dieser das Tempo und das Gleichgewicht des Pferdes über den Sitz beeinflussen kann, falls nötig. Die beiden Aspekte sind nicht isoliert voneinander zu bearbeiten, sie bedingen sich gegenseitig. Je besser das Pferd im Gleichgewicht ist, desto besser kann es auf den Reitersitz reagieren.
Häufige Wiederholungen von Übergängen zwischen den Gangarten helfen, die Balance des Pferdes zu

verbessern. Dabei muss besonders darauf geachtet werden, dass das Durchparieren über den Sitz erfolgt.
Auch das Arbeiten in den Seitengängen hilft enorm: zum einen kann das Pferd nicht so leicht schnell werden, wenn es die Hinterbeine engagiert und seitlich übertritt, zum anderen erlangt das Pferd durch den Seitengang ein besseres Gleichgewicht und hat deswegen eine geringere Tendenz, zu schnell zu werden.
Wichtig ist es auch, die Haltung des Pferdes zu überprüfen. Es darf auf keinen Fall zu tief und eng sein, sondern das Genick muss der höchste Punkt sein. Es ist in diesem Moment der Ausbildung auch nicht schlimm, wenn das Pferd etwas offen im Genick ist, mit der Nase weit vor der Senkrechten und der Zügel durchhängt. Lieber so, als dass das Pferd bei dem Versuch, eine stete Anlehnung zu erhalten, die Chance bekommt, sich am Zügel abzustützen.
Das häufigste Problem bei Pferden, die dazu neigen, schneller zu werden, ist, dass der Reiter versucht, sie durch einen dauerhaften Zügelzug festzuhalten. So bleibt das Pferd zwar meistens in dem gewünschten Tempo, aber es lernt dadurch nicht, zügelunabhängig in dem Tempo zu bleiben und sich auszubalancieren. Besser ist es, auch auf die Gefahr hin, dass das Pferd kurzfristig zu schnell werden könnte, trotzdem am Zügel nachzugeben. Das gibt dem Pferd die Gelegenheit, es richtig zu machen und im gleichen Tempo zu bleiben. Gelingt dies nicht, nimmt der Reiter erneut auf, wenn es gelingt, am besten über den Sitz. In der Folge gibt er wieder nach und schaut erneut, wie das Pferd reagiert. Dies wird so lange wiederholt, bis das Pferd von selbst im Tempo bleibt.
Auch das Reiten von kleinen Linien (wie Volten oder den Zirkel verkleinern) bei gleichzeitigem Aufnehmen und Nachgeben ist hilfreich, da das Wenden auch bremsend auf das Pferd wirkt. Hierbei ist darauf zu achten, dass das Pferd nicht am inneren Zügel

Ist das Pferd in Balance, so fällt es ihm leichter den Takt zu halten – Vollblutaraber WM Malakil.

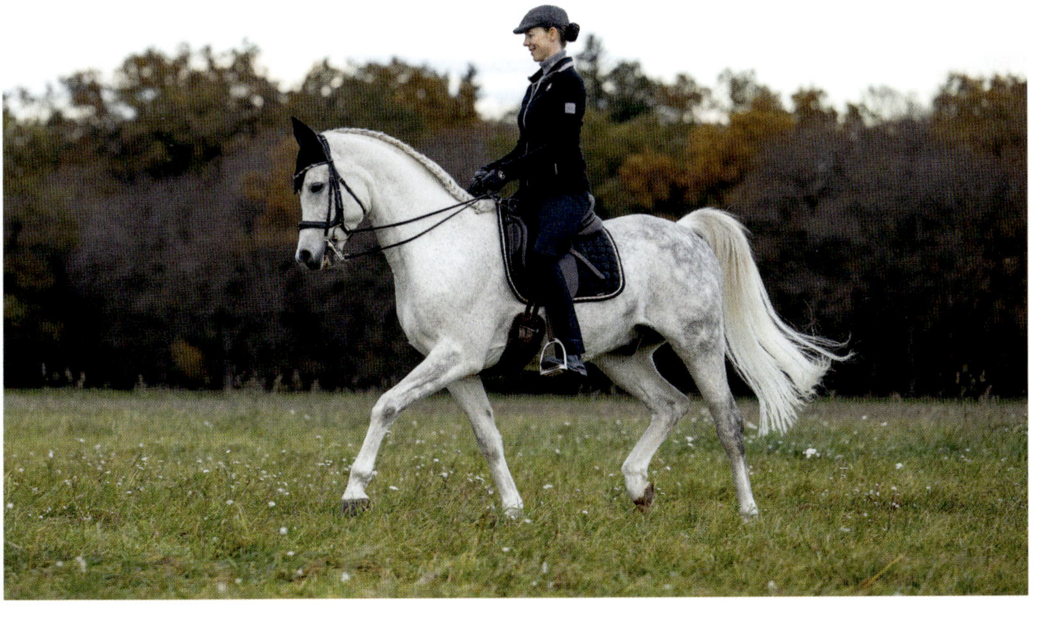

in die Wendung gezogen wird und seine Hinterbeine nach außen schleudern, sondern dass es gut eingerahmt zwischen den beiden Reiterschenkeln durch impulsartiges Wenden der Schultern auf die Linie gebracht wird.
Generell ist es wichtig, dass der Reiter seinen Sitz dahingehend überprüft, ob er auch wirklich aufgerichtet und mit den Schulterblättern hinten sitzt. Jedes Abweichen aus dem Lot und Verlust der Körperspannung beeinflusst das Pferd negativ, woraufhin es schneller wird, wenn es sowieso die Tendenz dazu hat. Verliert das Pferd den Takt, sollte der Reiter sich den Bewegungen des Pferdes nicht zu sehr anpassen und alles mitmachen, was das Pferd vorgibt, sondern durch seine Körperspannung und zeitweiliges nicht Mitgehen mit dem Becken die Bewegung des Pferdes beeinflussen und abbremsen. Beim Leichttraben muss ebenfalls darauf geachtet werden, dass der Oberkörper nicht zu weit nach vorne geneigt wird, sondern in diesem Fall etwas lotrechter aufzustehen. Beim Leittraben hilft es auch, bewusst etwas langsamer auf und ab zu gehen, auch das wirkt aufnehmend auf das Pferd.

Natürliche Schiefe

5.16 Was ist die natürliche Schiefe?

Die natürliche Schiefe des Pferdes ist eine angeborene unsymmetrische Körperhaltung und -verwendung. Sie ist vergleichbar mit der Händigkeit bei uns Menschen. Die genaue Ursache, warum ein Mensch Rechts- oder Linkshänder wird, ist noch nicht abschließend geklärt. Es spielen wohl Genetik, Hormone, Geburtsjahr, -ort, -komplikationen und vieles mehr eine Rolle. Beim Pferd wird häufig die Lage des Fohlens im Mutterleib als Grund für die natürliche Schiefe angesehen. Händigkeit scheint aber

Ist das Pferd geradegerichtet, ist der Schub der Hinterbeine gleichmäßig – Lusitanohengst Novilunio in der Passage.

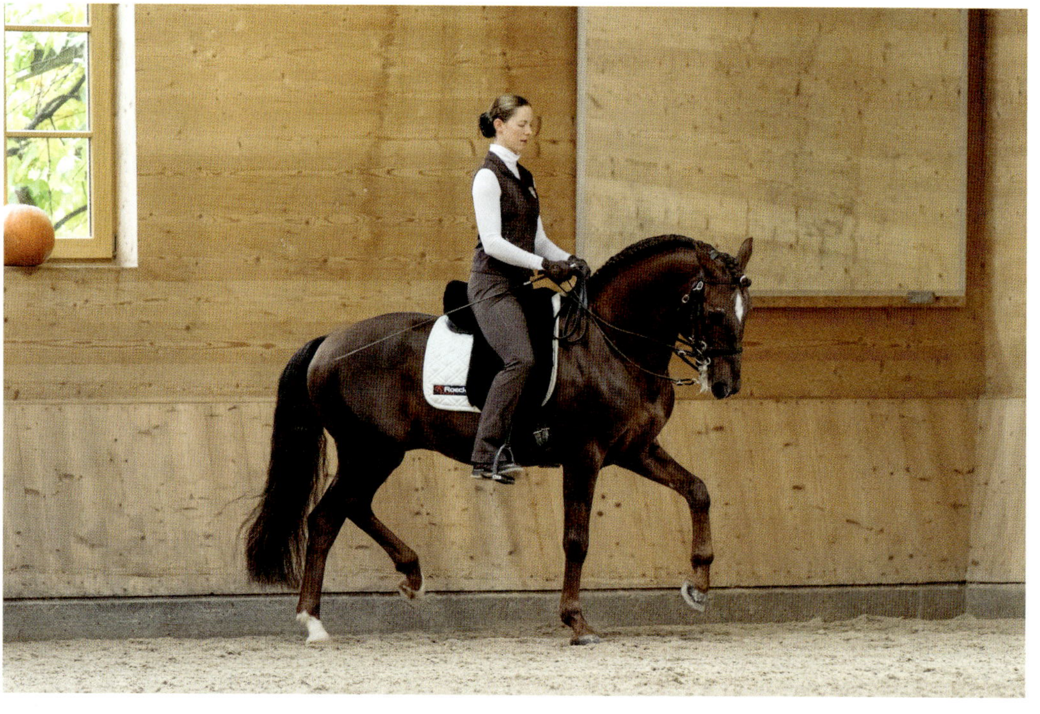

auf jeden Fall einen evolutionären Vorteil zu haben, da es die Effizienz erhöht. Es wird weniger Gehirnleistung dafür verbraucht zu überlegen, mit welcher Hand man zugreift. Genauso wird ein Pferd sich in Schrecksituationen eher zu der Seite hinwenden, auf welcher mehr Gewicht auf dem Vorderbein lastet.
Ist ein Pferd links hohl, so beschreibt, vereinfacht und schematisch gesagt, seine Wirbelsäule von oben betrachtet einen Linksbogen. Es macht sich krumm wie eine Banane. Die rechte Seite wird dann als steife Seite bezeichnet, da die Biegung nach rechts schwieriger ist. Die Muskeln auf der linken Körperseite sind kürzer, was den Bogen nach links verursacht. Der Hals biegt sich leichter nach links, deswegen wird die rechte Schulter überlastet, die Vorhand befindet sich im Verhältnis zur Hinterhand rechts und die Hinterhand im Verhältnis zur Vorhand links. Die Hinterhand folgt der Vorhand nicht in derselben Spur und auch der Schub der Hinterbeine ist unterschiedlich ausgeprägt.
Es gibt allerdings auch immer mal wieder Pferde, sei es durch reiterlichen Einfluss, Stürze oder andere Traumen bedingt, die sich nicht eindeutig einem Links- oder Rechtsbogen zuordnen lassen. Hier ist für die Graderichtung und die Wahl der geeigneten Übungen für dieses Pferd von Bedeutung, welche Schulter es mehr belastet.

5.17 Wie erkenne ich die Schiefe meines Pferdes?

Um die natürliche Schiefe zu erkennen und die steife und hohle Seite identifizieren zu können, betrachtet man das Pferd unter möglichst wenig Beeinflussung und Manipulation. Wird das Pferd nicht beeinflusst, so lässt sich eine ausgeprägte Schiefe häufig bereits im Stand erkennen. Bei einem links hohlen Pferd wird sich der Hals, von vorne betrachtet, links von seiner Mitte befinden und das Gewicht des Pferdes lastet vermehrt auf dem rechten Vorderbein.
In der Bewegung lässt sich die Schiefe an der Longe leicht erkennen. Zur Analyse darf aber kein Einfluss auf die Kopf- und Halshaltung des Pferdes genommen werden. Das links hohle Pferd wird auf der linken Hand die Tendenz haben, sich zu stark zu biegen und über die rechte Schulter nach außen zu drängen. Es wird auch eher etwas triebiger sein. Ebenso wird es im Galopp die Tendenz haben, im Außengalopp oder Kreuzgalopp anzuspringen. Auf der rechten Hand wird es eher nach innen fallen, da es vermehrt versucht, sich nach außen, also nach links zu biegen. Meist sind Pferde auf der steifen Hand auch fleißiger. Das Angaloppieren im Handgalopp wird auf der rechten Hand leichter fallen.

Das linkshohle Pferd neigt auf der linken Hand dazu den Hals zu stark zu biegen und über die rechte Schulter aus dem Zirkel zu drängen.

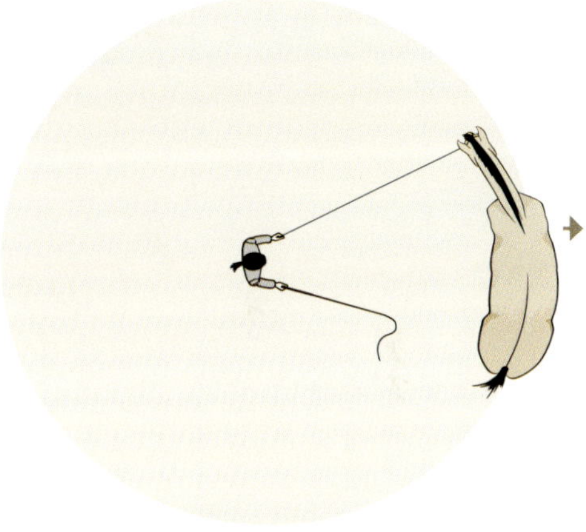

Auf der rechten Hand neigt das Pferd zu einer Außenstellung und drängt auf die rechte Schulter in den Zirkel hinein.

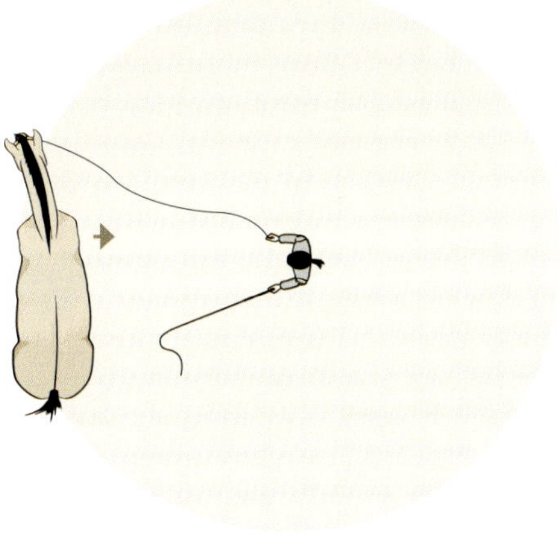

Unter dem Reiter wird zusätzlich noch auffallen, dass der linke Zügel auf beiden Händen weniger im Kontakt ist als der rechte. Oft wird auch das Reitergewicht vermehrt auf die rechte Seite verschoben.

Bei einem linkshohlen Pferd fühlt der Reiter auf der linken Hand, dass die rechte Schulter zur Bande drängt. Es verbiegt sich im Hals nach links, der linke Zügel hat zu wenig, der rechte zu viel Kontakt.

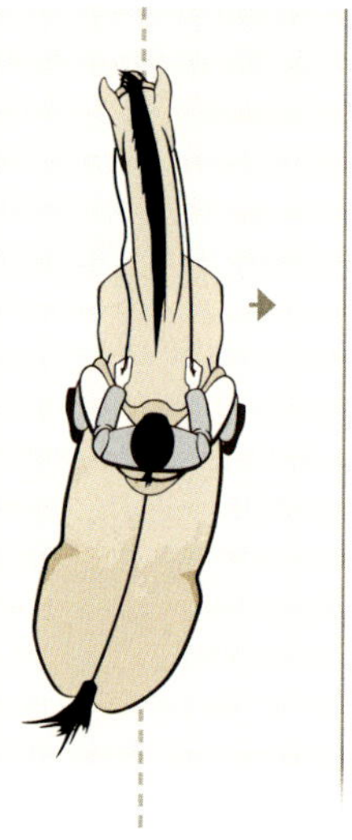

Auf der rechten Hand fällt das Pferd auf die rechte Schulter. Der linke, äußere Zügel findet keinen Kontakt, der rechte Zügel fühlt sich fest an.

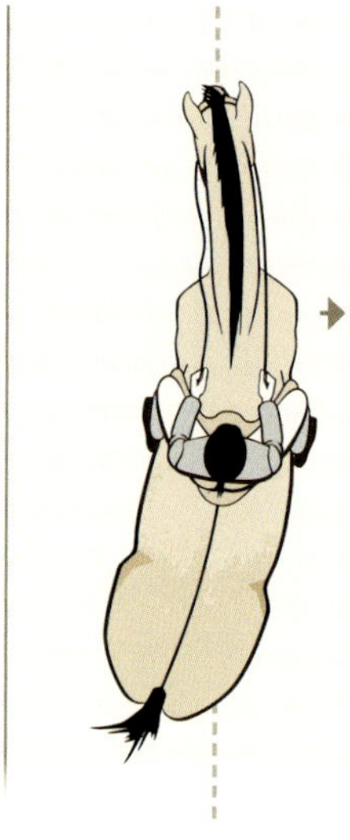

5.18 Wie richte ich mein Pferd gerade?

Das Geraderichten hat im Laufe der Ausbildung des Pferdes zwei grundsätzliche Aspekte. Zum einen wird der Körper des Pferdes durch die Ausbildung symmetrischer, zum anderen wird der Reiter befähigt, das Pferd durch die reiterlichen Hilfen geradezurichten. Aber ohne entsprechende Einwirkung wird auch ein gut ausgebildetes Pferd dazu neigen, sich wieder schief zu stellen. Die Geraderichtung bleibt immer Teil des Ausbildungsprozesses, sie ist nie vollends abgeschlossen und muss immer wieder berücksichtigt werden.

Bedingt durch die natürliche Schiefe hat jedes Pferd Asymmetrien. Die verkürzten Muskeln zu dehnen und die Muskulatur auf beiden Seiten gleichmäßig zu kräftigen ist die Grundvoraussetzung, dass es sich überhaupt durch den Reiter geraderichten lassen kann. Ebenso muss das Pferd die reiterlichen Hilfen verstanden haben und annehmen. Um das Pferd geradezurichten, wird immer die Vorhand vor die Hinterhand gerichtet.

In der Praxis werden diese zwei Aspekte parallel voranschreiten. Durch das Reiten von gebogenen Linien, Biegung, Stellung und Seitengängen wird das Pferd symmetrischer. Aber es ist wichtig, dass das Pferd entsprechend seiner Schiefe geritten wird. Wird es auf beiden Händen genau gleich geritten, so wird es zwar beweglich, aber nicht gerader. Für die Geraderichtung ist es in unserem Beispiel des links hohlen Pferdes wichtig, die Last vom rechten Vorderbein zu nehmen. Dies geschieht durch das vermehrte Reiten von Seitengängen und Seitwärtsbewegungen von rechts nach links, sprich Schulterherein rechts und Schenkelweichen vom rechten Schenkel weg. Es ist sinnvoll, das Pferd häufiger nach rechts zu stellen und zu biegen als nach links, und auch vermehrt Seitengänge mit Rechtsbiegung zu reiten. Durch diese Rechtsbiegung dehnt es seine linke, verkürzte Körperseite und wird beweglicher. Durch eine reelle Rechtsbiegung erreicht der Reiter auch, dass der rechte Zügel leichter wird und das

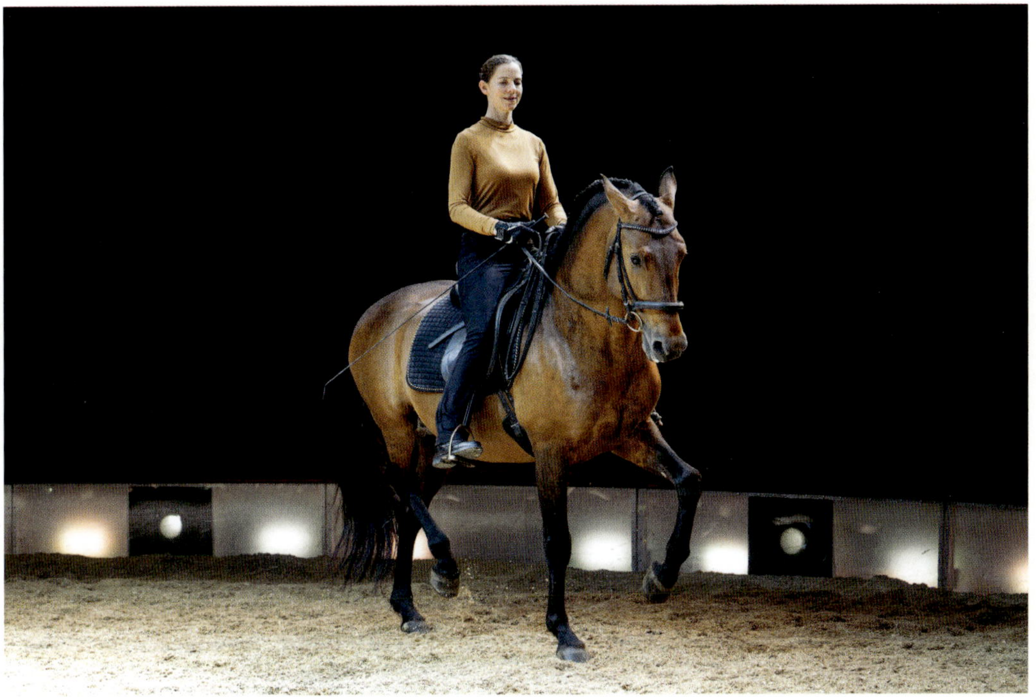

Geraderichtung ist für die Harmonie zwischen den beiden diagonalen Beinpaaren essenziell.

Pferd Kontakt am linken, äußeren Zügel nimmt, welchen es nicht so gerne annimmt.
Besonders durch das Reiten der Seitengänge lernt das Pferd die Hilfen des Reiters verstehen und kann sie auch umsetzen. Dies kann der Reiter dann anwenden, um das Pferd auszurichten und es wirklich gerade auf eine Linie zu bringen. Um das Pferd geradezurichten, führt der Reiter die Vorhand vor die Hinterhand. Dass der Reiter die Vorhand positionieren und die Hinterhand begrenzen kann, so dass diese der Vorhand folgt, ist eine Folge der Ausbildung. Ist das Pferd geradegerichtet, ist kein Vorderbein mehr überlastet und der Kontakt an beiden Zügeln wird gleich.
Ein Pferd wird nicht geradegerichtet durch das ausschließliche, stupide Reiten gerader Linien ohne vorherige Gymnastizierung. So wird das Pferd immer steif im Ungleichgewicht bleiben und sich immerzu leicht schief stellen. Sondern es wird durch die Ausbildung dazu in die Lage versetzt, dass die Vorhand in jedem Fall vor die Hinterhand zu richten ist. Gustav Steinbrecht schreibt dazu: »Ferner verstehe ich unter der geraden Richtung des Pferdes nicht seine völlig ungebogene auf die abzuschreitenden Linien, sondern daß es unter allen Umständen, ... mit seinen Vorderfüßen den Hinterfüßen vorschreitet, die ihrerseits wiederum jenen unbedingt folgen.« Das Reiten gerader Linien ist jedoch ein wertvolles Werkzeug zur Überprüfung der Geraderichtung. Ein entsprechend gymnastiziertes Pferd wird durch das wiederholte Einbauen von geraden Linien, vor allem abseits des Hufschlags, profitieren. Dabei fällt schnell auf, wie und ob sich das Pferd schief stellt. Stellt sich das Pferd schief, führt der Reiter auf der geraden Linie die Vorhand vor die Hinterhand, um es geradezurichten. Entweder schultervorartig oder in leichter Konterstellung. Diese auf der geraden

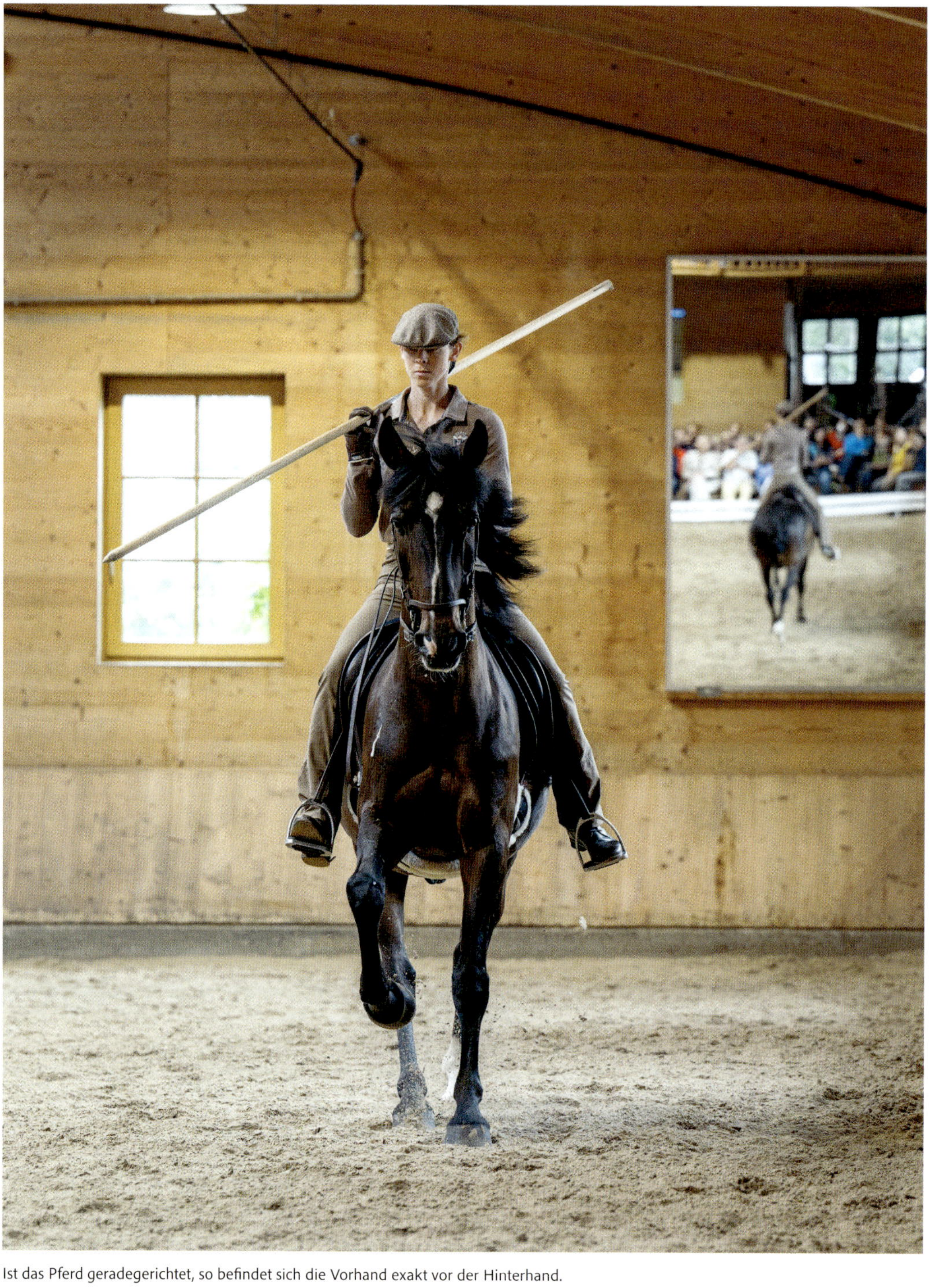

Ist das Pferd geradegerichtet, so befindet sich die Vorhand exakt vor der Hinterhand.

Linie gewonnen Erkenntnisse werden dann auch in der weiteren Arbeit berücksichtigt und das Pferd individuell weitergearbeitet.

5.19 Warum ist es so wichtig, die Vorhand richtig zu positionieren, und warum ist dies so schwierig?

Zum Geraderichten gilt immer der Grundsatz, die Vorhand vor die Hinterhand zu führen. Warum ist dies so? Die Hinterhand muss genau der Vorhand folgen, um eine effektive und symmetrische Schubkraft erzeugen zu können. Weicht die Hinterhand seitlich aus, so agieren die beiden Hinterbeine unterschiedlich und das Pferd wird schief. Oftmals wird es auch den Takt und die gleichmäßige Anlehnung an beide Zügel verlieren.
Die Hinterhand lässt sich bei mobilisierten Pferden leicht seitlich verschieben. Wird aber fälschlicherweise versucht, das Pferd geradezurichten, indem die Hinterhand verschoben wird, so wird es dazu neigen, mit den Hinterbeinen immer wieder seitlich zu beiden Seiten aus der Spur der Vorderbeine herauszutreten. Daraus ergibt sich das Gefühl, die Hinterhand »schwänzelt« und wackelt, aber es fühlt sich nie so an, als wäre das Pferd mit Vor- und Hinterhand auf einer Spur. Der Impuls, der von den Hinterbeinen erzeugt wird, geht nicht symmetrisch durch das gesamte Pferd, der Rücken wird untätig bleiben.
Die Vorhand seitlich zu bewegen und sie vor die Hinterhand zu platzieren ist aber oft eine große Herausforderung. Wie bereits erwähnt, trägt jedes Pferd bereits ohne Reiter, anatomisch bedingt mehr Gewicht auf den Vorder- als auf den Hinterbeinen. Trägt es noch zusätzlich das Reitergewicht, erhöht sich erst einmal die Belastung der Vorderbeine.

Zum Einleiten des Schulterhereins muss das Pferd seine Schultern von der ursprünglichen Linie aus nach innen versetzen – P.R.E.-Hengst Odesso.

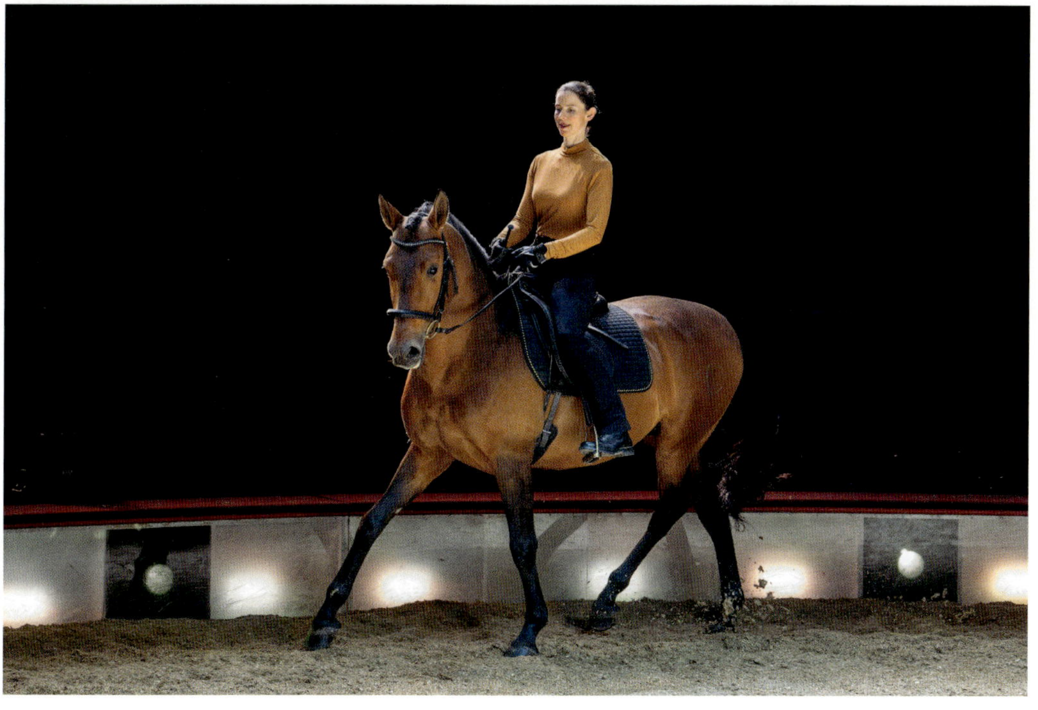

Erst durch die Versammlung, in der das Pferd durch die Hankenbeugung vermehrt auf den Hinterbeinen Last aufnimmt, wird eine gleichmäßige Gewichtsverteilung erreicht. Ist die Versammlung noch nicht so weit fortgeschritten, ist es schon allein wegen der vermehrten Belastung der Vorderbeine schwieriger, die Vorhand zu bewegen und vor der Hinterhand zu platzieren.
Ein weiterer Grund, warum es Reitern häufig schwerfällt, die Vorhand vor die Hinterhand zu führen, liegt darin, dass ihre Pferde beim Versuch, die Vorhand zu bewegen, stattdessen den Hals biegen. Bei dem Beispiel des links hohlen Pferdes ist die Vorhand in der Relation zur Hinterhand weiter rechts. Um das Pferd geradezurichten, müssen die verkürzten Muskeln auf der linken Seite gedehnt werden. Somit hat das Pferd überhaupt erst die körperliche Voraussetzung, gerade zu werden. Trotzdem wird es weiterhin die Tendenz haben, sich schief zu stellen. Um es geradezurichten, führt der Reiter die Vorhand nach links vor die Hinterhand. Zieht der Reiter, in der Hoffnung, die Vorhand seitlich versetzen zu können, nur am linken Zügel, so wird sich das Problem verschlimmern! Das Pferd wird nur den Hals nach links biegen und erst recht mit der Vorhand nach rechts ausweichen. Um aber die Vorhand tatsächlich seitlich zu bewegen, muss unter Zuhilfenahme des rechten Zügels und der Schenkel eingewirkt werden. Die Einwirkung des rechten Schenkels vorne am Gurt hilft, die Vorhand nach links zu versetzen. Auf der linken Hand empfiehlt sich, entweder das Pferd schultervorartig mit sehr wenig Biegung oder auch durch eine Konterstellung die rechte Schulter unter Kontrolle zu bringen und es so geradezurichten.
Um auf der rechten Hand geradezurichten und die Vorhand nach links vor die Hinterhand zu platzieren, hilft es, mit der rechten, stellenden Hand etwas gegen den Hals zu wirken und dabei die linke Hand seitlich zu öffnen. Der rechte Schenkel wirkt am Gurt ein und der linke, äußere Schenkel hilft verwahrend zurückgelegt, dass die Hinterhand nicht weiter nach links ausweicht.

5.20 Wie entscheide ich, ob ich mein Pferd nach innen oder nach außen stelle?

Für Turnierprüfungen wird prinzipiell eine Innenstellung und -biegung verlangt. Dies ist auch insofern sinnvoll, als dass hier die Ausbildung überprüft werden soll. Läuft ein Pferd frei, so wendet und galoppiert es zumeist mit Außenstellung und fällt dabei auf die wendungsinnere Schulter. Oft befindet es sich auch in leichter Schräglage. Mit Reiter sollte es aber geschmeidig und in Balance wenden.
Ein vollendet ausgebildetes Pferd soll so geradegerichtet und im Gleichgewicht sein, dass es auf beiden Seiten symmetrisch ist und sich somit auch auf beiden Seiten gleichmäßig stellen und biegen lässt. Wird aber ein schiefes Pferd während seiner Ausbildung links und rechts vollkommen gleich gearbeitet, so wird es zwar in der Regel beweglicher, aber trotzdem bleibt es asymmetrisch. Um es wirklich geraderichten zu können, ist es notwendig, es während der Ausbildung vermehrt zur steifen Seite zu stellen und zu biegen, um die Muskulatur symmetrischer zu machen und es ins Gleichgewicht zu bringen.

Bei der Konterstellung geht das Pferd nicht seitlich, es hat nur eine leichte Stellung nach außen. Der Reitersitz bleibt in Reitrichtung ausgerichtet. Der linke Zügel wird zum äußeren Zügel und öffnet bei Bedarf seitlich. Der rechte Zügel stellt, gibt nach und wirkt dabei gegen den Hals. Der linke Schenkel liegt etwas zurückgenommen am Pferd, der rechte knapp hinter dem Gurt.

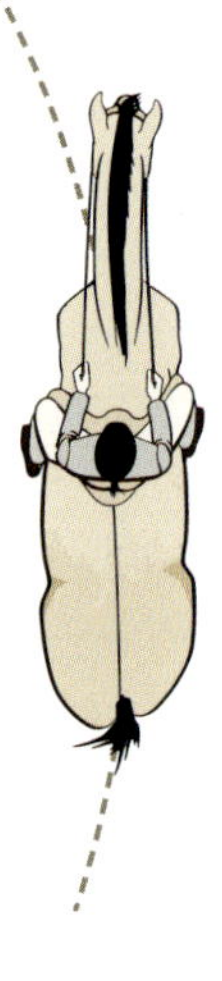

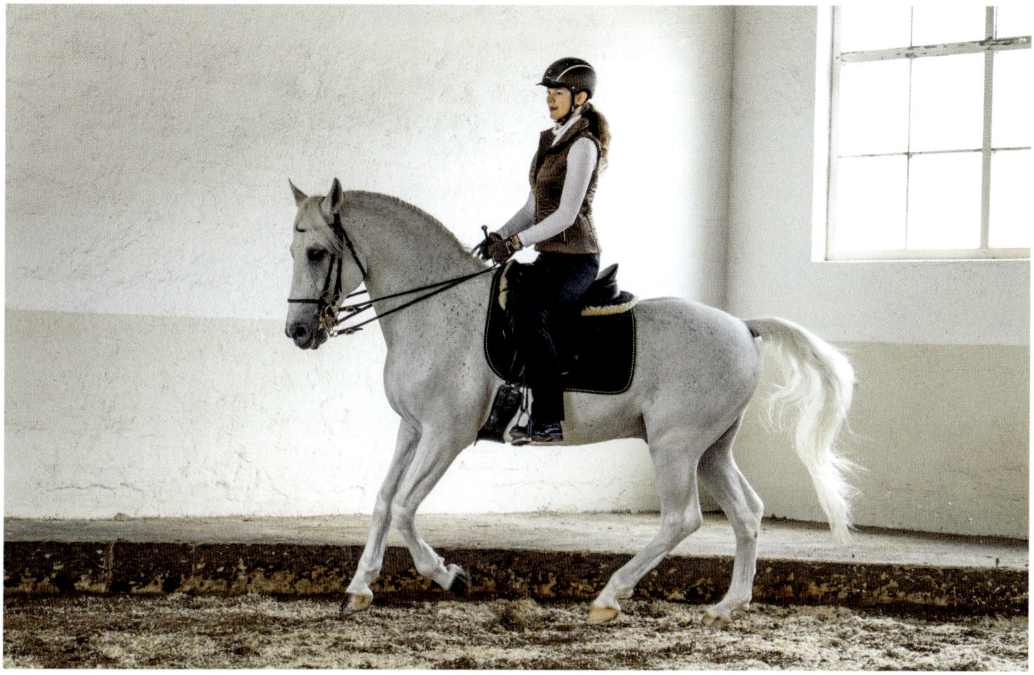

Galopp in Innenstellung ...

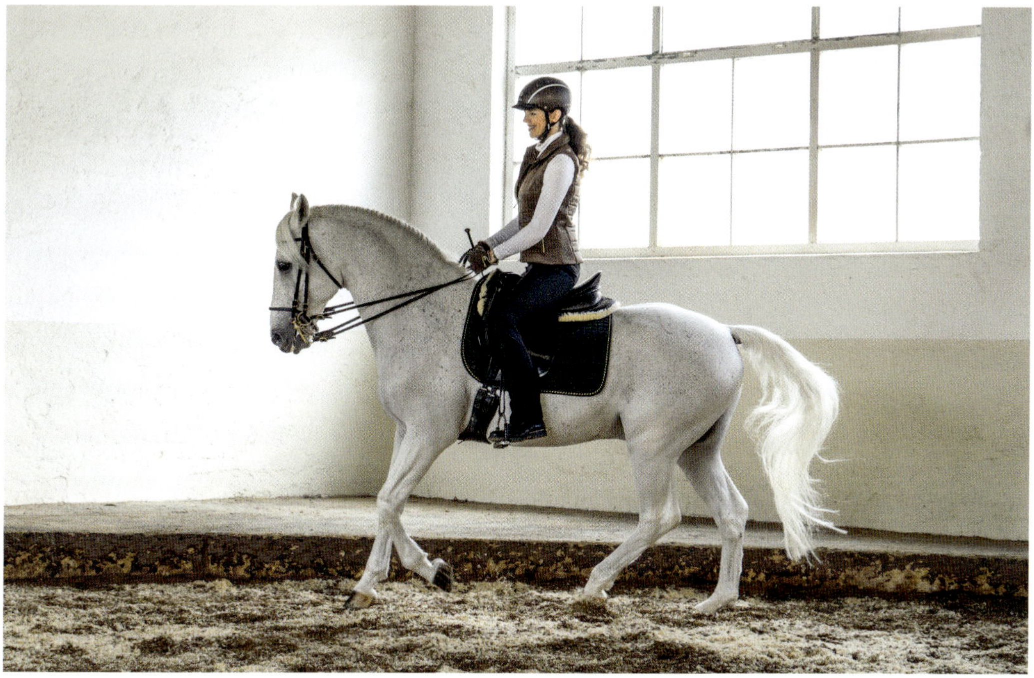

... und in Außenstellung

Für die Ausbildung und die Erarbeitung der Geraderichtung ist die zeitweilige Konterstellung von unschätzbarem Wert. Vor allem zur steifen Seite sollte das Pferde im Training öfter gestellt und gebogen werden als zur hohlen Seite, da durch die Stellung und Biegung die Muskulatur auf der Außenseite gedehnt wird. Das ist notwendig, da die Muskulatur auf der hohlen Seite zu kurz ist. Um es anschaulicher zu machen, ein Beispiel: Angenommen Ihr Pferd ist links hohl. Das heißt, seine rechte Seite wird als die steife Seite bezeichnet. Jedoch sind die Muskeln auf der linken Körperseite verkürzt, welche eben dafür sorgen, dass diese Seite zusammengezogen und hohl wird. Der Reiter fühlt, dass das Pferd tendenziell nach rechts drängt und der linke Zügel weniger Kontakt als der rechte hat. Um das Pferd in die Lage zu versetzen, sich überhaupt geraderichten zu können, müssen die Muskeln auf der linken Körperseite gedehnt werden und die Koordination des Körpers für die ungewohnte Rechtsbiegung verbessert werden. Dies geschieht durch Stellung nach rechts und Biegung rechts, sowohl auf gebogenen Linien, Schenkelweichen mit Stellung rechts und Seitengängen mit Biegung nach rechts (Schulterherein rechts, Konterschulterherein rechts, Schultervor rechts, Travers und Traversale rechts). Da ein Pferd, das links hohl ist, in der Regel auch mehr Gewicht auf dem rechten Vorderbein trägt, helfen die Stellung und Biegung auch, diese ungleiche Verteilung der Last auszugleichen. Hierdurch wird das Pferd ins Gleichgewicht versetzt. Durch die Seitengänge wird das Pferd ebenfalls an den Hilfen geschult. Somit kann der Reiter das Pferd schlussendlich geraderichten, in dem er die Vorhand des Pferdes vor seine Hinterhand führt.
Unser Beispielpferd profitiert also in besonderer Weise von der Stellung nach rechts, auch wenn es auf der linken Hand geht, sprich: es ist in Konterstellung. Diese Konterstellung nach rechts hilft dem Reiter dabei, die Vorhand nach links vor die Hinterhand zu führen und das linke Hinterbein des Pferdes zu engagieren.
Aber auch auf der rechten Hand sollte es gelegentlich in Konterstellung geritten werden, um die korrekte Stellung im Genick zu überprüfen und um das rechte Hinterbein zu engagieren. Generell ist es in Konterstellung leichter, die Position der Vorhand des Pferdes zu beeinflussen, was eben für die Geraderichtung essenziell ist.
Bei der Konterstellung ist es wichtig, dass das Pferd auch nicht in die Wendung hineinfällt. Das passiert manchmal, wenn der Reiter zu viel Zügel oder zu wenig äußeren Schenkel verwendet und es über die äußere Schulter wegläuft. Als Beispiel stellen Sie sich wieder ein Pferd auf der linken Hand vor, welches nach rechts gestellt in Konterstellung läuft. Dafür legt der Reiter den linken Schenkel etwas verwahrend zurück und muss mit diesem äußeren Schenkel dafür sorgen, dass das Pferd weder mit der Hinterhand nach links ausweicht noch, dass es sich in die Kurve legt. Der Reiter gibt durch Schließen der Finger der rechten Hand das Signal, dass das Pferd den Kopf drehen soll. Sobald es sich stellt, gibt die Hand nach. Der Zügelkontakt rechts wird leicht, der Zügel darf sogar leicht durchhängen. Der Zügelkontakt links (außen) bleibt erhalten beziehungsweise wird beständiger. Dies ist ein positiver Effekt, da das links hohle Pferd links tendenziell weniger Zügelkontakt hat und diesen Zügel weniger annimmt. Die Stellung darf wie oben beschrieben nur so leicht sein, dass das Pferd nicht verstellt und verbogen ist, sondern der Hals vor den Schultern verbleibt.
Nicht nur für das Pferd, sondern auch für die Ausbildung und die Gefühlsschulung des Reiters ist die Konterstellung förderlich. Bei einer noch nicht gut entwickelten Gefühlsschulung wird oft versucht, das Pferd ohne jegliche anderen Hilfen am linken Zügel nach links und am rechten Zügel nach rechts zu steuern. Bei sehr steifen Pferden funktioniert dies sogar manchmal. Bewegliche und gymnastizierte Pferde werden den Hals verbiegen, aber geradeaus weitergehen oder über die äußere Schulter ausbrechen und sogar in die entgegengesetzte Richtung wenden. Daher muss jeder Reiter lernen, sein Pferd auch mittels der anderen Hilfen wie Gewicht und Schenkel zu wenden. Ebenso muss er

lernen, das Pferd mit Hilfe des äußeren Zügels und der Schenkel einzurahmen. Faustregel ist immer: Das Pferd geht dahin, wo seine Vorderbeine und Schultern hingehen und nicht dahin, wo Hals und Kopf hinzeigen! Die Konterstellung ist sehr lehrreich für das Gefühl des Reiters, wie er die Vorderbeine seines Pferdes steuern kann. Außerdem lernt er, für die Wendungen nicht am Zügel, welcher zum Inneren der Wendung ausgerichtet ist, zurückzuziehen. Sowohl in der Innen- als auch in der Außenstellung ist es hilfreicher, wenn Gewichts- und Schenkelhilfen nicht ausreichen, mit diesem Zügel seitlich öffnend einzuwirken.
Auch im Galopp ist die Konterstellung in der Ausbildung des Pferdes sehr dienlich. Beim Außengalopp kommt es leider häufig vor, dass die Pferde durch übertriebene Biegung aus dem Gleichgewicht gebracht werden. Die Konterstellung kann dies verhindern und auch einen wesentlichen Beitrag zum Geraderichten leisten. Außerdem sollten die Pferde so geschult werden, dass sie sowohl mit Innen- als auch mit Außenstellung galoppieren können, also der Galopp unabhängig von der Stellung ist. Dies fördert die Geraderichtung und das Gleichgewicht und ist beim Erarbeiten der fliegenden Galoppwechsel von Vorteil.

5.21 Gibt es eine einfachere und eine schwierigere Seite?

Früher hieß es immer, dass Pferde eine Schokoladenseite, also eine leichtere und eine schwierigere Seite haben. Die Annahme, dass die Schokoladenseite die einfacher zu reitende Seite und die hohle Seite die schwierigere sei, hat schon so manchen Reiter bei der Analyse der natürlichen Schiefe seines Pferdes in die Irre geführt. Es ist leider nicht ganz so einfach und sollte differenzierter betrachtet werden. Bei sehr steifen Pferden wird der Reiter vermutlich die hohle Seite als Schokoladenseite empfinden, da er froh ist, das Pferd überhaupt biegen zu können, und dies wird auf der hohlen Seite leichter fallen. Aber ein lockeres, gymnastiziertes Pferd wird sich

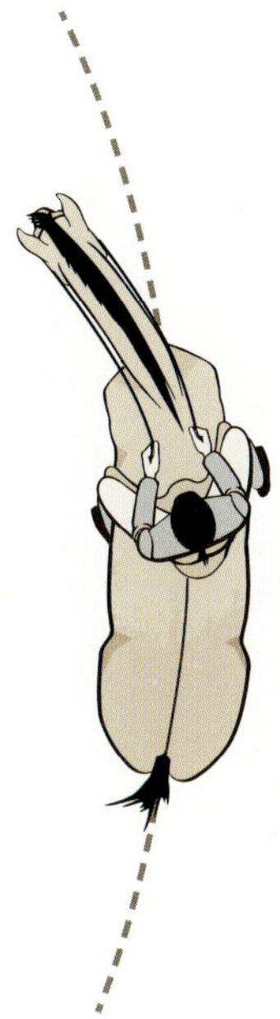

Auf der hohlen Seite oder durch zu starke Einwirkung des Reiters am inneren Zügel hervorgerufene inkorrekte Halsbiegung.

auf beiden Händen stellen und biegen lassen. Oft ist es sogar so, dass das Pferd sich im Laufe der Ausbildung auf der steifen Seite reeller stellen und biegen lässt und diese somit einfacher zu reiten ist. Auf der steifen Seite sind die Pferde in der Regel auch besser vor den Hilfen. Auf der hohlen Seite neigen Pferde jedoch in der Regel dazu, den Hals an der Basis, vor dem Widerrist seitlich abzuknicken und sich manchmal sogar im Genick gar nicht auf die hohle Seite stellen zu lassen. Dieses Problem in der Stellung führt dann die Reiter wieder in die Irre, weil sie denken, das Pferd lässt sich nicht in die Richtung stellen, also muss dort die steife Seite sein. Am zielführendsten ist es herauszufinden, auf welchem Vorderbein mehr Gewicht lastet. Bei dem Beispiel des links hohlen Pferdes ist es das rechte Vorderbein. Dementsprechend sollte hier wieder hauptsächlich die Arbeit in den Seitengängen so gewählt werden, dass das rechte Vorderbein entlastet wird (Schulterherein rechts, Schenkelweichen links, Travers rechts, Renvers links etc.). Aber ab und zu

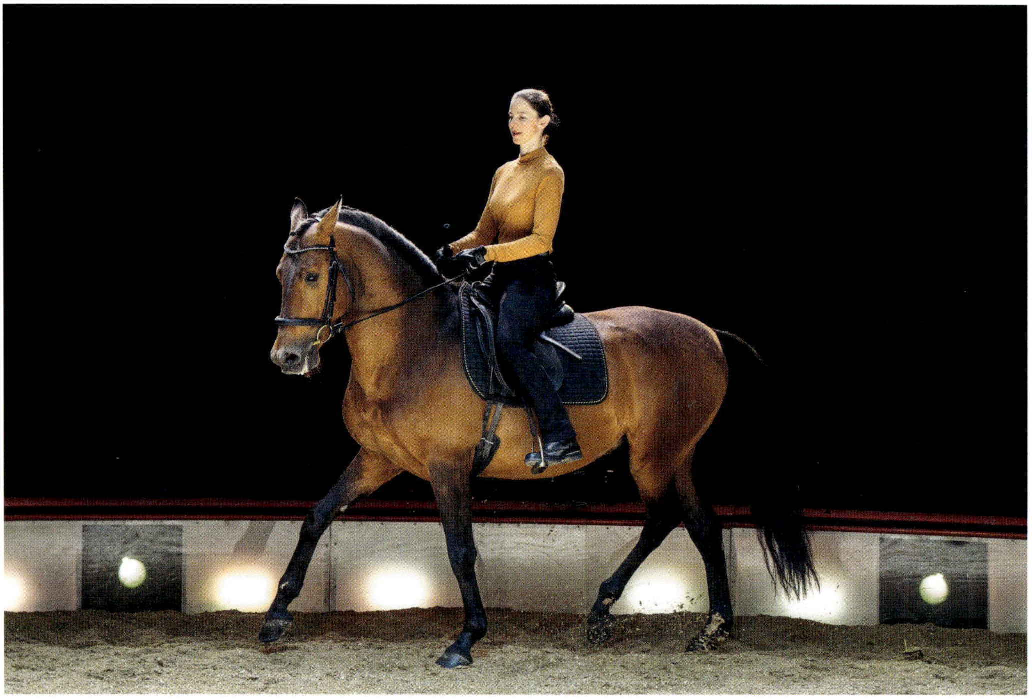

Korrektes Schulterherein ist auf der hohlen Seite meist schwieriger zu erlangen als auf der steifen Seite.

sollte trotzdem versucht werden, eine reelle Stellung links abzufragen, dabei allerdings (von oben betrachtet) auf den Halsansatz achten. Bricht das Pferd hier seitlich ab, wird zuerst wieder der Hals mit dem äußeren Zügel geradegerichtet und dann erst erneut versucht, in die Stellung zu kommen. Nicht nur die reelle Stellung ist oft auf der hohlen Seite schwieriger, Pferde haben auf der hohlen Seite auch eine vermehrte Tendenz, sich zu verhalten und nicht wirklich vorwärtszugehen.
Häufig irren sich Reiter auch bei der Schiefe, da sie merken, dass sie beispielsweise auf der rechten Hand leichter Schulterherein reiten können als auf der linken Hand. Daraus schließen sie, dass ihr Pferd rechts die Schokoladenseite hat und rechts hohl sein muss. Ist das Pferd aber links hohl, liegt die Schwierigkeit im Schulterherein links aber nicht in der Biegung, sondern darin, dass die Vorhand schwer vom Hufschlag zu lösen ist, da das Pferd sich links zu stark biegt und zu viel Gewicht auf die rechte Schulter bringt. Hier ist die Lösung, das Schulterherein links erst einmal mit weniger Biegung, aber mit vermehrter Abstellung zu reiten und vermehrt Schulterherein rechts mit deutlicher Biegung und weniger Abstellung zu reiten.

5.22 Was mache ich, wenn sich mein Pferd immer wieder schief stellt?

Stellt ein Pferd sich schief, sprich: die Hinterhand folgt der Vorhand nicht, so kann es an Fehlern in der reiterlichen Einwirkung, aber auch an der mangelnden Geraderichtung des Pferdes liegen. Ist ein Pferd hinter den Hilfen, so neigt es auch ebenfalls häufig dazu, sich schief zu machen, da es nicht gerade vorzieht und den Kontakt am Zügel vermeidet.

Ist das Pferd nicht auf eine Linie zu bringen, sollten sowohl der Reitersitz als auch der Sattel auf Asymmetrien überprüft werden. Wird über längere Zeit schief in einem Sattel gesessen, so wird dieser auch schief. Die Polsterung, der Sattelbaum und die Steigbügelriemen sind zu überprüfen. Belastet der Reiter das Pferd durch seinen Sitz oder einen schiefen Sattel asymmetrisch, so wird es sich nicht oder nur schwer gerade fortbewegen können.
Für die Einwirkung des Reiters ist es wichtig, darauf zu achten, den Blick zwischen den Ohren nach vorne zwischen den Pferdeohren durch, auf den zu reitenden Weg richten und den eigenen Bauchnabel auf die zu reitende Linie auszurichten.
Häufig wirkt der Reiter auch ungleich mit seinen Händen ein oder positioniert sie unbewusst unterschiedlich. Nicht nur Einwirkung und Position der Hände muss überprüft werden, sondern auch die Länge der Zügel. Die Zügel sollten beim Aufnehmen erst einmal links und rechts gleich lang gefasst werden. Entsprechend der Biegung darf dann der innere Zügel etwas verkürzt und der äußere Zügel eventuell entsprechend etwas verlängert werden. Sind die Zügel aber zu ungleich, wird das Pferd dadurch schief werden. Auf dem Zirkel mit Innenstellung und -biegung fasse ich meistens den inneren Zügel einen Fingerbreit kürzer als den äußeren Zügel. Begleitet durch die Hilfe des inneren Schenkels am Gurt stellt und biegt das Pferd sich dadurch leicht nach innen.
Liegt das Schiefstellen an der mangelnden Geraderichtung des Pferdes, so muss in der gesamten Arbeit darauf eingegangen werden. Um das Pferd aber in dem Moment geradezurichten, in dem es sich schief stellt, wird die Vorhand vor die Hinterhand gerichtet. Meist gelingt dies auf der hohlen Seite gut durch die oben ausführlich beschriebene Konterstellung, oder auf der steifen Seite durch Schultervor.

Das Reiten von Schultervor kann in allen drei Gangarten zum Geraderichten verwendet werden.

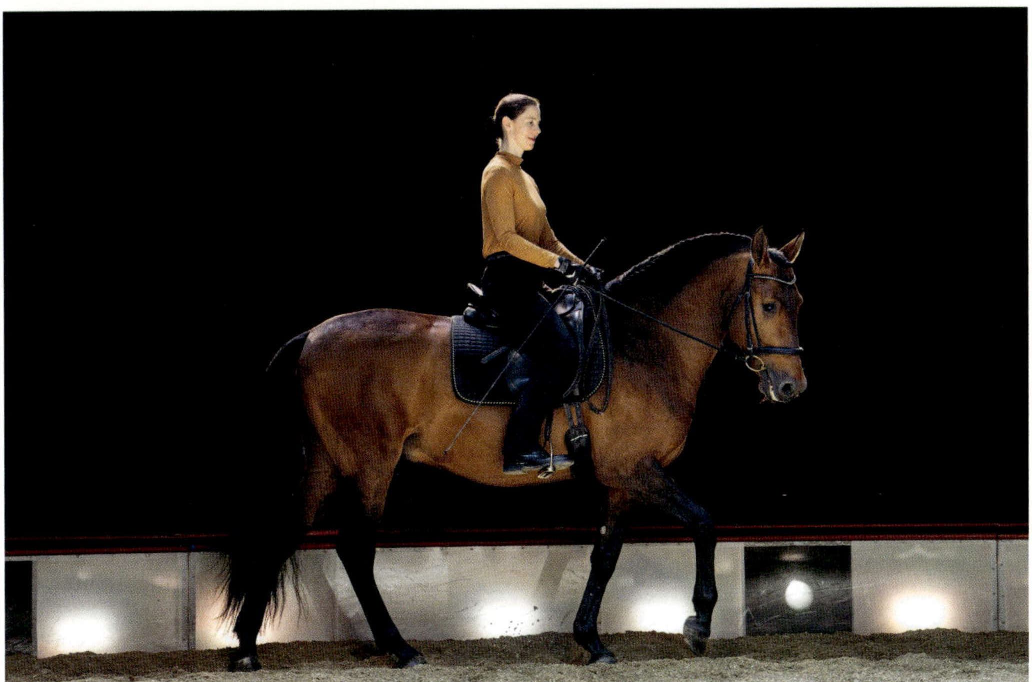

Linienführung/ Wenden

5.23 Warum sind korrekte Hufschlagfiguren und präzise Linienführung so wichtig?

Das korrekte Ausführen der Hufschlagfiguren ist keine Schikane überpenibler Reitlehrer, es ist ein wichtiger Bestandteil der Ausbildung.
Dressur und Ausbildung des Reitpferdes waren früher kein Selbstzweck, sondern eine Notwendigkeit, um das Pferd wendig und gebrauchsfähig zu machen und zu erhalten. Bei jedem Arbeitspferd liegt es auf der Hand, dass es notwendig ist, es präzise steuern zu können.
Aber auch für die Ausbildung des Pferdes ist das Einhalten der beabsichtigen Linie relevant. So lassen sich die Einhaltung des Gleichgewichtes und des Taktes überprüfen. Ich sage immer: Verliert das Pferd die Linie, so verliert es auch das Gleichgewicht!
Die natürliche Schiefe und die Biegung des Pferdes lassen sich mit den Hufschlagfiguren überprüfen oder verbessern. Dazu eignet sich das Wechseln durch den Zirkel sehr gut. Ist es möglich, genau zwei gleich große halbe Volten zu reiten, mit gleicher Biegung auf beiden Seiten und ohne Verlust des Taktes, so ist das Pferd schon recht weit fortgeschritten in seiner Ausbildung. Meist wird aber auffallen, dass eine halbe Volte etwas größer ausfällt und das Pferd sich auf dieser Seite etwas zu stark im Hals biegt. Dies ist dann die hohle Seite des Pferdes. Besonders aufschlussreich sind auch lange gerade Linien abseits des Hufschlags, wie Mittellinien, Diagonalen und Viertellinien, da sich hier gut überprüfen lässt, ob das Pferd gerade gehalten werden kann.

Ohne eine exakte Linienführung ist das Stechen des Rings nicht möglich.

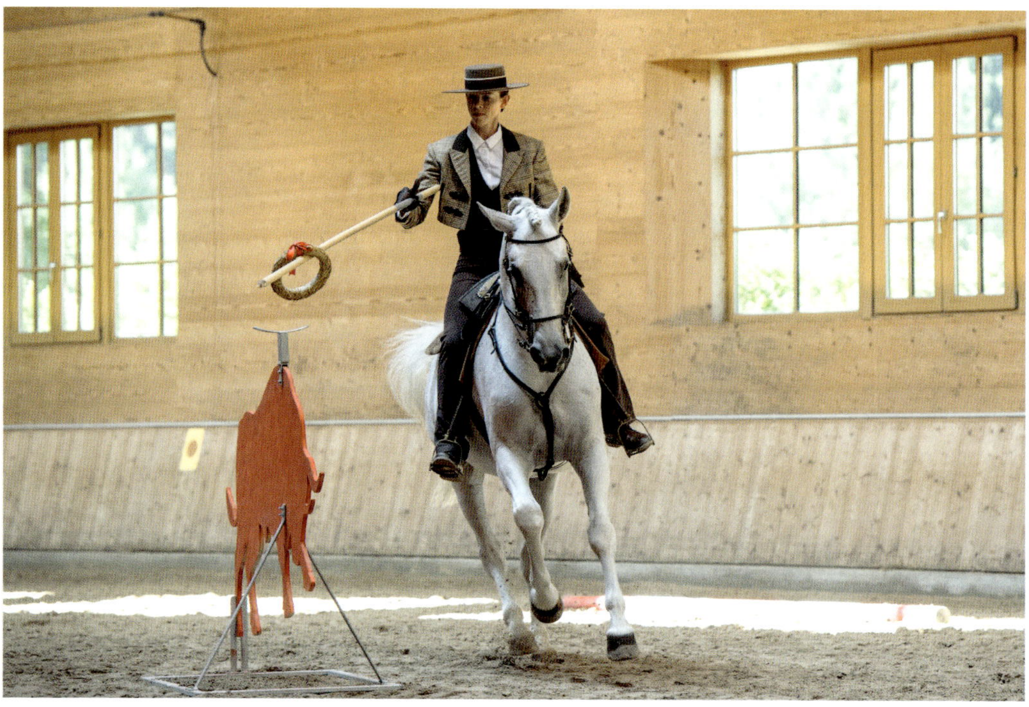

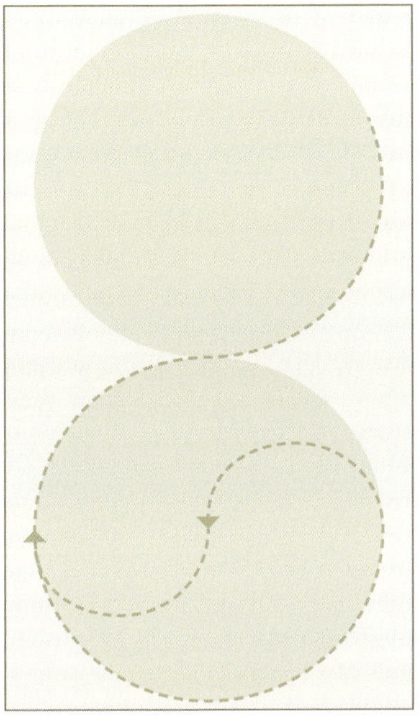

Durch den Zirkel wechseln ist eine gute Möglichkeit die Balance des Pferdes zu überprüfen.

Auf geraden Linien abseits des Hufschlags lässt sich die Geraderichtung des Pferdes überprüfen.

Neben den üblichen Bahnpunkten, die der Reiter präzise nutzen sollte, ist es auch hilfreich, zum Beispiel Pylonen aufzustellen. So hat der Reiter eine gute optische Hilfe zum Überprüfen, ob Volten wirklich rund sind, ob ihr Durchmesser vom Reiter genau bestimmt werden kann, oder ob der Reiter Linien in der Bahnmitte genau trifft.
Eine sehr schöne Abwechslung kann auch das Nutzen der Trailhindernisse der Working Equitation sein, da es hier nötig ist, das Pferd zentimetergenau steuern zu können. Die Hindernisse kann sich jeder Reiter als Anhaltspunkt nehmen, um noch präziser zu reiten.

Videoclip
Exakte Linienführung
Optische Hilfe für präzises Reiten.

5.24 Was mache ich, wenn ich schwer wenden kann?

Wenn ein Reiter nicht abwenden kann, liegt das zumeist an einer falschen Hilfengebung oder das Pferd ist aufgrund seiner natürliche Schiefe und/ oder einem zu hohen Tempo aus dem Gleichgewicht geraten.
Verwendet der Reiter zu viel oder ausschließlich den inneren Zügel zum Abwenden, womöglich noch, indem er zurückzieht, so wird das Pferd zwar seinen Hals biegen, aber nicht abwenden. Im Unterricht verwende ich gerne den Satz: »Das Pferd geht nicht dahin, wo sein Kopf hinzeigt, sondern wo seine Schultern hingehen.« Dies verdeutlicht, dass der Reiter bemüht sein muss, die gesamte Vorhand des Pferdes zu wenden. Dies ist auch der Sinn des Wendens »am äußeren Zügel«.
Immer wieder stelle ich fest, dass die meisten Reiter ihre Pferde zu stark im Hals nach innen biegen möchten. Der Grad der Halsbiegung auf einer gebogenen Linie ist dann korrekt, wenn der Reiter den Hals auf die Linie einstellt. Meinen Schülern rate ich,

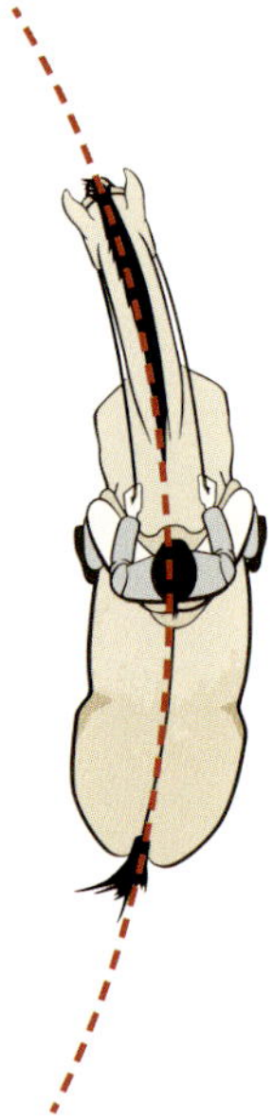

Bei der korrekten Innenbiegung auf dem Zirkel, stellt das Pferd sich, soweit anatomisch möglich, auf die Linie ein.

sich die zu reitende Linie als rote Linie am Boden vorzustellen. Ist der Pferdehals innerhalb dieser roten Linie, so ist es zu stark im Hals gebogen. Befindet sich der Hals genau auf der roten Linie, so ist die Biegung korrekt.

Im Idealfall wendet das Pferd bereits durch den Blick und die Drehung des Oberkörpers in die Bewegungsrichtung (wodurch der äußere Zügel gegen den Hals wirkt), leichte Gewichtsverlagerung und eventuell noch ein leichtes Schließen der Finger am inneren Zügel. Reicht dies nicht aus, öffnet der Reiter zusätzlich die innere Hand seitlich. Dabei müssen gleichzeitig die äußere Hand und der äußere Zügel vermehrt gegen den Hals wirken. Hierdurch wird die Vorhand des Pferdes gewendet. Unterstützt wird dies durch die Schenkel. Die übliche Lehrmeinung, bei der in Wendungen der innere Schenkel am Gurt zum Biegen und der äußere Schenkel verwahrend einwirkt, ist nicht in jeder Situation hilfreich. Es muss genau analysiert werden, was in dem Moment

Das wiederholte Einbauen von Schenkelweichen auf der hohlen Seite hilft dem Pferd beim Erlangen der Balance und lässt es dadurch wendiger werden – Barockpinto Ferro.

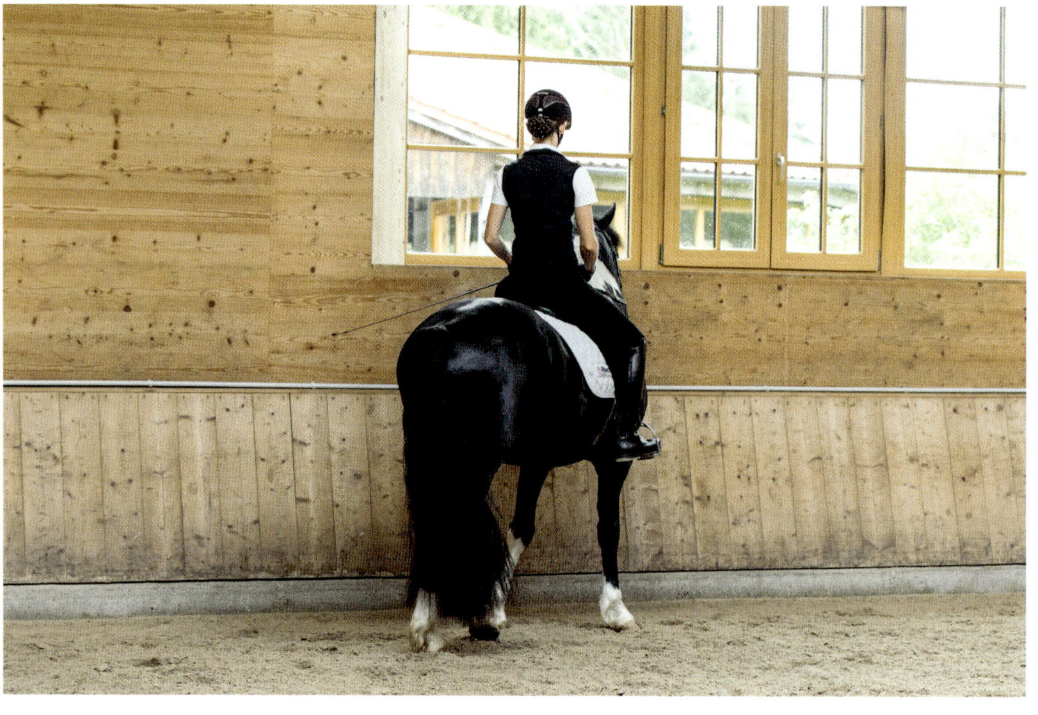

passiert. Wird das Pferd langsamer, hilft der innere Schenkel, das Tempo aufrecht zu erhalten. Ist das Pferd aber schwer zu wenden, ist es meist effektiv, den inneren Schenkel etwas zurück zu legen und mit dem äußeren Schenkel weiter vorne am Gurt einzuwirken. Dadurch wird die Vorhand zum Wenden animiert. Genauso muss das innere Bein weiter hinten liegen, wenn das Pferd mit seiner Hinterhand nach innen drückt. Verlässt die Hinterhand die Linie nach außen, muss das äußere Bein weiter hinten liegen.

Ist das Pferd nicht im Gleichgewicht oder in einem zu hohen Tempo, so fallen ihm Wendungen schwer, da es auf die Vorhand fällt. Dadurch lässt sich diese nicht so leicht versetzen. Ist dies der Fall, muss vor der Wendung das Tempo reduziert werden und sichergestellt werden, dass das Genick der höchste Punkt ist, um der Vorhand die Freiheit zu geben, die Wendung einzuleiten.

Auch wenn das Pferd nicht genügend geradegerichtet ist, ist es nicht im Gleichgewicht. Auf der hohlen Seite ist es oft schwierig zu wenden, da das Pferd sich sehr stark biegt und dadurch das Gewicht auf das äußere Vorderbein bringt. Um zu wenden, müsste es aber das Gewicht ganz leicht auf das innere Vorderbein verlagern. Um dies zu erreichen, ist häufiges Wenden in Konterstellung förderlich. Wird mit Innenstellung gewendet, ist es wichtig, am äußeren Zügel zu wenden und mit ihm die Biegung zu begrenzen. Keinesfalls darf das Pferd zu stark gebogen werden. Mit der inneren Hand wird seitlich geöffnet, um den Weg zu weisen, und mit der äußeren Hand gegen den Hals gewirkt, um die Vorhand zu wenden. Das ist auch eine Situation, in der es angebracht ist, mit dem inneren Schenkel etwas weiter hinten und den äußeren Schenkel vorne am Gurt einzuwirken.

Auf der hohlen Seite ist es auch immer wieder förderlich, ein Schenkelweichen oder Konterschulterherein einzubauen, um die Geraderichtung zu verbessern.

5.25 Was mache ich, wenn mein Pferd beim Wenden nach innen fällt?

Dass ein Pferd in Wendungen nach innen fällt, geschieht meist auf seiner steifen Seite. Es biegt sich nicht, sondern wirft sich auf die innere Schulter.

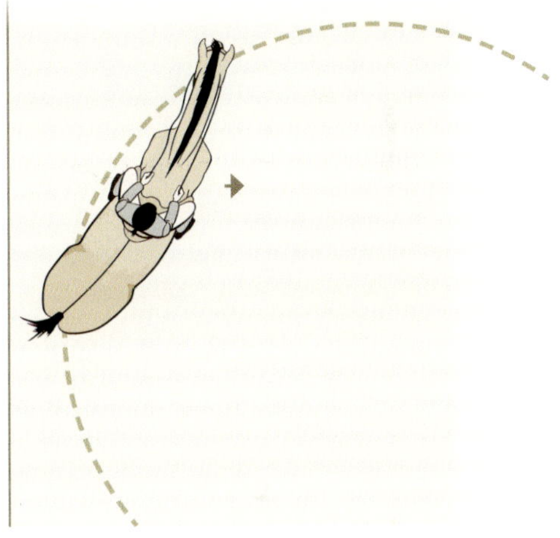

Auf der steifen Seite drängt das Pferd auf die innere Schulter. Es lässt sich schwer nach innen biegen, der äußere Zügel findet keinen Kontakt. Der Reiter hat das Gefühl, das Pferd geht gegen den inneren Schenkel.

Bei Wendungen ist von Bedeutung, dass der innere Schenkel am Gurt liegt und der Reiter das Gefühl hat, dass das Pferd sich um den Schenkel herumbiegt. Der Reiter schaut in die Bewegungsrichtung und dreht seinen Oberkörper leicht nach innen. Fällt das Pferd aber nach innen, gehen häufig Blick und Oberkörper unerfahrener Reiter nach außen, da sie ja auch dorthin reiten möchten. Meistens geht dadurch auch die Innenbiegung verloren. Dadurch bringen sie mehr Gewicht auf die innere Schulter und verstärken ungewollt das Drängen des Pferdes nach innen. Um das Problem zu beheben, gibt der Reiter eine schulterhereinartige Hilfengebung, um das Pferd von innen nach außen hinaus und von der inneren Schulter weg zu reiten. Er dreht sich, mit Blick zwischen den Pferdeohren hindurch, leicht nach innen, biegt das Pferd und hilft mit dem inneren Schenkel. Dadurch kommt das Pferd ins Gleichgewicht und lässt sich auf der gewünschten Linie halten.

5.26 Was mache ich, wenn mein Pferd bei Wendungen nach außen drängt?

Dass ein Pferd bei Wendungen nach außen drängelt, geschieht meist auf seiner hohlen Seite, da es sich hier zu stark biegt, somit das äußere Vorderbein belastet und die Vorhand die Linie nach außen verlässt. Allgemein muss dann an der Geraderichtung gearbeitet werden. Beim Wenden selber muss der Reiter darauf achten, dass der Hals des Pferdes nicht zu stark nach innen gebogen ist.

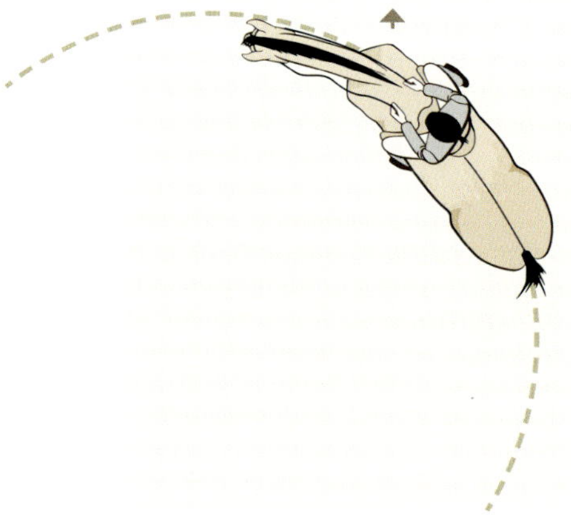

Auf der hohlen Seite drängt das Pferd über die äußere Schulter aus der Wendung heraus. Es ist dabei häufig zu stark nach innen gebogen. Das Gewicht des Reiters wird nach außen gesetzt.

In dieser Situation geht man genauso vor, wie bei einem Pferd, das nicht abwenden möchte. Der Reiter muss seine Hilfengebung anpassen, durch eine öffnende innere Hand und eine gegen den Hals wirkende äußere Hand helfen. Häufig hilft auch hier ein Impuls mit dem äußeren Schenkel. Drängelt das Pferd über die äußere Schulter nach außen, so wird der äußere Schenkel knapp hinter dem Gurt eingesetzt. Drängt es mit der Kruppe nach außen, so wirkt der Schenkel ungefähr eine Handbreit hinter dem Gurt.
Generell sind auf der Hand, auf welcher das Pferd nach außen drängt, häufiges Reiten in Konterstellung und Schenkelweichen nützlich, da es hierdurch die Schulter entlastet, über die es auszuweichen versucht.

Seitengänge

5.27 Sind Seitengänge für jedes Pferd hilfreich?

In den Seitengängen erweitert das Pferd sein Körperbewusstsein und lernt seinen Körper besser einzusetzen. Durch das Kreuzen der Hinterbeine werden die Hanken gebeugt, der Widerrist angehoben; das Pferd richtet sich auf und die Vorderbeine werden entlastet. Der Rücken des Pferdes wird tätig, das Pferd löst seinen Unterkiefer und fängt an zu kauen.
Für jedes gesunde und auch für viele Pferde mit körperlichen Einschränkungen sind Seitengänge (und auch Schenkelweichen und Übertreten) gesundheitsfördernd. Es kommt bei allem darauf an, wie etwas ausgeführt wird. Wird das Pferd zu lange, in überhöhtem Tempo, mit einer schlechten Körperhaltung seitlich gejagt, so ist das natürlich schädlich. Wird hingegen achtsam, zuerst ausschließlich in sehr abgekürztem Tempo, mit einer guten Körperhaltung und ausreichend Abwechslung und Pausen seitlich geritten, so profitiert das Pferd davon. Sind

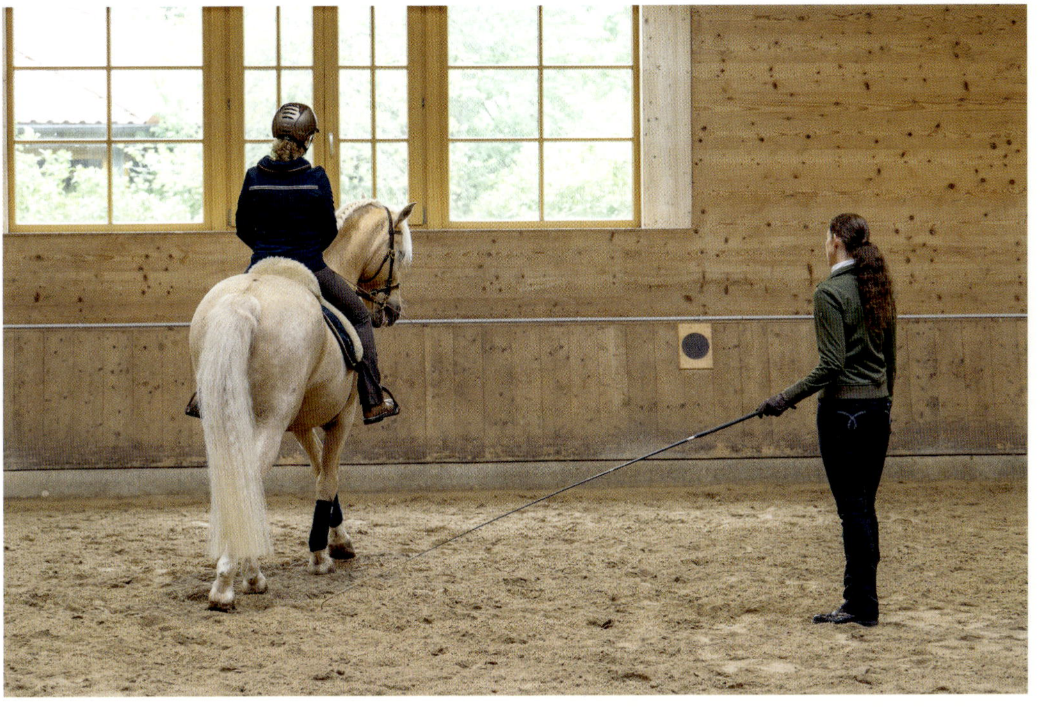

Volte im Travers

Sie nicht sicher, ob ihr Pferd nach einer Verletzung schon wieder seitlich gehen darf, so sprechen Sie dies mit dem behandelnden Tierarzt ab.
Individuell und entsprechend der natürlichen Schiefe angewendet, spielen Seitengänge auch bei der Geraderichtung eine entscheidende Rolle. Das Vorderbein, von dem das Pferd sich seitlich wegbewegt, wird entlastet. Werden die Seitengänge häufig so angewendet, dass das durch die natürliche Schiefe überlastete Vorderbein entlastet wird, kann das Pferd diese gleichmäßigere Belastung allmählich auch ohne den Seitengang beibehalten. Es kommt zu einer gleichmäßigeren Gewichtsverteilung auf allen vier Beinen. Selbstverständlich tragen die Seitengänge auch zur Mobilisierung und Geschmeidigkeit bei. Das Pferd lernt sich in alle Bewegungsrichtungen zu biegen und zu bewegen. Die Muskeln an der äußeren Seite werden gedehnt, die wichtige Tragemuskulatur gekräftigt.

Aber auch für das Verständnis der reiterlichen Hilfen sind die Seitengänge wertvoll. Hier lernt das Pferd, dass der Schenkel nicht nur eine vortreibende, sondern auch eine seitwärtstreibende, begrenzende, aufrichtende oder biegende Bedeutung haben kann. Genauso kann es hier auch die stellenden und biegenden Zügelhilfen kennenlernen.
Der Reiter profitiert des Weiteren durch die Seitengänge, da er Vorhand und Hinterhand platzieren kann, wie er es möchte. So kann er das Pferd dirigieren und geraderichten.

5.28 Wie sitze ich richtig in den Seitengängen?

Das Wichtigste ist, dass der Reiter in allen Seitwärtsbewegungen und den Seitengängen seine Gewichtsverlagerung nicht übertreibt, dass er im

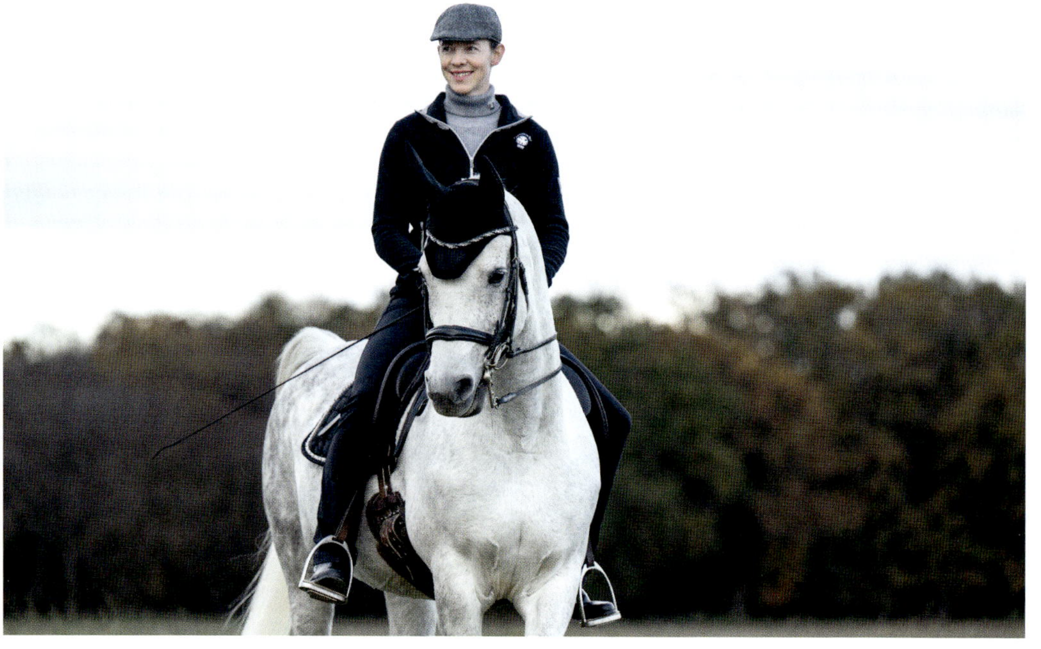

Körperdrehung, Gewichtsverlagerung und Blickrichtung müssen zur Position des Pferdes passen.

Rumpf stabil bleibt und nicht seitlich in Hüfte oder Taille einknickt. Der Oberkörper wird zwar gedreht, aber er wird nicht zur Seite gelehnt.

Bei jeder Wendung und bei jeder seitlichen Bewegung sitzt der Reiter immer in die Richtung, in die sich das Pferd bewegt. Dies ist nicht zwangsläufig die Richtung, in die es gebogen ist! Beim Schulterherein und Konterschulterherein bedeutet dies, dass der Reiter (leicht!) nach außen sitzt. Auch beim Schenkelweichen, Übertreten und in der Konterstellung sitzt der Reiter in Bewegungsrichtung und nicht in Richtung der Stellung des Pferdes. Würde der Reiter entgegen der Bewegungsrichtung sitzen, so müsste das Pferd sich entgegen der Gewichtsverlagerung bewegen. Die würde einen erhöhten Aufwand für es bedeuten und die Einheit von Pferd und Reiter stören. Beim Travers, Renvers und der Traversale sind Bewegungsrichtung und Biegungsrichtung identisch. Hier verlagert der Reiter sein Gewicht nach innen. Bei der Drehung des Oberkörpers und der Gewichtsverlagerung ist darauf zu achten, dass der Reiter nicht seitlich in der Hüfte oder der Taille einknickt.

Die Hilfengebung muss immer der Situation angepasst werden. Zum Einleiten der Bewegung und um den Grad der Abstellung zu erhöhen, kann am Zügel entgegen der Bewegungsrichtung geöffnet werden. Um den Grad der Abstellung zu verringern, falls das Pferd zu viel seitlich tritt, wird in Richtung der Bewegungsrichtung geöffnet. Der jeweils andere Zügel wirkt dabei gegen den Hals, um die Wirkung zu unterstützen. Generell lässt sich sagen: Der Reiter kann die Vorhand seines Pferdes mittels der öffnenden und drückenden Zügeleinwirkung seitlich bewegen.

Die Blickrichtung des Reiters ist immer zwischen den Pferdeohren hindurch nach vorne gerichtet.

Außerdem ist darauf zu achten, dass der Schenkel,

der nicht seitlich treibt, locker am Pferd bleibt. Wird er weggestreckt, verschiebt der Reiter sein Gleichgewicht; außerdem neigt das Pferd dann dazu, die Tendenz nach vorn zu verlieren und seitlich wegzulaufen. Der innere Zügel sollte bei bestehender Biegung oder Stellung locker sein. Der äußere Zügel soll Kontakt halten und das Pferd führen; an ihm nimmt der Reiter auf, falls das Pferd zu schnell wird oder zu sehr nach vorne drängt.

Zum Ausleiten aller Seitengänge dreht der Reiter sich nach vorne und gibt leicht am Zügel nach, die Schenkel rahmen das Pferd ein.

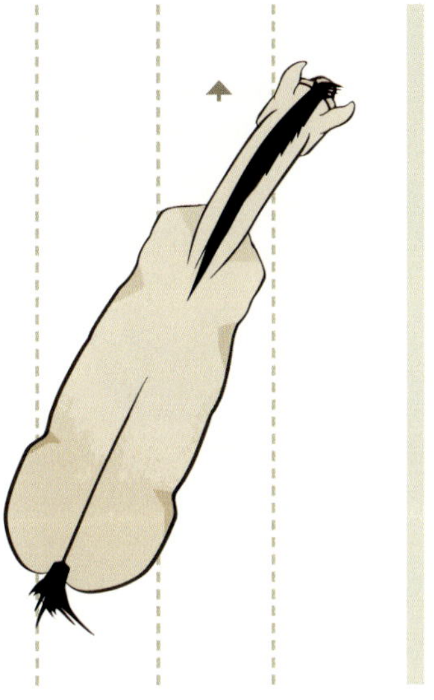

Schenkelweichen auf der linken Hand mit dem Kopf zur Bande

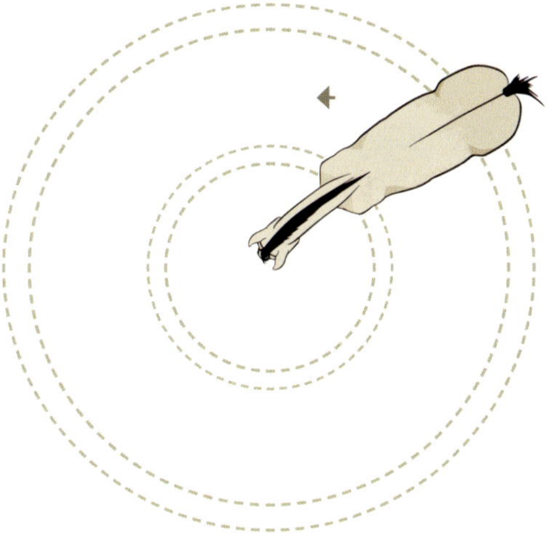

Übertreten auf einer Volte links

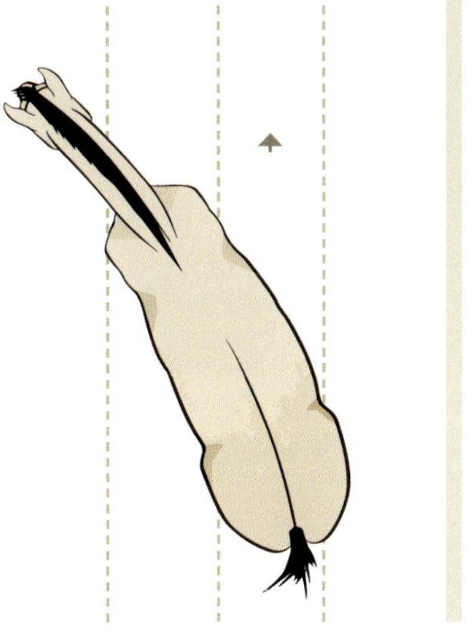

Schulterherein linke Hand

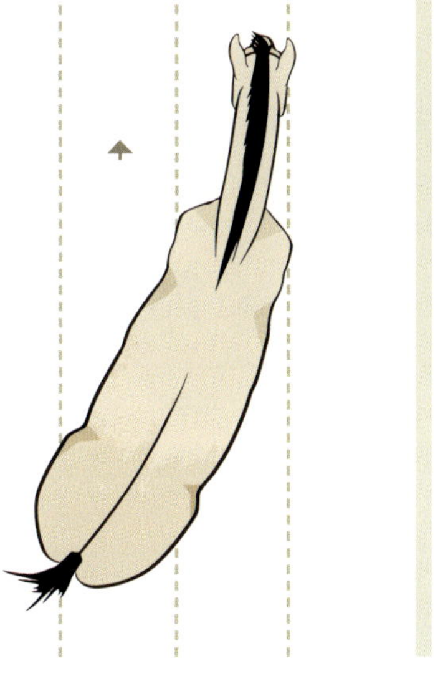

Travers linke Hand

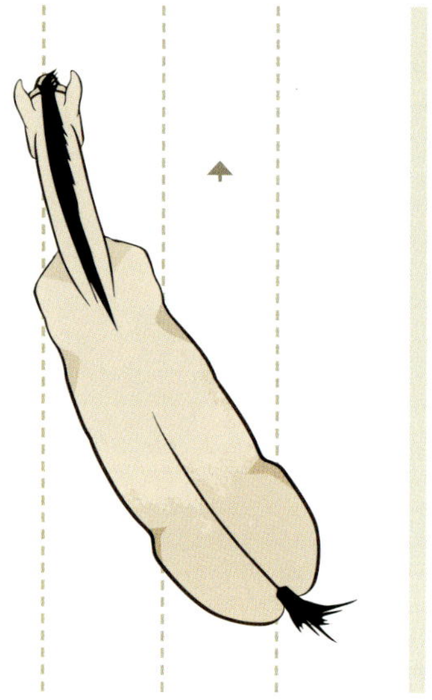

Renvers linke Hand

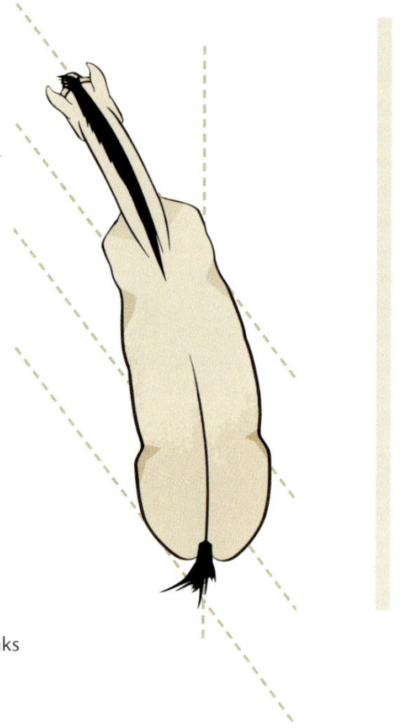

Traversale links

Übersicht über die wichtigsten Hilfengebungen für seitliche Bewegungen und Seitengänge auf der linken Hand:

	Drehung Oberkörper	**Gewichts-verlagerung**	**innerer Schenkel**	**äußerer Schenkel**	**innerer Zügel**	**äußerer Zügel**
Schenkel-weichen Kopf zur Bande, Stellung rechts	Nach rechts, zur Bande hin	Nach links	rechts, treibt seitwärts	links	rechts	links
Übertreten Stellung links	Nach links, zur Mitte der Volte	Nach rechts	links, treibt seitwärts	rechts	links	rechts
Schulterherein Biegung links	Nach links	Nach rechts	links, treibt seitwärts	rechts	links	rechts
Travers Biegung links	Nach rechts	Nach links	links, unterstützt die Biegung und die Tendenz vorwärts	rechts	links	rechts
Renvers Biegung rechts	Nach links	Nach rechts	rechts, unterstützt die Biegung, die Tendenz vorwärts und das Herein-führen der Vorhand	links	rechts	links
Traversale (Diagonale) Biegung links	Reiterschultern parallel zur kurzen Seite	Nach links	links, unterstützt die Biegung und die Tendenz vorwärts	rechts	links	rechts

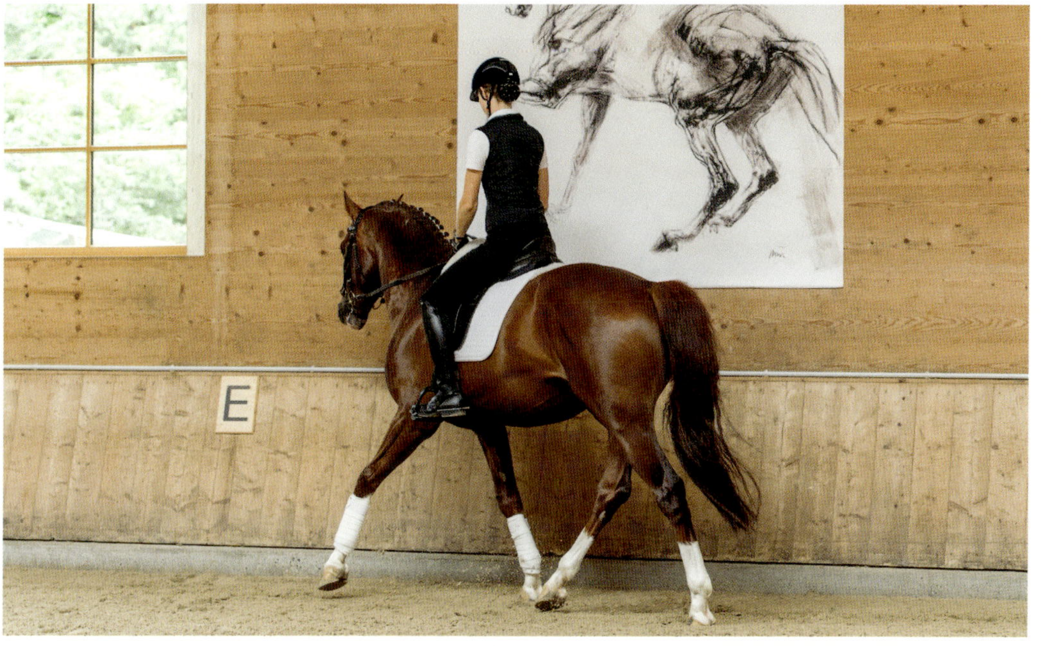

Für das Schenkelweichen vom rechten Schenkel weg, dreht der Reiter sich nach rechts. Er verlagert sein Gewicht nach links und belastet vermehrt den linken Steigbügel. Der rechte Schenkel wird leicht zurückgelegt und treibt das Pferd seitlich.

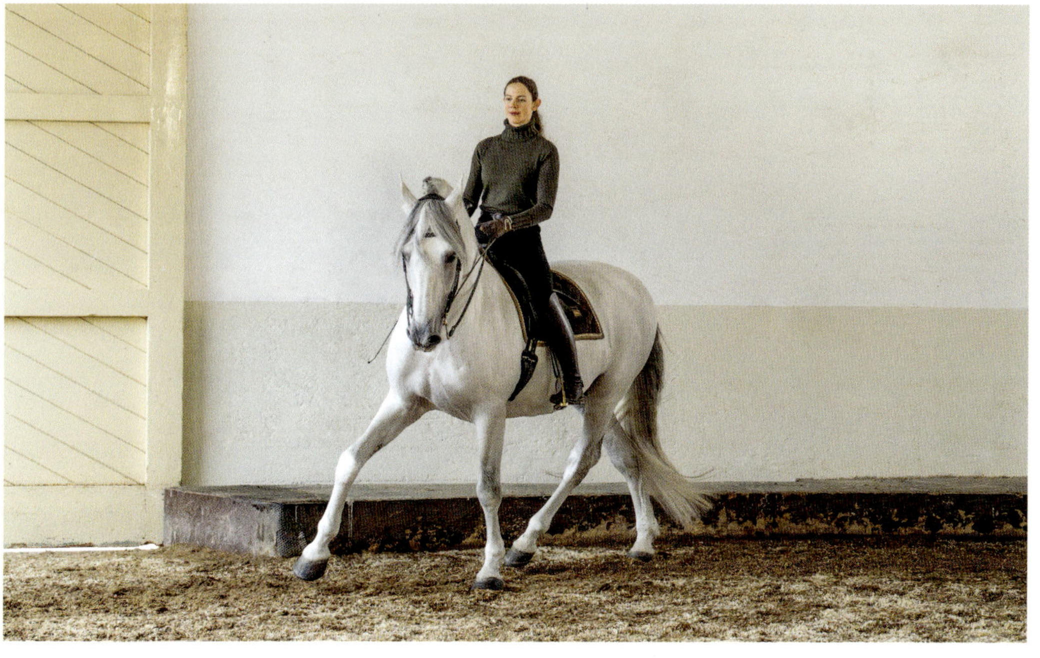

Beim Übertreten vom linken Schenkel weg, dreht der Reiter sich gemeinsam mit seinem Pferd nach links. Sein Gewicht verlagert er nach rechts. Der linke Schenkel treibt, leicht nach hinten gelegt, das Pferd seitlich. Der innere Zügel stellt das Pferd entgegen der Bewegungsrichtung.

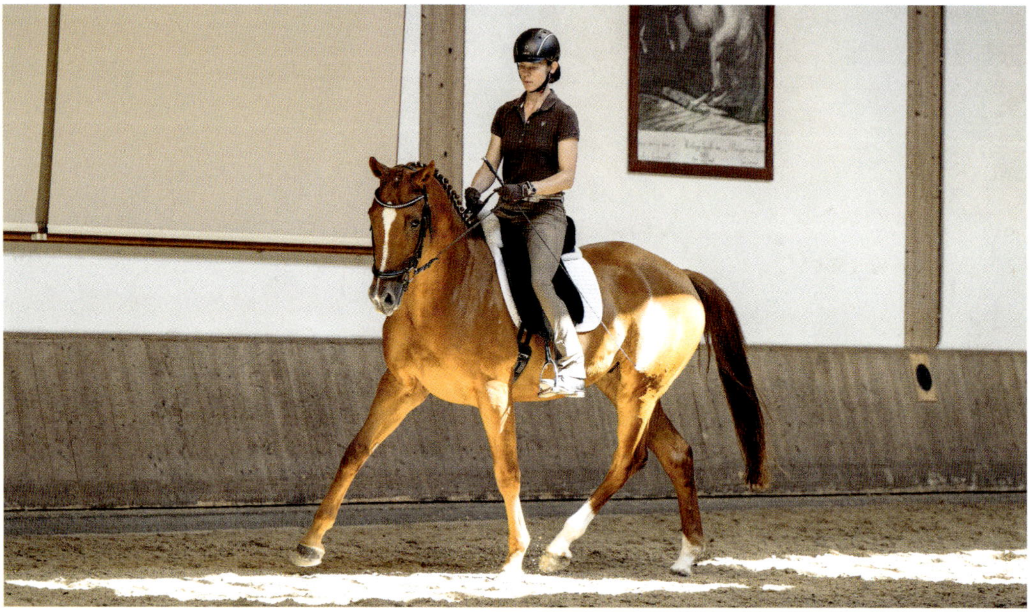

Für das Schulterherein links dreht der Reiter sich nach links und verlagert sein Gewicht nach rechts. Zum Einleiten führt der innere Zügel durch seitliches Öffnen die Vorhand nach links. Der äußere Zügel wirkt beim Einleiten gegen den Hals und muss unter Umständen angenommen werden, falls das Pferd ins Bahninnere drängen möchte.

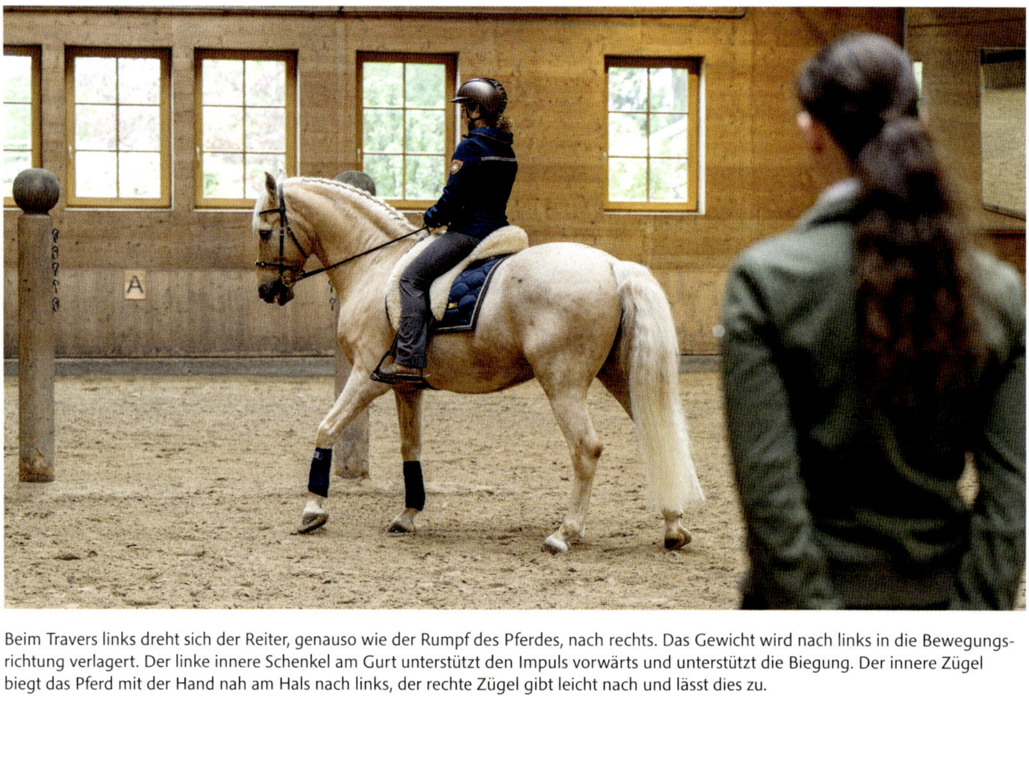

Beim Travers links dreht sich der Reiter, genauso wie der Rumpf des Pferdes, nach rechts. Das Gewicht wird nach links in die Bewegungsrichtung verlagert. Der linke innere Schenkel am Gurt unterstützt den Impuls vorwärts und unterstützt die Biegung. Der innere Zügel biegt das Pferd mit der Hand nah am Hals nach links, der rechte Zügel gibt leicht nach und lässt dies zu.

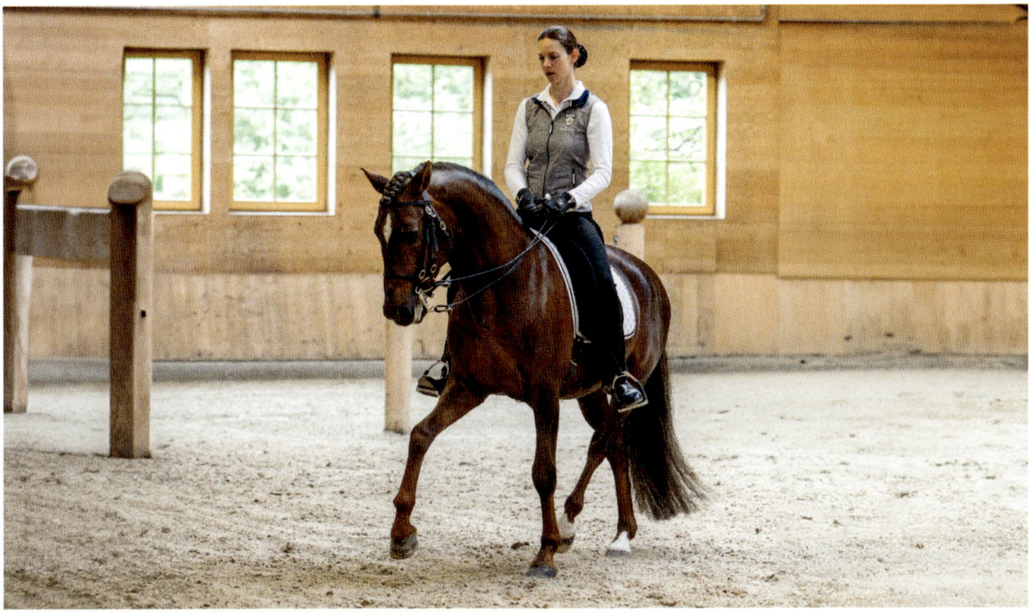

Für das Renvers mit Rechtsbiegung dreht der Reiter sich mit seinem Pferd nach links. Sein Gewicht verlagert er nach rechts. Der linke Schenkel treibt das Pferd seitlich, der rechte Schenkel am Gurt unterstützt die Biegung, den Impuls nach vorne und die Positionierung der Vorhand.

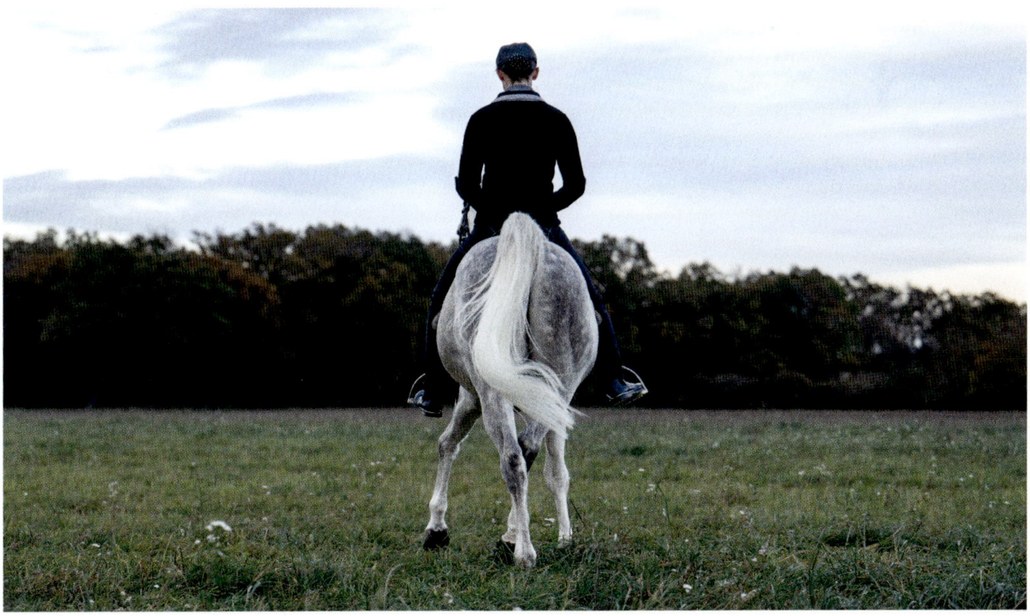

Bei der Traversale sitzt der Reiter in Bewegungsrichtung und belastet vermehrt den inneren Steigbügel. Seine äußere Schulter ist im Vergleich zur reitenden Richtung (Diagonale) leicht nach hinten gedreht. Dabei bleibt der Oberkörper aufgerichtet, die Schultern und Hüften sind parallel zum Boden.

5.29 Wie lange am Stück kann ich Seitengänge reiten?

Richtig ausgeführt und allmählich gesteigert, kann auch längere Zeit am Stück seitlich geritten werden. Gerade die Kombination und das Wechseln zwischen den Seitengängen, aber auch Übergänge zwischen den Gangarten in den Seitengängen bringen große Nutzen für die Ausbildung des Pferdes. Es wird gelöst und mobilisiert. Es verbessert sein Gleichgewicht.
Hierzu gibt es ein sehr schönes Zitat von Carl Friedrich Mossdorf (Die Kavallerieschule Hannover): »... namentlich die häufigen Übergänge von einer Biegung in die andere, von einem Seitengang zum anderen trugen sehr viel dazu bei, jeden Rest von festgehaltenen Rückenmuskeln durch willige Lastaufnahme mit dem jeweils inneren Hinterfuß zu beseitigen.«

Viele befürchten Überlastungen und Schäden an den Beinen, wenn viel seitlich geritten wird. Meiner Erfahrung nach ist es aber so, dass Pferde, die viel, aber korrekt seitlich geritten werden, weniger oft verletzt sind als Pferde, die wenig oder in zu hohem Tempo seitlich geritten werden. Ist ein Pferd gut gymnastiziert, ist es locker, im Gleichgewicht und seine Muskeln gut trainiert, schützt dies vor Verletzungen und vor Verschleiß, die Gelenke werden geschützt!
Selbstverständlich sollten immer wieder Pausen am hingegebenen Zügel in das Reittraining mit Pferden eingebaut werden. Je jünger, je untrainierter ein Pferd ist und je mehr körperliche Probleme es hat, desto häufiger braucht es auch Entspannungsphasen und Pausen.
Genauso selbstverständlich sollte es sein, die Seitengänge auf gebogenen und geraden Linien einzubauen, zwischen ihnen zu wechseln, aber auch

Korrekt ausgeführte Arbeit in den Seitengängen ist eine hervorragende Gymnastizierung – Achal Tekkiner Degni Shael bei der Equitana.

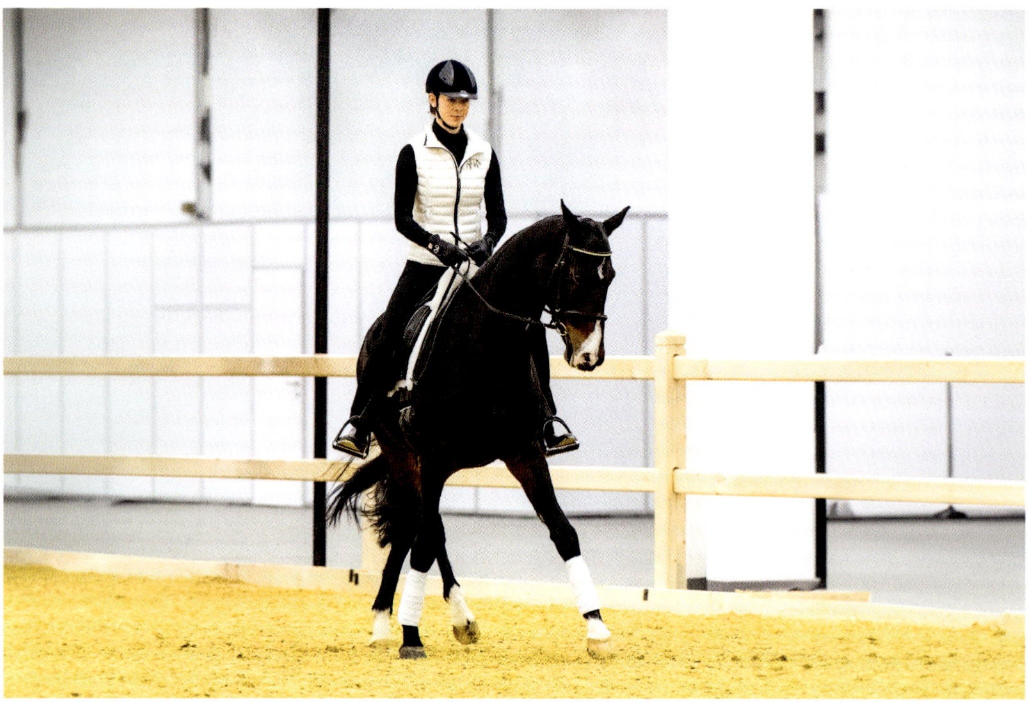

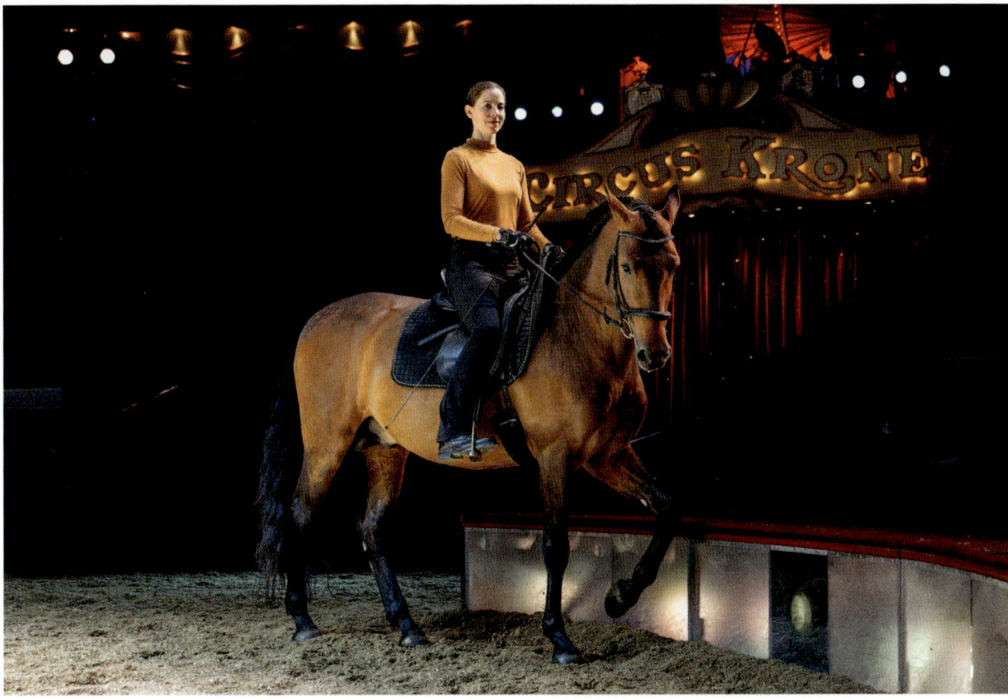

Die Seitengänge werden zuerst im Schritt erarbeitet – P.R.E.-Hengst Odesso.

das Pferd immer wieder gerade zu richten und auf einem Hufschlag zu arbeiten. Die durch die Seitengänge verbesserte Balance und Geraderichtung kann dann auch auf Geraden und gebogenen Linien genutzt werden, Pferd und Reiter profitieren von dem im Seitengang Erreichten und Erlernten.

5.30 Warum sollte ich Übergänge in den Seitengängen reiten?

Das Reiten von Übergängen unter Beibehaltung eines Seitengangs hat viele Vorteile. Hält der Reiter auch immer wieder mal im Seitengang an, hat das Pferd Zeit, sich seiner Körperposition bewusst zu werden. Dies ist besonders beim Erlernen hilfreich. Außerdem hilft das Anhalten, ein Weglaufen über die äußere Schulter zu verhindern. Im Stand kann das Pferd sich erneut ausbalancieren und die gewonnene Balance in die Bewegung mitnehmen.
Beim Durchparieren sollte der Reiter, neben den anderen aufnehmenden Hilfen, auch immer mit dem Schenkel einwirken, der dem seitwärtstreibenden Schenkel gegenüberliegt. So lernt das Pferd, sich mit Hilfe des Schenkels in Verbindung mit dem Reitersitz durchparieren zu lassen. Dieses Aufnehmen über den Schenkel spart viel Handeinwirkung und kann auch, ganz fein dosiert, während der Bewegung verwendet werden, falls das Pferd zu schnell wird oder aus dem Gleichgewicht kommt.
Das direkte, seitliche Antreten aus dem Stand ist ein guter Prüfstein, ob das Pferd im Gleichgewicht ist. Ist es das nicht, so wird es zuerst nach vorne treten und dann erst seitlich gehen. Besonders das direkte, seitliche Antreten aus dem Stand trägt zum besseren Verständnis des Pferdes für die Hilfen bei, hier lernt es den Unterschied zwischen dem vortreibenden und dem seitwärtstreibenden Schenkel verstehen.

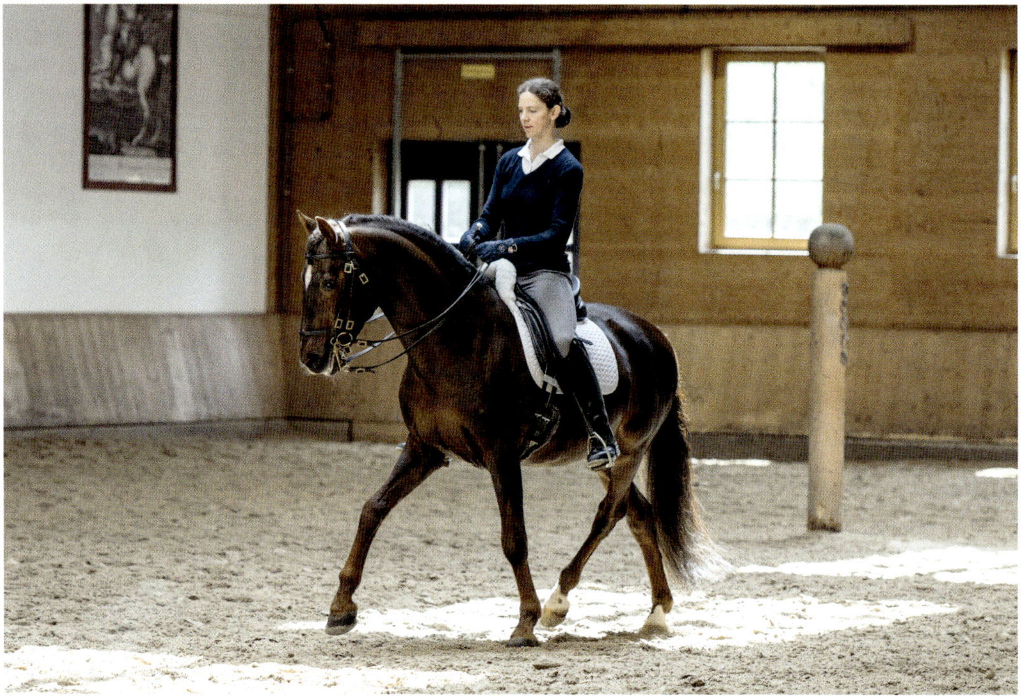

Seitengänge sind nur dann effektiv, wenn das Pferd davon profitiert. Keinesfalls darf es durch Zügeleinwirkung in eine bestimmte Position gezogen und dort fixiert werden.

Dies ist besonders für sehr sensible und berührungsempfindliche Pferde sehr wichtig, da man als Reiter bei ihnen oft das Gefühl hat, die Beine nur wegstrecken zu können und sie kaum berühren zu dürfen. Die Seitengänge werden zuerst im abgekürzten Schritt erlernt. Für die ersten Versuche im Trab kann man entweder zuerst gerade antraben und dann versuchen, das Pferd seitlich zu bewegen, oder auch im Schritt seitlich reiten und dann so in der Position das Pferd zum Antraben ermuntern.
Das Beibehalten des Seitengangs während und nach dem Übergang hilft dem Pferd, das Gleichgewicht zu behalten. Oft verliert es dies nämlich nach einem Übergang und fällt auseinander. Die Hankenbeugung der Seitengänge hilft dies zu vermeiden.

5.31 Wie nutze ich Seitengänge, sodass sie effektiv sind?

Seitengänge sind nur dann effektiv, wenn das Pferd davon profitiert. Dies ist nur der Fall, wenn sein Gleichgewicht und seine Mobilität dadurch verbessert wird.
Wird das Pferd durch zu viel Einwirkung am inneren Zügel einfach in eine Position gezogen und dort auch noch festgehalten, verbessert sich das Gleichgewicht des Pferdes nicht. Es wird entweder gegen den Zügel drücken, sich festmachen, oder seitlich über die äußere Schulter ausweichen. Es ist auch nicht zielführend, wenn das Pferd wie ein Krebs seitlich rennt, ohne dass die Bewegung zu kontrollieren wäre. Da fehlt es dann am Vorwärts, meist ausgelöst durch zu viel Handeinwirkung, zu viel seitwärtstreibenden Schenkel und/oder zu wenig Einwirkung durch den anderen Schenkel. Mit dem Vorwärts ist

hier wieder nicht das Tempo gemeint, sondern die Bewegung in Richtung nach vorne. Jede Seitbewegung des Pferdes sollte immer eine Vorwärts-Seitwärtsbewegung sein. Als extremes Beispiel sei hier das seitliche Treten über eine Stange genannt, wie es bei der Working Equitation verlangt wird. Das Pferd bewegt sich dafür stark seitlich, die Stange befindet sich immer unter dem Bauch des Pferdes. Aber trotzdem beträgt seine Abstellung zur Bewegungsrichtung nicht ganz 90 Grad, sondern etwas weniger, die Vorhand muss immer leicht führen. Wenn es die Tendenz vorwärts verliert und zurücktritt, touchiert es die Stange mit den Vorderbeinen oder kommt sogar ganz von der Stange ab. Würde die Vorhand nicht mehr führen, stieße es sich die Beine beim Kreuzen an. Daher ist trotz der starken Abstellung die Tendenz nach vorne entscheidend.

Videoclip
Seitwärts über Stange

Präzises Seitwärtsreiten

Für ein effektives Verwenden der Seitengänge müssen sie gemäß der Schiefe des Pferdes angewendet werden. Irrt man sich bei der Analyse der Schiefe des Pferdes, kann es sein, dass die Seitengänge das Pferd zwar mobilisieren, aber die Geraderichtung nicht verbessern.
Auch der Grad der Abstellung ist wichtig. Generell kann man sagen, dass eine größere Abstellung vermehrt mobilisiert als eine geringere Abstellung. Daher sollte auch immer einmal in der Abstellung variiert werden und vor allem der Reiter die Abstellung bestimmen.

5.32 Wie schaffe ich es beim Schulterherein, die Vorhand vom Hufschlag zu lösen?

Wird das Schulterherein mit zu viel innerem Zügel geritten, so verkommt es zum »Halsherein«. Die Vorhand verbleibt am Hufschlag, doch der Hals ist am Widerrist sehr stark abgebogen. Ausgelöst durch zu starken Gebrauch des inneren Zügels, wird dabei manchmal sogar mit der inneren Hand über den Mähnenkamm gekreuzt. Dadurch verbiegt sich das Pferd immer stärker und die Vorhand geht immer weiter zur Bande.

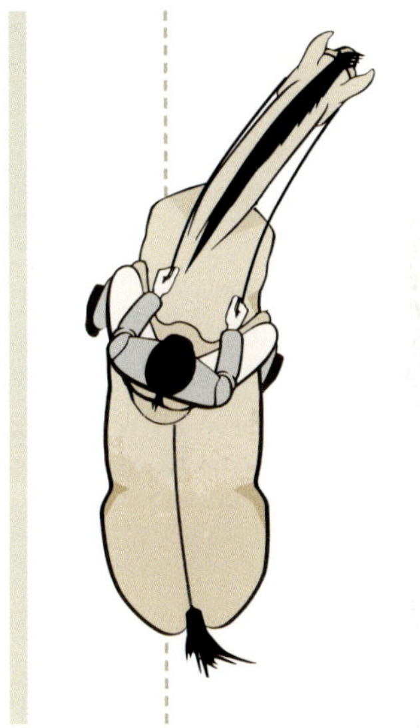

Wird das Schulterherein mit zu viel innerem Zügel eingeleitet, verbiegt das Pferd nur den Hals, die Schultern verbleiben am Hufschlag.

Aber wie lässt sich das verhindern? Es beginnt schon mit der Einleitung. Der Reiter dreht seinen Oberkörper in Richtung Bahnmitte, dadurch gehen beide Hände leicht nach innen. Die äußere Hand mit dem äußeren Zügel geht gegen den Hals, die innere Hand mit dem inneren Zügel wird leicht nach innen gebracht und öffnet seitlich. Dadurch wird die Vorhand nach innen versetzt. Der äußere Zügel lässt zwar die leichte Halsbiegung nach innen zu, aber er begrenzt sie auch. Der Reiter muss zu jeder Zeit das Gefühl haben, dass der Hals, von oben betrachtet, trotz der Biegung vor dem Rumpf des Pferdes verbleibt und nicht seitlich daneben ist. So wird gewährleistet, dass die Halsbasis stabil bleibt, die

Vorhand versetzt werden kann und das Pferd nicht über die äußere Schulter davonläuft.
Beim Erlernen des Schulterherein ist es erfahrungsgemäß deutlich leichter, das Pferd zuerst mit weniger Biegung, jedoch deutlicher abzustellen (den Grad der Abstellung erhöhen), da die Vorhand anfangs immer die Tendenz hat, wieder zum Hufschlag zurückzudrängen. Bei stärkerer Abstellung (4 Hufspuren) ist dies erst einmal leichter zu verhindern und für das Pferd auch besser zu verstehen.
Generell übe ich vor dem Schulterherein immer zuerst das Schenkelweichen mit dem Pferdekopf in Richtung Bande. Die Bande hilft als optische Begrenzung beim Einsparen von Zügeleinwirkung. Hier lernt das Pferd bereits die seitwärtstreibenden Hilfen kennen und erlangt die nötige Beweglichkeit, die es erleichtert, das Schulterherein zu erarbeiten.

Rückwärtsrichten

5.33 Warum ist das Rückwärtsrichten für manche Pferde so schwierig?

Das Rückwärtsrichten fällt Pferden schwer, wenn sie im Rücken fest sind, durchhängen und die Hanken nicht beugen. Entweder gehen sie schleppend zurück, nicht diagonal oder blockieren dabei komplett.
Um dem Pferd das Erlernen zu erleichtern, erarbeite ich das Rückwärtsrichten zuerst an der Hand. Dabei muss das Pferd nicht auch noch zusätzlich das Gewicht des Reiters tragen. Dafür lasse ich es am Hufschlag anhalten, mit Blick in Richtung Schweif. Dann gebe ich ein Stimmkommando, gehe einen Schritt auf das Pferd zu, touchiere es mit einer Gerte an der Vorderseite des Kronrandes und gebe einen Impuls am Zaumzeug. Das Genick des Pferdes darf dabei keinesfalls zu tief sein, da es sonst die Vorderbeine stärker belastet und sie nicht so leicht in Bewegung setzen kann. Das Antippen signalisiert dem Pferd, das Bein anzuheben und häufig auch bereits einen Schritt zurückzutreten. Die Hinterbeine treten meist automatisch mit zurück. Dann lobe ich sofort. Dies wird allmählich ausgebaut, bis das Pferd mehrere Tritte zurückgeht. Es ist in diesem Stadium noch nicht so wichtig, wie das Pferd zurücktritt; wesentlich ist, dass es die Hilfen versteht und dafür Lob bekommt. Das gerade und diagonale Treten wird sich allmählich daraus ergeben, dass das Pferd in der gesamten Arbeit lernt, seinen Körper besser einzusetzen und seine Hanken zu beugen.
Unter dem Sattel übe ich das Rückwärtsrichten zuerst an der Bande. Am einfachsten ist es, wenn ein Helfer die von der Bodenarbeit bekannten Signale gibt und der Reiter allmählich immer mehr die Hilfengebung übernimmt. Aber es geht auch ohne Helfer vom Boden. Falls das Pferd ohne Assistenz vom Boden die Hilfen nicht versteht, sitzt der Reiter sofort ab und fragt das Rückwärtsrichten vom Boden aus ab. Bei Gelingen ausgiebig loben. Dann wieder aufsteigen und gleich wieder das Rückwärtsrichten probieren. Meist kann das Pferd die Hilfen so gut verknüpfen und die Übung funktioniert dann auch mit der Hilfengebung vom Sattel aus.
Hat das Pferd erlernt, an der Bande ein paar Tritte rückwärts auszuführen, so lässt sich das Rückwärtsrichten weiter verbessern, indem es im Übertreten immer wieder angehalten wird und daraus ein paar Tritte rückwärts zu richten. Oft gehen die Pferde dabei sehr schön leicht und diagonaler zurück. Woran liegt das? Durch das Kreuzen der Hinterbeine im Übertreten beugt das Pferd die Hanken, es kommt ins Gleichgewicht und schließt sich. Dadurch, dass es sich bereits in einer günstigen Balance befindet, kann es dann auch leichter zurücktreten.

5.34 Was mache ich, wenn mein Pferd zu schnell rückwärts geht?

Schießt ein Pferd regelrecht rückwärts und diese Bewegung ist nur schwerlich wieder aufzuhalten, so ist es hinter den Hilfen. Generell muss dann daran

gearbeitet werden, dass das Pferd vor die vortreibenden Hilfen kommt.
Um dies im Rückwärtsrichten zu verbessern, sollte darauf geachtet werden, nur rückwärtszurichten, wenn das Pferd entspannt ist und vorher ruhig steht. Wenn das Pferd aufgeregt ist oder das ruhige Stehenbleiben noch nicht funktioniert, kann das Rückwärtsrichten eine Zeit lang weggelassen und erst nach einigen Wochen oder Monaten, wenn das Pferd in der Ausbildung weiter fortgeschritten ist, wieder eingebaut werden.
Bei Pferden, die dazu neigen, zu schnell rückwärts zu gehen, sollte das Rückwärtsgehen immer nur ein oder zwei Tritte abgefragt und dann sofort wieder angehalten werden. Geht das Pferd weiter zurück als gewollt, wird es sofort nach vorne korrigiert, indem der Reiter im Schritt wieder vorreitet und dann erneut hält.
Pferde, die rückwärtsschießen, haben meist entweder das Genick zu tief und drücken auf den Zügel, dabei machen sie sich lang und steif in den Beinen. Oder sie sind zu hoch und zu offen, dabei lassen sie ihren Rücken nach unten hängen, es fühlt sich an, als würde jedes Bein des Pferdes einzeln agieren. Das Ziel ist also, dass das Pferd zwar mit dem Genick als höchsten Punkt, aber rund und mit nur leichtestem Zügelkontakt rückwärts tritt. So kann es seine Hanken beugen und kontrolliert diagonal zurücktreten.

5.35 Was mache ich, wenn mein Pferd beim Rückwärtsrichten schief wird?

Wird das Pferd bei den allerersten Versuchen im Rückwärtsrichten schief, so wird dies ignoriert, um das Pferd nicht zu verunsichern.
Hat das Pferd aber die Hilfen verstanden, versuche ich, dass das Pferd gerade zurücktritt. Dafür wird das Rückwärtsrichten zuerst am Hufschlag geübt, da das Pferd bereits von einer Seite eingerahmt ist. Auch beim Rückwärtsrichten wird immer die Vorhand vor die Hinterhand gerichtet, um das Pferd geradezurichten. Angenommen, das Pferd steht linke Hand an der Bande und drängt beim Rückwärtsrichten mit der Kruppe nach links ins Bahninnere. So führt der Reiter die Vorhand des Pferdes ebenfalls nach links, indem er die linke Hand öffnet und mit der Rechten gegen den Hals wirkt. Unterstützt wird dies durch die Schenkelhilfen: der linke Schenkel wird zurückgelegt und hilft die Kruppe einzurahmen, und der rechte Schenkel hilft nah am Gurt die Vorhand nach links zu versetzen.
Ist das Pferd jedoch bereits zu schief geworden, bevor der Reiter reagiert hat, so ist es besser, noch einmal anzureiten, das Pferd erneut gerade an den Hufschlag zu bringen und dann erneut rückwärtszurichten.
Tritt das Pferd immer in eine bestimmte Richtung schief, so ist es sinnvoll, schon zu Beginn des Rückwärtsrichtens die Schenkel in die entsprechende Position zu legen und die Vorhand zwischen den Reiterhänden zu positionieren, damit das Pferd gleich gerade zurücktritt. Im Laufe der Ausbildung sollte das Pferd symmetrischer werden und sein Körpergefühl sich so verbessern, dass es ihm leichtfällt, gerade zurückzutreten.

Anlehnung

5.36 Brauche ich Anlehnung zum Ausbilden, und wenn ja, wie viel?

Anlehnung ist definiert als »die stete, weich federnde Verbindung zwischen Reiterhand und Pferdmaul«. (Richtlinien für Reiten und Fahren Bd.1. FN-Verlag)
Im Laufe der Ausbildung ist eine Anlehnung durchaus sinnvoll und nötig. Sie darf aber nicht mit Lehnen des Pferdes auf dem Zügel oder einer erzwungenen Kopf- und Halshaltung des Pferdes verwechselt werden. Anlehnung ist vielmehr der sanfte

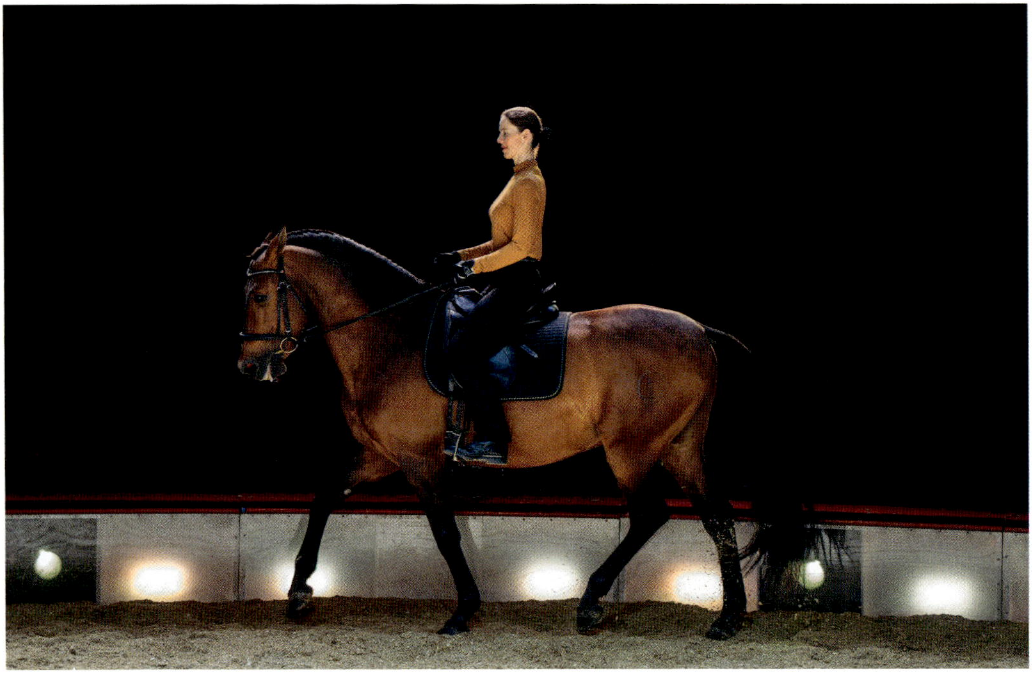

Vertrauensvoller Kontakt zur Reiterhand

Kontakt zwischen Pferdemaul und Reiterhand, welcher einen Dialog zulässt. Korrekte Anlehnung und Zügelkontakt helfen, den Hals des Pferdes mittig auszurichten und die Halsbasis zu fixieren. Dies ist elementar, um die Tragkraft des Reitpferdes auszubilden und reelle Biegung zu ermöglichen.

Zu Beginn seiner Reitpferdekarriere sollte das Pferd zunächst lernen, sich komplett ohne Zügelkontakt auszubalancieren. In diesem Stadium benötigt es auch noch die gesamte Länge seines Halses mit der Nase vor der Senkrechten, um sich auszubalancieren. Korrekturen und Einwirkungen dürfen nur durch kurze, weiche Signale an den Zügeln vorgenommen werden. Wird diese Phase übersprungen, haben die Pferde später Probleme, sich zügelunabhängig auszubalancieren und zur Selbsthaltung zu finden. Dieses Reiten komplett ohne Zügelkontakt sollte auch bei älteren Pferden in allen Gangarten immer wieder abgerufen und überprüft werden. Ist das im Laufe der Ausbildung nicht mehr möglich, so muss wieder einige Schritte zurückgegangen werden, um eben diese Balance ohne Zügel wiederherzustellen.

Ist die Balance ohne Zügelkontakt hergestellt, lernt das Pferd in seiner Grundausbildung als nächstes einen leichten Zügelkontakt zu nehmen. Der Reiter gewährt diesen Kontakt, jedoch ohne dass das Pferd sich auf der Hand abstützen darf. Dieser leichte Kontakt, über den das Pferd noch nicht zur Beizäumung gebracht wird, ist wichtig, damit das Pferd das Gebiss richtig annimmt. Er entsteht durch das taktmäßige und entspannte Vorwärtsgehen und erste Biegungen auf großen Linien. Das Pferd darf keine Angst vor dem Gebiss oder vor Kontakt an diesem haben. Vermeidet es prinzipiell jeglichen Zügelkontakt, so ist dies keine erwünschte Leichtigkeit, sondern das Pferd ist hinter dem Zügel! In der Regel geht dies auch damit einher, dass das Pferd

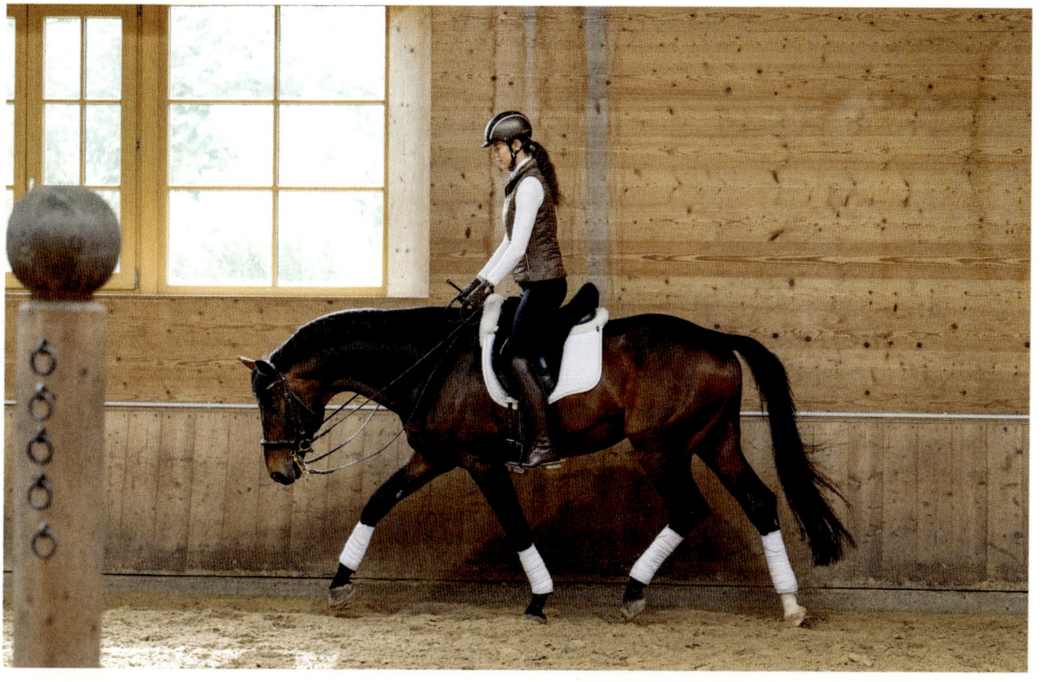

Das zügelunabhängige Reiten darf auch bei ausgebildeten Pferden nie verloren gehen.

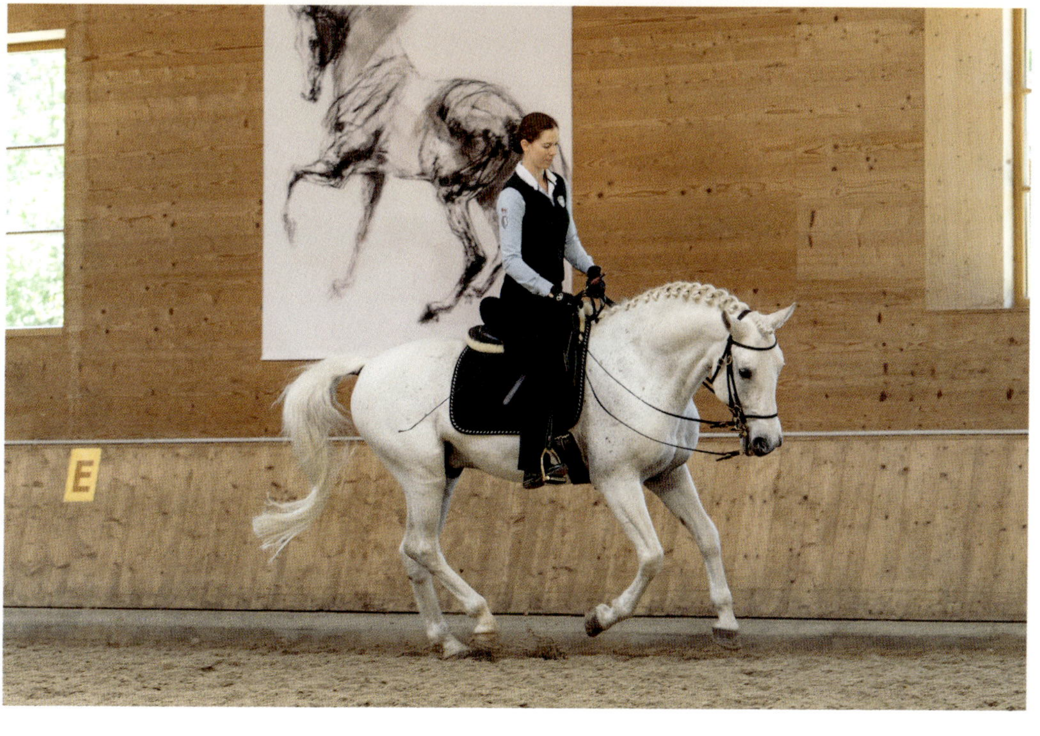

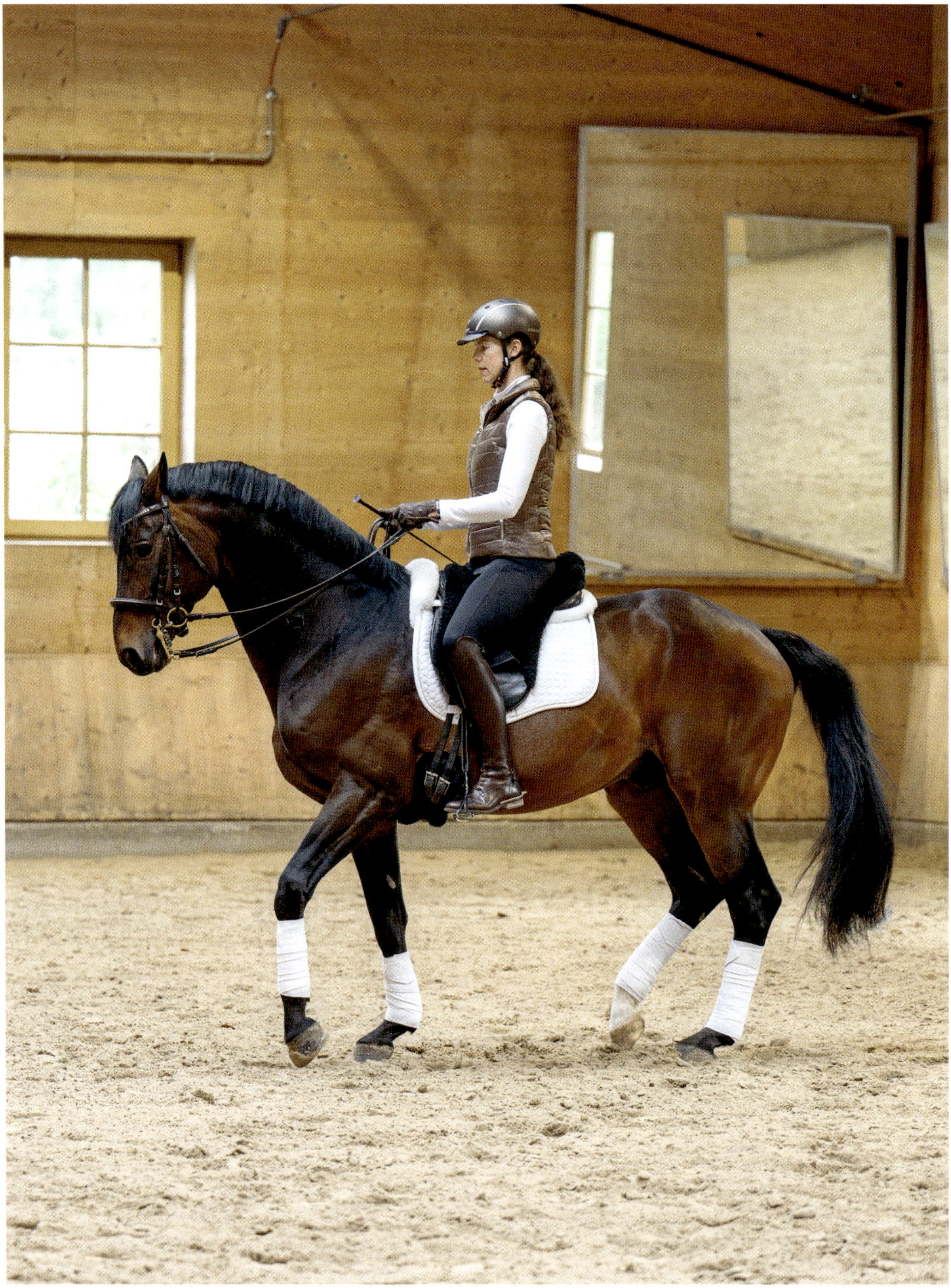

In der Versammlung wird das korrekt ausgebildete Pferd automatisch rund – Bayernhengst Luis Figo.

nicht vor dem Reiterschenkel und somit nicht vor den Hilfen ist.
Im Laufe der weiteren Ausbildung wird das Pferd geschmeidiger und beweglicher. Es beginnt seinen Rücken, seine Hanken, seinen gesamten Körper besser einzusetzen und sein Gewicht gleichmäßiger auf seine vier Beine zu verteilen. Es gibt auf leichte Zügelhilfen hin im Unterkiefer nach und kaut auf dem Gebiss. Im Zuge dieser beginnenden Versammlung fängt es auch an, seinen Hals zu biegen, zu beugen und sich beizuzäumen. Dabei ist darauf zu achten, dass das Pferd nicht durch Rückwärtswirken der Hand beigezäumt und geformt wird. Auch muss in der Beizäumung das Genick der höchste Punkt bleiben, und das Pferd darf sich nicht auf den Zügel legen.
Ist das Pferd weiter fortgeschritten in der versammelnden Arbeit, sollte es dem Reiter immer wieder für Momente möglich sein, seine Hilfen und die Anlehnung aufzugeben. Das Pferd sollte dabei unverändert und in Selbsthaltung weitergehen, ohne dabei Ausdruck zu verlieren. Dies ist das »Descente de main et de jambes«, (F.R. de la Guérinière) welches das kurzzeitige Aussetzen der Zügel- und Schenkelhilfen bezeichnet. Zentral ist, dass der Reiter, und nicht das Pferd, die Anlehnung aufgibt. Hierfür muss das Pferd weit genug gefördert sein und am Sitz des Reiters verbleiben.

5.37 Wie wichtig ist es, dass mein Pferd am Zügel geht und rund wird?

In der Versammlung wird ein richtig gymnastiziertes und ausgebildetes Pferd automatisch rund. Es geht am Zügel, zäumt sich bei und die Stirnlinie nähert sich der Senkrechten. Aber es erweckt auch in seinem gesamten Erscheinungsbild den Eindruck, es sei schön, stolz, vorne groß, rund und kurz. Für den Reiter fühlt es sich an, als sei das Pferd eine Kugel, die er leicht in alle Richtungen verschieben kann. Das Pferd fühlt sich durchlässig an und reagiert leicht auf jede Zügelhilfe.
Häufig passiert es jedoch, dass das Pferd »von hinten aufgezäumt« wird. Damit es den Anschein erweckt, es sei versammelt und angenehm zu reiten, wird den Pferden mechanisch Hals und Kopf heruntermanipuliert, oft auch aus dem Grund, dass so die Rückentätigkeit des Pferdes gefördert werden soll. Für den nicht so geschulten Betrachter geben Pferde in dieser Haltung auch einen gefälligen Eindruck ab. Oftmals drücken Pferde bei solchen Zwangsmaßnahmen anfangs gegen die Hand, da sie noch gar nicht in der körperlichen Lage sind, diese Position einzunehmen. Mit der Zeit geben es die meisten auf und liegen dann häufig auf dem Zügel, oder zumindest auf der Vorhand. Meist gehen Pferde, welche zu einer runden Halsposition genötigt wurden, hinter der Senkrechten oder zumindest mit falschem Knick. Selbst wenn doch das Genick annähernd der höchste Punkt und die Nase an oder vor der Senkrechten ist, wirkt der Hals dabei trotzdem verkürzt und in den Rumpf hineingeschoben.
Für das Pferd ist das am Zügel Gehen wertlos, wenn es nicht zumindest mit einem gewissen Grad an Versammlung und Geschmeidigkeit einhergeht! In der Pferdeausbildung ist es immer wichtig, die richtigen Prioritäten zu setzen. Es kann nicht alles gleichzeitig verbessert und erarbeitet werden. Hat ein Pferd nicht genügend Vorwärtsdrang oder reagiert nicht gut genug am Schenkel, so darf in diesem Stadium auf keinen Fall versucht werden, es über Handeinwirkung rund zu reiten. Vielmehr ist dann am wichtigsten, dass das Pferd sich wieder gerne bewegt und dies auf Aufforderung über den Schenkel macht. Bis das wieder sichergestellt ist, muss ohne Zügelkontakt geritten werden, damit der Weg nach vorne für das Pferd komplett frei ist!
Reiter sind oft auf die Halsposition ihrer Pferde fixiert, da er vom Sattel aus leicht sichtbar ist. Und auch für die Außendarstellung, um eben den Eindruck eines ausgebildeten Pferdes zu erwecken, legen sie vielfach zu viel Wert auf einen zu früh gerundeten Hals. Allgemein stelle ich immer

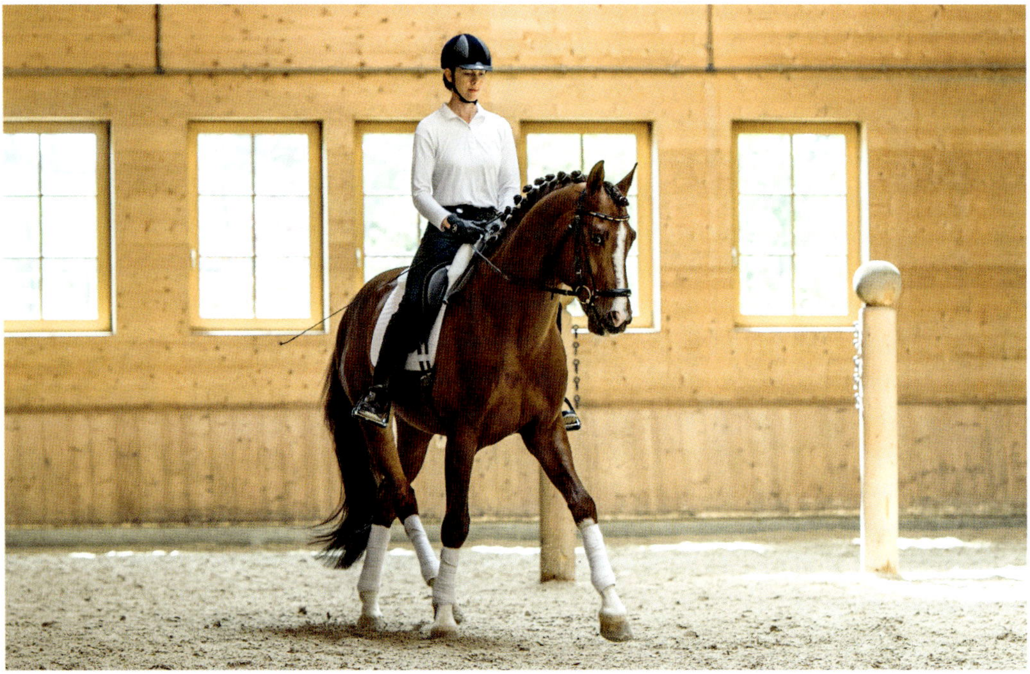

Wird das Pferd durch Biegungen und Seitengänge mobil und locker, fällt es ihm leicht sich aufzurichten und zu runden.

wieder fest: Zu wenig Zügeleinwirkung durch den Reiter ist selten, aber unter zu starker Zügeleinwirkung leiden viele Pferde!

5.38 Wie schaffe ich es, dass mein Pferd rund wird?

Während der Ausbildung darf nicht überbewertet werden, wenn ein Pferd sich mal kurzfristig heraushebt. In der Grundausbildung ist es notwendig, dass das Pferd sich mit einem langen Hals, den es als Balancierstange nutzt, ausbalancieren kann. Dabei wird der Zügel nur signalartig eingesetzt, damit das Pferd lernt, sich unabhängig von der Reiterhand auszubalancieren. Im Laufe der Ausbildung sollte das Pferd dann lernen, das Gebiss anzunehmen, Kontakt mit der Reiterhand zu haben und mit der Zeit auch rund zu werden.
Geht ein Pferd beständig über dem Zügel oder sogar gegen ihn, so muss es weiter gymnastiziert und an seiner Balance gearbeitet werden. Ist es ausreichend vorbereitet, gibt im Unterkiefer nach und ist locker, dann wird es durch Biegung und die Seitengänge von allein rund und kann das allmählich auch auf Geraden beibehalten.
Wenn sich ein gut gearbeitetes Pferd doch mal heraushebt oder im Hals steif macht, lässt es sich leicht durch ein Stellen am inneren Zügel wieder zum Kauen bringen, wodurch es wieder locker und rund wird.

5.39 Was mache ich, wenn mein Pferd zu viel kaut?

Die erste Frage, die man sich stellen sollte, ist, ob das Pferd tatsächlich zu viel kaut. Heutzutage sind es viele Reiter einfach nicht mehr gewohnt, dass Pferde auf dem Gebiss kauen, da es leider durch festgezogene Nasenriemen und verspannte Pferde unüblich geworden ist. Dabei ist ein entspanntes

Kauen unter Einsatz der Zunge ein Zeichen für gutes Reiten!
Kaut ein Pferd tatsächlich zu viel auf dem Gebiss, sprich: es klappert nervös mit dem Gebiss, so darf auf keinen Fall der Nasenriemen zugeschnürt werden und dem Pferd das Kauen erschwert werden. Vielmehr muss das Kauen als Indikator wahrgenommen werden, dass das Pferd erregt ist. Bei manchen Pferden ist dies charakterlich oder situativ bedingt. Diese Nervosität wird sich bei diesem Pferd sicherlich auch noch anders darstellen und gibt dem Reiter den wertvollen Hinweis, immer wieder an der Entspannung und Losgelassenheit des Pferdes zu arbeiten.
Auch die korrekte Lage des Gebisses im Maul sollte überprüft werden, wenn das Pferd zu viel darauf kaut. Keinesfalls sollte es dann zu tief eingeschnallt sein. Manchmal ist das übertriebene Kauen allerdings auch ein Hinweis darauf, dass das Pferd hinter dem Zügel ist. In der gesamten Arbeit sollte dann daran gearbeitet werden, dass das Pferd sich nicht vor der Hand versteckt, sondern das Pferd den Kontakt zum Gebiss vertrauensvoll annimmt. In diesem Fall sollte der Reiter viel Schritte/Tritte/Sprünge verlängern und verkürzen reiten. Dabei dem Pferd die Hand ruhig anbieten, damit es sich traut, eine leichte Anlehnung zu nehmen, und vor allem auf die notwendige Rahmenerweiterung achten!

5.40 Was mache ich, wenn mein Pferd zu wenig kaut?

Wenn ein Pferd nicht kaut, bedeutet dies, dass es nicht locker ist. Die gesamte Muskulatur im Pferd ist über Muskelketten verbunden. So machen sich Verspannungen im Kiefergelenk durch zugeschnürte Nasenriemen oder harte Handeinwirkung auch im Pferderücken bemerkbar und umgekehrt. Pferde, welche sonst nicht kauen, beginnen oft sofort damit,

Tritte verlängern hilft dabei, dass das Pferd den Rahmen erweitert und den Zügel annimmt.

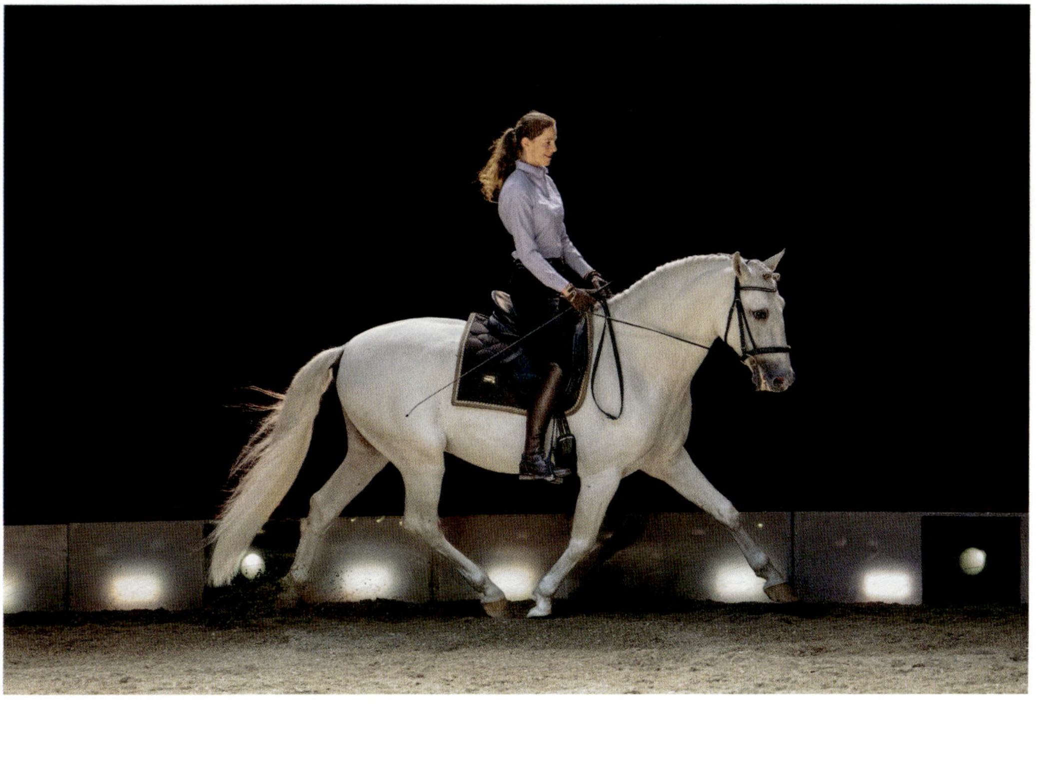

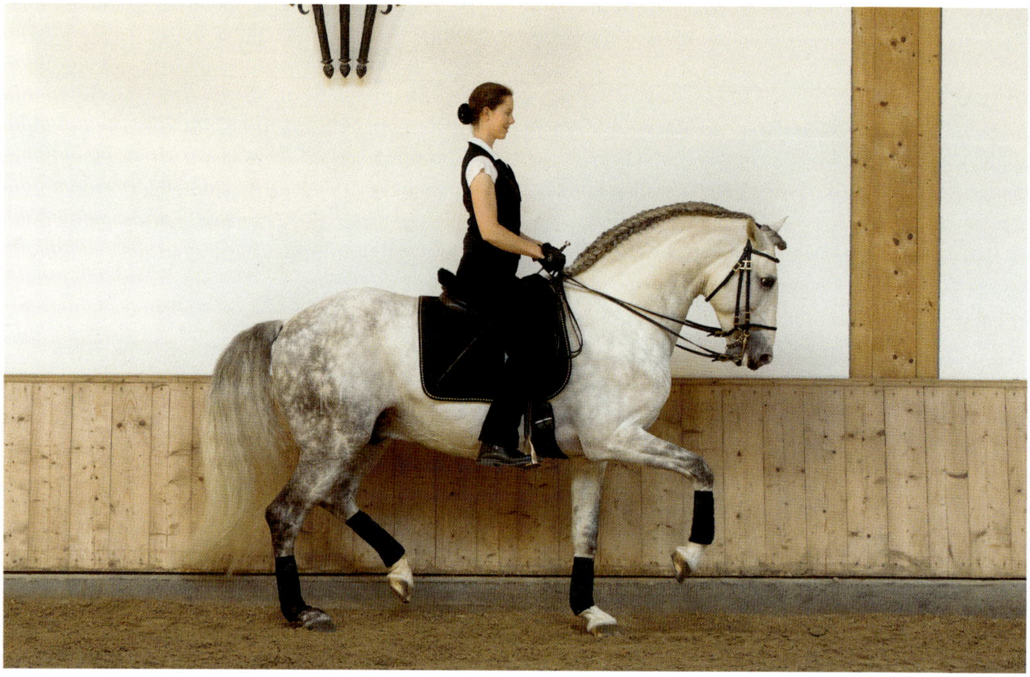

Wird der Rücken aktiv, so wird auch das Maul tätig – Lusitano Vinho.

wenn sie anfangen, ihren Rücken zu lockern und Rücken und Hinterhand effektiv einzusetzen.
Kaut ein Pferd nicht, so wird zuerst einmal die Ausrüstung überprüft. Ist der Nasenriemen locker genug verschnallt (2 aufgestellte Finger am Nasenrücken Platz?) oder kann er vielleicht komplett ausgeschnallt werden? Auf keinen Fall darf ein zusätzlicher Sperrriemen eingeschnallt sein. Eventuell sollte auch ein Tierarzt nach den Zähnen schauen, ob hier Probleme vorliegen. Aber vornehmlich ist dies ein reiterliches Problem, was mit korrekter Ausrüstung und Gymnastizierung behoben werden kann.

5.41 Was mache ich gegen Zähneknirschen?

Zähneknirschen weist immer auf eine ungewollte Spannung hin. Es gibt zwei Arten von Pferden, die knirschen. Die einen sind verspannt und knirschen, weil ihnen die Kraft fehlt, die anderen sind kräftig und neigen deswegen zu Verspannungen. Knirscht ein Pferd, bedeutet das gleichzeitig auch, dass das Pferd nicht oder zu wenig kaut. Dies ist auch die Lösung für das Knirschen. Das Pferd muss so gearbeitet werden, dass es locker wird und kaut, dann knirscht es nicht mehr. Das Kauen sollte immer gefördert werden. Ziel ist es, dass der Reiter durch Schließen der Finger eine Stellung erreichen kann und das Pferd mit Kauen antwortet.
Bei Pferden, die knirschen, gehe ich genauso vor wie bei Pferden, die nicht kauen: als erstes wird die Verschnallung des Nasenriemens geprüft. Dieser muss entsprechend locker sein oder wird ganz entfernt. Polsterungen jeglicher Art legitimieren nicht das zu enge Verschnallen des Nasenriemens.
Meine liebste Übung, bei der auch Korrekturpferde zuverlässig anfangen zu kauen, ist das Übertreten. Hier wird die Hinterhand aktiviert, die Pferde müssen, um kreuzen zu können, ihre Hanken beugen,

verbessern ihr Gleichgewicht und der Rücken des Pferdes wird tätig.
Das Übertreten wird immer wieder in kurzen Reprisen in die Reiteinheit mit dem Pferd eingebaut. Die dabei erreichten positiven Effekte lassen sich nach und nach in die gesamte Arbeit übertragen, immer vorausgesetzt, das restliche Reiten wird so gestaltet, dass es nicht die positiven Effekte des Übertretens sabotiert. Keinesfalls darf das Pferd mit einer starren Anlehnung in eine bestimmte Kopfhaltung gezwungen werden. Ebenso darf es nicht in überhöhtem Tempo mit dem Schenkel gegen die Hand getrieben und dabei auf die Vorhand gescheucht werden. Vielmehr muss hier permanent auf eine leichte Zügelführung geachtet werden. Dabei muss das Pferd in einem Tempo gehen, in dem es ihm möglich ist, sein Gleichgewicht zu verbessern und sich zu schließen, es muss durch gymnastizierende Arbeit gelockert und gekräftigt werden. Das Kauen des Pferdes kann immer als guter Indikator genommen werden, ob der Reiter auf der richtigen Fährte ist. Wenn ein Pferd ein Problem hat, und das hat es, wenn es knirscht, dann müssen umso häufiger Pausen am hingegebenen Zügel eingebaut werden. Auch dürfen die Einheiten nicht zu lang sein, damit das Pferd sich nicht wegen Übermüdung seiner Muskeln verspannt und womöglich noch negative Erfahrungen mit dem Reiten macht.

5.42 Was mache ich, wenn mein Pferd hinter dem Zügel ist?

Ist das Pferd hinter dem Zügel, muss es mehr Vertrauen zur Hand finden. Oft machen sich Pferde, die hinter der Hand sind, auch kurz im Hals, vermeiden jeglichen Zügelkontakt. Manchmal wird dies jedoch durch Kopfschlagen oder Reißen am Zügel unterbrochen, da die Pferde versuchen, der verkürzten Position zu entkommen und sich frei zu machen. Meist sind Pferde,

Gymnastizierende Arbeit an der Hand löst das Pferd und fördert die korrekte Maultätigkeit.

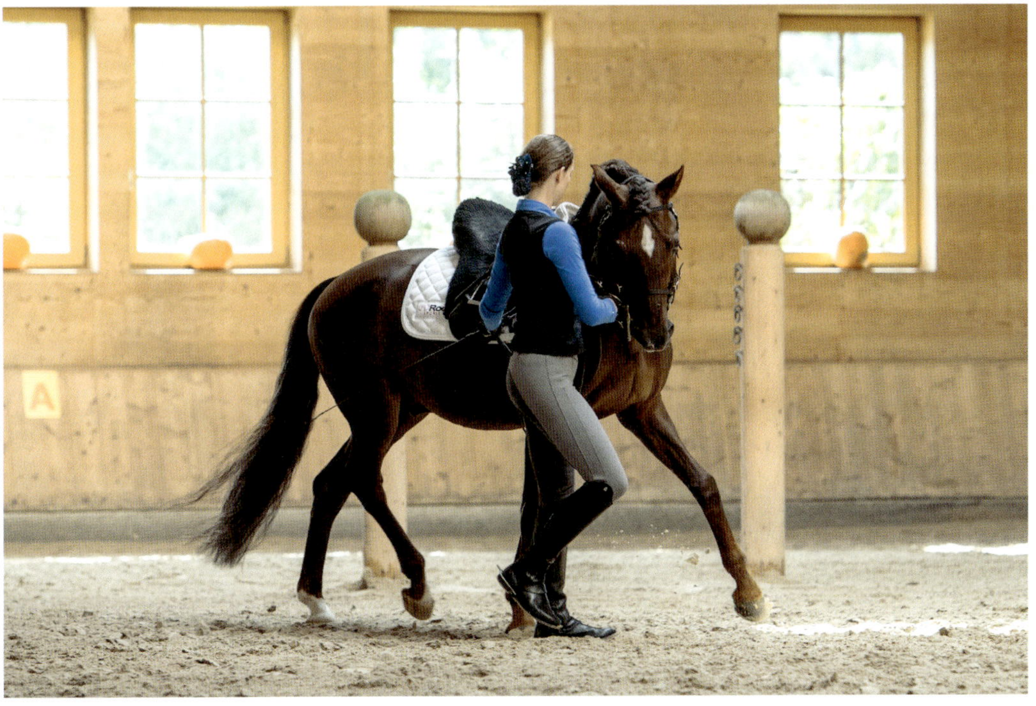

die hinter der Hand sind, auch hinter dem Schenkel. Der Unterschied zwischen einer gewollten Leichtigkeit (dem »Descente de Main«) und dem Pferd, welches hinter dem Zügel ist, besteht darin, wer den Kontakt aufgibt. Gibt der Reiter den Kontakt auf und das Pferd bewegt sich genauso weiter, verbleibt aufgrund des Sitzes des Reiters in derselben Position, so ist das positiv. Gibt jedoch das Pferd von sich aus den Kontakt auf, beziehungsweise weicht es von vornherein jeglichem Zügelkontakt aus, ist das Pferd hinter dem Zügel, so ist das negativ. Es kann keine vertrauensvolle Kommunikation über den Zügel stattfinden. Der Reiter hat das Gefühl, er bleibt mit seinen Zügeln im Leeren; meist hat er dann auch den Eindruck, keinen Hals vor sich zu haben.

Auch wenn das Pferd hinter dem Zügel ist, sollte die Ausrüstung überprüft werden. Pferde, die hinter der Hand sind, sollten erst einmal nur auf Trense geritten werden und erst, wenn sie zur Hand Kontakt aufnehmen, auf Kandare und Unterlegtrense. Vielleicht gehören sie aber auch zu den Pferden, welche zeitlebens besser auf Trense zu reiten sind.

Genauso muss der Reiter auf seine Hände achten. Diese sollte er dem Pferd ruhig anbieten, so dass das Pferd sich traut, eine leichte Anlehnung daran zu nehmen. Unruhige oder permanent spielende Hände sind kontraproduktiv und irritieren das Pferd nur. Auch hier ist das Verlängern und Verkürzen der Schritte/Tritte/Sprünge mit der damit verbundenen Rahmenerweiterung hilfreich. Das Pferd kommt hierbei vor die Schenkel des Reiters. Manchmal muss der Reiter auch mit den Händen nach vorne oben einwirken, um zu verhindern, dass das Pferd sich einrollt. Dann lässt der Reiter die Hände in dieser leicht erhöhten, vorderen Position und versucht, durch Treiben das Pferd zum Annehmen des Kontaktes zu bringen.

Für den spanischen Schritt ist ein vertrauensvoller Kontakt zur Hand notwendig.

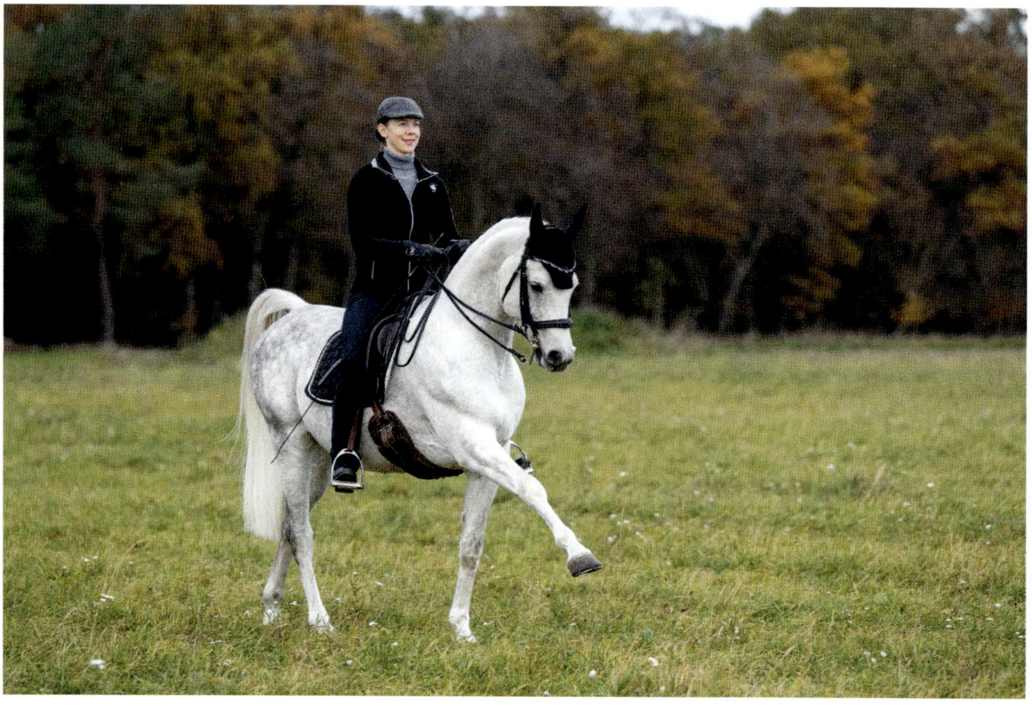

5.43 Was mache ich, wenn mein Pferd im Hals unruhig ist?

Wenn ein Pferd im schnellen Wechsel immer mal zu hoch oder zu tief mit dem Kopf geht, sollte der Reiter nicht den Fehler machen und dies immer mit der Hand ausgleichen wollen. Reagiert er ständig auf die Bewegungen mit einer Handbewegung, so wird es zu einem Jojo-Effekt kommen, und die Situation wird sich eher noch verschlechtern. Der unruhige Hals ist nur das Symptom; die Ursache liegt nicht im Hals, sondern meist daran, dass das Pferd aufgeregt, hinter den Hilfen ist, im Hals zu kurz oder im Rücken nicht aktiv ist.

Um Ruhe in den Hals zu bringen, muss der Reiter versuchen, dass das Pferd mit einem entspannten, langen Hals und einem offenen Winkel zwischen Kopf und Hals an die Hand herantritt. Häufig bietet sich hier eine leicht angehobene Hand an, die dem Pferd hilft, dass das Genick oben bleibt. Dann muss der Reiter das Pferd mit den Schenkeln zur Hand an den Zügel herantreiben, so dass es den Zügelkontakt annimmt. Generell ist darauf zu achten, dass die Zügel nicht zu kurz gefasst werden. Der Hals darf nicht in eine Form gepresst werden, sondern das Pferd muss so geritten werden, dass sich durch Übertragung der Kraft der Hinterbeine und eines tätigen Rückens ein stabiler Hals ergibt.

5.44 Was mache ich, wenn mein Pferd auf der Hand hängt?

Hängt das Pferd auf der Hand, so befindet es sich nicht im Gleichgewicht. Es balanciert sich über den Zügel aus und hat vermehrt Gewicht auf der Vorhand. Zur Korrektur muss die Anlehnung für einige Zeit komplett aufgegeben werden. Dem Pferd werden über die Zügel nur impulsartig kleine Signale gegeben. Dabei muss drauf geachtet werden,

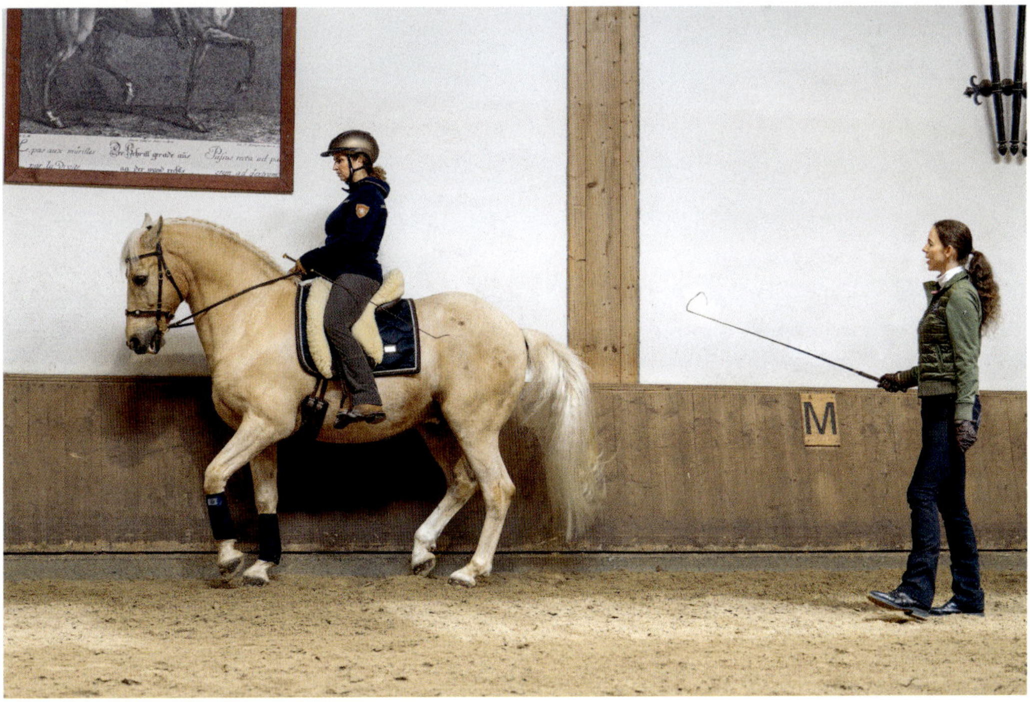

Die Arbeit an versammelnden Lektionen hilft dem Pferd, von der Hand weg zu kommen.

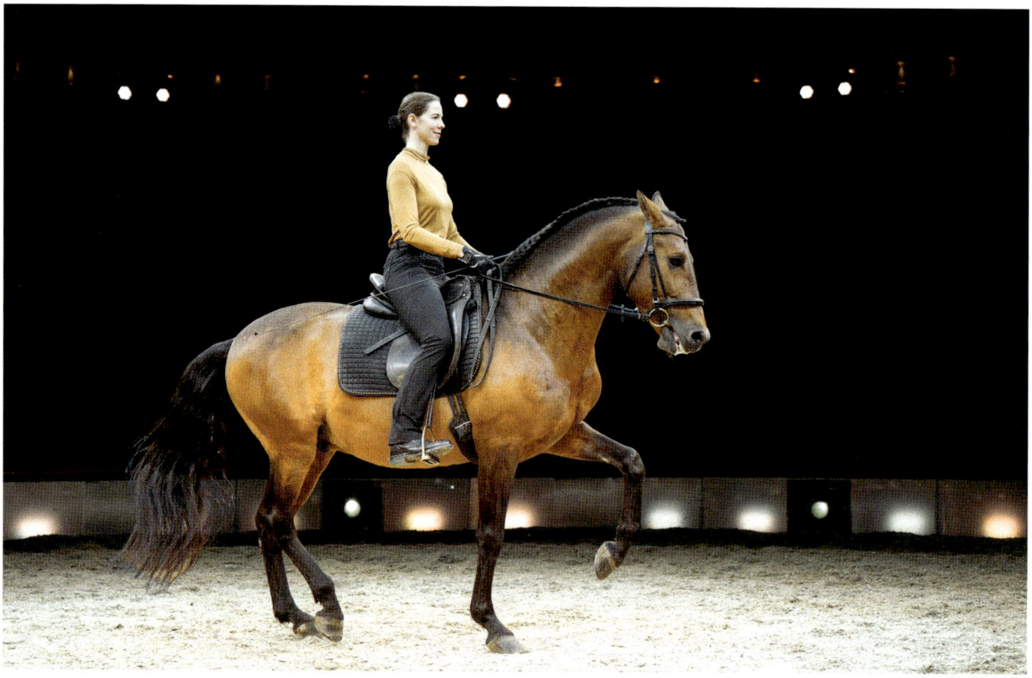

Versammelnde Übungen helfen beim Finden des Gleichgewichts – P.R.E.-Hengst Odesso in der Piaffe.

dass das Pferd das Genick als höchsten Punkt trägt. Lieber ist es in diesem Stadium mal zu hoch und zu offen im Hals, als dass riskiert wird, dass das Pferd durch eine stete Anlehnung und eine runde Halshaltung wieder auf der Hand hängt.

Erst wenn das Pferd nach einiger Zeit besser ausbalanciert ist und am Reitersitz bleibt, darf es wieder vermehrt mit Zügelkontakt gehen und auch allmählich runder werden – aber immer mit dem Genick oben und nur, wenn es dabei leicht bleibt am Zügel.

Häufig geht das Abstützen auf der Hand auch mit einem mangelnden Engagement der Hinterbeine einher. Dann ist es das Mittel der Wahl, das Pferd hinten zu engagieren, damit es sich selbst vorne wieder anhebt und leicht am Zügel wird. Hierzu kann es entweder mit der Gerte am Oberschenkel angetippt werden oder der Reiter engagiert es mit den Schenkeln zu fleißigerem Abfußen. Dabei darf das Pferd das Tempo nicht erhöhen. Der Reiter muss vielmehr in einem ruhigen Tempo versuchen, das Pferd hinten zu engagieren, um es zu versammeln und ins Gleichgewicht zu bringen. Wird es daraufhin schneller, wird der Reiter es sofort wieder aufnehmen und dann erneut engagieren.

Liegt ein Pferd schwer auf dem Zügel, so sollte generell das Tempo überdacht werden, nicht, dass es durch überhöhtes Tempo aus dem Gleichgewicht gebracht worden ist und der Reiter es sich selbst auf die Hand treibt.

Das Reiten vieler Übergänge zwischen den Gangarten kann helfen, das Pferd unabhängiger von der Hand zu machen. Bei Übergängen in eine höhere Gangart ist dabei auf den prompten Antritt und das Engagement der Hinterbeine zu achten. Bei Übergängen in eine niedrigere Gangart muss darauf geachtet werden, sie am Sitz durchzuführen und ohne dass das Pferd dabei im Genick tiefer kommt.

5.45 Woran erkenne ich eine korrekte Stellung?

Stellung ist definiert als Drehung des Pferdekopfes im Genick. Die Richtung, in die es den Kopf dreht, wird als innere Seite bezeichnet, egal ob sie zur Bahnmitte oder zur Umrandung ausgerichtet ist. Die Drehung findet in dem Gelenk zwischen dem ersten und zweiten Halswirbel statt. Das Gelenk, das den Schädel mit dem ersten Wirbel verbindet, lässt nur Auf- und Abbewegungen zu (»Ja-Sager-Gelenk«).
Für eine korrekte Stellung bleiben die Pferdeohren auf einer Höhe. Ist dies nicht der Fall, wird dies als Verwerfen bezeichnet.
Vom Sattel aus sieht man bei richtiger Stellung auf der inneren Seite »das Auge des Pferdes schimmern«. Von der Seite aus betrachtet, verschwindet auf der inneren Seite der hintere Rand der Ganasche hinter der Ohrspeicheldrüse und außen steht der Rand der Ganasche weiter heraus.

Abgrenzen muss man die Stellung von der Biegung. In der Biegung soll der Reiter den Eindruck haben, das Pferd biege sich gleichmäßig über die gesamte Längsachse seiner Wirbelsäule, vom Genick bis zum Schweifansatz. Anatomisch ist das zwar nicht möglich, da manche Teile der Pferdewirbelsäule nicht oder nur eingeschränkt seitlich beweglich sind; dennoch fühlt es sich so an. Stellung findet dagegen hauptsächlich im Genick statt. Somit ist es möglich, das Pferd nur zu stellen, aber nicht zu biegen. In der Biegung hingegen ist das Pferd auch automatisch immer gestellt.
Häufig stellen und biegen Reiter ihre Pferde zu stark. Trotz Stellung und Biegung muss der Reiter das Gefühl haben, der Hals bliebe vor den Pferdeschultern und die Halsbasis stabil. Andernfalls verliert das Pferd seine Balance und auch die Stabilität in seinem Körper, welche zur Tragfähigkeit wichtig ist.

Auch bei der Passage auf einer gebogenen Linie ist das Pferd leicht gestellt und gebogen.

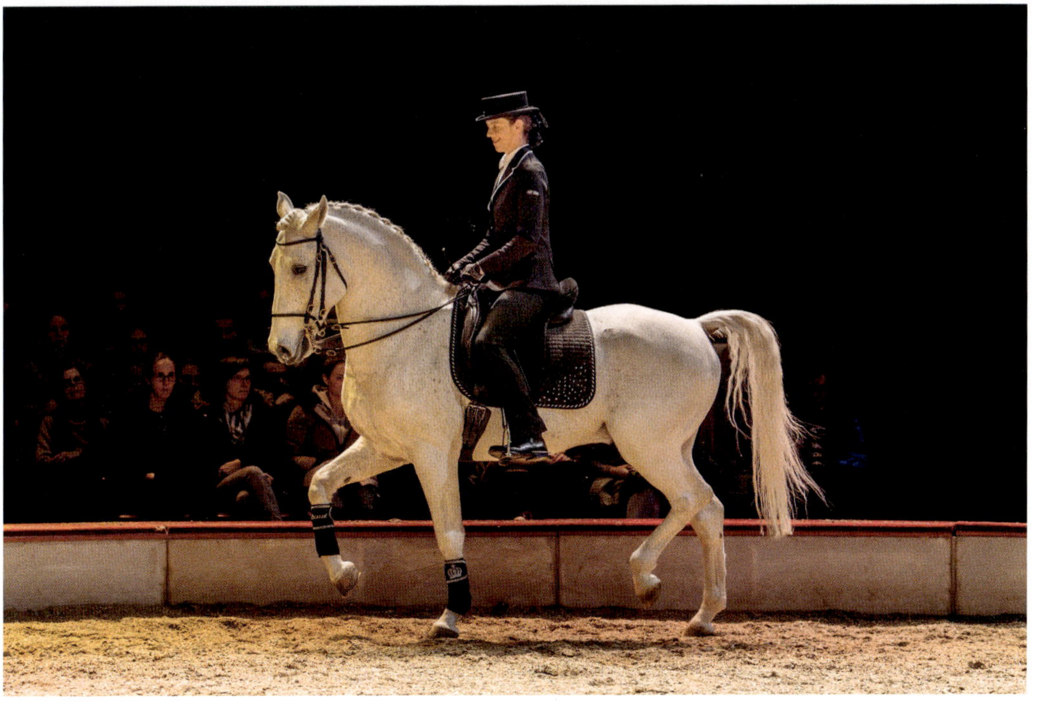

5.46 Was mache ich, wenn mein Pferd sich verwirft?

Verwirft sich ein Pferd, so deutet dies auf Widerstände und Spannungen im Körper hin. Es kann Hinweis auf eine noch nicht ausreichende Gymnastizierung und Geraderichtung sein. Auch wenn das Pferd über die äußere Schulter ausweicht, kommt es häufig zum Verwerfen. Verwerfen im Genick ist auch oft mit dem gleichseitigen Hinterbein gekoppelt. Das heißt, ist das gleichseitige Hinterbein nicht ausreichend aktiv, kann es leicht zum Verwerfen im Genick kommen. Eine weitere Ursache ist zu viel Zügeleinwirkung durch den Reiter.
Häufig ist das Verwerfen im Genick auch verbunden mit dem seitlichen Verdrehen des Halses. Besonders beim Einüben der Seitengänge oder in Wendungen kann dies passieren. Hier muss der Reiter erst einmal versuchen, mit einem geraden Hals Vor- und Hinterhand zu kontrollieren und zu platzieren. Auf die Stellung sollte vorerst verzichtet werden. Dabei muss die Basis des Halses fixiert werden, so dass der Reiter den Eindruck hat, dass der Hals des Pferdes immer vor seinen Schultern bleibt. Nehmen wir das Beispiel des Schulterherein rechts. Das Pferd macht sich zu hohl und hat Mühe, die Schultern von der Bande zu lösen, verdreht deswegen den Hals ab dem Widerrist nach rechts und verwirft sich im Genick. Um den Hals wieder vor die Schultern zu bekommen, muss der Reiter in dieser Phase auf die Biegung und Stellung verzichten und mit dem linken Zügel den Hals des Pferdes begradigen. Damit das Pferd die Vorhand innen behält, öffnet er die rechte Hand nach rechts und die linke Hand drückt gegen den Hals. Eventuell muss sogar der linke Schenkel vorne am Gurt dabei unterstützen, dass die Vorhand innen bleibt. Der rechte Schenkel liegt etwas zurück und wirkt bei Bedarf seitlich treibend ein. Der Reiter achtet darauf, aufrecht zu sitzen und sich keinesfalls zu verdrehen oder in der Hüfte einzuknicken. Er dreht nur seinen gesamten Oberkörper im Block nach rechts und sitzt leicht nach links in die Bewegungsrichtung. Erst wenn das Pferd so sicher seitlich geht, versucht der Reiter vorsichtig das Pferd zu stellen und zu biegen.
Rein symptomatisch kann man sich auch damit behelfen, die Hand auf der Seite, auf der das Pferd das Ohr tiefer trägt, anzuheben. So kann ein leichtes Verwerfen ausgeglichen werden. Die höher gestellte Hand hilft auch dabei, dass das Pferd auf dieser Seite den Unterkiefer löst, zu kauen beginnt und Spannungen löst. Meist muss gleichzeitig das innere Hinterbein engagiert werden, um einen nachhaltigen Effekt zu erzielen.
Verwerfen im Genick kann auch auf Reiterfehler hindeuten. Bleibt der Reiter zu lange am inneren Zügel und das Pferd macht sich fest, kann es zum Verdrehen des Kopfes kommen. Genauso oft ist es aber auch der Fall, dass der Reiter am äußeren Zügel zu fest bleibt und die Stellung und Biegung nicht zulässt. In jedem Fall sollte der Reiter bei jedem Verwerfen des Pferdes seine Zügelführung in Frage stellen und im Zweifel lieber erst einmal nachgeben und versuchen, das Pferd von hinten zu engagieren, so dass die Energie von den Hinterbeinen das Pferd begradigt. Generell ist darauf zu achten, dass immer vornehmlich mit Schenkel- und Sitzhilfen geritten wird und die Zügelhilfen nur wohldosiert und, wenn wirklich notwendig, noch ergänzend eingesetzt werden sollten.

5.47 Was mache ich, wenn mein Pferd sich auf einem Zügel festmacht und sich nicht stellen lässt?

Druck erzeugt Gegendruck, und ein so schweres und kräftiges Lebewesen wie ein Pferd durch Kraft zu leiten, wird fehlschlagen. Reagiert ein Pferd nicht oder nicht ausreichend auf die Einwirkung mit dem Zügel, ist es nicht zielführend, gegenzuhalten und zu ziehen. Das verschlimmert das Problem nur und das Pferd macht sich erst recht fest. Druck erzeugt Gegendruck. Merkt der Reiter, dass das Pferd der Stellung nicht folgt, sollte er erst einmal mit der

Hand nachgeben und die Situation noch einmal überdenken. Gibt es einen Grund, warum das Pferd der Stellung nicht nachgeben kann? Oder muss die Einwirkung des Reiters verändert werden, um zum Ziel zu führen?
Häufig wird es an der natürlichen Schiefe liegen, dass das Pferd der Stellung nicht nachgeben kann, weil seine Muskeln der äußeren Seite verkürzt sind. Hier muss das Pferd dann allmählich durch Arbeit auf gebogenen Linien und in Seitengängen dazu ermuntert werden, seine Komfortzone zu erweitern und die Koordination zu verbessern. Der Reiter versucht immer wieder mit weichen Zügelhilfen, das Pferd dazu zu animieren, sich zu stellen. Wichtig ist dabei, dass der Reiter nicht aktiv den Pferdekopf mit den Zügeln herumnimmt, sondern viel mehr mit dem Gedanken an die Stellung geht, dass er dem Pferd nur das Zeichen für die Stellung gibt. Durchführen muss das Pferd die Aktion allein. Alles andere endet in einem Gezerre.
Oft ist es auch hilfreich, dass der Reiter seine Einwirkung leicht verändert, wenn er merkt, er kommt nicht durch. Für Stellung und Biegung ist es, gerade bei jungen Pferden, hilfreich, die innere Hand seitlich zu öffnen. Dies hilft beim Wenden des Kopfes. Das leichte Anheben der inneren Hand kann auch sehr nützlich sein. Dadurch wirkt das Gebiss vermehrt in die Maulwinkel ein. Dies führt in der Regel zu einem leichten, gewollten Öffnen des Unterkiefers. Meist beginnen die Pferde dadurch auch zu kauen. Dieses Lösen im Unterkiefer und das Kauen tragen zur Entspannung der Muskulatur bei. Ist die Muskulatur entspannt, kann sie die erforderliche Dehnung der äußeren Seite zulassen, das Pferd kann sich leichter stellen.

Galopp

5.48 Muss ich mein Pferd auch schon zu Beginn der Ausbildung unter dem Reiter galoppieren?

Nein, das muss man nicht zwingend. Es gehört zwar zur Grundausbildung dazu, aber wenn das Pferd hier Probleme hat, macht es Sinn, das Galoppieren unter dem Sattel etwas hintenanzustellen. Es gibt immer wieder Pferde, die Schwierigkeiten mit dem Galopp haben. Besonders schwere oder große Pferde haben hier oft Defizite im Ausbalancieren.
Sind die Probleme im Galopp zu groß, ist es sinnvoll, zuerst die Ausbildung im Schritt und Trab voranzutreiben. Je besser sich das Pferd bereits mit Reiter im Schritt und Trab ausbalancieren gelernt hat, desto leichter wird auch im Regelfall der Galopp werden. Wird auf den Galopp unter dem Reiter verzichtet, sollte aber das Pferd im Freilaufen und auf der Koppel genügend Gelegenheit haben, dort zu galoppieren. Auch das Galoppieren an der Longe kann einen Ausgleich schaffen und zusätzlich beim Finden des Gleichgewichts helfen.
Häufig liegen Probleme mit dem Galopp in der Grundausbildung auch nicht am Pferd, sondern am Reiter. Ein unausbalanciertes Pferd wird nicht sofort gesetzt und langsam galoppieren können. Es wird sehr natürlich und mit langem Hals in einem höheren Tempo galoppieren müssen, um den Galopp überhaupt halten zu können. Das fühlt sich zuweilen erst einmal etwas wild an. Da muss der Reiter sich ein Herz fassen und dem Pferd genügend Raum am Zügel geben, um es nicht gleich wieder zu bremsen. Auch das Pferd muss erst lernen, sich den Galopp mit Reiter zuzutrauen.
Oft wird das junge Pferd auch etwas Außenstellung benötigen, um leichter zu wenden und den Innengalopp ausführen zu können.

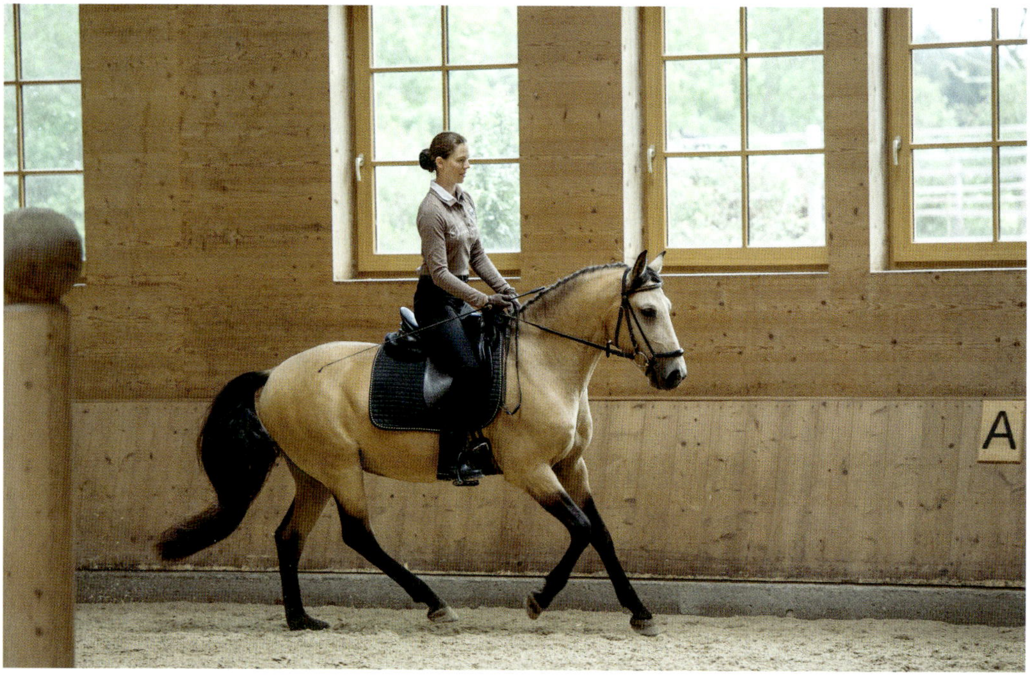

Fünfjähriger Lusitano im entspannten Galopp

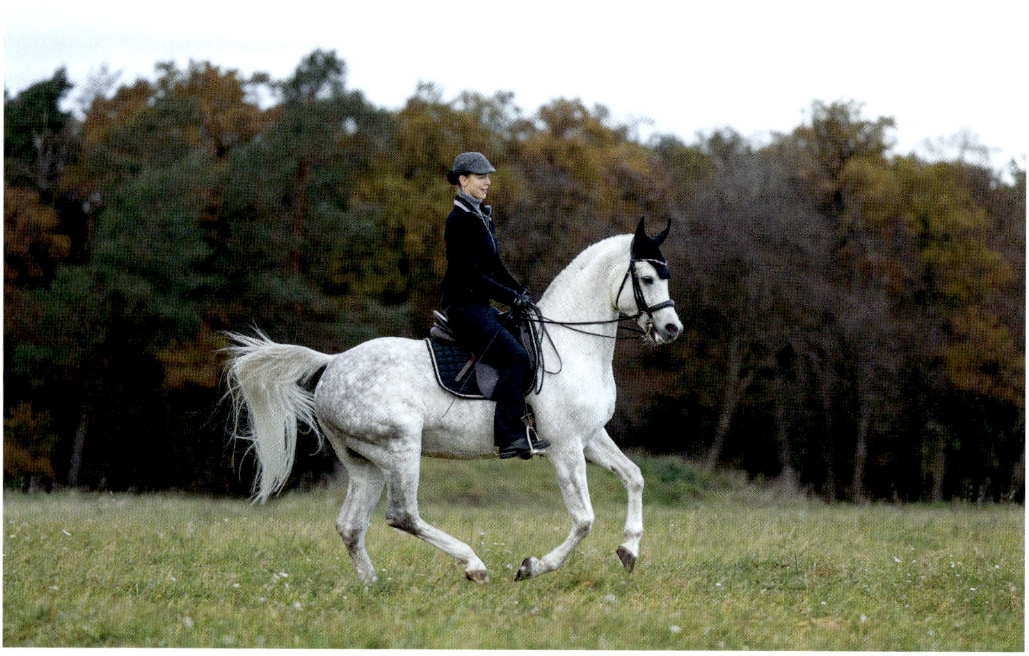

Aktiver Galopp vor dem Einleiten einer Galopppirouette

5.49 Wie galoppiere ich an?

Bei jungen Pferden ist es während dem Angaloppieren sehr wichtig, den Impuls nach vorne zu festigen. Um dies zu erreichen und damit der Übergang nicht zu abrupt und heftig abläuft, wird der Trab beschleunigt, bis das Pferd von selbst in den Galopp fällt. Der Reiter kann auch mit seiner Stimme helfen und das Pferd antreiben. Der äußere Schenkel wird leicht nach hinten verlegt, getrieben wird aber anfangs mit beiden Schenkeln. Keinesfalls darf der äußere Schenkel dabei nach oben gezogen werden. Beim Angaloppieren sollte der Reiter nicht den Sitz verlieren und zurückfallen oder das Pferd mit den Zügeln stören. Das erste Ziel muss sein, dass das Pferd am lockeren Zügel genauso galoppiert wie ohne Reiter. Die Halshaltung wird nur vorsichtig ausgeglichen, das Genick darf nicht zu tief kommen, auf Stellung und Biegung wird vorerst verzichtet, es genügt, dass das Pferd sich nicht stark seitlich im Hals verdreht.

Junge Pferde galoppiere ich gerne auf dem Zirkel in Richtung geschlossene Seite an, oder am Ende der Diagonalen in Richtung der Ecke. So haben sie aufgrund der Bande die Tendenz im Handgalopp anzuspringen.

Wird die Idee des Vorwärtsgehens im Angaloppieren nicht gefestigt, so hat dies oft Buckeln zur Folge. Auch das Austreten nach dem Schenkel kann darin begründet sein. Selbstverständlich können Buckeln und Ausschlagen auch körperliche Ursachen haben, dies sollte immer bedacht werden.

In der weiteren Ausbildung lernt das Pferd dann zu einem präzisen Zeitpunkt anzugaloppieren und nicht mehr über das Beschleunigen im Trab. Ab hier wird der Galopp mit dem äußeren Schenkel ausgelöst, da auch das Pferd mit dem äußeren Hinterbein zuerst in den Galopp springt. Der innere Schenkel ist während des Angaloppierens für das Geradehalten des Pferdes verantwortlich. Um den Galopp dann zu beizubehalten, übernimmt der

Bayernstute Amazing Grace im Galopp

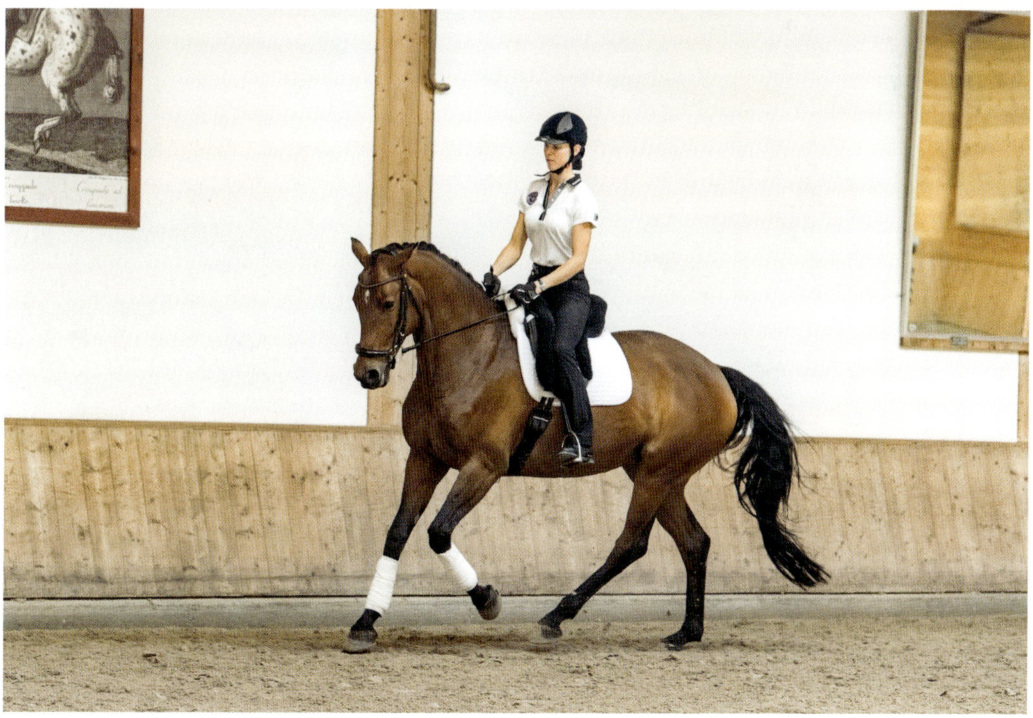

innere Schenkel die Hauptaufgabe und erhält den Impuls.
Der Reiter unterstützt das Anspringen im Galopp, indem er Brustbein und Bauchnabel ganz leicht nach vorne bringt, um sicherzustellen, in der Bewegung zu bleiben. Der Reiter schiebt die innere Hüfte leicht vor und belastet diese und den inneren Steigbügel. Keinesfalls darf das Pferd zum Angaloppieren mit dem inneren Zügel zu stark nach innen gebogen werden. Dies würde den Vorwärtsdrang des Pferdes schmälern und es aus dem Gleichgewicht bringen. Daher müsste der Reiter mit vermehrtem Treiben der Schenkel kompensieren, was zu widersprüchlichen Hilfen führen würde.
Gelingt das Angaloppieren aus dem Trab, kann der Reiter schon recht bald versuchen, das Pferd auch aus dem Schritt angaloppieren zu lassen. Wie immer arbeitet man hier vom Bekannten zum Unbekannten hin. Ich lasse das Pferd hierfür zuerst einmal auf dem Zirkel zur geschlossenen Seite hin aus dem Trab angaloppieren. Kurz vor dem Queren der Mittellinie pariere ich es über den Trab zum Schritt durch. Zur geschlossenen Seite hin, an derselben Stelle, an der ich vorher aus dem Trab angaloppiert bin, versuche ich es nun aus dem Schritt angaloppieren zu lassen. Meistens unterstütze ich auch mit Stimmhilfe. Fast immer gelingt das Angaloppieren so auf Anhieb oder zumindest mit ein bisschen Anfeuern über ein paar Trabtritte. Sobald das Pferd im Galopp ist, lobe ich es mit der Stimme. Dies wiederhole ich noch ein oder zwei Mal, bis ich mit dem Ergebnis zufrieden bin. Durch das positive Ergebnis hat dies einen hohen Lerneffekt.

5.50 Wie verhindere ich, dass mein Pferd in den Kreuzgalopp fällt?

Kreuzgalopp ist häufig ein Anzeichen von Spannung im Pferdrücken oder mangelnder Balance.
Fällt ein Pferd in den Kreuzgalopp, sollte der Reiter zuerst seine Hilfengebung überprüfen. Meist liegt die Ursache an zu viel Einwirkung des inneren Zügels. Verbiegt sich der Pferdhals nach innen, wird oft die Kruppe nach außen gehen, um dies zu kompensieren. Dies begünstigt den Kreuzgalopp. Erste Korrekturmöglichkeit ist das Nachgeben am Zügel. Am effektivsten ist aber das Stellen des Pferdes in eine leichte Schenkelweichenposition. Für den Linksgalopp beispielsweise wird es leicht nach rechts gestellt und die Kruppe des Pferdes kommt etwas nach links zur Bahnmitte. Durch dieses seitliche Abstellen springt das Pferd mit den Hinterbeinen vermehrt unter seinen Körper. Dadurch ist es in der idealen Balance für den Linksgalopp. Genauso galoppieren Pferd auch im Freilauf bei Wendungen. Die Korrektur über das Schenkelweichen funktioniert häufig sogar auch während des Galoppierens und das Pferd springt wieder in den Innengalopp um. Gelingt dies nicht, wird in Ruhe durchpariert und erneut angaloppiert. Bei Pferden, die sehr häufig in den Kreuzgalopp springen, ist es ratsam, über einige Zeit ausschließlich im Schenkelweichen zu galoppieren. Erst wenn dies sicher ist und das Pferd den Galopp halten kann, sollte es allmählich auch geradegerichtet werden, immer mit einem aufmerksamen äußeren Schenkel, der die Kruppe nicht nach außen wegbrechen lässt, nie mit zu viel innerem Zügel und zu starker Innenbiegung.
Ist ein Pferd sehr unsicher mit dem Galoppieren, kann es sogar anfangs sinnvoll sein zu vernachlässigen, ob das Pferd im Innen-, Außen- oder Kreuzgalopp geht, Hauptsache, es traut sich überhaupt zu galoppieren. Hier liegt es im Gefühl des Ausbilders zu entscheiden, ob eine Korrektur bereits angebracht ist oder nicht.
Gerade blütige Pferde haben oft die Tendenz, sich im Rücken fest zu machen, das Becken nicht abzukippen und in den Kreuzgalopp zu fallen. Um dies zu verbessern ist auch wieder das Schenkelweichen das Mittel der Wahl. Aber auch beim Verlängern und Verkürzen der Sprünge verlieren diese Pferde oft die Hinterbeine und kommen in den Kreuzgalopp. Dann muss der Reiter vermehrt mit dem äußeren Schenkel einwirken, um die Hinterhand zu begrenzen und den Innengalopp zu erhalten.

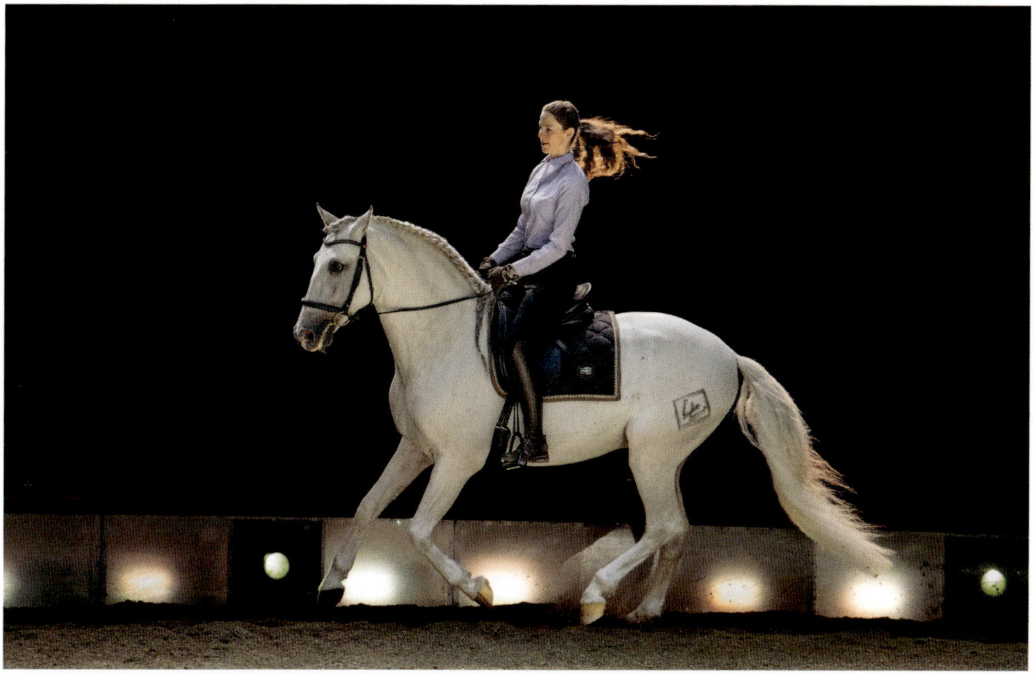

Der Pferdhals darf besonders im Galopp nicht überbogen werden – P.R.E.-Hengst Celtico.

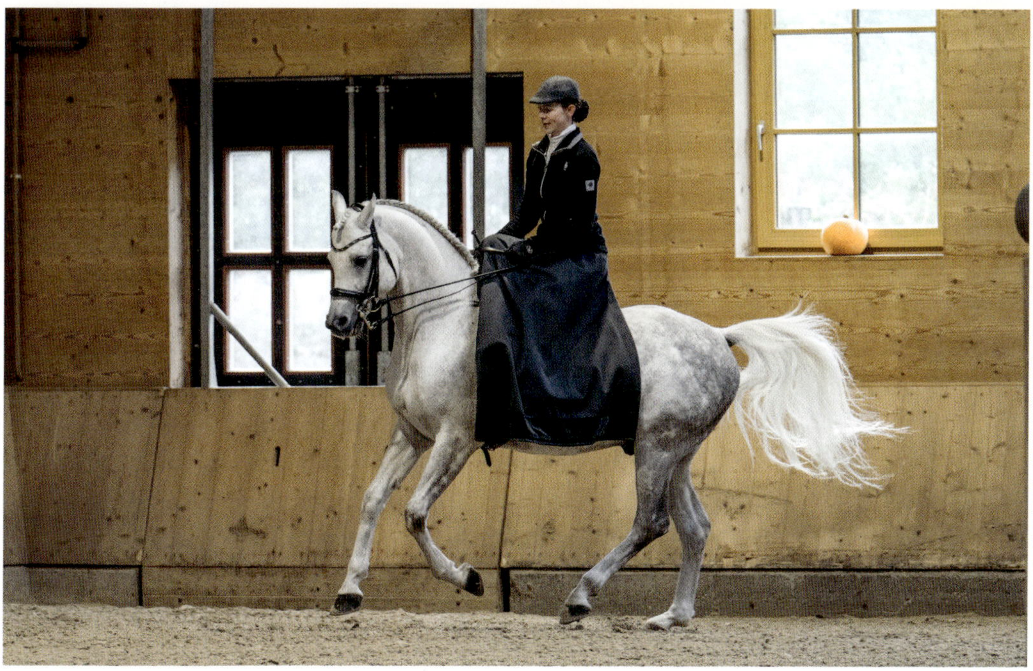

Vollblutaraber WM Malakil im Galopp unter dem Damensattel

5.51 Was mache ich, wenn mein Pferd im Galopp schief wird?

Zu Beginn der Ausbildung ist es erst einmal nicht so tragisch, wenn das Pferd sich im Galopp leicht schief stellt. In der Regel wird es die Kruppe etwas nach innen bringen, um sein Gleichgewicht zu halten und den Innengalopp zu halten. In diesem frühen Ausbildungsstadium liegen die Prioritäten darauf, dass das Pferd willig im gewünschten Galopp anspringt und es in einem freien Tempo galoppiert, als ob es keinen Reiter tragen würde. Der Reiter sollte das Pferd nur korrigieren, wenn es die gewünschte Linie nicht einhalten kann, etwa nach innen fällt oder nach außen wegdrängelt.
Im Laufe der Ausbildung wird die Geraderichtung des Pferdes weiter voranschreiten. Dies wird zuerst im Schritt, dann im Trab und zuletzt im Galopp Früchte tragen. Im Galopp wird, genauso wie in den anderen Gangarten auch, die Vorhand vor die Hinterhand geführt. Hier ist wieder die Konterstellung, aber auch das Schultervor zu nennen, die helfen können, die Vorhand vor die Hinterhand zu platzieren. Generell sollte das Pferd, genauso wie im Schritt und Trab auch, mit den Seitengängen gymnastiziert werden, so dass es gerader wird. Dabei ist es wieder wichtig, die Seitengänge so auszusuchen, dass die Schulter, die das Pferd aufgrund seiner natürlichen Schiefe vermehrt belastet, freier wird.
Um die Vorhand im Galopp vor die Hinterhand zu führen, wirkt der Reiter mit dem äußeren Zügel gegen den Pferdehals. Eventuell unterstützt noch der öffnende innere Zügel. Dabei darf das Pferd nicht zu stark gebogen werden, sonst wird die Vorhand wieder ausweichen. Keinesfalls darf der Reiter den inneren Schenkel zu weit zurücklegen, um die Hinterhand des Pferdes nach außen zu drücken. Dies würde in den meisten Fällen sogar einen Galoppwechsel zur Folge haben.

Schultervor im Galopp

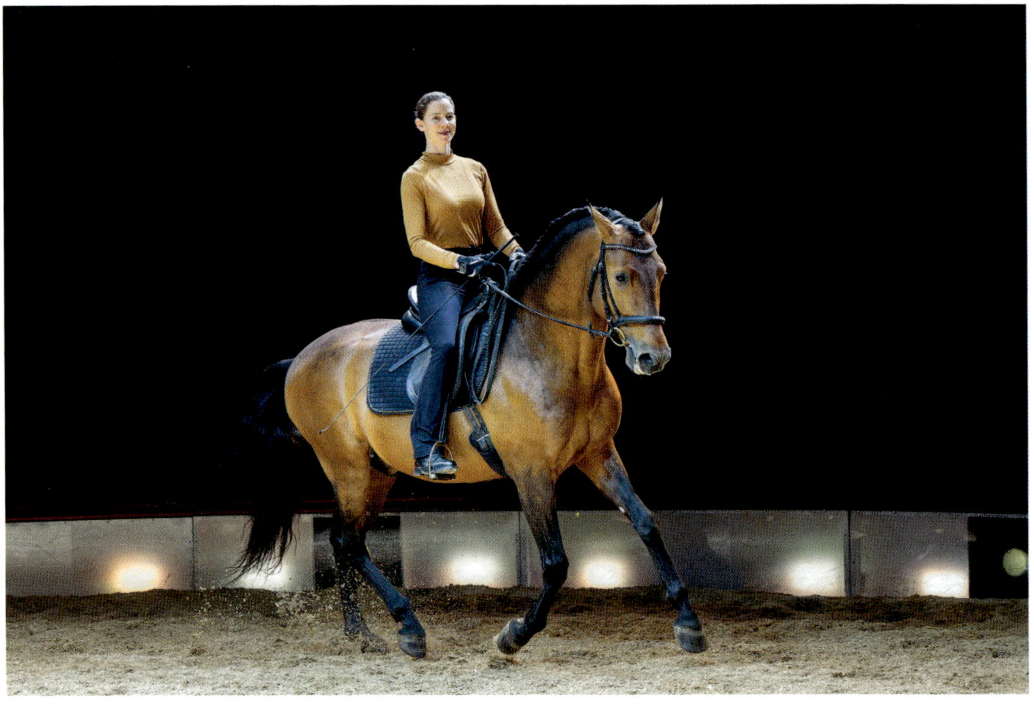

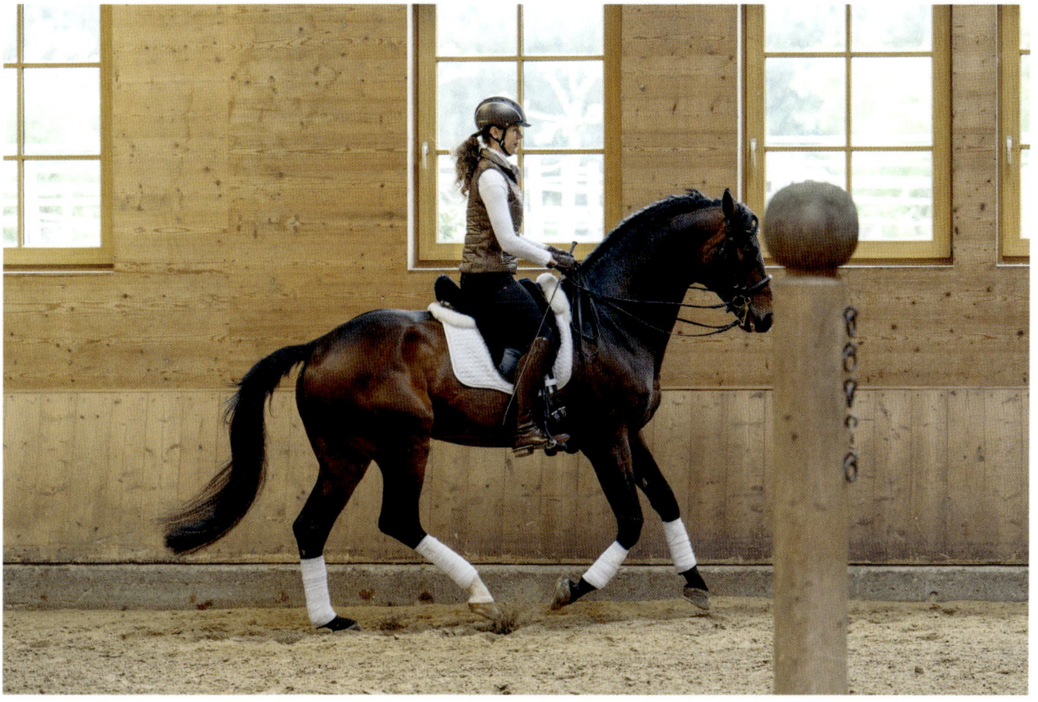

Gut durchgesprungener Galopp – Bayernhengst Luis Figo

5.52 Was mache ich, wenn mein Pferd im Galopp nicht durchspringt?

Springt ein Pferd im Galopp nicht richtig durch, fühlt es sich für den Reiter an, als würde es mehr laufen als springen.

Der Durchsprung geht verloren, wenn der Impuls nach vorn verloren geht. Meist liegt die Ursache hierfür in mangelnder Kraft des Pferdes, zu viel Handeinwirkung des Reiters oder zu wenig Schenkeleinwirkung. Wie immer sollte der Reiter zuerst überprüfen, ob nicht er das Pferd am fleißigen Abspringen hindert. Gegebenenfalls muss er seine Hilfengebung und seinen Sitz anpassen.

Pferde, die nicht gut durchspringen, sollten nicht zu lange am Stück galoppiert werden, zumindest nicht ohne Änderung des Tempos oder Wechsel zu einem Seitengang beziehungsweise erneutem Geraderichten. Wird zu lange zu eintönig galoppiert, leidet schnell die Qualität der Sprünge darunter. Häufige Übergänge dagegen, besonders das Angaloppieren aus dem Schritt, fördern den Kraftaufbau des Pferdes und das Abspringen. Aber auch alle anderen Übergänge, auch innerhalb der Gangart, helfen, den Galoppsprung lebhaft zu erhalten. Beim Durchparieren und beim Aufnehmen des Galopps muss darauf geachtet werden, hauptsächlich über den Sitz und nicht zu stark mit der Hand einzuwirken. Besonders beim Aufnehmen des Galopps darf der Reiter nicht an ein »Bremsen« denken, sondern er sollte das Pferd durch etwas verringertes Mitschwingen im Becken zurückholen und es bei Bedarf mit den Schenkeln engagieren. Auf diese Weise hat der Reiter das Gefühl, das Tempo wird langsamer, aber das Pferd springt hinten schneller ab.

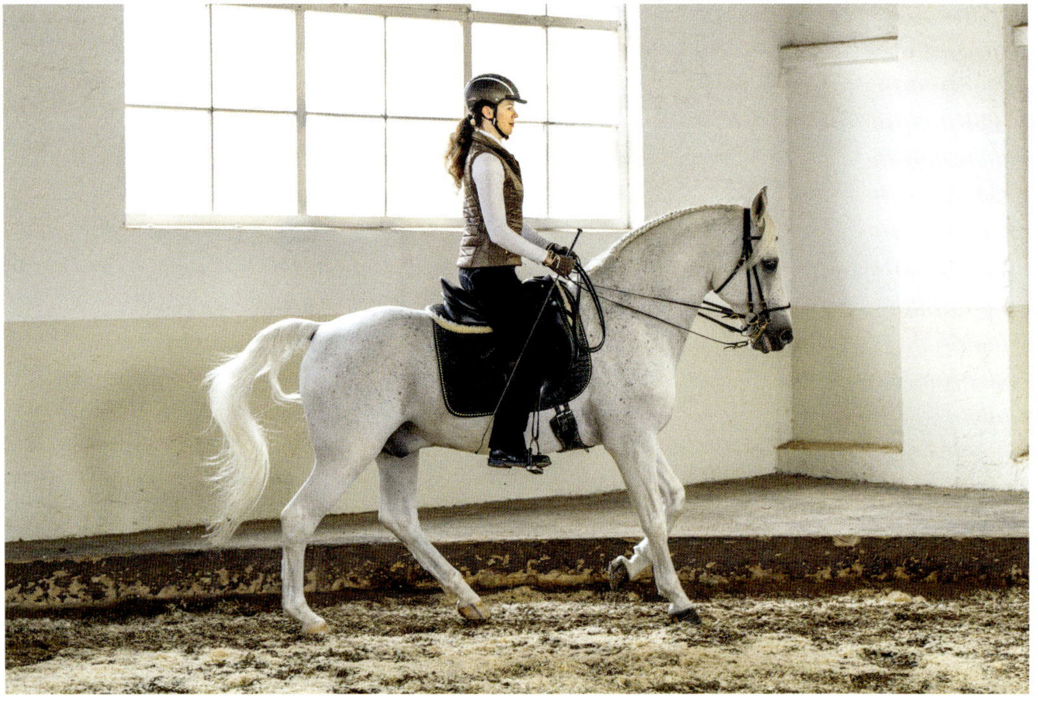

Lipizzanerhengst Maestoso Stornella im Außengalopp

5.53 Was mache ich, wenn mein Pferd den Außengalopp nicht hält?

Zunächst muss man sich klar machen, dass das Pferd immer die Tendenz hat, auf der Hand zu galoppieren, zu der es die Kruppe hin verschiebt. Travers mit Linksbiegung auf der linken Hand und Schenkelweichen mit Rechtsstellung vom rechten Schenkel weg begünstigen den Linksgalopp. Wie Gustav Steinbrecht in seinem Buch »Das Gymnasium des Pferdes« beschreibt: »..., so ist das Travers fördernd und vorbereitend für den Galopp, weil dieser ein Vorrichten der inneren Seite und fast gleichzeitiges Vorgreifen der inneren Füße erfordert. Man nennt deshalb die ersten Grade des Travers die Galoppstellung ...«. Genauso wird das Renvers mit Linksbiegung auf der rechten Hand ebenfalls den Linksgalopp begünstigen. Diese Positionierung der Vor- und Hinterhand macht sich der Reiter beim Erarbeiten und bei Unklarheiten im Außengalopp zunutze. Erst wenn der Außengalopp sicher ist, wird das Pferd hier auch geradegerichtet.

Oft konnte ich beobachten, dass die meisten Probleme im Außengalopp in der Einwirkung des Reiters begründet sind. Die meisten Reiter verdrehen sich zur Bande hin oder biegen ihr Pferd zu stark. Das führt dazu, dass die Pferde sich ebenfalls zur Bande drehen, die Renversstellung geht verloren. Für eine effektive Hilfengebung im Außengalopp auf der linken Hand, also dem Rechtsgalopp, liegt der äußere (linke) Schenkel des Reiters leicht hinten, das Pferd wird nicht zu stark nach rechts gebogen. Der Reiter sollte unbedingt zwischen den Pferdeohren hindurch in die Richtung schauen, in die er reitet. Er gibt im Grunde dieselben Hilfen, wie wenn er den Rechtsgalopp auf der rechten Hand als Innengalopp reitet.

Merkt der Reiter im Außengalopp, dass das Pferd umspringen möchte, so stellt er es sofort in eine leichte Renversposition. So ist es unwahrscheinlich, dass es ungewollt den Galopp wechselt. Erst wenn der Reiter merkt, das Pferd weicht dem äußeren Schenkel aus und bleibt im gewünschten Galopp, beginnt er es gefühlvoll geradezurichten. Dabei darf der innere Schenkel aber nicht nach hinten verlegt werden, das würde wieder einen Wechsel provozieren. Vielmehr muss der Reiter hier auch die Vorhand vor die Hinterhand führen. Das übernimmt der äußere Zügel, welcher gegen den Pferdehals wirkt, und eventuell noch der öffnende innere Zügel. Wird das Pferd aber zu stark gebogen, wird die Vorhand ausweichen und das Pferd sich wieder schief stellen. Bei weit ausgebildeten Pferden reite ich den Außengalopp auch gerne auf der Viertellinie im Konterschultervor, um sie geradezurichten.

Damit das Pferd den Außengalopp erlernt, reite ich oftmals Linksgalopp auf der linken Hand, also Handgalopp. Daraus reite ich weiter im Galopp über die Diagonale, passiere die kurze Seite im Außengalopp und gehe sofort wieder über die Diagonale zurück. Die Ecken, welche im Außengalopp geritten werden, müssen anfangs deutlich abgekürzt und abgerundet werden. Beim Passieren der Ecken und der kurzen Seite im Außengalopp helfe ich außerdem vermehrt mit dem rechten Schenkel, so dass die Kruppe in der Spur bleibt oder sogar vermehrt nach links weicht. Meine rechte Schulter geht zurück, mein Oberkörper ist leicht nach rechts gedreht, dies unterstützt die Position des Pferdes. Die rechte Hand öffnet zur Seite, um zu wenden und die Vorhand rechts zu behalten. Die linke Hand unterstützt durch ein Wirken gegen den Hals. Dabei lege ich anfangs noch keinen besonderen Wert auf Stellung und Biegung, ich gleiche nur aus, falls das Pferd den Hals seitlich verdreht. Diese Übungsabfolge setzt noch einen sehr geringen Versammlungsgrad des Pferdes voraus und gelingt auch schon mit jungen Pferden auf natürliche Art und Weise.

Gelingt der Außengalopp auf diese Weise, beginne ich allmählich auch einen ganzen Zirkel im Außengalopp zu reiten und dann erst wieder über die Diagonale zurückzugehen. Wichtig bleibt hierbei immer die Schulterkontrolle; sobald das Pferd im Außengalopp die Schultern Richtung Bande oder die Kruppe Richtung Bahnmitte drückt, springt es um.

Als nächsten Schritt übe ich mit dem Pferd an der langen Seite aus dem Schritt außen anzugaloppieren. Voraussetzung hierfür sind das Angaloppieren aus dem Schritt im Innengalopp und das Renvers. Um direkt außen anzugaloppieren, benötigt das Pferd schon ein gutes Verständnis der Reiterhilfen und einen höheren Versammlungsgrad. Dafür durchreite ich die zweite Ecke der kurzen Seite im versammelten Schritt und zu Beginn der langen Seite stelle ich das Pferd in ein Renvers. Hier animiere ich es mit dem äußeren Schenkel (der Schenkel, der zur Bahnmitte zeigt) zum Angaloppieren. Im Außengalopp lasse ich das Pferd dann etwas gerader werden, aber ohne die Vorhand zur Bande drängen zu lassen. Nach einigen Sprüngen pariere ich wieder durch. Meistens funktioniert das Anspringen im Außengalopp so sofort. Versteht das Pferd trotzdem die Aufgabe nicht und springt auch nach einigen Wiederholungen immer im Innengalopp an, wechsle ich mit einer Kehrtvolte die Hand und galoppiere einige Male im Travers im Innengalopp an. Es folgt ein erneuter Handwechsel und ein erneuter Versuch, im Renvers außen anzugaloppieren.

Erst wenn der Außengalopp so sicher gelingt, kann das Pferd nach und nach gefühlvoll geradegerichtet werden.

Videoclip Galopp Reiterperspektive

Fortgeschrittene Galopplektionen wie Pirouetten und Serienwechsel

Glossar

Am Sitz: Ein Pferd am Sitz zu haben bedeutet, dass der Reiter sein Pferd hauptsächlich mit dem Sitz dirigieren kann.

Am Zügel: »Ein Pferd, das in williger Anlehnung geht, den Zügelhilfen nachgibt und dem Reiter, sowohl im Halten als auch im Gange, das Gefühl einer sicheren und weichen Verbindung zwischen Hand und Pferdemaul verleiht, ‚steht am Zügel'.« (aus: Richtlinien für Reiten und Fahren Bd.1, FN-Verlag)

Anlehnung: »Anlehnung ist die stete, weich federnde Verbindung zwischen Reiterhand und Pferdemaul. ... Anlehnung besteht, wenn das Pferd an das Gebiss herantritt, gleichgültig in welchem Rahmen.« (aus Richtlinien für Reiten und Fahren Bd.1, FN-Verlag).

Auf dem Zügel: Das Pferd stützt sich auf den Zügel ab, es befindet sich nicht in Selbsthaltung. Dies entsteht durch ein mangelndes Engagement der Hinterbeine oder auch durch Gleichgewichtsprobleme des Pferdes. Meist kommen die Pferde dabei im Genick zu tief.

Aufrichtung: Aufrichtung bedeutet, dass das Pferd aus der Versammlung heraus den vorderen Teil (Kopf, Hals, Widerrist und Brustkorb) in Relation zur abgesenkten Kruppe anhebt. Der Reiter hat das Gefühl, das Pferd wird vor ihm groß.

Außen: In der Fachsprache wird oft rechts und links durch außen und innen ersetzt. Außen bezeichnet die äußere Seite der Biegung und Stellung. Dies ist unabhängig von der Seite, auf welcher die Bande ist. Wenn ein Pferd auf der linken Hand nach rechts gestellt/gebogen ist (z.B. in Konterstellung oder im Renvers) ist zwar die Bande rechts, aber die linke Seite ist die äußere Seite.

Beizäumung: Die Beizäumung ist ein Abkippen des Pferdekopfes im Genick: »Kopfhaltung des Pferdes bei beginnendem Versammeln, wobei die Stirnlinie des Tieres fast senkrecht zum Boden steht und das Genick den höchsten Punkt bildet.« (aus: Duden)

Biegung: »Unter Biegung wird eine Krümmung der Längsachse verstanden. Dabei soll der Pferdekörper, soweit anatomisch möglich, gebogen werden.« (aus Richtlinien für Reiten und Fahren Bd.1, FN-Verlag) Biegung besteht also nicht nur aus einer seitlichen Drehung des Halses, sondern, so weit möglich, auch aus einer Biegung im restlichen Körper.

Drückende Hand: Die »drückende Hand« wird ähnlich dem Neck-Reining verwendet. Die Hand wirkt mit dem darin liegenden Zügel gegen den Hals, um die Vorhand weichen zu lassen. Dies ist hilft beim Geraderichten, Wenden und beim Erarbeiten der Seitengänge. Meist wird sie zusammen und als Verstärker der öffnenden Hand verwendet. Diese Zügelhilfe wird auch der indirekte Zügel genannt, da er nicht direkt auf das Maul einwirkt.

Durchlässigkeit: »Unter Durchlässigkeit wird die Bereitschaft des Pferdes verstanden, die Hilfen des Reiters gehorsam und zwanglos anzunehmen. ... Die Durchlässigkeit ist das Ergebnis der gymnastizierenden Arbeit. Ihr Vorhandensein gibt die schlüssigste Auskunft über den wirklichen Wert der geleisteten Ausbildungsarbeit.« (aus Richtlinien für Reiten und Fahren Bd.1, FN-Verlag) Ein durchlässiges Pferd nimmt die Hilfen des Reiters prompt und willig an und kann sie aufgrund seiner Ausbildung sofort umsetzen.

Falscher Knick: Ein falscher Knick bezeichnet eine Position im Pferdehals, bei der nicht das Genick der höchste Punkt ist, sondern der dritte oder vierte Halswirbel. Der falsche Knick deutet häufig auf zu viel Handeinwirkung des Reiters hin.

Hanken: Die Hanken bezeichnen die großen Gelenke der Hinterhand: Hüfte, Knie und Sprunggelenk. Bei F. R. de la Guérinière (Reitkunst, Olms Verlag) werden die Hanken wie folgt definiert: »Die Hanken sind die beiden Seiten des Kreuzes. Sie erstrecken sich von den oben bei den Flanken befindlichen Knochen, bis zur Kniescheibe. Man nennt gemeiniglich die ganze Hinterhand, die Hanken.«

Hankenbeugung: Die Hankenbeugung beschreibt das vermehrte Winkeln der Hanken. Die Hankenbeugung und das damit verbundene Abkippen des Beckens und Anheben des Widerristes ist ein wesentlicher Aspekt der Versammlung und der Ausbildung der Tragkraft.

Hingegebener Zügel: »Ein Pferd geht mit hingegebenem Zügel, wenn keine Verbindung mehr zwischen Reiterhand und Pferdemaul besteht. Der Zügel wird an der Schnalle angefasst.« (aus Richtlinien für Reiten und Fahren Bd.1, FN-Verlag)

Hinter dem Zügel: Das Pferd »versteckt« sich vor der Hand des Reiters. Es ist kein Zügelkontakt möglich. Um dem Kontakt auszuweichen, werden die Pferde zu eng im Hals und häufig auch zu tief. Der Fehler des Pferdes hinter dem Zügel darf nicht mit einer erwünschten Leichtigkeit verwechselt werden. Ist das Pferd leicht am Zügel, so nimmt es den Kontakt zur Reiterhand vertrauensvoll an und der Reiter kann auf seinen Wunsch den Zügelkontakt aufgeben.

Hinter der Senkrechten: Die bedeutet, dass die Stirn-Nasen-Linie hinter der Senkrechten ist, das Pferd rollt sich ein. Dabei wird der Winkel zwischen Hals und Kopf (also der Stirn-Nasen-Linie) verkleinert. Dies geschieht oft durch zu starke Handeinwirkung des Reiters.

Impulsion: Impulsion ist die Reaktionsbereitschaft des Pferds auf den Schenkel des Reiters. Reagiert es auf feine Hilfen der Schenkel energisch und willig, so hat das Pferd Impulsion.

Innen: Innen bezeichnet die innere Seite der Biegung und Stellung, also die Seite, auf der das Pferd hohl gemacht wird. Dies ist unabhängig von der Seite, auf welcher sich die Bande und die Bahnmitte befinden. Wenn ein Pferd auf der linken Hand nach rechts gestellt/gebogen ist (z.B. in Konterstellung oder im Renvers) so ist zwar die Bande rechts, aber die rechte Seite ist die innere Seite.

Kadenz: »Kadenz bedeutet, dass die Schwebephase vom Pferd etwas deutlicher ausgehalten wird. Die Hinterbeine müssen dabei gut nach vorne durchschwingen. Erfolgt die Schwebephase ohne das Durchschwingen der Hinterbeine nach vorne, entstehen die fehlerhaften Schwebetritte, bei festgehaltenem Rücken.« (aus Richtlinien für Reiten und Fahren Bd.1, FN-Verlag) Schwingen die Hinterbeine nicht durch, sieht es so aus, als ob das Pferd mit den Sprunggelenken nach hinten herausarbeitet. Dann zeigt das Pferd keine Hankenbeugung. Die Hinterbeine dürfen in der Versammlung aber auch nicht zu weit unter den Körper schwingen, da das Pferd sonst ebenfalls die Hanken nicht mehr beugen kann und die Hinterbeine schieben, statt zu tragen.

Konterstellung: Auch Außenstellung genannt. Das Pferd befindet sich in Konterstellung, wenn es im Genick entgegen der Bewegungsrichtung gestellt ist. Es geht dabei nicht seitlich, sondern die Vorhand ist vor die Hinterhand gerichtet, diese befinden sich genau auf der zu reitenden Linie.

Langer Zügel: Langer Zügel hat zwei Bedeutungen. Zum einen ist es die Bezeichnung für ein Zügelmaß: »Ein Pferd geht am langen Zügel, wenn es den Hals natürlich trägt und eine stete Verbindung mit der Reiterhand hat. Die Zügel müssen dabei leicht anstehen, ohne dem Pferd eine zu starke Beizäumung abzuverlangen. Eine leichte Genickkontrolle muss erhalten bleiben.« (aus Richtlinien für Reiten und Fahren Bd.1, FN Verlag) Im reiterlichen Sprachgebrauch wird der lange Zügel manchmal mit dem hingegebenen Zügel gleichgesetzt.
Zum anderen bezeichnet es eine Form der Handarbeit, bei der der Reiter am Hinterbein des Pferdes mitgeht. Dies ist eine Form der Handarbeit und wird nur mit ausgebildeten Pferden durchgeführt. Die dafür benötigten Zügel sind deutlich länger als der normale Reitzügel.

Leichtigkeit: Oft wird auch der französische Begriff »Légèreté« verwendet. Die Leichtigkeit beschreibt den erstrebenswerten Zustand müheloser Kommunikation zwischen Mensch und Pferd. Er basiert auf feinen Hilfen, die das Pferd leicht und willig umsetzt. Voraussetzung dafür ist, dass das Pferd in Balance ist und die reiterlichen Hilfen verstanden hat. Der Reiter muss als Voraussetzung einen effektiven Sitz haben und darf das Pferd nicht mit widersprüchlichen Hilfen verwirren. »Unter Légèreté versteht man den sofortigen Gehorsam auf die leichteste Andeutung des Zügels und des Schenkels, wobei das Pferd auf »Nachfragen« mittels Halbspannung eines oder beider Zügel mit einem willigen und leichten Nachgeben im Unterkiefer reagieren soll. Das Pferd soll dabei sein Maul nur so weit öffnen, dass eine Schluckbewegung der Zunge möglich wird. Es muss dabei eine Schluckbewegung durchführen, welche ein Anheben und Fallenlassen der Gebisse im Maul bewirkt, und von einem typischen Klang, der durch diese Bewegung der Gebisse hervorgerufen wurde, begleitet ist.« (aus: General Alexis l'Hotte, »Reitfragen«)

Öffnende Hand: Wird auch seitwärtsweisende Zügelhilfe genannt. Die Hand entfernt sich dabei seitlich vom Pferdhals, um das Pferd in diese Richtung zu dirigieren. Diese Hilfe wird bei jungen Pferden eingesetzt, aber auch zum Unterstützen des Wendens, des Geraderichtens und der Seitengänge bei weiter ausgebildeten Pferden. Gemeinsam mit der »drückenden Hand« hilft sie die Vorhand des Pferdes zu positionieren. Am inneren Zügel verwendet, kann sie auch das Stellen und Biegen unterstützen.

Remonte: Unter Remonten versteht man junge Pferde, die sich in der Grundausbildung befinden. Die junge Remonte ist im ersten Ausbildungsjahr, welches das Longieren, die Gewöhnung an den Reiter und das Reiten in allen drei Grundgangarten beinhaltet. Die alte Remonte ist im zweiten und dritten Ausbildungsjahr.

Renvers: Im Renvers ist das Pferd in die Bewegungsrichtung gestellt und gebogen. Die Hinterhand verbleibt auf der Linie und die Vorhand wird in Richtung Bahnmitte abgestellt. Es wird auch Kruppeheraus genannt. Es wird üblicherweise auf 4 Hufspuren geritten.

Schenkelweichen: Das Schenkelweichen ist eine Vorwärts-Seitwärts-Bewegung, bei der das Pferd entgegen der Bewegungsrichtung gestellt ist. Da es dabei nicht gebogen ist, zählt das Schenkelweichen nicht zu den Seitengängen.

Schulterherein: Das Schulterherein ist ein Seitengang, bei dem das Pferd entgegen der Bewegungsrichtung gestellt und gebogen ist. Die Hinterhand verbleibt auf der Linie und die Vorhand wird nach innen abgestellt. Das Schulterherein kann auf 3 Hufspuren geritten werden, was bedeutet, dass sich das innere Hinterbein und das äußere Vorderbein auf einer Linie befinden, von vorne (und hinten) betrachtet sind nur drei Beine sichtbar. So wird das Schulterherein auf Turnieren verlangt. Es kann aber auch zur Gymnastizierung des Pferdes auf 4 Hufspuren geritten werden. Dafür wird das Pferd stärker abgestellt und die Vorhand ist weiter innen positioniert. Von vorne betrachtet sind alle vier Beine des Pferdes sichtbar.

Schultervor: Für das Schultervor ist das Pferd, wie beim Schulterherein, entgegen der Bewegungsrichtung gebogen und gestellt. Die Vorhand wird aber nur so leicht nach innen geführt, dass das innere Hinterbein in Richtung zwischen die beiden Vorderbeine tritt. Das Schultervor ist ein hervorragendes Mittel, um das Pferd geradezurichten und zu versammeln.

Schwung: »Schwung ist die Übertragung des energischen Impulses aus der Hinterhand auf die Gesamt-Vorwärtsbewegung des Pferdes. Ein Pferd geht schwungvoll, wenn es energisch abfußt und in der Schwebephase mit seinen Gliedmaßen gut nach vorne durchschwingt ... Wird das Pferd übereilt geritten, verkürzt sich die Schwebephase durch das schnellere Wiederauffußen der Pferdebeine. Bei einem zu eiligen Tempo kann zwar die Taktmäßigkeit gegeben sein, die Schwungentfaltung wird aber beeinträchtigt.« (aus Richtlinien für Reiten und Fahren Bd.1, FN-Verlag) Schwung ist also keinesfalls mit Geschwindigkeit gleichzusetzen. Schritt ist aufgrund der fehlenden Schwebephase eine schwunglose Gangart, Trab und Galopp sind schwunghafte Gangarten.

Seitengänge: Seitengänge sind Vorwärts-Seitwärts-Bewegungen, bei denen das Pferd gebogen ist. Die Seitengänge sind ein gutes Mittel zur Gymnastizierung. Sie fördern das Verständnis des Pferdes für die Hilfengebung und geben dem Reiter Kontrolle über Vor- und Hinterhand. Seitengänge können in allen drei Grundgangarten geritten werden. In allen Seitengängen und Seitwärtsbewegungen sitzt der Reiter in der Bewegungsrichtung, unabhängig von der Biegung und Stellung.

Selbsthaltung: Selbsthaltung bedeutet, dass das Pferd sich in der Aufrichtung, ohne Zügel- oder Beineinwirkung des Reiters, selbst trägt. Dabei stützt es sich nicht auf der Reiterhand ab, sondern trägt sich selbst.

Stellung: »Stellung heißt, dass das Pferd seinen Kopf im Genick zwischen Kopf und Hals, dem Genick, seitlich wendet.« (aus Richtlinien für Reiten und Fahren Bd.1, FN-Verlag). Stellt das Pferd sich korrekt, so bleiben beide Ohren auf einer Höhe.

Takt: Der Takt ist das räumliche und zeitliche Gleichmaß der Bewegung.

Travers: Das Travers ist ein Seitengang, bei dem das Pferd in die Bewegungsrichtung gestellt und gebogen ist. Die Kruppe wird von der Linie aus nach innen abgestellt, die Vorhand verbleibt auf ihr. Es wird auch Kruppeherein genannt. Es wird üblicherweise auf 4 Hufspuren geritten.

Traversale: Traversale ist ein Seitengang, bei welchem das Pferd in die Bewegungsrichtung gestellt und gebogen ist. Die Vorhand führt die Bewegung an. Es wird meist auf Diagonalen durch die Bahn geritten.

Über dem Zügel: »Die Stirn-Nasen-Linie befindet sich bei diesem Fehler deutlich vor der Senkrechten. Das Pferd gibt »im Genick« nicht nach und drückt mit der Unterhalsmuskulatur bei weggedrücktem und festgehaltenem Rücken gegen die Hand.« (aus Richtlinien für Reiten und Fahren Bd.1, FN-Verlag)

Übertreten: Das seitliche Übertreten ist eine Vorwärts-Seitwärts-Bewegung auf Volten und Zirkeln, bei der das Pferd entgegen der Bewegungsrichtung gestellt ist. Die Vorhand wird in Richtung der Zirkelmitte geführt und beschreibt einen kleineren Radius als die Hinterhand. Es ist hierbei stärker abgestellt als beim Schulterherein. Es ist eine sehr umfassende Gymnastik für das Pferd, macht es geschmeidig in den Hanken sowie im Rücken. Ebenso lösen die Pferde dabei in der Regel das Maul, beginnen zu kauen und stellen sich leichter. Aufgrund seiner starken Abstellung wird es nur im Schritt und Trab geritten.

Versammlung: Versammlung entsteht durch ein Pferd, welches sich im Gleichgewicht befindet. Dabei ist die Last seines eigenen und des Reiterkörpers gleichmäßig auf alle vier Beine verteilt. Dadurch kann es sich mühelos und prompt in alle Richtungen bewegen. Um versammelt zu sein, muss das Pferd geradegerichtet und im Gleichgewicht sein. Die gebeugten Hanken nehmen vermehrt Gewicht auf und das Pferd richtet sich auf. Das Pferd vermittelt den Eindruck, es sei vorne groß und stolz. In der Versammlung können Mensch und Pferd zu einer Einheit verschmelzen.

Verwerfen: Das Pferd stellt sich nicht korrekt und verdreht seinen Kopf. Das führt dazu, dass die Ohren nicht mehr auf einer Höhe getragen werden.

Viertellinie: Die Viertellinie ist die Linie, die parallel zur Mittellinie und zur langen Seite ist. Sie befindet sich genau auf der Mitte zwischen ihnen. Bei einer Reitbahn mit den Abmessungen 20 x 40 m liegt die Mittellinie 10 Meter von der langen Seite entfernt. Das Reiten auf der Viertellinie ist hilfreich, um die Geraderichtung des Pferdes zu überprüfen und es ohne Unterstützung der einrahmenden Bande zu reiten.

Vor dem Schenkel: Ist ein Pferd vor dem Bein oder vor dem Schenkel, heißt das, dass es die leichten Schenkelhilfen des Reiters jederzeit und ohne Widerstände annimmt. Das Pferd ist auf die Schenkelhilfe hin jederzeit bereit in Richtung nach vorne zu gehen, aber auch das Erhöhen des Tempos ist jederzeit möglich. Ist das Pferd beispielsweise im Rückwärtsrichten vor dem Bein, so kann der Reiter jederzeit das Rückwärtsrichten stoppen oder in eine Bewegung nach vorne umwandeln.

Vorwärts: Das Pferd vorwärts zu haben, so dass es am Schenkel zündet, ist der wesentlichste Baustein der Pferdeausbildung. Er darf aber nicht mit Geschwindigkeit verwechselt werden. Es geht vielmehr um die prompte Reaktion des Pferdes in Richtung nach vorne. »Unter dem Vorwärtstreiben verstehe ich nicht ein Vorwärtstreiben des Pferdes in möglichst eiligen und gestreckten Gangarten, sondern vielmehr die Sorge des Reiters, bei allen Übungen die Schubkraft der Hinterhand in Tätigkeit zu erhalten, dergestalt, daß nicht nur bei den Lektionen auf der Stelle, sondern sogar bei Rückwärtsbewegungen das Vorwärts, nämlich das Bestreben, die Last vorwärts zu bewegen, in Wirksamkeit bleibt.« (aus »Das Gymnasium des Pferdes« von Gustav Steinbrecht, Cadmos Verlag)

Weiterführende Literatur

Barbier, Dominique & Daniels, Mary »Perfekt Dressur Reiten – Wege zur klassischen Pferdeausbildung« Müller Rüschlikon Verlag, 2001

Beran, Anja »Aus Respekt: Reiten zum Wohle des Pferdes« Franckh Kosmos Verlag, 2017

Beran Anja »Blickschulung: Pferdegerechte Ausbildung erkennen« Crystal Verlag, 2021

Beran, Anja »Der Dressursitz: Richtig sitzen - Feiner reiten – Gesunder Pferderücken«, Crystal Verlag, 2020

Beran, Anja »Klassische Reitkunst mit Anja Beran: Eine Anleitung für verantwortungsvolles Reiten«, Cadmos Verlag 2013

Bürger, Udo »Vollendete Reitkunst« Müller Rüschlikon Verlag, 2006

Fillis, James »Grundsätze der Dressur und über die Reitkunst« Olms Presse, 2000

Guérinière, François Robichon de la »Reitkunst«, Olms Presse, 1999

»H.Dv.12: Die Deutsche Reiterklassik«, Franckh Kosmos Verlag, 2017

Karl, Philippe »Irrwege der modernen Dressur: Die Suche nach einer klassischen Alternative: Die Suche nach der klassischen Alternative«, Cadmos Verlag, 2021

Kottas-Heldenberg, Arthur & Fitzpatrick, Andrew »Dressur-Training – Die Arbeit an hohen Lektionen« Müller Rüschlikon Verlag, 2014

Mossdorf, Carl Friedrich »Kavallerieschule Hannover« FN-Verlag, 1989

Oliveira, Nuno »Sämtliche Schriften Bd.1-6«, Georg Olms Verlag, 1999-2000

Richtlinien für Reiten und Fahren, Bd. 1 und 2, FN-Verlag, 1997

Schirg, Bertold, »Die Reitkunst im Spiegel ihrer Meister«, Bd. 1&2, 1991 & 1992

Seeger, Louis »System der Reitkunst«, Olms Presse, 1999

Steinbrecht, Gustav: »Das Gymnasium des Pferdes«, Cadmos Verlag, 2001

Swift, Sally »Reiten aus der Körpermitte, Band 1: Pferd und Reiter im Gleichgewicht«, Müller Rüschlikon Verlag, 2017

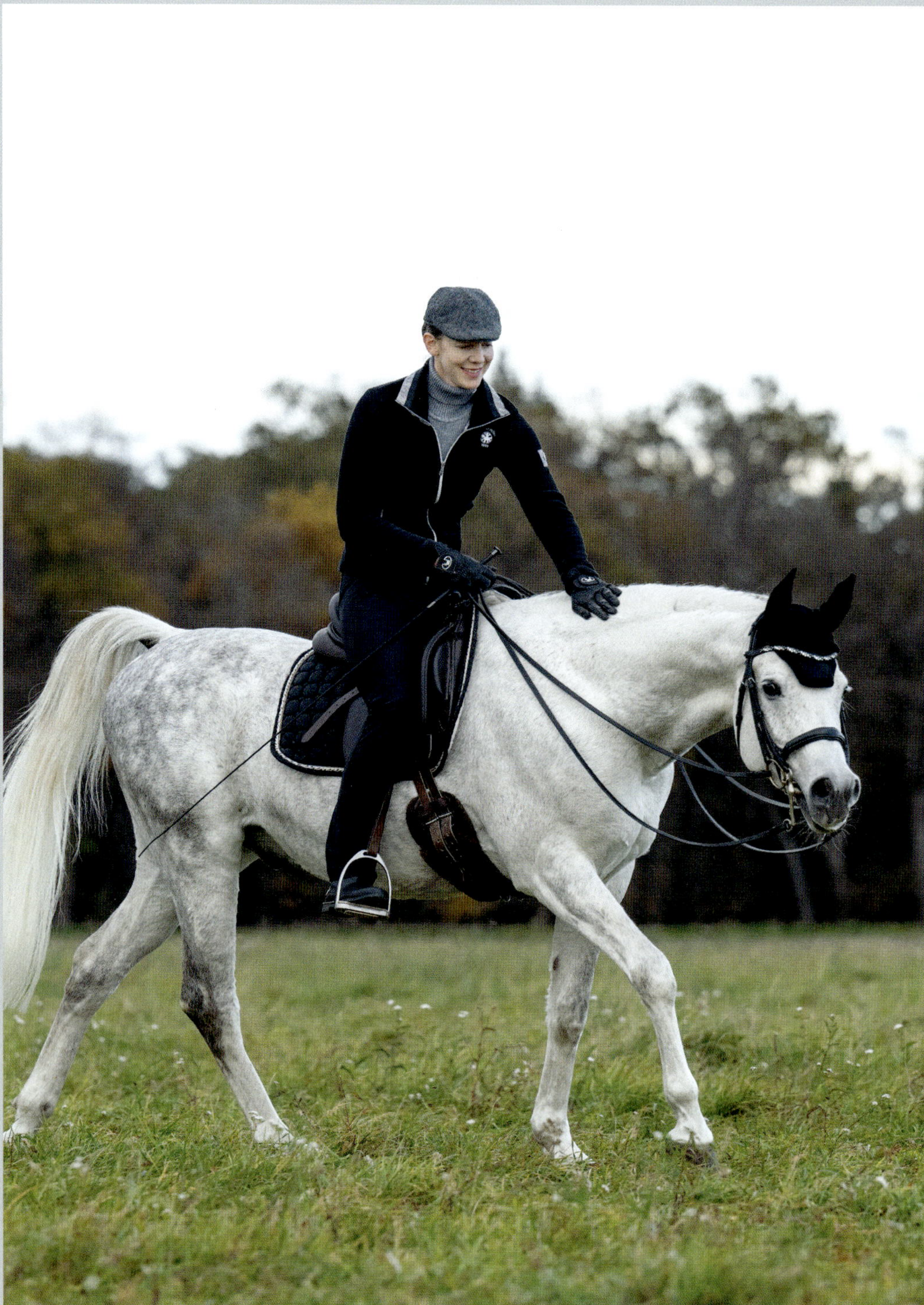

DANKE

»Um ein Kind großzuziehen, bedarf es eines ganzen Dorfes. «
Afrikanisches Sprichwort

Genauso verhält es sich mit einem Buch, das für den Autor fast wie sein Kind ist. Es ist nicht die alleinige Leistung des Autors, der sich stundenlang zum Schreiben zurückzieht, sondern auch all derer, die ihn in seiner persönlichen und fachlichen Entwicklung begleitet haben. Es ist die Leistung all derer, die Ideen und Anstöße geliefert haben, und all derer, die an der Entstehung und Veröffentlichung des Buches mitgewirkt haben.
Die erste Prägung habe ich durch meine Eltern Christa und Wolfgang Munderloh erhalten. Sie haben mir die Liebe zu Büchern und zum Lesen vermittelt. Auch dafür, dass sie mir den Kontakt zu Pferden und zum Reiten ermöglicht haben und immer an mich glauben, bin ich sehr dankbar, besonders auch meiner Mutter, die als Nicht-Reiter alle Texte gelesen und mir mit ihrem guten Gefühl für Sprache wertvolle Anregungen zur Verbesserung gegeben hat.
Geprägt hat mich auch der nun schon über drei Jahrzehnte andauernde intensive Kontakt mit Pferden verschiedenster Rassen und Charaktere. Die Faszination, die von diesen sensiblen und doch so starken Tieren ausgeht, die so gutmütig zu uns Menschen sind, ist nach wie vor ungebrochen.
Darüber hinaus haben mich all die Menschen geprägt, von denen ich etwas über das Reiten und über Pferde lernen durfte. Das sind alle meine Reitlehrer, maßgeblich aber Anja Beran, meine langjährige Lehrmeisterin. Ich bedanke mich von ganzem Herzen bei ihr für all die wertvollen Lektionen, die sie mir im Laufe der Jahre in unzähligen Stunden beigebracht hat. Ihre Geduld, ihr Wissen und ihre Unterstützung haben dazu beigetragen, dass ich mein Buch entstehen lassen konnte. Dafür bin ich sehr dankbar und freue mich darauf, auch in Zukunft von ihrem Wissen zu profitieren.
Bedanken möchte ich mich auch bei meinem Fels in der Brandung, meinem Lebensgefährten Kurt. Seine inspirierenden Worte, sein Verständnis für meine Pferdeliebe und seine unermüdliche Motivation haben mich stets dazu ermutigt, an mich selbst zu glauben und meine kreativen und technischen Grenzen zu überschreiten. Ohne ihn wäre dieses Buch so niemals entstanden.
Meiner Freundin Jana Mandana Lacey-Krone danke ich für ihre Anerkennung, ihre Begeisterungsfähigkeit und ihre Freude am Reiten, die mich immer wieder motivieren.
Ein großer Dank geht auch an Edith Mews und Karl Vogt, für ihre Wertschätzung und ihren Beitrag bei Text, Video und Bildern für dieses Buch.
Die Fotos für dieses Buch sind durch die wunderbare Maresa Mader entstanden. Seit vielen Jahren sorgt sie mit ihrem hervorragenden Auge für den richtigen Moment und ihrer ruhigen Art für hochwertige Bilder.
Bedanken möchte ich mich auch bei Miriam Pawlitzek für ihre Unterstützung, und dass sie sich für Fotos in diesem Buch zur Verfügung gestellt hat.
Mit ihrem veterinärmedizinischen Fachwissen hat die Fachtierärztin für Chiropraktik Elisabeth Albescu mir zur Seite gestanden. Vielen Dank dafür.
Dem Müller Rüschlikon Verlag, insbesondere Frau Claudia König, danke ich für das Verwirklichen des Buches und für das Vertrauen, das sie mir als Autor entgegengebracht haben.
Mein Dank gilt allen, die mich auf meinem Weg mit den Pferden und zur Veröffentlichung dieses Buches unterstützt haben, auch wenn ich sie hier nicht alle namentlich erwähnt habe. Ein großes Dankeschön geht auch an alle Weggefährten, Kunden, Schüler, Pferdebesitzer und Pferde, die mir ihr Vertrauen geschenkt haben und mit mir diese wunderbare Welt des Reitens erkundet haben. Ohne euch alle wäre dieses Buch nicht möglich gewesen.

Stichwortverzeichnis